Ko

De uitgever heeft ernaar gestreefd de rechten op het beeldmateriaal in dit boek te regelen volgens de wettelijke bepalingen. Degenen die desondanks menen zekere rechten te kunnen doen gelden, kunnen zich alsnog tot de uitgever wenden.

Omslagontwerp Pankra
NUR 482/530
ISBN 978 90 468 1688 2
www.nieuwamsterdam.nl/koningvoetbal

FSC
www.fsc.org
MIX
Papier van verantwoorde herkomst
FSC® C004472

Paul Onkenhout,
Dick Sintenie &
Edwin Struis

Koning Voetbal

Een lexicon van het Nederlandse voetbal

Nieuw Amsterdam Uitgevers

KONING VOETBAL

MARSCH door

WILLY SCHOOTEMEYER.

fl. 0,60

N.V. Algemeene Muziekhandel en Uitgevers Mij
VAN ESSO & Co. Rotterdam.

Voorwoord

De socialistische regeringsleider Joop den Uyl voetbalde graag. Tussen de kabinetsvergaderingen door trapte hij regelmatig een balletje. Rinus Michels heeft nooit letterlijk gezegd dat voetbal oorlog is. Alvorens Jan de Natris tijdens de Olympische Spelen in Antwerpen grammofoonplaten in de Schelde smeet, smeerde hij ze in met jam.

Voor zijn opmerking 'Bedankt voor de leiding, hondelul' tegen scheidsrechter Arie van Gemert kreeg Feyenoorder Piet Romeijn van de KNVB een boete van 350 gulden. (Hij beweerde trouwens dat hij onbenul had gezegd.) Louis van Gaal brak zijn enkel en kuitbeen na een sprong met een polsstok, maar zei desondanks dat de uitvoering fantastisch was.

Bij het schrijven van *Koning Voetbal – Een lexicon van het Nederlandse voetbal* deden we tal van kleine en grote ontdekkingen. Andere anekdotes die het voetbal de afgelopen 125 jaar zo veel kleur gaven, werden van het stof ontdaan. We reisden met 1600 Feyenoord-supporters met de Groote Beer en De Waterman mee naar Lissabon, hoorden Willy en René van de Kerkhof 'Da hedde of da kredde' zingen, zagen de kopbal van Beb Bakhuys, bezochten de sigarenzaken van Coen Dillen en Sjaak Swart én de slagerij van Brobbel Dorsman in Gorinchem en dronken een glas bier in Sportcafé Leen Vente.

We verbaasden ons erover dat Wesley Sneijder op zijn buik het gezicht van zijn vrouw Yolanthe liet tatoeëren, en het hoofd van Jezus met een doornenkrans. We glimlachten om Gerard Reve, de volksschrijver die na de eerste Europacup-overwinning van Ajax, in 1971, aan Simon Carmiggelt schreef: 'Weg met Ajax! Weg met Feyenoord! Dood aan de arbeiders!' We zaten op de tribune tijdens de Watersnoodwedstrijd, waren getuige van het huwelijk van Johan en Danny Cruijff en hoorden het brilletje van Joop van Daele knakken.

'Als je nooit om een doelpunt gejuicht hebt, heb je ook nooit geleefd,' zei de grote dichter Cees Buddingh', ooit speler van DFC 6. We zijn nog een stap verder gegaan, uit liefde voor het voetbal en voor al die grote en kleine geschiedenissen. De politiepet die Joop den Uyl na de verloren WK-finale in 1974 droeg tijdens de polonaise in de tuin van het Catshuis, werd hem trouwens opgezet door reservedoelman Piet Schrijvers. Ook dat is belangrijk om te weten, volgens ons.

Leve het voetbal.

Aad de Mos bestaat niet

Spraakmakende *voetbaltotaaltheatershow* in het Haarlemse Café Studio, waar tussen 1998 en 2000 de voetbalsterren en artiesten in en uit lopen. Met legendarische optredens van Jan van Halst & Huub van der Lubbe, Richard Ross & Fritz Korbach, Acda & De Munnik, Youp van 't Hek, Freek de Jonge, Willem van Hanegem, Frank de Boer, Najib Amhali en L. Vis. De show haalt landelijk het nieuws als Co Adriaanse, trainer van Willem II, bondscoach Frank Rijkaard omschrijft als beunhaas en PSV-voorzitter Harry van Raaij als sprekende lampenkap. Door deze uitlatingen loopt de Amsterdammer de prijs als Trainer van het Jaar mis en wordt hij geschorst als lid van de trainersvakbond CBV. De oefenmeester is er nog steeds van overtuigd dat hij door deze akkefietjes een baan als bondscoach of PSV-trainer wel kan vergeten.

Aalbers, Karel

Visionair of luchtfietser, de meningen over deze voormalige juwelier en volleybalcoach uit Velp lopen sterk uiteen. Keizer Karel (1949) heeft interessante ideeën, maar voert ze belabberd uit. Waarbij hij sterk gehinderd wordt door zijn grootheidswaanzin. Van zijn gedroomde *Vitesse Village* wordt enkel de Gelredome gerealiseerd, de boekhouding van de club is dan al veranderd in een puinhoop. Aalbers belandt zelfs in de gevangenis vanwege belastingfraude. Hij vertrekt met stille trom en afkoopsom uit Arnhem. Onder een deel van de Vitesse-fans is hij nog onverminderd populair. Een lobby om de vechtarend-mascotte 'Karel' te noemen, redt het echter niet.

Aanvalluh!

De supporterskreet, die vooraf wordt gegaan door kort trompetgeschal, is voor de Europacup-II-finale tussen Ajax en KV Mechelen bedacht door Nico van Beekveld uit Son. Zegt Nico van Beekveld uit Son zelf. Het lijkt echter veel op het deuntje dat in Amerikaanse sporten (ijshockey, honkbal) vanaf de tribune klinkt en meestal uit een orgeltje komt, gevolgd door de uitroep 'charge!'. De yell van Van Beekveld wordt later geadopteerd door de supporters van het Nederlands elftal.

Abdellaoui, Yassine

In zijn jeugdjaren is Yassine Abdellaoui (1975) een begenadigd talent, de grote belofte van Willem II. Een geniale aanvaller waar het leven buiten het voetbal echter mee op de loop gaat. Als junior in Tilburg doet hij al de gekste dingen, zoals een auto besturen zonder rijbewijs, later komen daar zwaardere zaken bij. Op een gegeven moment wordt hij zelfs verdacht van het witwassen van 2,3 miljoen euro en handel in xtc. Zaken waar hij later van wordt vrijgesproken, maar dan is het kwaad al geschied. Hij raakt persoonlijk failliet, in scheiding en de lust om te leven kwijt. Zijn depressies probeert hij door veel te eten en te drinken te verbergen met als gevolg dat hij over de honderd kilo weegt. Voor zijn dertigste moet hij zijn loopbaan al afbreken. 'Ik was gewoon een grote idioot,' vat hij zijn carrière in *NUsport magazine* kort en bondig samen.

Achterberg, Eddy

Voormalig voetballer van DOS en FC Twente. Is na zijn carrière assistent-trainer van onder meer FC Twente, Roda JC en Schalke 04. Is bekend onder zijn bijnaam de Keu. In zijn jeugd is Achterberg (1947) nogal een lastig serpent voor scheidsrechters. Het Keutje noemen ze hem daarom, Utrechts voor varkentje. Later bij Twente wordt dat de Keu. In die tijd heeft hij ook een eigen café onder dezelfde naam.

ADO Den Haag

Onder de namen ADO (1905-1971), FC Den Haag (1971-1996) en ADO Den Haag (vanaf 1996) is de Hofstad vertegenwoordigd in het betaalde voetbal. Alles Door Oefening speelt tussen 1957 en 1971 in de eredivisie met derde plaatsen in 1965, 1966 en 1971 en het winnen van de KNVB-beker in 1968 als hoogtepunten. Als de club opgaat in FC Den Haag worden de prestaties allengs minder en komt de club vaker negatief in het nieuws door de fanatieke supportersaanhang die het geweld niet uit de weg gaat. De laatste jaren zit de opgaande lijn er weer in, met als voorlopig hoogtepunt plaatsing voor de voorronde van de Europa League in 2011.
Sterspelers: Mick Clavan, Carol Schuurman, Karel Jansen, Theo Timmermans, Piet de Zoete, Ton Thie, Theo van den Burch, Dick Advocaat, Aad Mansveld, Martin Jol.

Adriaanse, Co

Hij levert vakwerk bij FC Porto, maakt van AZ de attractiefst voetballende ploeg van Nederland, wordt kampioen met Red Bull Salzburg en loodst Willem II naar de top van de eredivisie – zó de Champions

Eredivisie 1958/1959 A.D.O. DEN HAAG

League in. Maar de droombaan voor Amsterdammer Co Adriaanse (1947), trainer zijn van Ajax, eindigt na anderhalf jaar met ontslag.
Twee jaar na die roemloze en pijnlijke aftocht doet Adriaanse zijn verhaal. Hij vindt dan nog altijd dat hij na een grondig reorganisatieproces op de goede weg zat. Ajax staat op de dag van zijn ontslag, 29 november 2001, tweede op de ranglijst. Wat Adriaanse vooral wordt aangerekend, is zijn slechte relatie met de media. 'Ik besef dat het niet goed was om niet met *VI* en *Telegraaf* "on speaking terms" te zijn. Maar als ik dat wel had gedaan, had ik mezelf verloochend. Ik heb niet geslijmd bij de pers: schrijf aardig over me, dan kan ik nog wat langer blijven. Ik ben in zuiver water verdronken, niet in troebel water.'
Adriaanse gedraagt zich bij Ajax als een vernieuwer, maar hij merkt dat daarvoor weinig animo bestaat. 'Als je het over vooroordelen hebt en over conservatieven, dan moet je bij Ajax zijn. Dat is vreselijk. Echt op alle gebieden. Politiek, levensbeschouwing, echt conservatief. Reactionair zelfs. Vreselijk. Ik ben juist heel anders. Ik ben modern ingesteld, ik sta open voor dingen en ik probeer verder te kijken. Ik was te modern voor Ajax en ik heb me vaak aan de conservatieve instelling van Ajax geërgerd.'
Dat Adriaanse zegt wat hij vindt, en zijn meningen onderbouwt, wordt hem in die clubcultuur niet in dank afgenomen. Als Marco van Basten een terugkeer in de voetballerij overweegt, als trainer, stelt Adriaanse dat hij al een goede staf heeft en niet zo gauw weet wat Van Basten voor hem zou kunnen betekenen. Bovendien, zegt Adriaanse: 'Een goed paard is nog geen goede ruiter.' Die vergelijking wordt hem zeer kwalijk genomen. Niet lang daarna krijgt hij zijn congé.

Advocaat, Dick

Winnaar van de Gouden Loeki (met de Calvé Pindakaas-reclame uit 2002), oud-bondscoach van Nederland (twee periodes), Zuid-Korea, België en Rusland, met Zenit St.-Petersburg winnaar van de Russische landstitel en de UEFA Cup en veelvoudig miljonair: de Haagse volksjongen/babyboomer Dick Advocaat (1947) heeft het gemaakt. Voetbal is geen bijzaak voor de man die vanwege zijn postuur (1,70 meter) en de strenge manier waarop hij leidinggeeft de Kleine Generaal wordt genoemd. Hoewel hij ten tijde van zijn jarenlange verblijf in Sint-Petersburg om de hoek woont, zet hij nooit een stap in de Hermitage, het befaamde museum. Advocaat bekijkt liever voetbalwedstrijden op dvd.
Ernst Happel en Rinus Michels zijn zijn voorbeelden. Op de vraag wat een trainer nodig heeft, zegt hij: 'Kennis, eerlijkheid en duidelijkheid. Als je een van die drie zaken mist, kom je nergens. Als je geen kennis hebt, prikken voetballers na één middag door je heen.'
Een gewone jongen die vanuit niets iets is geworden, noemt hij zichzelf. Zijn jeugd in het naoorlogse Den Haag is 'fantastisch', ondanks de relatieve armoede. 'Vriendjes hadden hetzelfde als ik: één korte broek en voor zondags een mooi pakkie. Het was alleen maar voetballen, vrijheid. De deuren stonden open en door de brievenbus hing een touwtje, ook 's nachts. Iedereen kon naar binnen, net als bij de buren. Ik was een streber. Ik heb me altijd moeten bewijzen en dat voel ik ook zo. Het lukt niet altijd, maar ik wil het wel.'

Dick Advocaat voor de wedstrijd tegen Duitsland in Porto op het EK van 2004 in Portugal.

Aerle, Berry van

Natuurlijk kennen we Berry van Aerle (1962) van het Nederlands elftal dat in 1988 de enige prijs uit de Oranje-historie verovert. Maar nog beroemder wordt de bescheiden verdediger als cabaretier Theo Maassen hem in 1994 in zijn eerste solovoorstelling opvoert als de enige speler van PSV die nog contributie betaalt. 'Eén keer in de maand kreeg hij van manager Ploegsma een tientje in zijn handen gedrukt, zo van: Berry, koop er maar iets moois voor. Mondje dicht tegen de anderen, hè. En Berry, die hield zijn mond. Maar toen-ie tien jaar lid was van PSV heeft-ie een quartz-horloge gekregen met inscriptie, hadden ze er Seiko in gegraveerd. Hadden ze gezegd dat dat Berry in het Japans was, zielig hè?'

Afellay, Ibrahim

Eindelijk lijkt er een talent met Marokkaanse roots door te breken op het allerhoogste niveau. Als de kenners Ibrahim Afellay (1986) zijn opwachting zien maken namens PSV in het Champions League-seizoen 2005-2006 gaan ze massaal overstag. Met name na het duel met AC Milan, als de dan negentienjarige middenvelder samen met maatje Ismaïl Aissati (17) overeind blijft tegen de Italiaanse beulen, weet iedereen het zeker: Afellay gaat een gouden toekomst tegemoet. Die voorspelling lijkt uit te komen als hij in de winter van 2010 overstapt naar het grote Barcelona van Guardiola, Messi en Iniesta. Na een veelbelovende start waarin hij veel speeltijd krijgt en zelfs (als invaller) meteen de Champions League wint, slaat het noodlot toe. Op lichamelijk vlak krijgt de middenvelder klap na klap te verwerken, met als dieptepunt een zware knieblessure. Eenmaal fit wordt hij verhuurd aan Schalke 04, maar ook daar komt de oude Afellay niet bovendrijven. Wel haalt hij op de valreep het EK van 2012, maar een succes wordt dat niet. Nieuwe fysieke tegenslag werpt hem ver terug, Afellay moet weer helemaal opnieuw beginnen.

Afscheidswedstrijd

Een glorieus vaarwel moet het worden, een prachtig adieu aan de beste speler die we ooit hebben gekend. Het Olympisch Stadion loopt vol op 7 november 1978 voor het afscheidsduel van Johan Cruijff. Wie er op het idee komt om Bayern München voor deze gelegenheid uit te nodigen als opponent, moet even langs de dokter. In Beieren herinneren ze zich nog maar al te goed hoe het Ajax van Cruijff en co. de Duitsers hooghartig te kijk zette in de halve finale van de Europacup I een paar seizoenen eerder. De hoogste tijd voor revanche en die komt er. Ook al omdat de Bayern-selectie zowel op Schiphol als in het stadion getrakteerd wordt op teksten die op weinig subtiele manier verwijzen naar de Tweede Wereldoorlog.

Een ontketend Bayern maakt gehakt van Ajax, van vriendschappelijk voetbal is geen sprake. De teller stopt bij acht tegentreffers. Geen wonder dan ook dat Cruijff een paar jaar later de kicksen weer onderbindt.

Ajax

Ajax is de succesvolste club van het land met 33 landstitels en vier Europacups I achter de naam. Ook levert de club de beste voetballer van het land af: Johan Cruijff. Medio jaren zestig beginnen de hoogtijdagen van Ajax ook buiten de landsgrenzen, zoals de 5-1 zege op Liverpool in december 1966. In 1969 haalt Ajax als eerste Nederlandse club de finale van de Europacup der landskampioenen, tussen 1971 en 1973 is de club daadwerkelijk de beste van Europa. Zowel Panathinaikos, Internazionale als Juventus wordt overtuigend verslagen. Midden jaren negentig volgt de voorlopig laatste bloeiperiode. Onder trainer Louis van Gaal wordt in 1995 de Champions League gewonnen. Na de millenniumwisseling wordt het steeds onrustiger bij de club. Rechtszaken, ontslagen trainers en directeuren volgen elkaar in hoog tempo op. Pas als Frank de Boer als coach wordt aangesteld en revolutionair Johan Cruijff de macht grijpt, keert de rust enigszins terug. De nieuwe uitdaging, aanhaken bij de Europese top, lijkt echter een stap te ver.

Sterspelers: Johan Cruijff, Piet Keizer, Sjaak Swart, Ruud Krol, Johan Neeskens, Marco van Basten, Frank Rijkaard, Dennis Bergkamp, Jari Litmanen, Edwin van der Sar.

Ajax en trainer Frank de Boer in bad na het behalen van de dertigste landstitel in 2011.

Alberti, Willeke
Voetbalvrouw, supporter van Ajax en Oranje en zangeres. Willy Albertina Verbrugge (1945) was getrouwd met de Deen Søren Lerby (oud-Ajacied en oud-PSV'er). Haar dochter Daniëlle uit een eerder huwelijk (met Joop Oonk) is getrouwd met John van 't Schip (oud-Ajacied). Ze was trouwens ook ooit getrouwd met John de Mol. Meerdere malen is voetbal een thema in een lied van haar, zoals in 1996 als Ajax het stadion in de Watergraafsmeer verlaat en Alberti samen met voorzitter Michael van Praag een aubade ten gehore brengt:

Dag veld, daar aan de Middenweg
in Mokum
Dat knusse, die aparte sfeer
Al de successen zullen blijven
De Meer helaas hij is niet meer

Ik zat naast mijn pa en al zijn vrienden
En jubelde om Cruijff en om Klaas
Om Sjakie, Keizer en Wim Suurbier
Om Bennie, Ruud en Frankie, helaas
Een monument moet weer verdwijnen
De stem van Michels werd muziek
Het hele land zal met me treuren
Want ik spreek namens het publiek.

Het zit in de familie. Haar vader, de 'Italiaanse' tenor Willy Alberti, neemt diverse Ajax-liedjes op. 'Ode aan Ajax' uit 1972 is een van de bekendste.

Alkmaar '54
Op zaterdag 14 augustus 1954 om 18.00 uur vindt op het Gemeentelijk Sportpark van Alkmaar een belangwekkende gebeurtenis plaats. Onder het toeziend oog van 13.000 toeschouwers klinkt op dat moment het fluitsignaal voor het allereerste profduel in Nederland tussen Alkmaar '54 en Venlo. De thuisclub wint met 3-0 via goals van Klaas Smit (2x) en Henk van der Sluis. Elke Alkmaar-speler strijkt door die zege liefst veertig gulden op.
Tot de club in 1967 samen met FC Zaan-

ALKMAAR Staande van links naar rechts: Peggeman, Los, Van Vliet, Kabel, Rademakers en Snabilie. Voorste rij van links naar rechts: Schouten, Klaas Smit, Pitters, Michel en v. d. Sluis.

streek opgaat in AZ '67 speelt de club voornamelijk in de eerste divisie, op het seizoen 1960-1961 na.
Sterspelers: Klaas Smit, Piet Buis, Nico Wagemaker, Henk Tijm.

All Stars
De film uit 1997, bedacht door Jean van de Velde, over zeven voetbalvrienden (Bram, Mark, Johnny, Peter, Paul, Willem en Hero) die van jongs af aan samen spelen bij Swift Boys, is een groot succes. Hoofdrollen zijn er voor Daniël Boissevain, Danny de Munk, Thomas Acda, Antonie Kamerling, Raymi Sambo, Kasper van Kooten en Peter Paul Muller. Het succes mondt uit in een televisieserie en een tweede film in oktober 2011: *Old Stars*.

Amsterdam Arena
Grootste stadion van Nederland met een capaciteit van ruim 53.000. Thuisbasis van Ajax sinds het vertrek uit De Meer in 1996. Veel supporters hebben en houden moeite met die overgang. De Arena wordt als sfeerloos ervaren in een troosteloze omgeving. Met het dak dicht heeft het stadion de akoestiek van een zwembad en het duurt ruim tien jaar voordat er een fatsoenlijk bespeelbare grasmat ligt. Wat ook niet meehelpt: het stadion draagt niet de naam van Ajax-iconen als Rinus Michels of Johan Cruijff maar krijgt, vanwege de multifunctionaliteit, een algemene naam. In 1998 wordt de Champions League-finale tussen Real Madrid en Juventus (1-0) in de Arena gespeeld en in mei 2013 de finale van de Europa League: Chelsea-Benfica (2-1). Tussendoor is het stadion ook een paar maal het decor van Euro 2000. De directie van het stadion kondigt in 2013 aan de capaciteit te willen vergroten, met het oog op het binnenhalen van toekomstige grote voetbalwedstrijden, zoals op het EK 2020, dat in dertien verschillende landen wordt gehouden. Voor dat toernooi draagt de KNVB de Arena officieel voor.

Amsterdam, BVC
De beroepsvoetbalclub Amsterdam, bijgenaamd De Zwarte Schapen, wordt opgericht op 15 november 1954 en gaat vier jaar later op in DWS. Tussen 1956 en 1958 speelt de club in de eredivisie.
Sterspelers: Jos Vonhoff, Hans Boskamp.

Amsterdam, FC
FC Amsterdam ziet het levenslicht na een fusie tussen DWS en Blauw-Wit in 1972, twee jaar later komt daar ook nog De Volewijckers bij. In 1982 doet voorzitter/eigenaar Dé Stoop het licht uit. Tussen 1972 en 1978 komt de club uit in de eredivisie, de meeste furore maken De Lieverdjes in het UEFA Cup-toernooi van 1974-1975 waarin het doodleuk Internazionale uitschakelt.
Sterspelers: Gerard van der Lem, Nico Jansen, Jan Jongbloed, Heini Otto, Frits Flinkevleugel.

Anderiesen, Wim
'Hij was een bescheiden man die niet te koop liep met zijn prestaties.' In een interview in het jubileumboek *Ajax 1900-2000* is Wim Anderiesen vol lof over zijn vader en naamgenoot. Senior is een van de grootste Ajacieden in de vooroorlogse jaren en speelt 309 competitiewedstrijden. In het stadsdeel Geuzenveld/Slotermeer wordt een hofje genoemd naar 46-voudig international Wim Anderiesen (1903-1944). In een column noemt Herman Kuiphof hem 'de beste half-aanvallende spil van ons land in de dertiger jaren'. Hij schrijft ook: 'Wim Anderiesen was in het Nederlands elftal van de befaamde dertiger jaren het "slapie" van de grote uitgaander Beb Bakhuys. Men hoopte dat de kalmte welke Anderiesen uitstraalde, de briljante,

maar niet erg solide levende midvoor tot bedaren zou brengen. Soms lukte dat.' Anderiesen overlijdt in de oorlog, aan een longontsteking. Zijn zoon, die tussen 1951 en 1961 voor Ajax speelt, heeft hij nooit in actie gezien.

Appel, Bram
Zijn vader is paardentrainer op Duindigt, hij wordt met ADO tweemaal kampioen van Nederland, in de oorlog wordt hij tewerkgesteld in Duitsland, hij vecht voortdurend conflicten uit met KNVB-voorzitter Karel Lotsy en hij speelt in 1953 mee in de befaamde Watersnoodwedstrijd. De voetballoopbaan van Bram Appel (1921-1997) is veelbewogen.
In Berlijn verovert Appel als dwangarbeider een bevoorrechte positie. Na een proeftraining krijgt hij een plaats in de selectie van Hertha BSC. Een baan op kantoor met een

APPEL (FORTUNA '54)

maandloon van driehonderd mark is zijn beloning. Zevenmaal wordt de productieve aanvaller gekozen in een officieus Nederlands elftal.
Uit *Het Parool*: 'Op 6 augustus 1944 speelden de Nederlanders tegen het Tsjechische team, waarbij Karel Lotsy op het ereterras zat. Toen Appel na de oorlog terugkwam, schorste Lotsy hem tot 1 januari 1947 wegens het spelen voor een Duits elftal.' Appel is woedend: 'Ik kreeg een berisping, terwijl Lotsy zelf gewoon in Duitsland naar wedstrijden ging kijken.'

Arnesen, Frank

Henning Jensen, Jesper Olsen, Jan Sørensen, Jan Mølby, Michael en Brian Laudrup, Jesper Grønkjær, Kenneth Perez, Dennis Rommedahl, Christian Eriksen, Viktor Fischer: sinds de jaren zeventig heeft Ajax een sterke band met Deense voetballers. Meer dan twintig Denen komen voor het eerste elftal uit. De eerste is Tom Søndergaard, maar het echte begin van de invasie is in 1975 de komst naar Amsterdam van twee jongeren: Frank Arnesen (1956) en Søren Lerby van Fremad Amager uit Kopenhagen. Arnesen legt in Amsterdam de basis voor een fraaie loopbaan, na een moeilijke start. In *de Volkskrant* zegt hij: 'Na drie maanden was ik op de training nog geen tegenstander voorbijgekomen. Ajax is keihard, de beste leerschool. Verdomme jongen, je kan er niks van, hoorde ik steeds. Maar het werd niet zomaar gezegd. Ruud Krol legde mij dat eens een keer uit. Op de dag dat wij niks meer tegen je zeggen, zei hij, op die dag ben je verloren.'

Atmodikoro, Maarten

In het programma *Mijn leven als een voetbalvrouw* verklaart Sylvie Meis dat ze voordat ze iets met Rafael van der Vaart kreeg 'helemaal niets met voetbal had'. Een leugentje om bestwil want voordat ze tegen het lijf van haar ex-liefje aanloopt, woont ze al samen met een voetballer. Sterker nog, er zijn al huwelijksplannen beraamd tussen Meis en Atmodikoro (1971), destijds uitkomend voor NAC. In die periode komt hij ook nog in het nieuws als dienstplichtweigeraar.

Atoombomincident

'Een atoombom.' Zo luidt het droogkomische commentaar van journalist Lex Muller op de vraag van een stewardess wat er toch in die tas zit naast hem in de vliegtuigstoel. Een staaltje voetbalhumor dat het personeel van de vlucht die Oranje en aanverwante personen naar Dallas moet brengen tijdens het WK van 1994 niet zo kan waarderen. Het vliegtuig wordt meteen ontruimd en elke koffer omgekeerd in de zoektocht naar het zware projectiel. Spelers, familie en begeleiding dienen op de startbaan te wachten tot dit staaltje van Amerikaanse efficiency achter de rug is. Vele uren later zet de kist alsnog koers naar Dallas, de vernietigende blikken richting de chef-sport van het *Algemeen Dagblad* zijn ontelbaar. Boze tongen beweren zelfs dat Dennis Bergkamp aan dit incident zijn vliegangst heeft te danken. De volgende dag staat er een vetgedrukt SORRY te lezen schuin op de voorpagina van de krant.

Avondje NAC

The only thing we fear, is running out of beer, staat er op een groot spandoek dat tijdens elk thuisduel op de lange zijde hangt van het NAC-stadion. Als de club midden jaren zeventig besluit om de thuisduels te verplaatsen naar de zaterdagavond blijkt dat een gouden greep. De intimiderende sfeer in combinatie met het Engels aandoende complex aan de Bredase Beatrixstraat slaat over op de spelers die van het stadion een bijna onneembaar fort maken.

Het Avondje NAC is geboren, elke wedstrijd is een feestje. 'Winst of geen winst, in supporterscafé Beatrix, brasserie Le Carnac of de sponsorruimtes; in geen voetbalstadion in Nederland gaat het licht later uit,' omschrijft fervent NAC-supporter en journalist Sjoerd Mossou het fenomeen in zijn boek *Avondje NAC*.

Maar er zijn ook uitwassen. Op 6 oktober 1979 wordt er niet alleen met toiletrollen en versnipperd krantenpapier gegooid, maar ook met een asbak. Die halverwege de tweede helft van de wedstrijd tegen Feyenoord landt op het hoofd van grensrechter Matena. Daarop besluit scheidsrechter Severein het duel meteen te staken. Zonder publiek wordt de wedstrijd pas in april 1980 uitgespeeld, voor het stadion staan duizenden supporters.

Ay, ay, ay, die Caballero!

Sommige reclames uit vroeger tijden kunnen we nog woordelijk meezingen. Zoals over Drum ('Als je je draai hebt gevonden') of Heineken ('Alweer een zondag

zonder zon, terwijl de dag zo mooi begon'), maar de mooiste blijft toch die van Caballero, op de muziek van Rojas en uitgevoerd door Het Leedy Trio. Bij elke thuiswedstrijd brullen we massaal de tekst van Paul Roda mee:

Ay, ay, ay, die Caballero,
Dat is pas een sigaret.
Ja, ja, ja, die Caballero,
Echt je dat en je van het!
Wat zeggen Theo en Fransje
Wat zeggen Johnny en Jacques
't Is niet alleen de melange,
Maar ook de rijpe tabak!

AZ

Als in 1967 Alkmaar '54 en FC Zaanstreek samensmelten tot AZ '67 verwacht niemand in Alkmaar dat de club binnen vijftien jaar kampioen van Nederland wordt. In de eerste jaren van het bestaan pendelt de club tussen eerste en eredivisie. Daar komt abrupt verandering in als de gefortuneerde gebroeders Molenaar het voor het zeggen krijgen in de Alkmaarderhout. Met een bijeengekocht elftal wordt AZ in 1981 landskampioen en haalt het de finale van de UEFA Cup. Als de Molenaars zich terugtrekken, worden de prestaties gelijk minder en volgt er zelfs degradatie.
Dan meldt zich een nieuwe mecenas in Alkmaar: Dirk Scheringa. Ooit politieagent en belastingconsulent, maar op dat moment hard bezig om zijn droom, een eigen bank, te verwezenlijken. In die lijn gaat ook de club mee met als bekroning de landstitel in 2009 onder Louis van Gaal. Als de DSB-ballon een half jaar later doorgeprikt wordt, lijkt het ook AZ mee de afgrond in te sleuren. Maar de club blijkt ook zonder Scheringa te kunnen overleven.
Sterspelers: Kristen Nygaard, Kees Kist, Jantje Peters, Kenneth Perez, Barry van Galen, Henk Timmer, Moussa Dembélé, Maarten Martens.

Landskampioen AZ laat zich toejuichen in eigen stadion, mei 2009.

Baan, Rob

Twee wedstrijden, allebei tegen Cyprus, is Rob Baan (1943) coach van Oranje, in 1981. Dankzij twee zeges, 3-0 en 1-0, is hij nog steeds de succesvolste bondscoach aller tijden.

Bakhuys, Beb

Beroemde voornaam, beroemde kopbal: op 11 maart 1934 scoort hij met een ferme zweefduik tegen België, volgens eigen zeggen zijn mooiste doelpunt ooit. Het scoren à la Beb Bakhuys (1909-1982) is geboren, hij wordt vergeleken met de beste Britse spitsen uit die tijd. De goalgetter houdt er in Oranje een prachtig moyenne op na: in 23 interlands scoort hij liefst 28 keer, na zijn carrière duurt het nog 21 jaar voor hij door Abe Lenstra afgelost wordt als Oranjetopscorer aller tijden.

Buiten de lijnen is hij al even actief, hij geeft geld uit als water. Dat is de reden dat hij zijn trofeeën, medailles en zijn door de KNVB geschonken huwelijkscadeau naar de Bank van Lening moet brengen. Bakhuys (HBS, ZAC) maakt deel uit van de eerste stroom Nederlandse voetballers die in het buitenland (Metz) emplooi vindt. Helemaal uit vrije wil doet hij dat niet. De KNVB zet hem in Nederland op de zogenoemde beroepslijst omdat de bond vermoedt dat Bakhuys zich heeft laten betalen bij zijn overgang naar VVV, dat hem een eigen sigarenzaak in het vooruitzicht stelt. De overgang wordt afgeblazen, Bakhuys kan nergens meer terecht in eigen land. In 1947 keert Bakhuys terug, wil trainer worden, maar de KNVB weigert hem een licentie te verlenen. Tussen de bond en de topscorer is het nooit meer goedgekomen.

Ban, Abe van den

Middenvelder van AZ, FC Amsterdam en Haarlem, maar vooral bekend geworden door zijn snor, een legendarische knevel waarmee hij menig tegenstander impo-

De vermaarde duikkopbal van Beb Bakhuys in het Olympisch Stadion tijdens de interland Nederland-België (9-3) van 11 maart 1934.

neert en de aandacht van de media trekt. Van den Ban (1946) wérd een snor, zeer tot zijn eigen genoegen trouwens. In 2012 wordt hem op ludieke wijze eer betoond in het Haarlem-stadion, op de manifestatie 'In den ban van Abe'. Van den Ban, mét snor, is de eregast.

Barend & Van Dorp
Onafscheidelijk en bij vlagen spraakmakend duo, tot het einde van het tv-programma *Barend & Van Dorp* in 2006, na 976 uitzendingen. Na de laatste uitzending van het vermaarde tv-programma trekt Hendrik Jan Bongaarts alias Henk van Dorp (1940) zich terug waarna er nog zelden iets van hem wordt vernomen. Barend (1947), altijd al degene die het meest op de voorgrond treedt, blijft wel opduiken in de media, op radio en televisie en als hoofdredacteur van het sportersvriendelijke – dat wil zeggen: in het geheel niet kritische – tijdschrift *Helden*.
Zowel op schrift (*Vrij Nederland*, *Nieuwe Revu*) als op radio en televisie is het duo decennialang prominent aanwezig, veelal in de eerste ring van het voetbal. Op tv breken ze in 1998 door tijdens het wereldkampioenschap in Frankrijk. *Villa BvD* op RTL 4 wordt 's avonds vanuit een tuin uitgezonden in Roquebrune, met Jan Mulder als derde man. Vanwege het succes komt de NOS tijdens latere toernooien (en de Tour de France) met een bijna identiek programma op de proppen.
Niet iedereen geniet trouwens in 1998 van de losse sfeer van de gevarieerde latenightshow. *De Telegraaf* omschrijft *Villa BvD* als 'ongekend flauw, onbenullig, banaal en absoluut ondermaats'.

Basilevich, Michel Georges
Vriend en latere vijand van Johan Cruijff die zich midden jaren zeventig via de kinderen opdringt aan de vedette van Barcelona. Wordt zakenpartner van Cruijff, belegt in varkensfokkerijen en boomkwekerijen. Basilevich (1946) wordt later ontmaskerd als charlatan, maar houdt zelf vol dat hij bedrogen wordt door Cruijff. Is goed bevriend – of meer dan dat – met Danny Cruijff die hem omschrijft als de knapste man van Spanje. Wil zijn avonturen met Cruijff onder de kop *Cruijff de satan* publiceren, maar daar is het nooit van gekomen.

Basten, Marco van
De mythe rond Marco van Basten (1964) krijgt nog grotere vormen na zijn te vroege en pijnlijke afscheid van de voetbalsport vanwege een kapotte enkel. Hij verdwijnt lange tijd uit de schijnwerpers, stort zich vol overgave op de golfsport, en hoe langer zijn afwezigheid duurt, hoe 'groter' hij wordt. Van Basten zelf moet van die verering al tijdens zijn gloriedagen als speler weinig hebben. Na het winnen van de EK-finale in 1988 tegen de Sovjet-Unie, waarin hij met een magistrale volley de 2-0 maakt, zegt hij doodleuk: 'Ach, van de week moeten we allemaal weer naar de supermarkt.'
Wat niemand verwacht, gebeurt toch in 2002: Van Basten wordt trainer. Eerst bij Jong Ajax, daarna krijgt hij vrij snel de kans om als bondscoach aan de slag te gaan. Hij is een eigengereide coach, met een eigenzinnig selectiebeleid. Hij gaat de strijd aan met Mark van Bommel, die uiteindelijk bedankt voor Oranje, met Clarence Seedorf en Ruud van Nistelrooij, die Van Basten bij zijn keuzes beticht van een 'ik-mag-je-gehalte'.

Marco van Basten
als spits van Ajax.

Van Basten wordt in 2008 clubtrainer van Ajax, maar ondanks forse investeringen vallen de resultaten tegen. Een van zijn trainingen wordt verstoord door ontevreden fans die het veld op lopen en na een nederlaag tegen Heerenveen scheldt een supporter hem uit voor 'pannenkoek'. Daarmee is de ontmythologisering een feit. Van Basten stapt na elf maanden zelf op bij Ajax.
Na drie jaar maakt hij bij provincieclub Heerenveen een doorstart als trainer. In een bestuurlijk uiterst roerige periode bij de club blijft Van Basten overeind. Opvallend is de intense manier waarop hij in Friesland de wedstrijden beleeft. Van een afstandelijke coach is hij een bevlogen trainer geworden. Omdat hij het 'juiste gevoel' mist, besluit hij Heerenveen na twee seizoenen te verlaten.

Bax, Jaap

Tussen 1969 en 1997 is gymnastiekleraar Jaap Bax (1926) een, laten we zeggen, enthousiaste radioverslaggever van de NCRV en de NOS. Tevens bijna 25 jaar wethouder van 's-Gravenzande, voor de PvdA, en waarnemend burgemeester van Maasland. Hij verslaat honderden (duizenden?) merendeels niet erg interessante wedstrijden uit het zaterdagvoetbal. Zijn hoogtepunten zijn de FA Cup-finales die hij mag verslaan.

Been, Mario

Maakt zijn belofte als voetballer nooit waar. Als generatiegenoot van Marco van Basten en Gerald Vanenburg blinkt de Rotterdammer uit op het jeugd-WK in Mexico in 1983. Een jaar later debuteert hij onder Rinus Michels in het Nederlands elftal, maar bij die ene interland (Oostenrijk-Nederland 1-0) blijft het. Been (1963) is te veel Pietje Bell, een zorgeloos Rotterdams schooiertje dat het allemaal niet zo nauw neemt met de wetten van de topsport. Hij breekt niet echt door bij Feyenoord, dat de middenvelder voor een miljoen gulden verkoopt aan Pisa. Daarmee is een carrière als topvoetballer voor Been van de baan. Lachen doet hij genoeg in zijn leven. En hij kan smakelijk over zijn voetbalavonturen vertellen, zoals over zijn mislukte transfer van Pisa naar Sheffield Wednesday. 'We vlogen met de privéjet van de president van Pisa naar Engeland, waar het echt verschrikkelijk regende. Ron Atkinson, de manager, vroeg me naar mijn gezin. Ik vertelde dat we een hond hadden. Die moest volgens Atkinson in quarantaine. Ik belde mijn vrouw en zij vertelde me dat ze Bruce dan zes maanden in zo'n hokkie zouden stoppen. Toen ik terug de kamer in liep vroeg Atkinson of ik even wilde tekenen. Ik doe het niet, zei ik tegen hem, want

mijn hond kan niet mee. De president van Pisa heeft op de terugweg niets meer tegen me gezegd. Jaren later kwam ik Atkinson tegen. "Hé, Mario Been, from the dog!" zei hij meteen.'
In 2011 gaat hij als coach aan de slag bij het Belgische Genk, na een treurige aftocht bij de club die het diepst in zijn hart zit: Feyenoord. De spelers van Feyenoord hebben Been weggestemd, al wordt nooit helemaal duidelijk in hoeverre dat proces door de clubleiding is gestuurd. Been houdt er een nare smaak aan over, maar hij weet hoe het werkt. 'De voetballerij is een vies en vervelend wereldje. Maar als je er eenmaal in zit, wil je er niet meer uit.'

Beenhakker, Leo

Don Leo! Een frons, een hand die door het haar strijkt, een walm van sigarenrook, een zucht en een blik waarmee hij duidelijk wil maken dat hij het, nou vooruit, nog één keer zal uitleggen: Leo Beenhakker (1942). Een poseur is de Rotterdammer (Charlois) zeker, maar Beenhakker heeft aanmerkelijk meer vaardigheden dan acteren. Hij is een meester in de omgang met voetballers – en ook met journalisten trouwens. Van Emilio Butragueño bij Real Madrid tot Zlatan Ibrahimovic bij Ajax, ze respecteren hem en luisteren naar hem. Ajax, Real Madrid, Feyenoord, Istanbulspor, Vitesse, Chivas Guadalajara, Trinidad en Tobago, Polen, wéér Feyenoord ('Ik ben weer thuis'), Beenhakker is overal en voelt zich overal thuis. Type wereldburger/beroepsoverlever inderdaad, net zoals Guus Hiddink, met als onbetwist dieptepunt het WK 1990 in Italië als hij een gouden generatie Nederlandse voetballers niet in zijn greep krijgt en tot Don Ballon wordt omgedoopt.
Voor de media is hij een godsgeschenk. Voor de Europacup voor landskampioenen bedenkt hij eind jaren tachtig 'Cup met de grote oren', hij introduceert de term 'patatgeneratie' en na ontslag 'pakt hij een dalletje'. Zijn besluit om na vier maanden (en volkomen onverwacht) Istanbulspor de rug toe te keren, motiveert hij aldus: 'Ik had ineens ongelooflijk veel trek gekregen in een broodje Oude Leidse.'
Kortom: 'Als je een bijdrage aan de taal hebt geleverd, kun je zeggen dat het 't waard is geweest om geleefd te hebben.'

De Behangkoning

Medio 2002 krijgt John van Zweden (1962) een noodoproep uit Wales. De eigenaar van een behangwinkel in Den Haag wordt vriendelijk doch dringend gevraagd om de club waar hij fan van is te redden van de ondergang. Swansea City is een noodruftige vereniging die op het punt staat te verdwijnen uit het profvoetbal. Buiten gehoorsafstand van zijn vrouw zegt de behangkoning 50.000 pond toe. In ruil daarvoor krijgt hij elf procent van de aandelen. Ruim tien jaar later is Swansea een gezonde club en zijn diezelfde aandelen miljoenen waard. Maar de Haagse behangkoning peinst er niet over ze van de hand te doen. 'Dit circus wil ik niet missen, ik geniet van elke minuut. Ik speel de hoofdrol in m'n eigen jongensboek en het boek wordt almaar dikker.'

Belchinees

Tot op de tribune van de meest marginale clubs wordt hij gesignaleerd: de belchinees. Een schimmig individu met blijkbaar maar één doel: tussen- en eindstanden van wedstrijden doorbellen richting Zuidoost-Azië waar een goksyndicaat alle wedstrijden op de hele wereld loopt te beïnvloeden. Zo moet het althans gaan als je alle verhalen en boeken over matchfixing mag geloven. Al te populair is het beroep van belchinees niet meer, anno 2014 kom je ze nog maar bitter weinig tegen.

Ben ik nou degene die zo slim is, of ben jij zo dom?

Klassieke uitspraak van Louis van Gaal waarmee hij na de wedstrijd Ajax-NAC uit 1996 voetbaljournalist Ted van Leeuwen op zijn nummer probeert te zetten omdat die het waagt om iets te vragen over mogelijke transfers van Ajacieden naar het buitenland. 'Nu ben ik weer de autoritaire, arrogante klootzak,' vervolgt Van Gaal zijn tirade. Het gehoor knikt instemmend. Nadat hij nog even doormoppert, treedt de stilte in, enkel nog onderbroken door een diepe zucht en een karakteristiek 'On-ge-loof-lijk' uit de mond van de Ajax-trainer.

BeNeLeague

Eerste grensoverschrijdende voetbalcompetitie voor Nederlandse en Belgische clubs. Een competitie voor de beste vrouwenteams die in het seizoen 2012-2013 van start gaat. FC Twente is de eerste kampioen.

Berger, Elles

Elles Berger (1940) presenteert jarenlang programma's voor de VARA. Haar vader is opzichter van het Olympisch Stadion, zij wordt in 1956 de eerste stadionomroepster van Nederland. In 1961 maakt een voetballer uit Wales, Barry Hughes, zijn opwachting bij Blauw-Wit, de club die in het stadion speelt. Op een avond komt hij op visite bij de familie Berger. Elles speelt piano. 'Ik bleef de hele avond en later zijn we een paar keer uitgegaan,' blikt Hughes terug in *de Volkskrant*. Ze vieren in 1965 hun huwelijk in de foyer van het stadion. 'Het paar begint een autowasserette in Alkmaar,' meldt het ANP.

Bergh, Joris van den

Misschien niet dé pionier van de sportjournalistiek, maar zeker een van de voorgangers. Joris van den Bergh (1882-1953) schrijft *Te midden der kampioenen* (1929) en *Mysterieuze krachten in de sport* (1941), klassiekers met titels met eeuwigheidswaarde. *De Volkskrant* kenschetst hem zo: 'Van den Bergh was geen sportbestuurder die schoolmeesterachtige stukjes schreef, zoals toen nog veel gebeurde, maar nam de lezer mee naar de wondertent van VUC in Den Haag. Daar waar de spelers van het Nederlands elftal eens per week tezamen kwamen, een beetje om te trainen, maar nog meer om zich geestelijk te laten oppeppen.'

Joris van den Bergh.

Bergholtz, Pummy

Rechtsbuiten die eigenlijk Gerard heet. Limburger. Kaal. En klein, maar groots in de jaren zestig. Bergholtz (1939) is zo snel dat hij een keer bewusteloos van het veld moet worden gedragen, na een botsing met een hek. Via MVV en Feyenoord komt hij bij Anderlecht terecht, samen met Jan Mulder. 'Weet je wat het ergste uit mijn carrière is geweest? Toen ik van Feyenoord naar Anderlecht ging, besliste de KNVB dat ik niet meer in het Nederlands elftal mocht uitkomen; *buitenlanders* waren niet meer welkom. Ik was net Sjaak Swart voorbij in het Nederlands elftal. Ik heb later nog één interland gespeeld, maar als ik dat geweten had, was ik niet naar Anderlecht gegaan.'

Bergkamp, Dennis

'Met het eerste meedoen? Dat willen we allemaal wel, jochie.' Het kost Dennis Bergkamp (1969) zondag 14 december 1986 enige overredingskracht om stadion De Meer binnen te komen. De suppoost ontdekt weinig branie bij het zeventienjarige manneke en vertrouwt het zaakje in eerste instantie niet. Een paar uur later maakt Bergkamp zijn debuut als Ajacied tegen Roda JC.
Dat Bergkamp toch nog doorbreekt, zal menigeen verbaasd hebben. Na zijn overstap van Wilskracht SNL naar Ajax komt Bergkamp in geen enkel seizoen direct in het hoogste jeugdelftal. Het oog van meester Johan Cruijff moet eraan te pas komen om de klasse te onderkennen. Vier maanden na zijn debuut volgt de echte doorbraak in de kwartfinale van het Europacup-II-toernooi. Ajax moet tegen Malmö FF een 1-0 nederlaag wegpoetsen en Cruijff schroomt niet om de jongeling als rechtsbuiten in de basisopstelling op te nemen. Bergkamp, de atheneumscholier, zal altijd worden herinnerd aan die wedstrijd waarin alles lukt. Zijn ster rijst in het buitenland. Niet bij Inter (1993-1995), maar bij Arsenal, waar hij tot 2006 voetbalt. Hij heeft een patent op wonderschone doelpunten, de stiftbal is zijn handelsmerk. In Oranje maakt hij vooral indruk op het WK 1998. In de kwartfinale tegen Argentinië schiet hij zijn ploeg naar de volgende ronde, na een lange pass van Frank de Boer die hij stilistisch prachtig controleert. Vliegangst belemmert echter zijn loopbaan. Hij besluit vanaf 1995 niet meer in een vliegtuig te stappen. Het levert hem in Engeland de bijnaam The Non-flying Dutchman op. De consequentie dat hij veel (Europese) uitwedstrijden mist, neemt Bergkamp voor lief.

Berkien, Herman

Cabaretier en zanger uit Utrecht, hartstochtelijk supporter van de plaatselijke FC. Berkien (1942-2005) is vooral bekend om zijn liedjes in Utrechts dialect. Daarvan is 'Utereg m'n stadsie' de bekendste. Het lied wordt bij FC Utrecht nog veelvuldig ten gehore gebracht.

Als ik boven op de Dom sta
kijk ik even naar benee
dan zie ik het oude gragie
het Vreeburg en Wijk C
Ja, dan springt m'n hartsie open
ik ben trots wat dag ie wat
der is geen mooier plehekie
als Utereg m'n stad
als Utereg m'n stad
Utereg m'n stadsie daar gebeurt van alle hand
het bruist aan alle kant in het hartsie van het land
de Sterrenwijk, het Houtplein en de
Lange Rozendaal
Utereg het mooist van allemaal

Dennis Bergkamp scoort in de slotfase van de kwartfinale tegen Argentinië op het WK van 1998.

8
KNVB
MCD

Bever, John de
Liefhebbers van het betere levenslied kennen John de Bever (1965) vooral als zanger, maar ooit was de Brabander de beste zaalvoetballer van de wereld. Als hij in een interview verkondigt dat hij ook op het veld in een mum van tijd topscorer zal zijn, hapt laagvlieger Dordrecht '90 toe. Zijn debuut, op 16 januari 1993, verloopt niet al te vlekkeloos (5-0 nederlaag tegen Cambuur), maar een week later tegen Ajax gaat het al veel beter. In *VI* wordt zijn prestatie zelfs met een 8 beloond. Toch is zijn eredivisieloopbaan een kort leven beschoren, na vier duels richt hij zich weer op zijn carrière in de zaal. Later haalt hij nog twee keer de nieuwskolommen: eerst vanwege een omkoopschandaal in België en daarna als hij met terugwerkende kracht de enige homoseksuele eredivisievoetballer blijkt te zijn die openlijk voor zijn geaardheid uitkomt. IK BEN HOMO, SO WHAT, staat er boven een interview met hem in *Sportweek*.

Beveren, Jan van
Ja, wat als? Wat als Jan van Beveren (1948-2011) zowel in 1974 als in 1978 het doel had verdedigd tijdens de WK-finales. Had hij zich ook laten verschalken door dat slappe rollertje van Gerd Müller? Of in de luren laten leggen door Mario Kempes? Nee, natuurlijk niet. Met Jan van Beveren op doel waren we nu twee wereldtitels rijker geweest, toch? In ieder geval is hij onmiskenbaar de beste doelman van Nederland in de jaren zeventig. Maar voor het WK in 1974 raakt hij geblesseerd en als hij in 1978 door bondscoach Jan Zwartkruis als reservedoelman wordt aangewezen, bedankt hij voor Oranje. Twee jaar eerder voorkomt een conflict met het invloedrijke Ajax-contingent in het Nederlands elftal dat hij aantreedt op het EK van 1976. Gedesillusioneerd verruilt hij in 1980 Nederland voor Amerika, waar hij nog enkele jaren keept en een handel in postzegels begint. In 2011 wordt hij dood aangetroffen achter zijn computer, waarschijnlijk als gevolg van een hartstilstand.

Biesbrouck, Loek
Het zou de 1-miljoen-euro-vraag kunnen zijn uit *Lotto Weekend Miljonairs*: naar wie is Loeki de Leeuw vernoemd, dat grappige figuurtje ('Asjemenou') uit de Ster-reclame? Niet veel mensen weten het antwoord: Loek Biesbrouck (1921-2005), op de Olympische Spelen van 1952 in Helsinki de aanvoerder van het Nederlands elftal. Na een interland in Engeland krijgt hij van de KLM een mascotte in de vorm van een leeuw aangeboden die meteen zijn naam krijgt. Het inspireert filmproducent Joop

Geesink tot het bedenken van Loeki de Leeuw.
De 19-voudige international vormt het symbool van clubtrouw, liefst 21 seizoenen is hij actief bij RCH, de club waarmee hij in 1953 kampioen van Nederland wordt. Medespeler Maup Kruijer omschrijft hem als een speler van 'Beckenbauer-achtige allure'. Niet voor niets dingen veel clubs, ook in het buitenland, naar zijn hand(tekening), maar Biesbrouck laat zich niet vermurwen en blijft in Heemstede. Op 7 februari 1960 staat hij, inmiddels 38, samen in het veld met zijn zoon Loek jr. (17) aan de aftrap van RCH-Hermes DVS in de eerste divisie B, nog steeds een unicum in het betaalde voetbal.

Bijtincident
De voetballer Luis Suarez is lastig te typeren, de mens Luis Suarez moeilijk te doorgronden. Wat bezielt de Uruguayaan als hij op 21 november 2010 tijdens Ajax-PSV, als het spel even is stilgelegd, plotseling in de schouder bijt van tegenstander Otman Bakkal? Niemand die het weet. Suarez wordt voor zeven duels geschorst en verkast niet veel later naar Liverpool. Daar laat hij zich op 21 april 2013 opnieuw van zijn donkerste kant zien als de spits in de wedstrijd Liverpool-Chelsea tegenstander Branislav Ivanovic in zijn arm bijt. 'Hij is een zeer begenadigd voetballer naar wie ik dolgraag kijk, maar hij is zichzelf soms helemaal kwijt. Wat gaat er in vredesnaam toch in zijn hoofd om?' vraagt oud-topspits Gary Lineker zich af na het duel. 'Ik doe alles en voor tweehonderd procent om te winnen,' zegt Suarez, die via Twitter zijn verontschuldigingen aanbiedt. Hij wordt ditmaal voor tien duels geschorst.

Blankemeijer, Fred
'Ik vind dat Fred Blankemeijer een voorbeeld is geweest voor hoe je moet zijn bij een club; jezelf wegcijferen voor het uiteindelijke resultaat en het belang van de club,' zegt Willem van Hanegem na zijn dood. Blankemeijer (1926-2010) is bij Feyenoord geweten, icoon en boegbeeld tegelijk, een geestige man die de club zijn hele leven in diverse functies dient. 'Ome Fred wás Feyenoord,' zegt een andere oud-speler, Wim Jansen.
Ruim zeventig jaar is hij lid van de club. Hij begint als speler en eindigt als 'seniormanager', een erebaan. In De Kuip is de zaal naar hem vernoemd waar hij ooit de kortste persconferentie na de klassieker Feyenoord-Ajax regisseerde. 'Feyenoord-Ajax 0-4, ik neem aan geen vragen.'

Blankenstein, John
Nationaal en internationaal topscheidsrechter die om dubieuze redenen, zoals hij zelf veronderstelt, een aantal van de allergrootste wedstrijden misloopt. 'Sepp Blatter vond mijn broek te kort,' grapt Blankenstein (1949-2006) daar na zijn loopbaan weleens over. Met serieuze ondertoon. Blatter is de hoogste baas van de FIFA, een organisatie die niet bekendstaat om haar vooruitstrevende karakter. Blankenstein is homoseksueel en daar doet hij bepaald niet geheimzinnig over. Hij komt op voor de rechten van homoseksuelen, vooral die in de sport, en hij wordt daarvoor meerdere keren onderscheiden. Het vermoeden bestaat dat Blankenstein om die reden niet van de partij is op het WK 1990. Later gaat ook nog eens de finale van de Europacup I tussen Barcelona en AC Milan om onduidelijke redenen aan hem voorbij.

Als mens en als arbiter kan Blankenstein tegen een stootje. Humor heeft hij ook. TONIGHT'S REF IS GAY, kopt ooit de Engelse tabloid *Daily Mirror* in chocoladeletters. 'Feitelijk is dat niet geheel onjuist,' is de reactie van Blankenstein, die op 57-jarige leeftijd overlijdt aan de gevolgen van een zeldzame nierziekte.

Blanker, Ton

De nieuwe Cruijff wordt hij genoemd. Tonnie Blanker (1960) is snel, goed van de tongriem gesneden en onbevangen. Vijftien jaar oud meldt het ras-Amsterdammertje (DWS) zich bij Ajax. Drie weken later ligt hij in het Slotervaart-ziekenhuis met twee gebroken dijbenen, opgelopen bij een brommerongeluk. Blanker knokt zich terug, maar heeft het moeilijk in de A-selectie van Ajax. Vooral met Søren Lerby, die hem verrot scheldt, kleineert en bekritiseert. Blanker heeft vaak op het punt gestaan 'om hem een stomp op zijn rode kop te geven'. De spits keert Ajax vrij snel de rug toe en zwerft langs allerlei clubs in Europa en de Verenigde Staten. Hij trouwt met Dolly Dot Anita Heilker en via haar belandt hij eind jaren tachtig in het tourmanagement en artiestenimpresariaat. Voor Blanker begint – na een carrière vol tegenslagen – de echte ellende pas als hij in augustus 1994 wordt aangehouden, nadat de politie, na een anonieme tip, bij een inval in een woning in de Amsterdamse Newtonstraat is gestuit op een grote hoeveelheid zware wapens en negentig kilo cocaïne.
In september 1995 wordt hij, nadat de rechtbank eerst drie jaar heeft geëist, in hoger beroep tot vijf jaar gevangenisstraf veroordeeld wegens betrokkenheid in wapen- en drugshandel. 'Een schandalige veroordeling,' houdt Blanker vol, 'op basis van een valse beschuldiging. Ik heb al die tijd ten onrechte in de gevangenis gezeten.'

Eredivisie 1958/1959 BLAUW-WIT AMSTERDAM

Blauw-Wit

'Ons ideaal, dat is Blauw-Wit, dat is de club waar pit in zit,' zingen ze in het Olympisch Stadion voorafgaand aan wedstrijden van Blauw-Wit. Dat klopt helemaal. Voordat in Nederland het betaalde voetbal van start gaat, spelen de Zebra's een voorname rol. Dat verandert abrupt in 1954 als BVC Amsterdam de beste spelers wegkoopt en Blauw-Wit langzaam wegzakt in de klasseringen. In 1972 gaat de club die zes seizoenen in de eredivisie acteert op in FC Amsterdam.

Sterspelers: Piet Koekebakker, Herman van Raalte, Gerrie Althoff, Erwin Sparendam.

Blind, Daley

Op 6 februari 2013 maakt Daley Blind (1990) zijn debuut in het Nederlands elftal, als linksback, in een oefeninterland tegen Italië (1-1). Een bijzonder moment voor de Ajacied, die bij zijn club lange tijd de nadelige gevolgen ondervindt van de 'fluwelen revolutie'. Dat komt doordat zijn vader Danny zich als technisch manager openlijk achter de komst van Louis van Gaal als algemeen directeur schaart. Dat is tegen het zere been van Johan Cruijff, initiatiefnemer van de revolutie. Na het vertrek van Blind senior bij Ajax heeft Daley het sportief moeilijk en zelfs zijn eigen supporters fluiten hem uit. Hij krabbelt overeind, met behulp van een psycholoog, en ontpopt zich tot een van de betere en belangrijke spelers van Ajax.

Zijn plek in Oranje is een beloning. Bijzonder is ook dat zijn vader bij zijn debuut in de Arena als assistent van bondscoach Louis van Gaal op de bank zit. Daley Blind is de achtste international die in navolging van zijn vader het Nederlands elftal haalt. Eenmalig international Martin Koeman heeft zelfs twee opvolgers in Oranje: Ronald (78 caps) en Erwin (31). De andere vaders en zonen in de nationale ploeg zijn: Johan en Jordi Cruijff, Wim en René van der Gijp, Jan en Youri Mulder, Jan Everse senior en junior en Jerry en Nigel de Jong.

Blind, Danny

In zijn laatste seizoen als speler van Ajax, in 1999, zegt Danny Blind (1961) in een interview met *de Volkskrant* dat hij op de avond voor een wedstrijd soms 'een paar flessen' wijn dronk. Hij vroeg de verslaggever er later lachend 'een flesje' van te maken, 'anders gaan ze bij Ajax rare dingen van me denken'.

Blind beëindigt zijn loopbaan als voetballer ontspannen, overladen met prijzen en in het besef dat hij zijn talent maximaal heeft benut. Met zijn leermeesters heeft hij het slechter kunnen treffen. Johan Cruijff haalt hem in 1986 naar Ajax. Als tweede regisseur naast Louis van Gaal geeft hij het elftal vorm dat in de jaren negentig Europa en de rest van de wereld verovert.

De verlegen, bescheiden jongen uit het Zeeuwse Oost-Souburg wordt bij Ajax een ander mens. 'Veel meer mens,' zo omschrijft hij het zelf. 'En daar kan geen prijs tegenop.' Natuurlijk blijft hij na zijn loopbaan actief in het voetbal, in zes verschillende functies bij Ajax, als technisch directeur bij zijn eerste profclub Sparta en als assistent van Van Gaal bij Oranje. Immers: 'Ik hou van voetbal en ik kan de hele dag naar voetbal kijken. Heerlijk. Ik heb ook geen hobby's, ik hoef me niet te vermaken met andere dingen.'

Zijn publieke dieptepunt beleeft Blind in 2008 als hij terechtstaat voor het veroorzaken van een ernstig auto-ongeluk op 6 december 2006 bij de Amsterdam Arena. Blind botst achter op een stilstaande auto, met daarin een oma en haar tweejarige kleinzoon. Hij heeft te veel gedronken en barst tijdens de behandeling van de zaak in tranen uit.

Blok, Ger

Onderwijzer uit Bilthoven die in 1972 in dienst treedt als trainer bij de KNVB. Blok (1939) heeft elf jaar verschillende nationale jeugdteams onder zijn hoede en hij is medevormgever van Jeugdplan Nederland. Hij leidt een talentvolle lichting voetballers, onder wie Marco van Basten, John van 't Schip, Mario Been en Gerald Vanenburg, naar het jeugd-WK in 1983 in Mexico.
Met Van Basten heeft Blok een goede band, en ook met diens vader Joop. 'Marco was altijd een heel aparte moet ik zeggen. Een heerlijke voetballer, oprecht, eerlijk. Hij stond voor wat hij zei. En hij had ook een fantastische vader. Joop van Basten was er altijd bij, maar hemelde zijn zoon nooit op. Als ik met hem over zijn zoon wilde praten, zei hij altijd: mijnheer Blok, zoek dat zelf even lekker uit. Ik zou bijna willen zeggen dat de vader van Marco van Basten door alle clubs zou moeten worden uitgenodigd om in lezingen duidelijk te maken hoe ouders hun kinderen moeten begeleiden. Daardoor kunnen achterlijke excessen, bemoeizucht en scheldkanonnades bij jeugdwedstrijdjes achterwege blijven.'
Na zijn periode bij de KNVB zwicht Blok voor het perspectief van avonturen in Saoedi-Arabië, Turkije, Honduras en Birma. Zijn liefde voor de voetbalsport bekoelt nooit, wordt eigenlijk alleen maar sterker. Een fatale val van een trap in 1998 bezorgt Blok een dwarslaesie, waardoor hij zich permanent in een rolstoel moet voortbewegen. Maar dat weerhoudt hem er niet van geregeld in voetbalstadions te verschijnen en zijn visie op voetbal te blijven geven.

Bobo's

Bobo's worden ze tijdens het EK in 1988 genoemd, de bestuursleden van de KNVB, vooral door aanvoerder Ruud Gullit. Samen met bondscoach Rinus Michels creëert hij een vijand, de 'bondsbons'. De bedenker van het woord in deze betekenis is, naar alle waarschijnlijkheid, Joop Niezen.
Als hoofdredacteur van *Voetbal International* zou hij het woord al in 1985 voor de eerste keer hebben opgeschreven. In 1996 zegt Niezen in *Het Parool*: 'De samensteller van de Woordenlijst van de Nederlandse taal belde me een tijdje terug toevallig op en vroeg me naar de oorspronkelijke betekenis van het woord bobo. Dat treft, meneer, zei ik. Natuurlijk kan ik u dat vertellen, want u spreekt met de oorspronkelijke uitvinder.'
Bobo is overigens ook een Surinaams woord. De betekenis: slome, sufferd.

Boer, Frank de

Voor de vorm vraagt hij nog enige bedenktijd, maar eigenlijk is Frank de Boer (1970) er al lang uit. Als het bestuur van Ajax hem in december 2010 vraagt om hoofdtrainer te worden, stemt hij in gedachten gelijk in met het verzoek. Waar zijn zaakwaarnemer Guido Albers Ajax vooral ziet als een trainerskerkhof (vraag maar na bij Danny Blind, Martin Jol en Marco van Basten) en hem waarschuwt voor de gevaren, ziet Frank de Boer geen beren op de weg. Op dat moment misschien een tikkeltje naïef,

Oranje-aanvoerder Frank de Boer betreedt het Stade Vélodrome in Marseille voor de kwartfinale van het WK '98 tegen Argentinië.

maar de geschiedenis geeft hem gelijk. Sinds het aantreden van de man uit Grootebroek gaat het Ajax voor de wind. Vier keer op rij kroont Ajax zich tot landskampioen, hoewel de onrust na de zogenoemde fluwelen revolutie van Johan Cruijff en zijn handlangers met de week toeneemt. Maar de chaos om hem heen krijgt geen vat op de stoïcijns opererende De Boer, die consequent vasthoudt aan zijn eigen uitgangspunten en Ajax zodoende weer uitstraling bezorgt. Zeker als de Amsterdammers in eigen Arena het grote Barcelona verslaan. Langzaam haakt Ajax weer aan bij de Europese subtop, hoewel het grootste doel, overwinteren in de Champions League, telkens mislukt. Dat moet een tikkeltje frustrerend zijn voor de topvoetballer die De Boer ooit was toen hij uitkwam voor Ajax, Barcelona en Oranje. Met Ajax wint hij in 1995 de Champions League, het WK van 1998 is voor hem het hoogtepunt in een Oranje-shirt. Minder leuke tijden beleeft hij tijdens het EK van 2000 in eigen land als hij zowel in de reguliere speeltijd als in de beslissende penaltyreeks faalt vanaf elf meter tegen Italië. Daardoor loopt hij de EK-finale mis. Een ander dieptepunt vindt plaats bij het vertrek dat hij bij Ajax forceert. Bij die gelegenheid haalt hij trainer Morten Olsen door het slijk tijdens een arbitragezaak. 'Het dieptepunt van mijn loopbaan,' aldus De Boer in *Sportweek*. 'We gingen over lijken, omdat we dachten dat we niets anders meer konden doen om weg te komen bij Ajax. Vreselijk, achteraf, dat we het zo gedaan hebben. We zagen toen geen uitweg meer, maar wat hielp het nou? Niks. Als ik iets terug zou mogen draaien, is dat het.'

Boer, Ronald de

Iets meer levensgenieter dan broer Frank, tien minuten eerder geboren ook, maar ook behept met hetzelfde fanatisme en winnaarsmentaliteit. Dat maakt hem binnen de lijnen tot een smaakmaker van hoog niveau. De Boer (1970) kan een tegenstander op de vierkante meter passeren, een eigenschap die je nog zelden tegenkomt in het hedendaagse voetbal. Bij Ajax groeit hij uit tot een topspeler, de overstap naar het buitenland, na een op de spits gedreven conflict met club en trainer (Morten Olsen) leidt een mindere periode in, vooral vanwege de fysieke ongemakken die De Boer om de haverklap treffen. Hij sluit zijn actieve periode af in Qatar, waar hij blijft plakken, onder meer om zich in te zetten als ambassadeur voor het WK-bid van het land. Ook daarin is hij succesvol want Qatar krijgt inderdaad het WK van 2022 toegewezen. Momenteel is hij actief

als analyticus, waarbij hij opvalt door een scherpe en duidelijke mening. Ook is hij individuele trainer binnen de Ajax-opleiding.

Boere, Jeroen

In mei 1999 verandert de wereld van Jeroen Boere (1967-2007) in één klap. Of beter: in één steek. Want het mes waarmee hij in Tokio wordt geveld, raakt hem in het oog. Een typisch geval van verkeerde plaats, verkeerd moment, zo vertelt Boere in een interview met *Trouw*. 'Ik stond in een kroeg. Niks geen avondje wildebrassen, gewoon uit met vrouw en vrienden. Er was een opstootje, iemand stak met zijn mes.' Dat mes ontneemt hem het licht in een van zijn ogen en maakt dus ook een abrupt einde aan zijn voetbalcarrière die hem langs clubs als De Graafschap, VVV, Go Ahead Eagles, West Ham United, Crystal Palace, Southend en Omiya Ardija heeft gevoerd. De jongere broer van Remco Boere probeert zijn leven weer op te pikken, opent kroeg The Half Moon in Epping totdat in 2007 het noodlot weer toeslaat. En nu definitief in de vorm van een fataal auto-ongeluk op Ibiza.

Boerebach, Michel

Michel Boerebach (1963) is voorbestemd om Ronald Koeman op te volgen als vrije verdediger bij PSV, maar hij breekt net niet door op het hoogste niveau. De geboren Amsterdammer is Feyenoord-fan, maar hij speelt nooit voor de Rotterdamse club. Wel voetbalt hij bij Go Ahead Eagles, Roda JC, het Spaanse Real Burgos en FC Twente. Op 22 juli 2003 wordt Boerebach getroffen door een persoonlijk drama. Bij een verkeersongeluk, veroorzaakt door een roekeloze medeweggebruiker, komen zijn zoontjes Lesley (12) en Sven (9) om het leven en raakt zijn ex-vrouw, die achter het stuur zit, zwaargewond. Met *Trouw*-journalist Rob Pietersen maakt Boerebach twee jaar later het boek *Nooit meer zaterdag*, een aangrijpend verhaal over het leven van zijn jongens en het verwerkingsproces na hun dood. Boerebach schrijft zelf ook veel, vooral gedichten en columns. Hij vindt steun bij voetbalvrienden als Paul Bosvelt en René Eijkelkamp. En hij heeft veel contact met John Bosman, die een jaar eerder zijn zoontje Devin heeft verloren bij een auto-ongeluk.
De tijd zal de wonden nooit helen, en de pijn niet wegnemen, maar slechts verdoven. In 2007 krijgt Boerebach nog een zoontje. Hij wordt assistent-trainer van Go Ahead Eagles. De club promoveert in 2013 naar de eredivisie. Eind van dat jaar meldt Boerebach zich ziek bij de club wegens een mentale inzinking. Hij zoekt professionele hulp. In januari 2014 keert hij terug in zijn functie.

Bogarde, Winston

Deze neger buigt voor niemand, luidt de titel van de biografie van Winston Bogarde (1970), opgetekend door Marcel Rözer. En zo is het maar net. Naar niemand laat de oud-speler van Sparta, Ajax, Barcelona, AC Milan en Oranje (20 interlands) het hoofd hangen. Zeker tijdens zijn periode bij Chelsea, de club waar hij meer seizoenen onder contract staat dan wedstrijden speelt. De verdediger zit in een uitzichtloze situatie, maar laat zich, mede geholpen door een exorbitant salaris, niet klein krijgen, hoewel zijn carrière op deze manier een roemloos einde beleeft.

Ruim tien jaar later is er van die rijkdom weinig meer over. HE'S FAT, HE'S ROUND, HE HASN'T GOT A POUND, kopt een Engelse tabloid. De keren dat Bogarde in het nieuws komt, schetsen een niet al te positief beeld van de voormalige verdediger. Hij krijgt mot met de Belastingdienst, in de pokerclub waarvan hij bestuurder is, valt een dode tijdens een overval en vanwege een zware schuldenlast wordt zijn villa ver onder de oorspronkelijke verkoopprijs geveild. Zijn carrière als jeugdtrainer sterft een vroege dood. Het moment om te buigen lijkt steeds dichterbij te komen.

Bomans, Godfried

In december 1971 plaatst het weekblad *Elsevier* een opmerkelijk interview van schrijver Godfried Bomans (1913-1971) met Johan Cruijff. Het begin: 'Johan Cruijff doet in zoverre aan een engel denken dat ook een engel niet aan zwaartekracht onderhevig is. Ik heb hem vaak zien spelen en mij dan telkens verwonderd dat hij dan na afloop gewoon met de anderen mee het veld afliep en niet opsteeg en over de tribunes heen aan de einder verdween. Vermoedelijk houdt hij zich in. Er is een grens aan populariteit en die wil hij niet overschrijden.' Bomans interviewt Cruijff in diens toenmalige huis in Vinkeveen. Het is het laatste interview voor zijn dood.

Bomans: 'Lees je veel?'

Cruijff: 'Nee, ik lees alleen maar voor ontspanning, als u begrijpt wat ik bedoel.'

Bomans: 'Jaja, ik begrijp wat je bedoelt.'

Cruijff: 'Dus ik wil niet zo lezen dat ik er altijd bij moet denken.'

Bomans: 'Heb je weleens een boek van mij gelezen?'

Cruijff: 'Ja.'

Bommel, Mark van
Zijn erelijst past amper op een A4'tje. Liefst 21 seizoenen speelt Mark van Bommel (1977) betaald voetbal, van besnord broekie van Fortuna Sittard tot hij in 2013 afzwaait bij PSV. De Limburger blijkt een veelvraat van titels. Met Barcelona wint hij de Champions League, bij Bayern groeit hij uit tot de onbetwiste *Kapitän* totdat Louis van Gaal hem de aanvoerdersband ontneemt. Getergd tot op het bot verhuist hij naar AC Milan, in zijn nadagen landt hij weer op de vertrouwde Herdgang. Dat laatste jaartje wordt geen onverdeeld genoegen. Van Bommel uit in woord en gebaar bijna wekelijks zijn misnoegen over de gang van zaken bij de club die kampioen moet worden, maar een afgang niet kan voorkomen. Ook zijn afscheid bij Oranje verloopt in mineur. Als aanvoerder van het Nederlands elftal maakt hij van dichtbij de sof mee tijdens het EK van 2012. De vicewereldkampioen wordt al in de poulefase roemloos uitgeschakeld. Van Bommel houdt er sowieso een haat-liefdeverhouding op na met Oranje. Onder Marco van Basten bedankt hij zelfs voor Oranje omdat hij zich niet serieus genomen voelt. Als zijn schoonvader Bert van Marwijk het voor het zeggen krijgt, heft hij de boycot op en staat hij twee jaar later zomaar in de WK-finale. Na zijn actieve loopbaan richt hij zich op een trainerscarrière.

Boogers, Marco
De Engelse krant *The Guardian* publiceert in 2000 een lijst met de tien grootste miskopen uit de historie van de Premier League. Op de vijfde plek komen we een bekende naam tegen. De transfer van Marco Boogers (1967) voor 1 miljoen pond van Sparta naar West Ham United in 1995 loopt uit op een faliekante mislukking. Al in zijn tweede wedstrijd voor *The Ham-*

mers krijgt de latere technisch directeur van FC Dordrecht een rode kaart na een horrortackle op Gary Neville. In de pulppers verschijnen verhalen als zou hij na dat duel op de vlucht geslagen zijn en zich wekenlang schuilgehouden hebben in een caravan op een Nederlandse camping, in werkelijkheid revalideert hij in Zeist van een knieblessure. Hij hult zich slechts vier keer (83 minuten in totaal) in het fameuze *claret and blue* van West Ham, in februari 1996 wordt hij verhuurd aan FC Groningen. Nog steeds worden er in de fanshop van Upton Park shirts verkocht met als opdruk *I saw Marco Boogers play*.

Bord op schoot

Een gevleugeld begrip, zeker op de momenten dat instituut *Studio Sport* de rechten op de samenvattingen van de eredivisie verliest. Die dreigen dan op onchristelijke tijden uitgezonden te worden, hoewel dat in de praktijk wel meevalt. Ook bij Talpa zijn de samenvattingen gewoon op zondagavond rond etenstijd te zien. Maar het inspelen op het sentiment blijkt te werken, altijd keren de samenvattingen terug bij de NOS. Voorlopig komt daar geen verandering in. Tot 2017 kan er met het bord op schoot gekeken worden naar het voetbal.

Borst, Hugo

Rotterdammer, in de eerste plaats. En Spartaan. Journalist, schrijver, ex-provocateur, vriend van Henk Spaan. En 'buienman', zoals hij het in 2009 in een interview in *Trouw* noemt. 'Ik wil leren me beter in te houden, maar ik weet niet of dat ooit gaat lukken. Het is ook lekker om het er allemaal uit te gooien. Kalm zijn én schreeuwerig. Ik ben gewoon een buienman. Het is het temperament van mijn moeder hè? Weinig aan te doen.'
Een van de hoogtepunten in zijn oeuvre is nog altijd *De Coolsingel bleef leeg* (1996) waarin hij verslag doet van een seizoen van Feyenoord. Het idee zal later veelvuldig worden gekopieerd.
Sinds 2013 is Borst (1962) op zondagmiddag presentator van *Langs de Lijn*, samen met Henry Schut. Voor zijn debuut vraagt het *Algemeen Dagblad* of hij, net zoals op televisie bij *Studio Voetbal*, ook op de radio de grenzen zou opzoeken met provocerende opinies. Borst antwoordt: 'Juist die commotie die die scherpe mening veroorzaakte, maakte me op den duur moe en gedesillusioneerd. Waar gaat het eigenlijk over, vroeg ik me steeds vaker af na zo'n ruzie.'

Bos, Theo

Klassieke clubvoetballer die Vitesse altijd trouw blijft, vijftien seizoenen lang. De bijnaam Mister Vitesse verdient verdediger Bos (1965-2013) ten volle, hoewel hij, saillant genoeg, wordt geboren in Nijmegen. In 2012 wordt hij getroffen door alvleesklierkanker. Op zijn verzoek volgt journalist (en Vitesse-supporter) Marcel van Roosmalen hem in zijn laatste maanden om een boek over hem te schrijven. *Het is zoals het is* verschijnt na zijn dood en geldt al snel als een monumentaal eerbetoon. Het boek is opgedragen aan zijn jongste dochter Lotte, 'zodat ze later kan lezen wie ik ben'.

Boskamp, Hans

Met teamgenoot Rinus Michels zingt hij in bad bij Ajax het duet uit *De Parelvissers*, hij is meer dan veertig keer reserve bij het Nederlands elftal, speelt mee in de legendarische

tv-serie *Ja zuster, nee zuster* en hij is – net zo legendarisch – Lange Pier in *Floris*, de spannende jeugdserie van Paul Verhoeven. Hans Boskamp (1932-2011), linksback van DWS en Ajax en geboren als Johannes Hölscher, is een lefgozer en een charmeur die zich overal thuis voelt, in de artiestenwereld het meest. John Lennon noemt hij ooit een 'gabber' en het is niet eens overdreven. Als adjunct-directeur van platenmaatschappij Bovema begeleidt hij in maart 1969 John Lennon en Yoko Ono tijdens hun wereldberoemde *bed-in for peace* in suite 902 van het Amsterdamse Hilton Hotel.
Zijn uitvaart in Dordrecht wordt onder anderen bijgewoond door Sjaak Swart, Frans Derks, Theo van Duivenbode, Jacques d'Ancona, Ben Cramer, Lee Towers, Rachel Hazes en Bas van Toor. Een jaar eerder heeft hij gezegd dat hij zijn memoires zal gaan schrijven. Een titel heeft hij al: 'Ik heb me niet verveeld.'

Boskamp, Jan
Een keiharde beuk tegen je schouder, dat is de meest vriendschappelijke begroeting van Jan Boskamp (1948) die in België vaak Johan wordt genoemd. Maar Jan is een rasechte Rotterdammer die aan nagemaakt gedrag en pseudo-interessante uitlatingen een broertje dood heeft. Boskamp zegt waar het op staat; als even onaangepaste als kogelronde ('Ik ben dol op bamihappen') analyticus maakt hij furore op de Nederlandse en Vlaamse tv.
Daarvoor is hij een succesvolle trainer (3x kampioen met Anderlecht) en een heel redelijke speler in Nederland (Feyenoord) en België (RWDM) die het zelfs tot international schopt. Hij mag mee met Oranje naar het WK van 1978, maar zijn inbreng blijft beperkt tot een invalbeurt tegen Schotland.

Bosman, John
Het geluk lacht John Bosman (1965) niet altijd toe in zijn leven. Oké, hij scoort met name bij Ajax sneller dan zijn schaduw, maar in Oranje worden zijn optredens achtervolgd door pech. Als hij vijf keer scoort tegen Cyprus wordt de wedstrijd later ongeldig verklaard. Vecht hij zich in de basis van het elftal dat aan de start staat van het EK van 1988, gaat uitgerekend die eerste wedstrijd (tegen de Sovjet-Unie) prompt verloren. En altijd hangt de schaduw van ene Van Basten om hem heen. Maar dit sportieve leed valt in het niet bij het persoonlijke drama dat hem overkomt. De dood van zijn zoontje Devin in 2002 bij een verkeersongeluk. 'Ik heb het leven nu redelijk weer opgepakt, maar ik had zo mijn hele carrière willen inleveren om hém terug te krijgen,' zegt Bosman in de rubriek Huize Heukels in *Sportweek*.

John Bosman toont zijn specialiteit in de wedstrijd Haarlem-Ajax. Rechts Haarlem-doelman Edward Metgod.

mita
TDK

Bosz, Peter
Willem van Hanegem is geen fan van Peter Bosz (1963), ook al winnen ze in de jaren negentig bij Feyenoord de landstitel en drie keer het nationale bekertoernooi, de een als trainer, de ander als middenvelder. Bosz wordt in 2006 technisch manager van Feyenoord. Een jaar later laat Van Hanegem in een column in het *Algemeen Dagblad* weten dat hij nooit een functie bij Feyenoord zal uitoefenen zolang Bosz voor de club werkt. Hij beschuldigt hem ervan dat hij in 1996 een aantal mensen bij Feyenoord tegen hem heeft opgezet. 'Die zaak heeft me zó veel pijn gedaan dat ik er tot op de dag van vandaag last van heb.'
Bosz keert Feyenoord op 14 januari 2009 de rug toe, uit solidariteit met trainer Gertjan Verbeek die opstapt nadat de spelersgroep het vertrouwen in hem heeft opgezegd. Als trainer is hij beter op zijn plaats. Bij Heracles en Vitesse staat hij bekend om zijn voorliefde voor een aanvallende speelstijl.

Boulahrouz, Khalid
De hele natie leeft met hem mee. Khalid Boulahrouz (1981) en zijn vrouw – die zich zes jaar later trouwens in de armen zal storten van Rafael van der Vaart – worden tijdens het EK van 2008 getroffen door persoonlijk leed als hun dochtertje kort na de geboorte overlijdt. De verdediger besluit om bij het elftal te blijven en krijgt zelfs een basisplaats toebedeeld in de kwartfinale tegen Rusland. Heel het land heeft zich dan al in de discussie gestort of dat allemaal wel zo verstandig is.
Het is Boulahrouz allemaal niet komen aanwaaien, overal moet hij vechten voor zijn plek. Of het nu bij eerste profclub RKC of bij Chelsea is. Die laatste club blijkt iets te hoog gegrepen, maar ook bij zijn volgende clubs Sevilla, VfB Stuttgart en Sporting Portugal kent hij zo zijn problemen, ook omdat hij niet met elke trainer door een deur kan. Ook in Oranje is hij niet onomstreden, toch pikt hij tussen 2004 en 2012 jaarlijks minimaal één interland mee, met de halve finale op het WK van 2010 als hoogtepunt. In oktober 2013 tekent hij een contract bij het Deense Brøndby.

Khalid Boulahrouz met Dick 'Cooky' Voorn.

Braaf, Andrew
Er gebeuren gekke dingen tijdens het duel tussen MVV en Excelsior in het seizoen 1987-1988. Excelsior-speler Andrew Braaf (1963) verkeert waarschijnlijk in een psychose wanneer hij plotseling zonder aanleiding de bal opraapt, naar de andere kant van het veld loopt, de bal op de stip legt en een strafschop neemt op de verbouwereerde keeper van MVV. Vervolgens klimt hij juichend in de hekken achter het doel waar hij weigert uit te komen. Hij lijkt doof voor de smeekbedes van zijn medespe-

lers en een paar opgetrommelde agenten, enkel André Wasiman lukt het om in het Surinaams met hem te communiceren. Pas na geruime tijd geeft hij zijn verzet op en wordt hij geboeid afgevoerd naar de catacomben waar hij valium krijgt toegediend. In het ziekenhuis wordt hij gecontroleerd op het gebruik van stimulerende middelen, maar daar is geen sprake van. De medici houden het op een acute psychose.

Brands, Marcel

Na een weinig spectaculaire maar evenwichtige loopbaan als profvoetballer, bij FC Den Bosch, Feyenoord en RKC, wordt Marcel Brands (1962) bij die laatste club eerst technisch en dan algemeen directeur. In 2005 maakt hij de stap naar AZ, als opvolger van Martin van Geel. Vier jaar later wordt de club kampioen, maar die titel is toch vooral op het conto te schrijven van trainer Louis van Gaal. Brands maakt promotie naar PSV, maar ondanks het feit dat een aantal jaren achtereen fors wordt geïnvesteerd in de spelersgroep, boeken de trainers Fred Rutten, Dick Advocaat en Phillip Cocu dramatische resultaten.

Brandts, Ernie

Op het WK in 1978 is Ernie Brandts (1956) een van de 'jochies' van Jan Zwartkruis, de bondscoach die plotseling een 'supervisor', Ernst Happel, boven zich moet dulden. Met twee andere PSV'ers, Jan Poortvliet en Piet Wildschut, frist de lange verdediger Oranje in Argentinië op, met een finaleplaats als gevolg. Nog steeds is hij de enige speler die op een WK voor zijn eigen ploeg en de tegenstander scoort. Tegen Italië passeert de banketbakkerszoon uit Didam eerst Piet Schrijvers en later Dino Zoff.

In 2009 wijkt hij als trainer uit naar Iran, naar Rah-Ahan, op voorspraak van Mohammed Hassan, een voormalig international van Iran. 'Hij kende mij van het WK in 1978 in Argentinië,' zegt Brandts in alle ernst. 'Wij zaten daar in dezelfde groep als Iran in de eerste ronde. Wij haalden de finale en kennelijk maakt dat toch wel indruk.'

Nog opzienbarender: in 2013 grijpt hij als trainer in Afrika voor het derde achtereenvolgende jaar een landstitel. Met APR doet hij dat in Rwanda, met Young Africans in Tanzania. Zijn reactie op die laatste titel is gematigd enthousiast, blijkt uit een interview met het *Algemeen Dagblad*: 'Ik mis mijn gezin. Hoewel ik hier fantastisch woon, op een meter of tien van het strand. Aan de andere kant: in Nederland zitten ze niet op Ernie Brandts te wachten. We hebben zo veel goede trainers.'

Breda Kolff, Jan van

Elf interlands speelt Jan van Breda Kolff (1894-1976) als speler van HVV en het is vooral de eerste die telt. Nog steeds is hij de jongste debutant ooit in het Nederlands elftal, én de jongste doelpuntenmaker. Hij is 17 jaar en 74 dagen als hij op het terrein van DFC in Dordrecht meespeelt tegen België. Door doelpunten van Mannes Francken en Van Breda Kolff worden de Belgen met 3-1 verslagen.

Bregman, Kees

In zijn kapperszaak aan de Amsterdamse Bos en Lommerweg hangen prachtige foto's uit de tijd dat Kees Bregman (1947) ook de schaar hanteert, maar dan met zijn voeten. De aanvaller van HFC Haarlem en FC Den Haag verhuist in 1974 naar de

oosterburen waar hij zich met name bij MSV Duisburg ontpopt tot een libero van formaat. Een paar jaar later staat Bregman zelfs op de nominatie om Ruud Krol op te volgen als laatste man van Ajax. Alles is al rond, totdat Krol besluit om zijn contract te verlengen.
Na een kort verblijf bij Roda JC, keert Bregman terug naar West-Duitsland waar hij zijn carrière afbouwt in de Tweede Bundesliga bij Duisburg en Fortuna Köln. Zijn loopbaan eindigt abrupt in 1984 als hij voor een half jaar wordt geschorst nadat hij expres op de tenen van een scheidsrechter is gaan staan. Het zwarte gat dat daarop volgt, probeert hij te verdrijven met criminele activiteiten. Bij een undercoveractie van de Duitse politie wordt hij in oktober 1989 ontmaskerd als drugskoerier en verdwijnt hij voor drieënhalf jaar in de cel. 'Achteraf ben ik blij dat ik bij de eerste de beste keer gepakt ben,' zegt hij in *Hard gras*. 'Anders was ik nu Ronnie Brunswijk geweest in plaats van kapper.'

Breukelen, Hans van
Hans van Breukelen (1965) is niet makkelijk. Voor zijn omgeving en voor zichzelf al helemaal niet. Met zijn bijna maniakale instelling wil hij in alles de beste zijn. Niets is goed genoeg in de ogen van de Utrechtse doelman, de gedrevenheid spat er in elke handeling vanaf. Geen wonder dat elke tegenslag aankomt als een moker. Een jaar voordat hij met PSV en Oranje triomfen gaat vieren, gaat hij in de fout tegen Griekenland en wordt hij weggehoond tijdens het zogenoemde polletjesincident. De consternatie leidt tot een plek op de reservebank bij Oranje, waar bondscoach Rinus Michels aan Joop Hiele de voorkeur

geeft. Van Breukelen zit dan in een diep dal. 'Het is dat ik m'n vrouw en kind niet in de steek wilde laten, maar ik heb weleens overwogen om plankgas tegen een boom te rijden,' zegt hij in *Sportweek* over die periode. Met behulp van haptonoom Ted Troost klimt hij uit de put en wint anno 1988 alles wat er te winnen valt. Ook ontpopt hij zich, met dank aan het boekje van Jan Reker, als een penaltykiller van formaat.

Brilletje van Van Daele
De beroemdste bril van Nederland staat op de neus van Joop van Daele. Als invaller schiet de speler van Feyenoord de club op 9 september 1970 naar de Wereldbeker ten koste van Estudiantes. Als wraak voor de enige goal van de wedstrijd slaan de Argentijnen bij Van Daele de bril van de neus en verbrijzelen ze het kleinood onder hun noppen. Het laatste kwartier speelt Van Daele zoekend en tastend de wedstrijd uit. Die onsportieve daad inspireert Luc Lutz en Johnny Hoes tot het maken van een

singletje, met als eerste zin: 'Het brilletje van Van Daele die is niet te betalen.'

Brokamp, Willy

Met zijn lange haren en baard ziet Willy Brokamp (1946) er meer uit als de zanger of gitarist van een Amerikaanse rockband dan als een voetballer. Zo gedraagt hij zich soms ook. Brokamp heeft een rebelse inslag en houdt van uitgaan tot het ochtendgloren. De Witte, ook wel de Blonde Pijl genoemd, waagt in 1974 de stap van Maastricht (MVV) naar Ajax dat 800.000 gulden voor de virtuoze aanvaller neerlegt.

Het gaat Brokamp, 28 dan al, niet makkelijk af. Hij is gehecht aan Maastricht en heeft eerder aanbiedingen van Feyenoord, PSV en Valencia naast zich neergelegd. Twee seizoenen lang speelt hij zonder veel succes bij Ajax, waarna hij zich terughaast naar Limburg.

Pastoor Keulen, de geestelijke adviseur van MVV, heeft het in 1974 in *De Limburger* voor een deel al voorspeld: 'Er komt geen donder van terecht. Weer een Limburger die zich door de centen heeft laten vangen. Dat wordt een puinhoop. Iedere Limburger die naar Holland trekt, gaat naar de bliksem. Huilend, op zijn knieën, zal Brokamp binnen drie maanden smeken of hij terug mag komen.'

Nog steeds is Brokamp een succesvolle horecaondernemer. Hij opent zijn eerste zaak al op zijn 25e. Het hotel-restaurant in het Belgische dorpje Kanne heet In Kanne en Kruike, café Aux Pays Bas op het Vrijthof in Maastricht heeft hij verpacht. 'Als ik wat minder mijzelf was geweest, had ik meer uit mijn carrière gehaald,' zegt hij in 2006. Gelukkig heeft hij nergens spijt van.

Bronckhorst, Giovanni van

Prachtig zeilt de bal de kruising in, de bekroning voor een schitterende carrière is daar. De goal waarmee Giovanni van Bronckhorst (1975) Oranje in de halve finale van het WK 2010 op voorsprong zet tegen Uruguay verdient een gouden lijst. Natuurlijk had de aanvoerder nog een ultieme wens: de Wereldbeker uit handen ontvangen van Nelson Mandela himself, maar daar steken de Spanjaarden een stokje voor. En trouwens, Mandela is op dat moment te zwak om nog enige officiële handeling te verrichten.

Maar niemand hoort Gio klagen, zijn carrière is meer dan geslaagd met clubs als Feyenoord, Glasgow Rangers, Arsenal en Barcelona achter zijn naam. Met die laatste club wint hij zelfs de Champions League. Later wordt hij assistent van Ronald Koeman bij Feyenoord.

Brouwers, Eef
Ze zijn hilarisch, de optredens van de voormalige directeur van de Rijksvoorlichtingsdienst tijdens het EK 2004 in Portugal als persoonlijke souffleur van bondscoach Dick Advocaat. Ondanks de inzet van de voormalige nieuwslezer van de NOS is de relatie tussen de media en de bondscoach beroerd. Brouwers (1939) kijkt desondanks met een tevreden gevoel terug op zijn uitzendbaan. Als enige.

Top-10: Bekende supporters

1 Gerard Cox (Feyenoord)
2 Jules Deelder (Sparta)
3 Theo Maassen (PSV)
4 Bennie Jolink (De Graafschap)
5 Peter R. de Vries (Ajax)
6 Gebroeders Anker (Heerenveen)
7 Frans Timmermans (Roda JC)
8 Rita Verdonk (FC Utrecht)
9 Marco Borsato (AZ)
10 Özkan Akyol (Go Ahead Eagles)

Brox, Guus
Eerste manager in het betaald voetbal. Guus Brox (1928-2001) bekleedt die functie bij Feyenoord in een bloeiperiode, tussen 1964 en 1977. In 1965 winnen de Rotterdammers als eerste club sinds de oprichting van de eredivisie de 'dubbel': titel én beker. Vijf jaar later wint Feyenoord zelfs de Europacup I. 'In die dagen was ik overdag manager en 's avonds administrateur,' zegt Brox, die geniet van het succes en van zijn rol daarin.
Een keerzijde ziet hij ook: volgens Brox hebben maar weinig mensen door wat een bestuursfunctie bij een voetbalclub allemaal betekent. 'Het is een mijnenveld. Er wordt zo simpel over je geoordeeld.'
In 1977 vindt de club de tijd rijp voor een reorganisatie. Brox wordt vervangen door Peter Stephan. De wijze waarop Brox aan de kant wordt geschoven, heeft hem altijd pijn gedaan. Hij noemt het de enige smet op zijn Feyenoord-verleden.

Bruins Slot, Tonny
Analyticus, meesterscout, apostel van Johan Cruijff. In de schaduw gedijt Tonny Bruins Slot (1947) het beste. Dat hij als hoofd opleidingen in 1985 voor zes weken hoofdtrainer is van Ajax, na het ontslag van Aad de Mos, doet hem later nog weleens huiveren. Hij pakt de landstitel door de verdeelde selectie weer op één lijn te brengen, maar hij beseft dat zijn reputatie in die periode ook geschaad had kunnen worden. Bruins Slot maakt zijn titel met Ajax nooit te gelde. Hij vindt dat hij in de piramide naar succes ergens onderin een taak heeft. Dat Cruijff zijn kwaliteiten op waarde schat bij Ajax, beschouwt hij als het beste diploma. In 1988 botst de trainer Cruijff met het Ajax-bestuur. Hem wordt onder meer verweten dat hij zijn assistent Bruins Slot te belangrijk maakt. Als het tot een breuk komt en Cruijff naar Barcelona verhuist, is direct duidelijk dat zijn vertrouweling meegaat. In Spanje rijgt het onafscheidelijke duo in acht seizoenen de successen aaneen. Bruins Slot is schipper naast 'God', maar hij relativeert zijn rol.
De logica van Cruijff, diens geniale invallen, altijd proberen een paar stappen verder te denken dan de rest; Bruins Slot houdt er na al die jaren samenwerking een enorme hoeveelheid dossiers en kennis

aan over. Een naprater van Cruijff voelt hij zich niet, en trouwens, wat dan nog? Cruijffs woord is heilig. 'Ik predik wat hij zegt. Ik ben zijn apostel,' zegt hij in *Het Parool*.

Brunt, Lo

Anders dan veel collega-bestuurders bij de KNVB is bondssecretaris Lo Brunt (1903-1966) in de jaren vijftig een voorstander van de introductie van profvoetbal. Het is geen toeval dat hij deels de aanzet geeft tot de Watersnoodwedstrijd, het benefietduel in 1953 van Nederlandse voetballers in buitenlandse dienst. Om de druk op te voeren geeft hij initiatiefnemer Theo Timmermans het advies prins Bernhard in te schakelen. Na diens enthousiaste reactie wordt de wedstrijd onmiddellijk vastgesteld.

Niet in elk opzicht is Brunt vooruitstrevend. Omdat een 'vrouw in sporttenue onzedelijk is', is hij een groot tegenstander van vrouwenvoetbal. Wanneer hij op een parkeerplaats vrouwen ziet voetballen, roept hij: 'Dames, ik bid u, doe het niet!'

Bruynesteyn, Dik

Hele generaties groeien op met de karikaturen van tekenaar Dik Bruynesteyn (1927-2012). In kranten, tijdschriften, voor op programmaboekjes, de creaties van de geboren Amsterdammer spreken tot de verbeelding, met name de strip *Appie Happie*. Dagelijks staat op de sportpagina van onder meer *Het Parool* een nieuwe aflevering over de spits van De Taaie Tijgers. Maar Bruynesteyn is ook actief op tv als sneltekenaar van *Studio Sport* waarbij hij zijn tekeningen het commentaar laat verzorgen van wedstrijden. Soms zit hij zelf in het stadion langs de zijlijn aan een keukentafel te tekenen.

Buddingh', Cees

Ik heb nooit hard gelopen
om dichters te ontmoeten
maar mij wel vaak buiten adem gefietst
om op tijd bij een voetbalwedstrijd te zijn.

Zijn leven lang is dichter Cees Buddingh' (1918-1985) supporter van DFC, de club uit zijn stad Dordrecht. In zijn jeugd is hij topscorer van DFC en al vanaf zijn vierde zit hij bij thuiswedstrijden van het eerste elftal op de tribune. 'Wanneer ik aan mijn jeugd denk, denk ik aan voetballen,' zegt hij.

Hij is redacteur van het clubblad van DFC en schrijft wedstrijdverslagen. Van zijn hand verschijnt in 1975 de voetbalnovelle *Daar ga je, Deibel!* De selectie voetbalteksten en -gedichten die zijn biograaf Wim Huijser samenstelt, heet *Net zo links als Willem van Hanegem* – een fraaie titel. Net zo mooi is een uitspraak van de grote Dordtse dichter: 'Als je nooit om een doelpunt gejuicht hebt, heb je ook nooit geleefd.'

Cees Buddingh' (gehurkt, tweede van links) poseert met het zesde elftal van DFC.

Cabau van Kasbergen-Sneijder, Yolanthe

Op de buik van Wesley Sneijder is een niet heel erg goed gelijkende afbeelding getatoeëerd van zijn vrouw, Yolanthe (1985). Moet kunnen natuurlijk. Echte liefde overwint alles, ook gêne. De voetballer en de voetbalvrouw treden in 2010 in het Toscaanse Castelnuovo Berardenga in het huwelijk. Er is een kasteel afgehuurd en het feest duurt drie dagen. Eerder heeft Yolanthe een relatie met Jan Smit, de zanger. Met haar acteercarrière wil het nog niet echt lukken. Desondanks zuigt ze de aandacht naar zich toe, waar Wes en Yo ook verblijven, óók van de roddelpers. Geen probleem, vertrouwt de goedlachse brunette het tijdschrift *Grazia* toe. 'Ik heb gekozen voor dit werk en vind dat ik dat het publiek verschuldigd ben. Je wilt dat mensen naar je programma's kijken of bijvoorbeeld je sieraden dragen. Daar horen ook minder leuke nieuwtjes bij.'

Bertus Caldenhove.

Caldenhove, Bertus

Amsterdamse straatvoetballer pur sang die vijftien jaar aanvoerder is van DWS. Hij speelt 25 interlands, onafgebroken, maar zijn interlandloopbaan eindigt abrupt als de Tweede Wereldoorlog uitbreekt. Na zijn carrière is Caldenhove (1914-1983) vaak te vinden in zijn sigarenzaak in de Amsterdamse Haarlemmerpoort. In zijn winkel hangt één foto van Oranje. En boven de ingang het uithangbordje met daarop: B.J. CALDENHOVE, DE DWS-ER. De verdediger heeft tijdens zijn voetballeven ook niets bewaard: geen knipsels, geen speldjes, geen foto's. Interviews geeft hij nauwelijks. 'Waarom is het nodig zoveel over mij te schrijven?'

Cambuur Leeuwarden

Op 19 juni 2014 is het precies vijftig jaar geleden dat Cambuur het levenslicht zag, als opvolger van VV Leeuwarden dat in 1964 terugkeert naar de amateurs. In die vijftig jaar speelt de club vijf jaar in de eredivisie, tussen 1992 en 1994 en tussen 1998 en 2000. En uiteraard vanaf afgelopen seizoen na de verrassende titel in de Jupiler League. De terugkeer van de Friese derby tegen Heerenveen gaat niet zonder slag of stoot voorbij. In woord en gebaar (ANTI FRIES, staat er op een levensgroot spandoek) laten de Cambuur-fans zien dat de Friese folklore niet aan hen besteed is.

Sterspelers: Hampie Bakker, Pier Alma, Oeki Hoekema, Gerrie de Jonge, Johan Abma, Jan Bruin, Oscar Zijlstra.

Caransa, Maup

Een huwelijk met een katholiek meisje én zijn blonde haar en lichtblauwe ogen redden Maup Caransa (1916-2009) het leven in de Tweede Wereldoorlog. Bijna al zijn Joodse familieleden worden door de Duitsers vermoord. Na de oorlog bouwt hij een vermogen op in de handel en als horecaondernemer (Hotel Americain, Amstelhotel, Caransa Hotel). Hij wordt ontvoerd (en voor tien miljoen gulden weer vrijgelaten) en is jarenlang een van de stille sponsors van Ajax. Samen met de broers Wim en Freek van der Meyden legt hij de financiële basis voor de successen van Ajax in de jaren zeventig. Hoewel hij en zijn goede vriend Jaap van Praag, de voorzitter, nooit details bekendmaken, is het bij de media bekend dat de Joodse vastgoedmagnaat fors investeert. In sommige kranten wordt Ajax zelfs 'Caransajax' genoemd.

Castelen, Romeo

Er zijn maar weinig spelers die zo veel tegenslagen dienen te verwerken als Romeo Castelen (1983). De zwaarste vindt plaats als hij amper zes jaar oud is. Bij de SLM-ramp in 1989 komen zijn moeder en zusje om. Eenmaal profvoetballer lijkt het geluk hem toe te lachen. Via ADO Den Haag komt hij bij Feyenoord terecht, hij wordt zelfs geselecteerd voor het Nederlands elftal. Bondscoach Van Basten laat hem echter buiten de selectie voor het WK van 2006, waarna Foppe de Haan hem opneemt voor het EK onder 21 waarmee hij prompt Europees kampioen wordt.
In de voorbereiding van het daaropvolgende seizoen raakt hij zwaar geblesseerd, het begin van een jarenlange en eindeloze revalidatie volgt. Steeds als Castelen terug dreigt te komen, slaat de blessuremisère weer toe, ook nadat hij getransfereerd is naar Hamburger SV. In vijf seizoenen Bundesliga komt hij maar aan zeventien duels toe, Castelen ziet meer wacht- dan kleedkamers van binnen. Eenmaal terug in Nederland, bij het bescheiden RKC, lijkt hij eindelijk fit.

Cate, Henk ten

'Ik ben geboren Amsterdammer, maar zo voel ik het niet. Volgens mijn paspoort ben ik Nederlander, belangrijker is wat er in de ziel staat. In mijn geval: een zwarte ziel. Ik ben Surinamer.'
Henk ten Cate (1954) is controversieel; een innemende maar ook onberekenbare boeman met een weerspannig karakter, die het conflict allerminst schuwt. Hij is geliefd en gehaat bij de clubs waar hij voetbalt (onder meer Telstar en Go Ahead Eagles) en waar hij trainer is (onder meer Vitesse, NAC, Ajax en Barcelona). Ten Cate is een straatvechter, die al vroeg weet waar zijn kansen liggen. 'Ik was de enige donkere jongen in mijn klas en daardoor had ik altijd het gevoel dat ik me moest manifesteren, beter moest zijn. Dat kon met sport.'

Cats, The

In de geschiedenis van het Nederlands elftal speelt de Volendamse popgroep The Cats een rol; geen grote, wel een saillante. Op de avond voor de beruchte zwembadaffaire tijdens het WK in 1974 treden The Cats op in het hotel van Oranje. De 'knalfuif' is georganiseerd door het

Algemeen Dagblad. In Waldhotel Krautkrämer in Hiltrup zit de stemming er goed in, zegt zanger Cees Veerman in 2002 tegen *de Volkskrant*. Bondscoach Rinus Michels zingt, Johan Neeskens zit op een gegeven moment achter de drums en Wim Jansen schenkt Veerman een paar voetbalshirts, een met rugnummer 14 van Johan Cruijff. Veerman gaat die avond vroeg naar bed, zoals altijd, met zijn gitaar. Wat de andere leden van The Cats 's nachts hebben uitgespookt weet hij niet, maar als ze de volgende dag vanuit Hiltrup terugkeren naar Volendam zegt niemand iets over naakte vrouwen in een hotelzwembad. 'En ook daarna heb ik er nooit iets over gehoord.' Vier jaar later, tijdens het WK in Argentinië, luistert Oranje opnieuw naar The Cats, op een cassettebandje in de spelersbus. Het is een van de vaste rituelen. Elke busrit klinkt hetzelfde bandje. Op de dag van de finale, 25 juli, is het bandje plotseling verdwenen, vertelt Ruud Krol jaren later. Niemand twijfelt eraan dat de Argentijnen erachter zaten.

Cillessen, Jasper

De doelman moet bij Ajax lang op zijn kans wachten. Jasper Cillessen (1989) uit Groesbeek komt in 2011 over van NEC, maar pas in het najaar van 2013 weet hij Kenneth Vermeer uit de basis te verdringen. Tot die tijd moet Cillessen het vooral doen met wedstrijdjes in het bekertoernooi en in het tweede elftal. Zijn talent staat echter buiten kijf. In zijn periode bij NEC en als reservekeeper bij Ajax wordt hij al af en toe uitgenodigd voor Oranje, zowel door bondscoach Bert van Marwijk als door diens opvolger Louis van Gaal. Ajax wordt in 2012 en 2013 kampioen met Vermeer tussen de palen, maar hij verliest een seizoen later na een 4-0 nederlaag tegen PSV het vertrouwen van trainer Frank de Boer. Cillessen krijgt zijn kans en speelt een maand later (15 oktober 2013) meteen zijn eerste WK-kwalificatiewedstrijd in het Nederlands elftal: uit tegen Turkije wint Oranje met 2-0.

Clasie, Jordy

Willem van Hanegem ziet het gelijk. In het elftal van zijn zoontje staat ook een speler die er meteen al met kop en schouders boven uitsteekt. Niet eens zozeer letterlijk, want Jordy Clasie (1991) is niet de grootste van het stel, maar in zijn handelingen en schotkracht is er geen betere te bekennen in de jeugd van DSK. Snel verkast het talent naar EDO waar de Haarlemmer alweer even snel wordt opgemerkt door Feyenoord. Eenmaal op Varkenoord gaat het snel. Clasie doorloopt de hoogste jeugdelftallen, maar kloppend op de deur van het eerste, zijn sommige trainers niet meer zo overtuigd van zijn talent. Via omweg Excelsior, waar hij zijn profdebuut maakt op 15 augustus 2010 tegen... Feyenoord, lukt het de middenvelder om zijn critici te overtuigen. Een seizoen later debuteert hij dan toch in De Kuip en groeit hij al snel uit tot publiekslieveling. In september 2012 volgt zijn debuut als international in de thuisinterland tegen Turkije.

Cocu, Phillip

Hoe zei Co Adriaanse dat ook alweer? Iets over een goed paard dat niet meteen een dito ruiter is. Dat Phillip Cocu (1970) een goed paard is, lijdt geen enkele twijfel. Al op jonge leeftijd is duidelijk dat de voetballer Cocu een gouden toekomst tegemoet

gaat. Als hij uiteindelijk bij Barcelona belandt, heeft hij bij AZ, Vitesse en PSV al laten zien dat er een groot verschil is tussen een middenveld mét en zonder hem. Van alle Nederlanders die het na het WK van 1998 bij Barcelona proberen, houdt hij het met zes seizoenen het langste vol. De teller als international stopt uiteindelijk op het klinkende aantal van 101.
Net als zoveel van zijn generatiegenoten duikt ook Cocu het trainersvak in. Aanvankelijk als jeugdtrainer van PSV, later als interim-trainer bij het eerste elftal. In de tussentijd is hij ook assistent-trainer van Oranje. Medio 2013 duikt hij in het diepe als hij hoofdtrainer wordt van een sterk verjongd PSV. Aanvankelijk met succes, maar al snel barst de kritiek los als de resultaten steeds poverder worden. Hoewel de groeven in zijn gelaat steeds zwarter en dieper worden, blijft Cocu vertrouwen houden in zijn elftal. 'We wisten dat dit kon gebeuren met een jonge ploeg.' Om het tij te keren schakelt hij de hulp van Guus Hiddink in.

Coen, Coen, beheers je alsjeblieft!
Het voetbal houdt aan de Europacupwedstrijd Feyenoord-Real Madrid op 8 september 1965 een memorabele scène én een legendarisch commentaar over. Het grote Real Madrid kan het niet verkroppen dat Feyenoord de overwinning voor het grijpen heeft. Puskas zet de Spaanse grootmacht nog wel op voorsprong, maar daarna scoren Hans Venneker en Hans Kraay voor Feyenoord.
Real Madrid reageert getergd, met als dieptepunt een overtreding van back Vicente Miera op Coen Moulijn. Chaos en wildwesttaferelen zijn het gevolg. Miera wordt opgejaagd door wraakzuchtige Feyenoorders en zelfs door Moulijn, de linksbuiten die gewoonlijk een toonbeeld van zelfbeheersing is. Het is op dat moment dat tv-commentator Bob Spaak zijn legendarische woorden spreekt: 'Coen, Coen, beheers je alsjeblieft. Jongens, dit kán toch niet. Wat een afschúwelijke vertoning!'
Sportjournalist Spaak (1917-2011) wordt later chef van *Sport in Beeld*, de voorloper van *Studio Sport*. Zijn invloed op de tv-journalistiek is enorm. 'Hij was de grote roerganger van de NOS als het om sport ging,' zegt Mart Smeets over hem. 'Hij wist als geen ander hoe je op een nette manier met sport om moest gaan. Een hele generatie sportverslaggevers bij de NOS is door Spaak gevormd en opgevoed.'

Coerver, Wiel
Wie kappen en draaien zegt, zegt Wiel Coerver (1924-2011), de bevlogen techniektrainer uit Limburg die wereldwijd

bewondering oproept met zijn leer. Coerver is een fundamentalist van zijn eigen geloof, een fanatieke zendeling die zich nauwelijks kan voorstellen dat niet iedereen in de voetbalwereld hem volgt. 'Baas over de bal worden' is zijn streven. Zijn mantra: 'Voetballen doe je twintig procent met je hoofd, twintig procent met je benen en zestig procent met je hart. Dus speel met je hart.' Bekende (en fanatieke) volgelingen van Coerver zijn René Meulensteen, Piet Hamberg en Ricardo Moniz. Robin van Persie twittert na zijn dood in 2011: 'Ik en vele kinderen met mij hielden ervan de video's van Coerver te bekijken. Dank je voor het delen van je kennis met de wereld.'

Cohen, Rob

Sommige familieleden van voetballers verblijven keurig in de schaduw, anderen laten luidkeels weten dat ze ook bestaan. Rob Cohen (1945), jarenlang schoonvader van Ronald de Boer, behoort duidelijk tot de laatste categorie. Daar waar hij onrecht bespeurt in het voetbal, trekt hij zijn mond open. Of het nu gaat over de in zijn ogen onterechte handelwijze van de VVCS, in de nandrolon-affaire rond Frank de Boer, Rob Cohen springt onversaagd op de barricades. Om de internationals mee te laten delen in de commerciële deals van de KNVB richt hij Team Holland op, later ontwikkelt hij zich ook tot onbezoldigd zaakwaarnemer van onder anderen Shota Arveladze. Cohen is zich goed bewust van het imago dat hij heeft gecreëerd. 'Ik ben zogenaamd de schreeuwer,' zegt hij in *Vrij Nederland*. 'Godallemachtig, stáát-ie weer te schreeuwen. Maar mág ik alsjeblieft schreeuwen tegen mensen die dingen doen die ik absoluut verwerpelijk vind?'

Corver, Charles

Het is een van de meest smerige – en tegelijk onbestrafte – overtredingen uit de historie van het voetbal, de poging van de Duitse doelman Harald Schumacher om het hoofd van Patrick Battiston te scheiden van de romp tijdens de halve finale op het WK van 1982. Terwijl Battiston roerloos op de grond ligt, hobbelt de bal naast het Duitse doel. De consternatie is groot als de scheidsrechter gewoon een achterbal geeft in plaats van een strafschop. Zonder enig spoor van gêne of schaamte hervat Schumacher het spel terwijl achter hem Battiston wordt afgevoerd per brancard. Een zware hersenschudding en een paar gebroken tanden rijker. 'Ik wil de tandartskosten wel betalen,' zegt Schumacher als hij na afloop wordt geconfronteerd met de schade die hij heeft veroorzaakt. De arbiter van dienst is Charles Corver (1936) die in eerste instantie geen opzet vermoedt bij de actie van Schumacher. Als hij later de beelden terugziet, weet hij dat hij een vergissing heeft begaan. Tot overmaat van ramp wint West-Duitsland ook nog eens na strafschoppen.

Coronel, Uri

Zijn terugkeer als bestuurder bij Ajax is geen succes. In 2008 wordt Uri Coronel (1946) voorzitter van de club, maar na drie jaar houdt hij de eer aan zichzelf. Coronel stelt zijn functie ter beschikking, als gevolg van een dreigende impasse na spanningen tussen de leiding van de club en clubicoon Johan Cruijff, die een nieuwe wind wil laten waaien bij Ajax en een fluwelen revolutie ontketent. Coronel stamt uit een Ajax-familie. Van 1989 tot 1997 neemt hij zitting in het bestuur van Ajax dat een

solide basis legt voor grote sportieve successen.
Coronel is geboren in een Joods gezin. Van zijn vaders familie is niemand teruggekomen uit de kampen: zijn moeder, vader, zus, zwager, neefjes en nichtjes zijn vermoord. Zijn vader overleeft de oorlog als onderduiker in Amsterdam. Ook zijn moeder verliest bijna al haar familie.
'Ajax heeft in ons leven altijd een grote rol gespeeld. Mijn broer en ik hadden een kinderkaart, voor vijf gulden per seizoen. We gingen ook vaak naar uitwedstrijden als die binnen een uur rijden van Amsterdam waren. We, dat zijn mijn vader, mijn broertje en ik. Mijn vader was een Ajacied. Hij was zakelijk geslaagd in de verzekeringsbranche, maar als hij naar het voetballen ging, was hij een klein kind. Dat ontroerde mij. Een grote, dikke man die stond te juichen met een sigaar in zijn mond.'
Coronel voert jarenlang tevergeefs het verzet aan tegen het gebruik van de 'geuzennaam' Joden door Ajax-supporters.

Coster, Cor
Onthullinkje in een van de columns van Johan Derksen in *Voetbal International*: 'Als Coster een slokje op had, wilde hij weleens een paar dagen onderduiken en stuurde zijn vrouw Dien schoonzoon Johan Cruijff de stad in om haar man op te sporen.'
Cor Coster (1920-2008) is een gefortuneerde handelaar in goud, zilver en sieraden die op 2 december 1968 de schoonvader wordt van Johan Cruijff. Het is het begin van de nieuwe zakelijkheid in het Nederlandse voetbal. Als zaakwaarnemer haalt Coster voor voetballers het onderste uit de kan en voor de man van zijn dochter Danny in de eerste plaats. 'Ome Cor' is een harde onderhandelaar.
Na zijn dood wordt de Amsterdamse diamantair er in het tijdschrift *HP/De Tijd* van beschuldigd in de Tweede Wereldoorlog lid te zijn geweest van de Waffen SS. Het NIOD pleit hem na een onderzoek vrij. Wel blijkt Coster van juni 1943 tot mei 1945 in het noorden van Letland voor de zogenaamde arbeidsinzet te hebben gewerkt als dwangarbeider, 'SS-Frontarbeiter'.

Cox, Gerard
Rotterdamse zanger/acteur met haat-liefdeverhouding met Feyenoord – en de man die *Studio Sport* met sarcastisch genoegen *Studio Ajax* noemt, vanwege de vermeende voorkeur van de redactie voor de Amsterdamse club. Ook in zijn vermakelijke columns in de *Feyenoord Krant* ontvouwt Cox (1940) soms tamelijk spectaculaire complottheorieën en keert hij zich tegen de *vermokuming* van de media. Spijt heeft hij nergens van, behalve van het plaatje dat hij in 1970 opneemt, 'Ajax is dood'. 'Had ik nooit moeten doen, maar dat was nou weer zo'n daad van jeugdige onbezonnenheid.

Gerard Cox (Feyenoord) met Frank de Boer (Ajax).

Ik heb daarmee veel mensen op hun hart getrapt, zo enorm kwetsend dat het was. Ik heb het ook lang geweten, want de drie jaren daarop won Ajax de Europa Cup.' Gelukkiger is zijn uitspraak die nog steeds vaak wordt geciteerd: 'Feyenoord-supporter ben je niet voor je lol.'

Croky-affaire
De tweespalt in de selectie van Oranje ontstaat in 1996 niet tijdens het EK, maar deels ervoor – en in Amsterdam. De Croky-affaire zorgt bij Ajax voor tweespalt. De chipsfabrikant bedenkt de 'Topshots', zeshoekige schijfjes met een afbeelding van een Ajacied. Danny Blind en Frank en Ronald de Boer gaan namens de selectie akkoord met een vergoeding van vijfhonderdduizend gulden. Bogarde, Kluivert en Veldman worden niet geïnformeerd en weigeren aanvankelijk de overeenkomst te tekenen. Bogarde ziet het als bewijs van de scheve machtsverhouding en discriminatie. Ook volgens Clarence Seedorf wordt de kiem van de schermutselingen tijdens het EK gelegd bij Ajax.
In *Clarence Seedorf*, de biografie geschreven door Simon Zwartkruis, zegt hij: 'Het begon bij Ajax toen er nieuwe contracten uitgedeeld werden. Er zat een duidelijke lijn in wie er meteen een mooi nieuw contract kreeg en wie eerst werd afgescheept [...]. Zet ze maar eens op een rijtje, de namen van de spelers die vlak na elkaar weggingen: ik als eerste, daarna Davids, Reiziger, Finidi, Kanu, Kluivert, Bogarde. Dan heb je het niet meer over gevoelens van onderwaardering. Dan heb je het over feiten, die losstaan van het Nederlands elftal.'

Croon, Hans
In 1976 wordt hij de eerste Nederlandse trainer die in buitenlandse dienst een Europacup wint. Met Anderlecht verslaat hij in de Europacup-II-finale West Ham United met 4-2. Volgens zijn spelers is hij van het zweverige soort. Peter Ressel: 'Hij maakte zijn opstelling op basis van de stand van de sterren.'
Zes jaar na zijn grootste succes heeft Croon (1936-1985) het wel gehad met de voetbalwereld die weinig opheeft met dit soort filosofische types. Hij verdwijnt met welluidende trom richting de Bhagwan-beweging waar hij zich omdoopt in Shunyam Avyakul, wat staat voor Kalme Leegheid. In 1985 maakt een auto-ongeluk een einde aan zijn leven. Zelf keek hij niet op tegen de dood, overtuigd aanhanger als hij was van de reïncarnatietheorie. 'Doodgaan is een feest, zegt Bhagwan. Je komt terug.'

Cruijff, Danny
Misschien wel de moeder aller voetbalvrouwen, al voldoet ze lang niet aan alle clichés. Danny Cruijff-Coster (1949) heeft de publiciteit altijd angstvallig gemeden. Het beeld van haar is decennia onveranderd gebleven: dat van een sterke, invloedrijke – en knappe – vrouw op de achtergrond.
In de vierdelige dramaserie over Johan Cruijff die door de VPRO in februari 2014 wordt uitgezonden, krijgt ze veel aandacht. 'Zij is voor een deel bepalend geweest voor de latere carrière van Johan,' zegt regisseur Pim van Hoeve.
Hij zegt ook dat de makers geen negatief portret van haar hebben geschetst. Dat is inderdaad ook een mogelijkheid. Nog steeds geloven veel mensen dat Danny Cruijff in 1974 door de nachtelijke tele-

Danny Cruijff (en Johan) op het omslag van *Boem* van Jaap ter Haar.

foongesprekken met haar man een funeste invloed heeft gehad – nasleep van de 'zwembadaffaire' – op het verloop van de WK-finale. Diezelfde kwestie zou ervoor hebben gezorgd dat Cruijff zich vier jaar later niet beschikbaar stelt voor het WK in Argentinië.

Het echtpaar heeft beide theorieën altijd met klem ontkend. Cruijff, in het boek *Johan Cruijff* dat ter gelegenheid van zijn zestigste verjaardag verschijnt: 'Ik heb het al zo vaak gezegd: Danny had daar niets mee te maken.'

In hetzelfde boek wordt hun eerste ontmoeting beschreven. Ze leren elkaar op 13 juni 1967 kennen op de trouwreceptie van Piet Keizer. 'De voetballer valt als een blok voor het beeldschone, achttienjarige meisje, twee jaar jonger dan Cruijff. Danny Coster moet aanvankelijk weinig hebben van die spichtige jongen met dat verkeerde kapsel en kostuums die hem maten te groot zijn. Bovendien kan hij niet dansen.' Cruijff blijft echter aanhouden, en met succes. Ze trouwen op 2 december 1968 en krijgen drie kinderen, Chantal (1970), Susila (1972) en Jordi (1974).

Cruijff, Estelle

Dochter van Henny Cruijff, nichtje van Johan. Beetje model, beetje presentatrice, beetje actrice, beetje modeontwerpster, maar vooral de vrouw van Ruud Gullit, met wie ze in 2000 op 21-jarige leeftijd trouwt. Ze krijgen twee kinderen, maar gaan in 2012 uit elkaar. Daarna is Estelle Cruijff (1978) korte tijd de vriendin van kickbokser Badr Hari, die in aanraking komt met justitie, onder meer vanwege een ernstige mishandelingszaak in de Arena tijdens een feest. Op 13 november 2013 wordt bekend dat de relatie stukloopt. 'Het is de stress,' zegt Estelle, 'die vreet me op.'

Cruijff, Henny

Als 'een gevaarlijke gek', zo omschrijft Johan Derksen op voor hem zo karakteristieke fijnzinnige wijze de broer van Johan Cruijff. Het is een ondankbaar beroep: 'de broer van'. Henny Cruijff (1944) staat al bijna een leven lang in de schaduw van grote broer Johan. En dat wringt weleens. Hoewel ze op jonge leeftijd veel met elkaar optrekken, komt daar op enig moment verandering in. Johan groeit uit tot wereldberoemde voetballer, broer Henny kan niet aanhaken en dat steekt. Meermalen geeft hij af op zijn broer die 'zo enorm zwart-wit denkt, nooit in grijstinten. Dat komt doordat hij niet gewend is aan tegenspraak,' zo vertelt Cruijff in *Sportweek*. 'Hij wordt omringd door retenlikkers en kontkruipers, zoals die Derksen. Als Johan straks aan het einde van zijn leven achteromkijkt, zal hij bemerken dat hij maar weinig dingen goed heeft gedaan. De Johan van vroeger herken ik helemaal niet meer, zijn vader zou zich omdraaien in zijn graf.'

Cruijff, Johan

Johan Cruijff (1947) heeft vele gedaanten. Hij is de voetballer die Ajax en het Nederlands elftal (en Barcelona) naar grote hoogten stuwt, de geboren regisseur met de fenomenale techniek en het ongeëvenaarde gevoel voor tijd en ruimte. Cruijff is ook de trainer die Ajax en Barcelona geheel volgens zijn eigen opvattingen ten aanval laat trekken, risicovol maar altijd attractief. Hij is de zakenman die door verkeerde

investeringen een groot deel van zijn vermogen verspeelt; de idealist die met de Johan Cruyff Foundation belangeloos goede doelen steunt; de supporter die er bij zowel Barcelona als Ajax op toeziet dat het spel in zijn geest wordt gespeeld en om zijn zin te krijgen niet schroomt hard op de man te spelen, bijvoorbeeld via zijn column in *De Telegraaf*; de man die in de strijd met vermeende vijanden, variërend van Jan van Beveren en Willy van der Kuijlen tot Louis van Gaal, geen genade toont. Hij is ook de taalverrijker, de vlotte causeur die zijn eigen taalkundige universum heeft gecreëerd en school maakt met zegswijzen als 'elk nadeel heb zijn voordeel' en 'je gaat het pas zien als je het doorhebt'.
Hij is de vader, de grootvader, de Amsterdammer (Betondorp), de echtgenoot, de golfer, de beroerde zanger ('Oei oei oei, dat was me weer een loei' uit 1969), de international met de verwrongen relatie met Oranje (48 interlands slechts), de babyboomer, de drievoudige winnaar van de Gouden Bal, de vernieuwer die samen met Rinus Michels het 'total football' ontwikkelt, de beste bondscoach die Nederland nooit had.
Maar bovenal is hij de voetballer, de beste die Nederland ooit had en de enige Nederlander die een plaats heeft in dezelfde galerij als Alfredo di Stéfano, Pelé, Diego Maradona en Lionel Messi. Johan Cruijff is de virtuoze aanvaller over wie Nico Scheepmaker dicht:

Daar gaat-ie dan! Ik heb het nog beleefd,
geen sterveling die mij dit af kan pakken.
Hoe zette hij zijn schaduw niet te kakken,
al zat die nog zo aan hem vastgekleefd!
Hij kon zich in een elftal vertakken:
zo'n man die alles neemt en alles heeft

maar op zijn tijd ook wel een bal afgeeft
voorzien van alle denkbare gemakken.
Daar gaat-ie dan! Het grote fenomeen
dat net als ik en Rembrandt werd geboren
in Nederland – ik voel me uitverkoren.
Met Rembrandt echter heb ik slechts gemeen
de aanblik van de Munt en Westertoren,
maar Cruijff heb ik gezien – door merg en been.

In een verkiezing van de grootste Nederlanders aller tijden zet het *Historisch Nieuwsblad* hem in 2004 op de zevende plaats. Het genie van de toegankelijke schoonheid, wordt hij genoemd. Zoals Toon Hermans dicht:

En Vincent zag het koren
En Einstein het getal
En Zeppelin de Zeppelin
En Johan zag de bal.

Top-10: Clubtrouw

1. Sjaak Swart (Ajax)
2. Coen Moulijn (Feyenoord)
3. Sander Boschker (FC Twente)
4. Folkert Velten (Heracles)
5. Beer Wentink (HFC Haarlem)
6. Jan Vreman (De Graafschap)
7. Ger Senden (Roda JC)
8. Theo Bos (Vitesse)
9. Jean-Paul de Jong (FC Utrecht)
10. Sije Visser (NEC)

Cruijff, Jordi

Het blijft een leuke quizvraag: welke zes spelers voetbalden nooit in de eredivisie, maar speelden wel in het Nederlands elftal? Het antwoord: Jerrel Hasselbaink, Rob Reekers, Willi Lippens, Wim Hofkens, Tim Krul en Jordi Cruijff.
De kleine Cruijff (1974) speelt wel enige tijd in de jeugd van Ajax, maar als zijn vader in 1988 trainer wordt van Barcelona verhuist het gezin mee. Jordi reikt tot het eerste elftal van Barça, maar na twee seizoenen wordt hij getransfereerd naar Manchester United. Als aanvaller komt hij net te kort voor de echte top, al haalt hij wel Oranje. Op het EK 1996 in Engeland maakt hij tegen Zwitserland (2-0) zijn enige interlandgoal.
Of hij meer uit zijn carrière had kunnen halen? Vader Johan betwijfelt dat: 'Jordi heeft ook enkele van de voetbalkwaliteiten van mijn vrouw Danny, en die zijn nou niet om over naar huis te schrijven.'

Daar hoorden zij engelen zingen
Documentaire van Roel van Dalen over Ajax in het jubileumjaar 1999-2000, die om verschillende redenen een hoop stof doet opwaaien. Veel filmhuizen, theaters en bioscopen durven de film niet – of alleen met politiebewaking – te vertonen na protesten van supporters van rivaliserende clubs.
De documentaire geeft een beeld van het harde topsportklimaat dat bij Ajax heerst in alle geledingen van de club, op een moment dat het eerste elftal de nederlagen aaneenrijgt en trainer Jan Wouters zijn ploeg maar niet op de rails krijgt. 'Wat zeggen we bij Ajax altijd?' vraagt de trainer van de D2-pupillen aan de jongetjes. 'Wij zijn de besten,' antwoordt een van hen, waarop hij streng wordt gecorrigeerd: 'Nee, wij zijn nooit tevreden.'
Het miljoenenbedrijf zoekt ook in den vreemde naar nieuw, jong talent, zoals op een voetbalschool in Ghana. Waar de 'keuring' van de spelertjes er weinig zachtzinnig aan toegaat.
In de film houdt bestuurslid Arie van Os een opvallende monoloog tijdens een vergadering met de directeuren Danny Blind (spelersbeleid), Frank Kales (algemene zaken) en Jan Wouters (technische zaken), plus financieel directeur Jeroen Slop. Van Os verwoordt de strategie die Ajax heeft gekozen om het Bosman-arrest, dat voetballers transfervrij maakt na hun contractperiode, te omzeilen als volgt: 'Een speler met een vijfjarig contract zit hier nooit langer dan vier jaar. Een vijfjarig contract is eigenlijk een driejarig contract met een uitloop naar vier jaar. En dan houdt het op. Of het moet tussentijds opengebroken worden. Wat zie je dan? Dan zie je dat als je het na vier jaar wil openbreken, je het wel kan schudden. Want dan zegt-ie: ik wacht nog wel een jaar en dan ga ik transfervrij weg. De spelers spelen dat keihard, via hun zaakwaarnemers. Dus je moet na drie jaar al zeggen: of je gaat weg of we breken het contract open. [...] Dus Danny Blind moet zeggen: over drie jaar is Machlas vertrokken. Daar gaat hij zijn spelersbeleid op instellen. En dan gaat het lopen, na drie jaar gaat hij weg. Dan kan een trainer niet zeggen: ja maar wacht even, ik kan Machlas niet missen. Dan zegt Danny: ja leuk, goed en aardig, maar hij wordt verkocht. Of we breken het contract open. [...] En tegen Machlas zeggen we: je kunt nu kiezen. Zo niet, dan zal de trainer geen gebruik meer van je maken. Daar komt het op neer.' En met een blik op trainer Wouters: 'En jij moet ons dekken.'

Dani, Daniel da Cruz Carvalho
Een mooie speler, maar met een neiging tot zelfdestructie. Wat worden de veelal vrouwelijke fans van Ajax enthousiast als de Portugees Daniel da Cruz Carvalho (1976) zich medio 1996 meldt in de Arena. Een fraai geboetseerde verschijning die nog kan voetballen ook. 'Het grootste talent van Ajax,' zo omschrijft Johan Cruijff hem. Met belangrijke goals in de Champions League maakt hij zijn faam waar, maar zijn licht schijnt nog feller in het Amsterdamse uitgaansleven waarvan hij de verleidingen niet kan weerstaan. Meermalen komt de adonis in opspraak, steeds houdt de club hem de hand boven het hoofd tot het echt niet langer gaat. In 2000 gaat het dokterskind linea recta terug naar Portugal. Daar wordt

Dani, ietwat uitgedijd, analyticus voor de Portugese tv.

Davids, Edgar

Bijgenaamd de Pitbull en de Piranha. Volwassen wordt Edgar Davids (1973) als voetballer (en misschien ook wel als mens) op 29 juni 1998 in het Stade Municipal van Toulouse. Nederland speelt op die dag op het WK in de achtste finale tegen Joegoslavië, met Davids. Dat is, hoewel zijn kwaliteiten als agressieve, dynamische middenvelder door niemand worden betwist, niet vanzelfsprekend. Twee jaar eerder tijdens het EK in Engeland heeft bondscoach Guus Hiddink hem uit de selectie gezet, na een grove belediging aan zijn adres.
De verzoening vindt dankzij gesprekken in Milaan en Amsterdam al in het half jaar voor het WK in Frankrijk plaats, maar wordt bekroond in Toulouse. Davids maakt in de negentigste minuut met een afstandsschot het winnende doelpunt (2-1) en valt aan de zijlijn Hiddink in de armen. De omhelzing markeert ook de twee beste fases in de loopbaan van de Amsterdammer. Als speler van Ajax (1991-1996) breekt hij door op het internationale podium en bij Juventus (1998-2003) kent hij zijn beste jaren, vooral aan de zijde van Zinedine Zidane.
Ook in zijn nadagen als voetballer blijft Davids aandacht trekken, als de verloofde van modeontwerpster Olcay Gulsen, goede vriend van actrice Halina Reijn, propagandist van straatvoetbal en speler-manager van Barnet FC, een club uit de marge van het Engelse profvoetbal.
Als lid van de raad van commissarissen van Ajax zorgt hij in 2011 voor een opzienbarend incident: hij beschuldigt medelid Johan Cruijff van racisme. Tijdens een telefonische vergadering zou Cruijff hebben gezegd dat Davids 'vanwege zijn huidskleur' in de raad is opgenomen. En: 'Je zit hier alleen maar omdat je zwart bent.' Ook zegt hij dat Davids 'nooit iets bijgeleerd' heeft omdat hij nooit aan de Johan Cruyff University heeft gestudeerd. De uitspraken worden bevestigd door andere leden van de raad, Marjan Olfers en voorzitter Steven ten Have.

Deelder, Jules

De nachtburgemeester van Rotterdam heeft zijn hart verpand aan Sparta, waar hij al als vierjarige aan de hand van zijn vader is te vinden. Nu kun je hem tijdens elk thuisduel op Het Kasteel uittekenen, staand, een gin-tonic onder handbereik. 'In een vrouw kun je je vergissen, in Sparta niet,' luidt zijn adagium. Voor verschillende spelers componeert Deelder (1944) een gedicht, zoals voor Rinus Terlouw en

Edgar Davids als lid van de raad van commissarissen van Ajax omringd door Johan Cruijff, Peter Römer, Marjan Olfers en voorzitter Steven ten Have.

Tonny van Ede. In de sponsorruimte loopt van plafond tot vloer zijn gedicht Spartageest:

Als de geest van Bok de Korver
Zich warm loopt langs de lijn
En de kreet Sparta naar vore
Boven het Kasteel uit stijgt
Weten wij de tijd gekomen
Ons te gorden tot den strijd
En de vijand te bestormen
Tottie een hartverzakking krijgt
Nimmer zullen wij versagen
Strijden om elke meter grond
Nooit de Spartamars beschamen
Aan geen enkel voetbalfront
Als Spartaan zijn wij geboren
Als Spartanen sterven wij
In de geest van Bok de Korver
En de naam van Cor van Rijn

Den Bosch, FC
Vanaf 1965 de opvolger van BVV dat al tussen 1956 en 1958 eredivisie-ervaring heeft opgedaan, maar daarna de proflicentie keurig inlevert bij het nieuwe FC Den Bosch waarbij zich ook nog Wilhelmina aansluit. In het stadion De Vliert, op dat moment qua grootte het derde stadion van Nederland, worden wonderen verwacht van de club, maar in dertien jaar eredivisie is maar één bloeiperiode aan te wijzen: tussen 1984 en 1989 handhaaft de club zich keurig in de toptien van de eredivisie.
Sterspelers: Piet van Overbeek, Jan van Grinsven, Fred van der Hoorn, Wim van der Horst, Hans Gillhaus.

Dénis, Harry
Spreek uit: De Nie. Het Haagse HBS heeft twintig internationals voortgebracht. De bekendste is Beb Bakhuys, vanwege

die kopbal natuurlijk, maar de technisch volmaakte rechtsback Dénis (1896-1971) is de beste. Hij speelt 56 interlands – en is 37 keer aanvoerder – en neemt deel aan de Olympische Spelen van 1920 (Antwerpen), 1924 (Parijs) en Amsterdam (1928).
Een geboren aanvoerder is hij, de Haagse ingenieur. In 1928 mag hij namens alle deelnemers de olympische eed afleggen. Hij doet dat in een wit pak dat hem een bijna Hollywood-achtige allure geeft. Tot zijn spijt, want Harry Dénis is een bescheiden man die zich op de achtergrond het meest thuis voelt.

Derks, Frans

Hij is de tachtig al gepasseerd, maar nog steeds kan er een beroep gedaan worden op Frans Derks (1930), de scheidsrechter. En als het even meezit, wurmt hij zich dan ook nog in het stijlvolle broekje van jeansstof waarmee hij tijdens zijn actieve carrière als scheidsrechter (tussen 1956 en 1978) opzien baart. Een wedstrijd gefloten door Derks gaat zelden onopgemerkt voorbij, hoewel zijn ijdelheid weleens met hem aan de loop gaat. Aan het sterfbed van zijn vader belooft hij dat er onder zijn leiding nooit een Duitse ploeg zal winnen. Frans Derks houdt woord. 'Voor de Europacupwedstrijd Katowice-FC Köln bracht ik een bezoek aan Auschwitz, ik was volkomen van de kaart, dan heb je echt geen zin om nog even een wedstrijd te fluiten. Het enige wat ik kon doen was die moffenclub niet laten winnen, het werd dan ook een gelijkspel. Na afloop waren ze nog tevreden ook, dan laat je bij die klootzakken ook nog een goede indruk achter.'
Dan weer wordt hij prins Carnaval, dan brengt hij een plaatje uit, dan rijdt hij plots in een Porsche, dan redt hij NAC van de ondergang; echt saai wordt het nooit met Frans Derks.

Derksen, Johan
Website thepostonline.nl kiest 'De Snor' in 2013 tot 'meest rebelse mediafiguur' en beloont hem met de Herman Brood Award. Daar valt iets voor te zeggen. Rebels en controversieel is Derksen (1949) zeker. De man die van 2000 tot 2013 hoofdredacteur is van het weekblad *Voetbal International*, is al jarenlang niet meer van de televisie weg te slaan. Zijn rol is die van de hondsbrutale, goedgeïnformeerde criticaster die niet schroomt mensen in en buiten het voetbal tot op het bot te beledigen.
Derksen is een provo pur sang, een babyboomer die lang haar nog steeds als een statement beschouwt. Amateurpsychologen zouden beweren dat hij nog steeds in gevecht is met zijn vader, een dominante politieman. Misschien zeggen afgestudeerde psychologen dat trouwens ook wel.

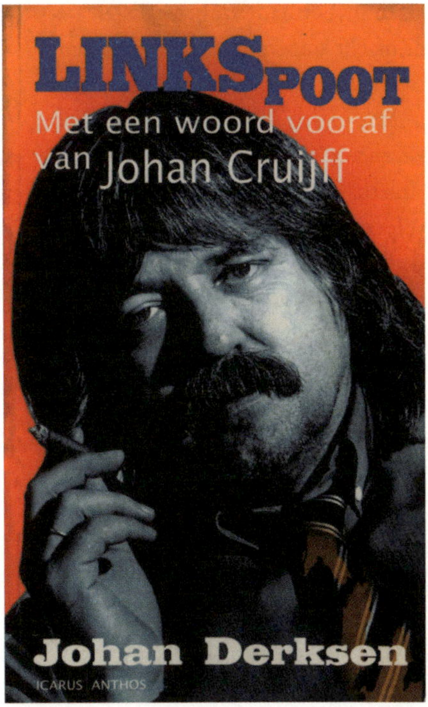

Zo bezien is zijn haat tegen Louis van Gaal, ook een nogal dominante persoonlijkheid, goed verklaarbaar.
Kortom: 'Ik heb in dit land het imago van een heel vervelende man die over alles en iedereen een mening heeft, die heel kritisch is. Een beetje een mopperpot bovendien.'
Zijn hond heet Cuby en is natuurlijk vernoemd naar Cuby van Cuby and the Blizzards, oftewel zijn oude vriend Harry Muskee. Derksen kent hem al sinds de jaren zestig en is in de jaren negentig korte tijd manager van de band.
Verder: onbezoldigd (en officieus) representant van Johan Cruijff en spijkerharde verdediger van Cambuur, Veendam en Haarlem. En die snor dus.

Dijk, Dick van
Zijn finest hour beleeft hij op 2 juni 1971, de dag dat Ajax in Londen de Europacup voor landskampioenen wint en hij tegen Panathinaikos het eerste doelpunt maakt. Voorzet Piet Keizer, kopbal, 1-0. Het doelpunt is niet in geld uit te drukken, maar Van Dijk (1946-1997) doet zo iets terug voor de club die aan FC Twente 750.000 gulden voor hem betaalt, een recordbedrag.
Ajax wordt na de finale ontvangen op Paleis Soestdijk. 'De chauffeur reed vrolijk toeterend de paleistuin binnen,' zegt hij later in NRC *Handelsblad*. 'Kregen we een koppie thee en een glaasje champagne, heel leuk. Als ik me goed herinner heb ik nog een kind van Irene in de beker gezet.' De herinnering is juist. Het gaat om Carlos junior, zoon van prinses Irene.
Van Dijk wordt niet ouder dan 51. Hij overlijdt in 1997 in Frankrijk, waar hij in de makelaardij werkt, aan een bacteriologische infectie die de hartkleppen aantast.

Dillen, Coen

In 1957 verschijnt in het *Dagblad voor Oost-Brabant* onder het kopje DILLEN ÓÓK IN ZAKEN het volgende bericht: 'Coen Dillen, de kanonnier van PSV en schilder-calculator bij de N.V. Philips, heeft zijn activiteiten nog uitgebreid: hij is van Aalst teruggekeerd naar Strijp en opende er zaterdag, op 't adres Frederiklaan 207 (voorheen P. van Hoorn), zijn sigaren- en sigarettenzaak.'
Dillen (1926-1990) zal niet vergeten worden. In het eerste seizoen van de eredivisie, 1956-1957, scoort hij in 34 wedstrijden 43 maal, een onaantastbaar record. Hij doet dat als rechtsbuiten. Voor een positie als spits is zijn spel niet verfijnd genoeg. Als hij de kans krijgt, schiet hij op doel. 'Al zou de bal bij wijze van spreken opeens uit de grond komen, dan nog zou ik me niet verbazen, maar ineens schieten.'
Sigarenzaak Coen Dillen blijft 57 jaar bestaan. Na de dood in 1990 van het Kanon wordt de rookwaar verkocht door zijn vrouw, Mien. Ze had 'in het harnas' willen sterven, maar door een val is ze gedwongen te verhuizen naar een verpleeghuis. In september 2012 schrijft het *Eindhovens Dagblad* met weemoed: 'De winkel is bijna leeg. Op de stoffige schappen liggen nog enkele doosjes sigaren van het huismerk Coen Dillen, een enkel reclamebord, wat vergeelde foto's en een trofee en een bronzen beeld van voetbalheld Coen Dillen.'

Dombi, Richard

De succesvolle trainer van Feyenoord heet eigenlijk Richard Kohn (1888-1963), maar de Oostenrijker draagt de naam Dombi sinds zijn periode als voetballer bij het Hongaarse MTK Boedapest, waar ze hem 'kleine eminentie' noemen. Als trainer maakt Dombi in 1932 het liberale Bayern München kampioen van Duitsland, maar als in 1933 de nationaal-socialisten aan de macht komen, kiest de Joodse Dombi eieren voor zijn geld en gaat hij in Zwitserland aan de slag. In 1935 strijkt hij bij Feyenoord neer. Hij leidt de Rotterdamse club tussen 1936 en 1939 naar drie opeenvolgende afdelingskampioenschappen en twee algehele titels. Hij introduceert het slingerbacksysteem, kort combinatiespel over vele schijven en constante positiewisselingen. Een harde ('niet trainen betekent niet spelen'), veeleisende maar tegelijkertijd ook warme en betrokken trainer, die in de jaren vijftig nog tweemaal bij Feyenoord werkt, maar met minder succes. Dombi wordt ook de Hongaarse wonderdokter genoemd, vanwege zijn kwaliteiten als masseur en de geheime zalf waarmee hij geblesseerde voetballers snel weer op de been krijgt.

Dordrecht, FC
Opgericht als DFC in 1883 verandert de club geregeld van naam. Onder de namen DS '79 en Dordrecht '90 speelt de club even in de eredivisie, maar tot grote hoogte stijgt de ploeg nooit. Sinds 2002 heet de club FC Dordrecht.
Sterspelers: Jan Klijnjan, Marco Boogers.

DOS
Het gloriejaar van Door Oefening Sterk is zonder twijfel 1958. In dat jaar kroont de Utrechtse vereniging zich tot kampioen van de eredivisie. De ontknoping van dat seizoen is een regelrechte thriller. In een onderlinge ontmoeting op neutraal terrein moeten DOS en Sportclub Enschede uitmaken wie zich mag ontfermen over de landstitel. In een met 38.000 toeschouwers volgepakt De Goffert gaat de wedstrijd onder leiding van Leo Horn in eerste instantie gelijk op. Omdat beide clubs na negentig minuten niet één keer gescoord hebben, moet verlenging de doorslag geven. Daarin slaat topschutter Tonny van der Linden keihard toe. DOS is landskampioen. Sterspelers: Frans de Munck, Tonny van der Linden, Henk Temming, Hans Kraay sr.

Drenthe, Royston
Zijn naam wordt vaak gebruikt om verhalen te illustreren over voetballers die niet alles uit hun carrière hebben gehaald. Royston Drenthe (1987) is daar een goed voorbeeld van. Uitblinkend bij Feyenoord maakt hij na twee seizoenen De Kuip in 2007 een overstap waar veel voetballers van dromen: hij tekent bij het almachtige Real Madrid. Maar al snel blijkt wat velen al vrezen, voor dit niveau komt Drenthe tekort. Ook al omdat zijn levensstijl niet synchroon loopt met het leven van een topsporter. Drenthe is vaak uithuizig, laat het uitgaansleven bepaald niet links liggen. Een verhuur aan Hercules Alicante brengt weinig soelaas, op een gegeven moment gaat hij daar zelfs in staking omdat hij zijn salaris niet ontvangt. Ook een overstap naar Everton draait uit op een sof omdat Drenthe weigert het leven te leiden van een topsporter. Nachtelijke escapades zijn meer regel dan uitzondering, de Rotterdammer gedraagt zich meer als een rapper dan als een voetballer. Geen wonder dan ook dat aan het eind van de contractduur niemand de speler wil inlijven, afgeknapt als men is op de gebrekkige mentaliteit van de linksbenige middenvelder/aanvaller. Hij duikt op bij het schimmige Alania Vladikavkaz en daarna is hij een tijdje clubloos. Totdat Reading, uit de Engelse eerste divisie, het wel met hem aandurft.

Drie van Milaan
Het perfecte elftal wordt het genoemd en overdreven is het niet. Talloze supporters en journalisten beschouwen het elftal van AC Milan dat eind jaren tachtig, begin jaren negentig domineert in Italië en Europa, als het beste uit de geschiedenis. In zes jaar wint de club drie landstitels, twee Europacups voor landskampioenen en twee keer de Wereldbeker voor clubteams, maar het is vooral de (aanvallende) stijl die de ploeg legendarisch maakt.
Het hart van het elftal van de *Rossoneri* wordt gevormd door de Drie van Milaan: Marco van Basten, Ruud Gullit en Frank Rijkaard. Van Basten en Gullit sluiten zich in 1987 bij AC Milan aan, Rijkaard komt een jaar later. De omstandigheden zijn

Marco van Basten in actie als spits van AC Milan in het San Siro stadion.

ideaal. Voorzitter (en geldschieter) is Silvio Berlusconi. Coach Arrigo Sacchi, die in 1991 wordt vervangen door Fabio Capello, is, zeker voor Italiaanse begrippen, een vernieuwer.
De cultuuromslag wordt echter bewerkstelligd door de drie Nederlanders, zoals aanvoerder Franco Baresi zegt in een documentaire van *Studio Sport*: 'Zelfs in onze uitwedstrijden speelden we alsof het een thuiswedstrijd was. Altijd op zoek naar de overwinning.'

Droomland

Tal van voorvallen tonen Rinus Michels als een gevoelige man die zijn emoties zorgvuldig verbergt. Achter die door hemzelf opgeworpen façade is de trainer een trouwe vriend, een zanger van smartlappen die in het gezelschap van vrienden en bekenden de lachers met onderkoelde grappen op zijn hand krijgt.
Op feesten en partijen zingt Michels altijd 'Droomland'. Vermoedelijk heeft niemand dit lied van Frans van Schaik zo vaak gezongen als hij.

Heerlijk land van mijn dromen
ergens hier ver vandaan
waar ik zo graag wil komen
daar waar geen leed kan bestaan

In dit gefantaseerde land is het steeds vrede, bestaat geen pijn en wordt geen strijd gestreden. Het maakt Michels zo moeilijk te doorgronden: de Generaal kan tegelijkertijd een soldaat zijn, een van de jongens. Net zo makkelijk stapt hij weer terug naar de andere wereld waarin het doel de middelen heiligt, álle middelen.

Drost, Epi
Epi Drost (1945-1995) maakt in de jaren zeventig furore bij en met FC Twente als libero. Hij vormt met Kalle Oranen, Cees van Ierssel, Willem de Vries en doelman Piet Schrijvers in het seizoen 1971-1972 een nauwelijks te passeren defensie. Twente krijgt slechts dertien tegendoelpunten te verwerken, een eredivisierecord. In 1975 haalt Twente de UEFA Cup-finale, waarin het verliest van Borussia Mönchengladbach. Drost voetbalt vijftien seizoenen voor de club uit Enschede, waarmee hij in 1977 de KNVB-beker wint. In de finale tegen PEC Zwolle (3-0) maakt Drost in de verlenging met een van zijn befaamde afstandsschoten het eerste doelpunt.
Voor het Nederlands elftal speelt hij slechts negen interlands, zijn laatste in september 1973. Drost zit zich thuis te verbijten als Oranje vóór en tijdens het WK van 1974 met middenvelder Arie Haan in het hart van de defensie speelt. Hij voelt zich als 'speler uit het oosten' miskend.
De voetballer met de wapperende manen overlijdt op 27 mei 1995, op 49-jarige leeftijd, in een Rotterdams ziekenhuis. Hij is tijdens een wedstrijd met de oud-internationals tegen amateurclub Transvalia in elkaar gezakt. Een poging van collega-speler Wim Meutstege en een aanwezige arts om Drost te reanimeren mag niet baten.

Duivenbode, Theo van
Toegetreden tot de raad van commissarissen van Ajax in 2012 en een van de pleitbezorgers van het nieuwe, zuinige beleid dat de club vanaf dat moment voert: lagere spelerssalarissen, minder duurbetaalde aankopen en meer kansen voor de eigen jeugd. Van Duivenbode (1943) maakt zelf deel uit van de selectie van Ajax die door coach Rinus Michels midden en eind jaren zestig wordt gekneed tot een Europese topploeg. Als Ajax in 1969 echter de finale van de Europacup I met 4-1 verliest van AC Milan is Van Duivenbode een van de slachtoffers van de harde maatregelen die Michels treft. Van Duivenbode, die als linksback niet hard genoeg zou zijn voor topvoetbal, haalt zijn gram bij de grote rivaal Feyenoord. In zijn eerste seizoen in Rotterdam maakt hij het enige doelpunt in de thuiswedstrijd tegen Ajax en Van Duivenbode wint met Feyenoord prompt de Europacup I door in de finale Celtic te verslaan.

Dullens, Willy
Nederlands voetballer van het jaar in 1966. Dat is om meerdere redenen opmerkelijk. Willy Dullens (1945) is een pas 21-jarige aanvaller van een eerstedivisieclub, Sittardia, en hij houdt onder meer Johan Cruijff achter zich. Cruijff verklaart dat Dullens een betere technicus is dan hijzelf – een groot compliment.
Tot wasdom komt Dullens als voetballer niet, door een ernstige knieblessure. Het noodlot slaat toe in augustus 1966, in een uitwedstrijd tegen Vitesse. 'Ene Bart van Ingen, of misschien was het een ander, hield me vast toen ik was doorgebroken en op De Munck afging. Ik lag met mijn voet op een tegenstander toen die Van Ingen op mijn knie viel. Nee, niet opzettelijk, het was een ongeluk. Maar voor mij stortte de hele wereld in. Potverdorie, het is gebeurd met je, Dullens, ging het door me heen.'
Dat klopt. Hij voetbalt nog twee jaar door, maar haalt nooit meer zijn oude niveau. In NRC *Handelsblad* toont hij jaren later zijn verdriet. 'Na de eerste operatie bleek al snel dat

mijn hele toekomst weg was. Ik woog normaal 55, 56 kilo. Toen heel vlug nog maar 46, wegens de pijn en vooral door het verdriet. Bijna dag en nacht heb ik liggen huilen.'

Dusbaba, Johnny
De zoon van een Haagse kermisklant is een niets en niemand ontziende verdediger, die eind jaren zeventig bij Ajax en later Anderlecht ontbolstert. Hij moet wel stevig aangepakt worden, want Johnny Dusbaba (1956) is een tikkeltje gemakzuchtig. Zijn trainer bij Ajax, Rinus Michels, weet daar wel raad mee. Hij laat hem soms in alle vroegte voor een straftraining opdraven, waarna Dusbaba de opdracht krijgt om Michels' hond uit te laten.
Dusbaba is ook een handelaar. Hij verkoopt zijn waar vanuit de kofferbak van zijn auto en bij Anderlecht slaat hij zijn spullen op in een materiaalkot. Voormalig ploeggenoot Gille Van Binst: 'Elke keer als zijn familie naar België kwam, brachten ze allerlei spullen mee. Op een dag stond er een enorme rij supporters aan te schuiven bij dat kot. Niet voor een handtekening, maar wel om handel te drijven met Dusbaba. [...]
Toen ik eens ruzie had met mijn vrouw besloot ik bij Dusbaba een cadeautje voor haar te kopen. Hij had een zonnebank staan. Ik dacht goeie punten te scoren, maar na uren onder die zonnebank was mijn vrouw nog geen spatje gebruind. Volgens mij zaten er in plaats van uv-lampen gewoon neonlampen in, maar ik kreeg mijn geld niet terug. Volgens Johnny lag het aan de speciale huid van mijn vrouw.'
Dusbaba, die vier keer in Oranje speelt, keert in 1982 terug naar Nederland, naar NAC, maar hij weegt dan meer dan honderd kilo. Op zijn dertigste stopt Dusbaba met voetballen.

DWS
Door Wilskracht Sterk houdt er nog immer een bijzonder record op na. Als enige club in het profvoetbal lukt het de Amsterdammers om na een titel in de eerste divisie een jaar later ook op het hoogste niveau kampioen te worden. Dit hoogstandje lukt de blauw-zwarte ploeg in 1963 en 1964. Een jaar later wordt zelfs de kwartfinale van de Europacup I gehaald, waarin men ten onder gaat tegen het Hongaarse Vasas Györ. Daarna worden de prestaties langzaam minder. Als de club in 1972 opgaat in FC Amsterdam zijn nieuwe stunts ver uit het zicht geraakt.
Sterspelers: Arie de Oude, Frits Flinkevleugel, Frans Geurtsen, Jan Jongbloed, Rinus Israel, Daan Schrijvers, Rob Rensenbrink.

Eredivisie 1958-1959, D.W.S.-A, Amsterdam

Ede, Tonny van
Het Rotterdamse Sparta haalt de kwartfinales van de Europacup I tegen Glasgow Rangers. Op 16 maart 1960 maakt Tonny van Ede (1924-2011) in de return op Ibrox Park het enige doelpunt. Daarmee sleept Sparta een beslissingswedstrijd uit het vuur, die uiteindelijk verloren gaat.
Van Ede, bijgenaamd de Schicht vanwege zijn snelle rushes langs de rechtervleugel, speelt 455 competitiewedstrijden voor Sparta. De club benoemt hem in 1963 tot erelid. In 2010 wordt de hoofdtribune van het stadion omgedoopt in Tonny van Edetribune. Na zijn overlijden maakt Jeroen Louis een gedicht voor Van Ede, dat hij aanbiedt aan Sparta-supporter en Van Ede-bewonderaar Jules Deelder. Het gedicht van twee regels heet 'Oude Schicht'.

Ken je Tonny van Ede?
Hij is overlede

Een kernachtige formulering van een onloochenbaar feit, aldus Deelder. 'En daar gaat het om in een gedicht.' Deelder zelf dicht het volgende over Van Ede:

Hij flitste sneller dan het licht
en schoot uit alle standen
Vaak was hij onnavolgbaar
en soms ook wel eens niet
Omdat de schicht ook maar een mens was,
al dachten wij van niet
Hij was Spartaan bij leven,
Hij blijft het in de dood
Nooit zal hij zijn vergeten
Meneer Van Ede u was groots

Edelenbos, Nicole
Maarten Oldenhof (1961) en Nicole Edelenbos (1962) worden in 1998 plotseling de Romeo en Julia van het nationale voetbal – en het voetbal is er niet klaar voor. Hij is directeur van Ajax, zij van Feyenoord, dat roept spanningen op. Vooral Feyenoord-voorzitter Jorien van den Herik kan het niet aan. Hij veronderstelt dat het verliefde stel weleens geheime informatie zou kunnen bespreken. Ook Ajax vreest voor nadelige 'pillow talk'.
Edelenbos, de eerste vrouw met een topfunctie in het voetbal, wordt door Feyenoord ontslagen en in de rechtszaak die volgt wordt bepaald dat ze recht heeft op een afkoopsom van 200.000 gulden. Van den Herik, een slechte verliezer, noemt haar een 'harteloze vrouw'. Gelukkig heeft ze geluk in de liefde. Met Oldenhof krijgt ze drie kinderen.

Edström, Ralf
Boomlange spits van 1,91 meter die tussen 1973 en 1977 de gelederen van PSV komt versterken. Met een ijzersterk moyenne van één goal op twee duels blijkt Edström (1952) een van de beste spitsen uit de Eindhovense historie. De landstitel uit 1975, de eerste in twaalf jaar, kan voor een groot deel op zijn conto worden geschreven. Zijn samenwerking met Mister PSV Willy van der Kuijlen is voorbeeldig. Vanuit Zweden, waar hij voetbalcommentator is, houdt hij de verrichtingen van PSV nog immer scherp in de gaten.

Effern, Toon
Een Nederlandse voetballer bij Chelsea baart dezer dagen weinig opzien. Of het nou Ruud Gullit, Arjen Robben of Marco

Ralf Edström.

van Ginkel is, niemand die er zich nog echt druk over maakt. Ooit was dat beduidend anders, en was een landgenoot in het Engelse voetbal nog een nieuwsitem van formaat. Neem Toon Effern (1914-2005) uit IJmuiden. In de oorlogsjaren komt hij in Engeland terecht waar hij bij een potje voetbal tussen militairen zo veel indruk maakt dat Chelsea hem prompt uitnodigt om op Stamford Bridge te komen spelen. Op 22 januari 1944 maakt de aanvaller zijn debuut bij The Blues. Het wordt een doorslaand succes. Niet alleen wordt Charlton Athletic met 5-2 verslagen, Effern neemt ook nog een van de goals voor zijn rekening. 'Een niet te missen kans,' aldus Effern. 'Er kwam een voorzet en van dichtbij lelde ik 'm erin. Een makkie. Geen speciaal doelpunt, maar voor mij was het natuurlijk heel bijzonder.' Zijn avontuur duurt exact twee duels, dan vindt de krijgsmacht het welletjes. Er is ook nog zoiets als een oorlog.

Egbers, Tom

Presentator van *Studio Sport* (al heel lang), rommelig kapsel (idem), voetbalromanticus (idem) en supporter van Heracles dat hij uitspreekt als Herácles. Egbers (1957), getrouwd met musicalster Janke Dekker, zou meer moeten schrijven. Zijn boek uit 1995 over de Zuid-Afrikaanse Heracles-aanvaller Steve Mokone, *De Zwarte Meteoor*, is een overtuigende proeve van bekwaamheid.

Eggers, Kira

Zijn de putjes en krassen in de tafel nou van de Deense seksbom Kira Eggers (1974) of niet? De ranzige Deense krant BT onthult dat een aantal Nederlandse internationals zich daags voor de oefeninterland tegen Denemarken (10 november 2001) in een suite van het Marriott Hotel in Kopenhagen 'schuldig heeft gemaakt aan nachtelijke uitspattingen'. Ook de betrouwbare krant *Berlingske Tidende* bericht over de affaire. Het Deense blootmodel Kira Eggers (94-63-94 en schoenmaat 38) en haar strippende vriendinnen zouden voor het vermaak hebben gezorgd. Gevraagd naar haar reactie zegt Kira in eerste instantie: 'Ik voeg ook deze avond toe aan mijn verzameling van meest persoonlijke intimiteiten.'
De aangewezen spelers – Patrick Kluivert, Edgar Davids en Frank de Boer – beweren bij hoog en bij laag dat er niets is gebeurd. Aanvoerder De Boer: 'Ik heb geen wijf gezien. Dit is één grote leugen.'
Bondscoach Louis van Gaal verklaart twee maanden later in het Vara-programma *Oog in Oog* dat hij die bewuste avond rond half elf 'negen of tien mooie vrouwen uit het hotel heeft laten verwijderen om de kat niet op het spek te binden'. Van Gaal heeft de vrouwen zelf niet gezien, maar krijgt die

informatie, waarna hij besluit in te grijpen. 'Ik houd er niet van als dergelijke figuren de concentratie voor een wedstrijd verstoren. Het was trouwens nog vrij moeilijk om de vrouwen te laten verwijderen, want een hotel is openbaar terrein.'
Volgens Van Gaal zijn genoemde spelers onterecht beschadigd. 'En dat heeft voor veel verdriet gezorgd in hun families.' Hij zegt ook: 'In Denemarken is niets gebeurd.' Eggers zelf ontkent het verhaal over de striptease later ook in *de Volkskrant*.
Toch is de affaire het begin van het einde van bondscoach Louis van Gaal, die zich niet heeft gekwalificeerd voor het WK 2002. Op 1 februari vertrekt Van Gaal bij de KNVB. 'Ik heb niet de juiste snaar kunnen raken bij de internationals.'

Eijden, Arie van
Arie van Eijden (1946) wordt geboren met een rood-wit hart. Als speler, bestuurslid en vicevoorzitter kent hij Ajax van binnen en van buiten. In 1986 wordt hij de eerste directeur in de geschiedenis van de club. 'Ik ben er vanzelf ingegroeid,' zegt hij. 'Directeur van een voetbalvereniging is de mooiste baan van de wereld, maar je moet wel een clubman zijn – het moet in je genen zitten. Een directeur van Ajax moet weten hoe een kleedkamer van binnen ruikt. Niet per se van het eerste elftal; het kan ook Ajax 6 zijn.'
De zoon van een groenteboer uit de Pretoriusstraat maakt carrière bij Shell, maar Ajax is altijd zijn grote liefde geweest. Van Eijden staat van 1965 tot 1968 als speler onder contract bij de club, maar hij voetbalt slechts twee wedstrijden in het eerste. Van 1977 tot 1986 is hij bestuurslid. In 1995 wordt Van Eijden geroyeerd vanwege dubieuze transfers. De rechter veroordeelt hem tot een voorwaardelijke gevangenisstraf en een boete van zestigduizend gulden. Gedesillusioneerd vertrekt hij naar de KNVB, waar hij directeur van de sectie Betaald Voetbal wordt. In oktober 2000 draait Ajax het royement terug en wordt hij opnieuw aangesteld als directeur.
Dat Ajax een beursgenoteerde onderneming is geworden, maakt hem niet uit. Van Eijden brengt in alle geledingen de financiën op orde. Het levert hem de bijnaam de Kruidenier op. 'Als directeur moet je jezelf niet op een voetstuk plaatsen, maar bereid zijn mee te lopen in de modder.'
Na zijn pensioen in 2005 blijft hij Ajax op de voet volgen. Met lede ogen ziet hij zijn club tijdens de fluwelen revolutie uiteenvallen. Toch maakt hij zich over de toekomst geen zorgen. 'Het is toch altijd goedgekomen met Ajax? Om met Van Praag te spreken: Ajax is net wuivend riet. Het slaat plat bij een enorme storm, maar het komt altijd weer overeind.'

Eindhoven, FC
Het piepkleine broertje van stadgenoot PSV probeert al jaren te overleven in de Jupiler League waar het als langste van allemaal (sinds 1977) in vertoeft. In de jaren daarvoor komt de ploeg tot welgeteld drie seizoenen eredivisie.
Sterspelers: Frans Tebak, Jan Louwers, Henk Bloemers, Hans Bleijenberg.

El Hamdaoui, Mounir
Magistraal en moeilijk tegelijk, dat is Mounir El Hamdaoui (1984). Groot geworden op de pleintjes in Kralingen komt de spits aanvankelijk bij Excelsior terecht. Later probeert hij het bij Tottenham Hotspur,

maar dat wordt, inclusief verhuur aan Derby County, geen succes. Eenmaal terug in Nederland floreert hij bij landskampioen AZ, waarna Ajax de gok wel aandurft en hem in juli 2010 presenteert. Onder Martin Jol is de grillige spits verzekerd van een basisplaats, dat verandert abrupt als Frank de Boer de touwtjes in handen krijgt. Vanaf week 1 is het hommeles tussen de twee, het ene conflict volgt het andere op. Pas in de zomer van 2012 worden beide partijen van elkaar verlost als de aanvaller vertrekt naar Fiorentina. Maar ook daar lukt het niet om door te breken, een jaar later volgt verhuur aan Sevilla. Daar trekt hij vooral de aandacht als trainer Bernd Schuster aangeeft dat de spits eerst wat kilo's moet afvallen wil hij weer in beeld komen voor het eerste elftal.

Ad van Emmenes in 1938 tijdens de WK-wedstrijd Tsjechoslowakije-Nederland in Le Havre.

Elinkwijk

Zeven seizoenen (1956-1961 en 1965-1967) bedraagt het aandeel van Elinkwijk in de eredivisie, daarin eindigt het steevast onder aan de middenmoot. In de eerste periode debuteert Humphrey Mijnals als eerste Surinamer voor Oranje. In 1970 fuseert het met DOS en Velox tot FC Utrecht.
Sterspelers: Wim de Jongh, Humphrey Mijnals, Reinier 'Beertje' Kreijermaat.

Emmenes, Ad van

Of beter gezegd: ingenieur Ad van Emmenes (1897-1989). Zoon van een vader die wegens anarchistische activiteiten regelmatig in de gevangenis zit. Vader van Viola van Emmenes die wij beter kennen onder haar naam Viola Holt – en die in tegenstelling tot haar vader trouwens géén geheelonthouder is.
De chemisch ingenieur uit Amsterdam is in de jaren voor en na de oorlog een beroemde sportjournalist, vanwege zijn artikelen in tijdschriften (*De Sportkroniek*, *Sport en Sportwereld*) en zijn commentaren op de radio (VARA). Hij schrijft ook boeken met titels als *Nou wij, boys* (1950), *Beter voetbal* (samen met Kick Geudeker) en de klassieker *Neerlands voetbalglorie, alle interlands van 1905 tot 1980*. Niemand ziet méér interlands, 340 maar liefst sinds 1909, dan de legendarische, markante voetbalprofessor.

Ende, Mario van der

Met zijn gevoel voor humor, zijn vakkennis en natuurlijk overwicht dwingt deze Haagse onderwijzer respect af bij de voetballers. Van der Ende (1956) is een arbiter die incasseert en uitdeelt en dat wordt hogelijk gewaardeerd. In een KNVB-verkiezing van scheidsrechter van de eeuw eindigt hij op de eerste plaats, hij fluit op alle niveaus, tot EK- en WK-eindrondes aan toe.
Een van zijn meest curieuze duels vindt plaats op 1 april 2000, de wedstrijd in de

Champions League tussen Real Madrid en Borussia Dortmund. Op het punt van beginnen ontstaat er rumoer achter een van de doelen. Dat vervolgens bezwijkt als iets te enthousiaste supporters er wat te lang aan blijven hangen. Na een korte inspectie weet Van der Ende genoeg: er moet een nieuw exemplaar komen. Wat volgt is een urenlange klucht die eindigt met het verplaatsen van een doel door de buitenwijken van Madrid. Van der Ende blijft de rust zelve tijdens dit ongewenste oponthoud. Op de vraag wat hij in de tussentijd gaat doen, antwoordt hij doodkalm: 'Ik ga nu eerst even m'n vrouw Elsje bellen, de videorecorder kan op pauze, want dit kan nog wel even duren.' Het is Van der Ende ten voeten uit: nooit paniek, altijd humor. Na twee uur vertraging kan de wedstrijd alsnog beginnen.

Enschede, SC
Al in het allereerste eredivisieseizoen 1956-1957 doet Sportclub Enschede mee om de titel, maar verder dan de derde plaats komt de ploeg niet. Een jaar later lijkt het dan wel zover, maar de beslissingswedstrijd om de landstitel wordt na verlenging verloren van DOS. Daarna treedt langzaam maar zeker het verval in met een veertiende plek in 1962 als dieptepunt. In 1965 fuseert het met Enschedese Boys tot FC Twente.
Sterspelers: Abe Lenstra, Arend van der Wel, Joop Janssen, Helmut Rahn.

Excelsior
Alles is knus aan de derde club van Rotterdam. Het stadion Woudenstein, de sfeer, de uitstraling en ja, dus ook het elftal. Af en toe promoveert de club nog wel naar de eredivisie, voor het laatst in 2010, maar op het hoogste niveau heeft het elftal weinig te zoeken. En eigenlijk is dat altijd zo geweest. De negende plaatsen in 1980 en 1983 zullen wel even in de recordboeken blijven.
Sterspelers: Lo Dörr, Heimen Lagerwaard, Thijs Kwakkernaat, Thijs Libregts, Ton Pattinama, Thomas Buffel, David Connolly.

Fadrhonc, František
Meneer Varendonk noemt Rinus Michels hem. Dat is niet ongrappig, maar in die naam zit ook een diskwalificatie verscholen van de in 1948 uit Tsjechoslowakije

gevluchte coach. Er zijn er meer die er zo over denken. Fadrhonc (1914-1981) slaagt erin Nederland na 36 jaar naar de eindronde van het WK (in West-Duitsland) te loodsen, maar krijgt op het laatste moment Michels boven zich gesteld als 'supervisor'. Hij accepteert het gelaten. De KNVB grijpt in nadat onder anderen Barry Hulshoff en Willem van Hanegem zich publiekelijk beklagen over 'de dokter'. Met de discipline is het beroerd gesteld en tactisch laat Fadrhonc vaak steken vallen.
De vriendelijkste bondscoach aller tijden, is hij genoemd. Als KNVB-arts Frits Kessel in 1998 terugkijkt op zijn loopbaan bij Oranje, zegt hij dat Fadrhonc het liefst alle spelers van de selectie had opgesteld. 'Hij begon ook altijd met het noemen van de namen van de reservespelers.'
Bij Willem II, Sportclub Enschede, Go Ahead en Oranje zetten spelers graag een extra stap voor de aimabele Nederlander (sinds 1966). Zijn gezag is echter niet altijd even groot. Frits Kessel vertelt in 1998 ook over de keer dat Fadrhonc het slachtoffer werd van een onvervalst staaltje voetbalhumor. 'In de aanloop naar een belangrijke wedstrijd zaten de spelers met de bondscoach in een zaaltje tv te kijken. Op een gegeven moment liet Fadrhonc wat vallen en bukte zich om het op te rapen. De bilnaad kwam traag tevoorschijn en triomfantelijk kieperde Neeskens er een busje peper in. Wat langzaam maar zeker natuurlijk enorm ging broeien en jeuken. De arme Fadrhonc schurkte en krabde zich een ongeluk en die jongens hadden dikke pret.'

Fer, Leroy

De vriendin van Leroy Fer (1990) is gek op paarden. Dus wat doet de voetballer van FC Twente als hij op een paardenveiling belandt? Hij koopt voor 28.000 euro een paard. Pas drie dagen later komt de middenvelder, die kort daarna naar Norwich City vertrekt, tot de ontdekking dat hij eigenlijk helemaal geen ruimte heeft voor de vierjarige ruin Django. De paardenwebsite Hippisch Twente tekent op uit de mond van de voetballer: 'Ik woon op een appartement en heb dus helemaal geen plaats voor een paard.'
Serieus over de aankoop is hij wel, verzekert Fer. Na een gesprek met topruiter Jeroen Dubbeldam, die het paard voor de veiling heeft geselecteerd, besluit Fer het paard van de hand te doen. Hij verkoopt het dier weer aan de liefhebber die hij bij de veiling net had afgetroefd.

Feyenoord

Geen woorden maar daden, schalt er voorafgaand aan ieder thuisduel door De Kuip. Het doet recht aan het stereotype Feyen-

oord-speler dat iedereen tegenwoordig voor ogen heeft. De mouwen opstropen, keihard werken voor iedere meter, karakter, inzet en werklust zijn de kernwoorden waar het in De Kuip om draait. Maar ooit was dat wel anders. Eind jaren zestig staat er in Feyenoord-Zuid met technisch zeer begaafde spelers als Coen Moulijn, Willem van Hanegem en Ove Kindvall een heel creatieve ploeg. Niet verwonderlijk dan ook dat dit elftal de eerste Europacup voor landskampioenen naar Nederland brengt na een 2-1 zege op Celtic. Na het winnen van de UEFA Cup in 1974 komt de klad in de prestaties. Jaren zonder hoofdprijzen verstrijken, nooit komt Feyenoord echt nog in de buurt van de Europese top. Ook in de eredivisie stokt het ritme. Nadat in 1999 de laatste landstitel wordt gewonnen, wordt het stil op de Coolsingel. Een keer wordt die stilte doorbroken na het winnen van de UEFA Cup in 2002, maar door de moord op Pim Fortuyn wordt dat niet groots gevierd. De laatste jaren produceert Varkenoord wel steeds meer grote talenten die ook het Nederlands elftal halen.
Sterspelers: Rinus Israel, Willem van Hanegem, Coen Moulijn, Ove Kindvall, Wim Jansen, Ruud Gullit, Ben Wijnstekers, Pierre van Hooijdonk, Dirk Kuijt, Salomon Kalou.

Fluwelen revolutie
Rigoureuze koerswijziging bij Ajax, in 2010 ingezet door Johan Cruijff, die weinig vreedzaam verloopt. Oud-topvoetballers moeten het volgens Cruijff bij de club voor het zeggen krijgen. Uiteindelijk vertrekken, al dan niet uit vrije wil, directeuren als Rik van den Boog en Henri van der Aat, voorzitter Uri Coronel, technisch manager

De man achter de Fluwelen Revolutie bij Ajax, Johan Cruijff,
en een van zijn critici, Marco van Basten.

Danny Blind, jeugdtrainers als Robin Pronk en Michel Kreek, de bijna voltallige medische staf en teammanager David Endt. Cruijff neemt zelf aanvankelijk plaats in de Raad van Commissarissen, met Steven ten Have als voorman. De twee komen lijnrecht tegenover elkaar te staan als Ten Have en de andere commissarissen, achter de rug van Cruijff om, Louis van Gaal als algemeen directeur willen strikken. Het komt tot een rechtszaak die door Cruijff wordt gewonnen.
Na de revolutie vormen Wim Jonk, Dennis Bergkamp en Frank de Boer het 'technisch hart' van de club, bijgestaan door Marc Overmars (directeur voetbalzaken). Michael Kinsbergen wordt algemeen directeur. Hij krijgt als taak mee om marketingdirecteur Edwin van der Sar in die functie wegwijs te maken.
Cruijff én Ten Have zien in eerste instantie ook in Marco van Basten een geschikte algemeen directeur voor Ajax. De oud-spits haakt echter af. Van Basten legt later in een interview met *Voetbal International* uit waarom. 'Ik kon zowel met de kant van Johan overweg als met de kant van Steven ten Have. Uiteindelijk was dat voor Johan reden om te zeggen: "Luister, je staat niet volledig aan onze kant. Laat maar zitten."' Het zint Van Basten niet dat Cruijff boven hem nog een adviesraad wil aanstellen. Van Basten: 'Hij ging eisen stellen. Het moet zo en zo. Toen heb ik gezegd: "Sorry Johan, A wil ik het niet en B vind ik het onzin." Het ging natuurlijk allemaal om mensen in die raad die door de andere kant nooit gepruimd zouden worden. Dat ging niet werken. En het moet natuurlijk wel zo gaan als hij voor ogen heeft. Dat is zijn goed recht. Zoals het mijn goed recht is om te zeggen: "Joh, zoek het uit." En zo is het ook gegaan.'

Top-10: Broers in Oranje

1 Frank en Ronald de Boer
2 Ronald en Erwin Koeman
3 René en Willy van de Kerkhof
4 Arnold en Gerrie Mühren
5 Rob en Richard Witschge
6 Jaap en Bas Paauwe
7 Gerard en Wim Tap
8 Jacques en Mannes Francken
9 Edward en John Metgod
10 Collins en Ola John

Tussen Van Basten en Cruijff is een verwijdering ontstaan. 'Toen hij mijn trainer bij Ajax was heb ik fijn met hem gewerkt. Een leuke tijd, ik vond hem ook een leuk persoon. Later werd het steeds vaker: zo, en niet anders. Je moest bij wijze van spreken eerst de Cruijff-academie hebben gedaan, anders kon het niet.'
De revolutie bij Ajax noemt Van Basten 'echt, écht verwerpelijk'. 'Hoe *De Telegraaf* met enkele van zijn medewerkers daarin een clan heeft gevormd, vind ik onvoorstelbaar dat het in Nederland kan. Dat meen ik serieus.' Van Basten hoeft niet langer te worden geschaard onder het kamp-Cruijff. 'Ik heb lange tijd aan die kant gezeten, maar ik vond uiteindelijk hun werkethiek echt beneden peil.'

Fortuna '54

Een keur aan internationals wordt medio jaren vijftig naar Limburg gelokt om Fortuna '54 aan de landstitel te helpen. Maar ondanks de inbreng van tal van vedettes blijft de eerste betaaldvoetbalclub

van het land steeds steken op een tweede plek of lager. Wel wordt in 1957 de KNVB-beker gewonnen via een 4-2 zege op Feyenoord. Na 1960 treedt het verval in, in 1968 fuseert het met Sittardia tot Fortuna SC.
Sterspelers: Cor van der Hart, Frans de Munck, Jan Notermans.

Fortuna Sittard
De Limburgse fusieclub kent zijn hoogtijdagen in de jaren tachtig als Fortuna zich in de subtop nestelt van de eredivisie en zelfs Europees voetbal haalt. Vanaf de millenniumwende gaat het een stuk slechter met FSC. De club degradeert in 2002 en komt die dreun niet meer te boven. De club hangt al bijna boven de afgrond, maar niemand durft de stekker er echt uit te trekken. Ook steken bijna jaarlijks geruchten over een fusie de kop op, tot op heden zonder resultaat.
Sterspelers: René Maessen, Ronald Hamming, Mark van Bommel, Wilfred Bouma, Kevin Hofland.

Foundation
Met de aanleg van een visvijver voor gehandicapte kinderen op landgoed Stille Wille in Oirschot treedt in 2012 ook Theo Lucius (PSV, Feyenoord) toe tot het legertje weldoeners en idealisten. Vooral de 'foundation' is populair. De eerste stichting, de Johan Cruyff Foundation, dateert uit 1997. Daarna worden de Champions for Children van Clarence Seedorf (2005), de Dirk Kuyt Foundation (2006), de John Blankenstein Foundation (2008), de Ruud van Nistelrooy Foundation (2009), de Giovanni van Bronckhorst Foundation (2009), de Edwin van der Sar Foundation (2011) en de Klaas-Jan Huntelaar Foundation (2012) opgericht.
Het terrein is groot. Ook scheidsrechter

Tegeltje van de Cruyff Foundation.

Serdar Gözübüyük beheert een eigen foundation, Sport-Connection-Us. Johan Neeskens is van 2001 tot 2013 het gezicht van de Nees, een stichting die steun geeft aan kinderen met een chronische ziekte of beperking. Het zou een hype genoemd kunnen worden. Maar, zoals Barbara Kathmann van de Giovanni van Bronckhorst Foundation zegt: 'Als dat al het geval is, dan vind ik het in ieder geval een goede hype.'

FOX

Tv-zender van de omstreden mediamagnaat Rupert Murdoch, die in 2012 voor een miljard euro een meerderheidsbelang neemt in de zender Eredivisie Live. De overeenkomst heeft een looptijd van twaalf jaar, waarmee het de grootste tv-deal in de historie van het Nederlandse voetbal is. Het ligt in de lijn der verwachting dat FOX de samenvattingen overhevelt naar het eigen open kanaal, zeker op het moment dat de overeenkomst met de NOS afloopt, maar het bedrijf van Murdoch besluit het contract met de publieke omroep toch te verlengen tot 2017.

Fransen, Piet

Melkboer uit het Oosterpark, duivenmelker en een van de beste spelers die ooit in Groningen actief is. Onderbroken door tweeënhalf seizoen Feyenoord speelt de begaafde en charismatische middenvelder Piet Fransen (1936) zijn hele loopbaan voor GVAV en FC Groningen. Zesvoudig international Fransen, tijdgenoot van Groningse coryfeeën als Tonny van Leeuwen en Martin Koeman, is een volksheld in het Oosterpark. Niet voor niets is in de wijk die na de sloop van het stadion verrijst een straat naar hem vernoemd, de Piet Fransenlaan.

Fredrikstadt, John

Lion 'John' Fredrikstadt (1934-2002) geldt als de grondlegger van de voetbalstatistieken en heeft het Nederlandse betaald voetbal in kaart gebracht. Met zijn archief wordt Fredrikstadt een onmisbare bron van informatie voor de media. In 1999 verkoopt hij zijn voetbalgegevens aan het bedrijf Infostrada-Sports, dat sindsdien het levenswerk van de statisticus digitaal bijhoudt. Fredrikstadt heeft zijn gegevens al die jaren in schriftjes bijgehouden. De nijvere Bussummer komt in 1962 op het idee statistieken bij te houden, als hij het lage aantal tegendoelpunten van zijn vriend Bab van der Voort, doelman van Blauw-Wit uit Amsterdam, vergelijkt met andere keepers uit het betaald voetbal.
Fredrikstadt stuurt zijn eerste stukjes naar *De Telegraaf*. Het leidt uiteindelijk tot hét archief van het Nederlandse profvoetbal. Later kloppen ook andere media bij de statisticus aan. Van 1977 tot 1999 wordt zijn naam bijna wekelijks genoemd bij *Studio Sport* als er een jubileumdoelpunt is gemaakt, een bijzondere gele, dan wel rode kaart is gevallen of een of ander record is verbeterd.

Gaal, Louis van

Als Louis van Gaal (1951) in 2003 als technisch directeur terugkeert bij Ajax, draagt hij tot verrassing van velen een zelfgeschreven gedicht voor. Het rijm is, mild gezegd, een tikkeltje kreupel:

Hier bij Ajax ligt mijn hart,
een club fascinerend, altijd apart.
Door velen genoemd naar godenzonen,
voor mij de bakermat van voetbaliconen.
Mijn herinneringen gaan terug naar
De Meer,
ook daar heerste een bijzondere sfeer.

Het zegt iets over de liefde die hij voor de club voelt. Als voetballer blijft Aloysius Paulus Maria van Gaal steken in Ajax 2, als trainer reikt hij tot de top. In 1995 leidt hij een jonge, bijna volledig zelfopgeleide ploeg met een Amsterdams gezicht naar de eindzege in de Champions League. In Wenen wordt grootmacht AC Milan ook voor de derde keer verslagen. Ook in de jaren daarna, bij Barcelona, de KNVB, AZ en Bayern München, zorgt zijn eigenzinnigheid en wantrouwen voor beroering. Het ligt zelden aan Van Gaal, volgens Van Gaal. 'Ben ik nou degene die zo slim is, of ben jij zo dom' is misschien wel de meest typerende opmerking uit zijn oeuvre.
Er bestaan twee versies van hem. Er is de man die zich in kleine kring als een warme, belangstellende persoonlijkheid manifesteert. En er is een man die zich snel ergert, journalisten attaqueert en wiens gedrag vaak wordt gekenmerkt door botheid en onwrikbaarheid. Zijn fraaie loopbaan, onder meer gelardeerd met zeven landstitels in drie landen, verliest er iets van zijn glans door.

Van Gaal botst niet alleen met journalisten. Ook bijvoorbeeld Johan Cruijff, Ronald Koeman en Marco van Basten keren zich tegen hem. Bovenal is er de gelouterde, succesvolle voetbaltrainer, de Amsterdamse onderwijzer met de katholieke achtergrond die zijn plaats op het platform van Rinus Michels, Johan Cruijff en Guus Hiddink ten volle verdient.
En er is dus die dichter:

Nu ga ik mijn gevoelens weer achterna,
en treed technisch toe in de Arena.
In mijn levensfase is dit een nieuwe kans,
en mijn jeugdliefde krijgt een extra stimulans.
En daarom klinkt het vol overgave uit mijn mond,
vandaag is de cirkel echt rond.

Galen, Barry van

Een typische straatvoetballer, dat is Barry van Galen (1970). Hij heeft maar één doel voor ogen: winnen ten koste van alles. Die instelling brengt hem tot in het betaalde voetbal, tot zelfs in Oranje aan toe als oudste debutant ooit, maar soms gaat hij de grenzen over van het betamelijke. Zo stompt hij scheidsrechter Roelof Luinge in de buik en bezorgt hij Telstar-speler Richard Stricker een schedelbasisfractuur. Ook buiten de lijnen komt de Haarlemmer een paar keer in opspraak. Dat leidt in 2004 tot een veroordeling wegens zware mishandeling op de kermis van Assendelft. Hij is nu als scout van AZ in rustiger vaarwater beland.

Gans, Peter

'Gans, ik vreet je op met kerst,' zo luidt de ook letterlijk gevleugelde uitdrukking die Willem van Hanegem bezorgt aan het adres van scheidsrechter Peter Gans (1937) tijdens een wedstrijd van AZ. De Kromme is het duidelijk niet eens met een door Gans gegeven vrije trap aan de tegenpartij. Een mooie traditie is geboren. Elk jaar in december wordt de arbiter door de voetballers fijntjes aan de kwetsbare positie van zijn achternaam herinnerd. Met 'Gans, je haalt de kerst niet' als afgeleide variant.

Geel, Martin van

Verdienstelijk voetballer van Willem II, Ajax, Roda JC en Feyenoord. Bij alle vier de clubs is Van Geel (1960) na zijn carrière technisch directeur, met wisselend succes. De beste resultaten boekt hij bij Willem II, dat zich als nummer twee van de eredivisie in 1999 kwalificeert voor de Champions League, en AZ. Beide keren is Co Adriaanse de trainer. Als Van Geel in 2005 van AZ naar Ajax overstapt, krijgt hij een stadionverbod van AZ-eigenaar Dirk Scheringa. Op het krachtenveld bij Ajax krijgt Van Geel echter nooit grip. Beter vergaat het hem bij Feyenoord, waar de Brabander saneren en presteren hand in hand laat gaan. In zijn eerste seizoen, 2011-2012, met Ronald Koeman als trainer, eindigt de club die kampt met een miljoenenschuld als tweede. Ook financieel kruipt Feyenoord daarna uit een heel diep dal.

Geels, Ruud

Banketbakkerszoon, huisschilder, Haarlemmer, kopspecialist en waarschijnlijk de meest onderschatte spits uit de Nederlandse voetbalgeschiedenis. Geels (1948) is vijfvoudig topscorer van de eredivisie – viermaal als Ajacied, eenmaal als Spartaan – maar het beklijft niet lang. Niet voor niets

is de ondertitel van het boek *Ruud Geels, altijd raak!*, dat Theo Vaessen in 2007 over hem schrijft, *De biografie van een 'vergeten' topscorer*.
Met Ronald Koeman is hij de enige die zowel voor Feyenoord, Ajax als PSV speelt. Geels is een ster tegen wil en dank, ook bij Club Brugge en Anderlecht, een zachtmoedige man die moeite heeft met de mores in het profvoetbal. 'Het verwachtingspatroon was te hoog, er was te veel aandacht voor mijn persoon, en ook een zekere mate van cynisme.' De cijfers liegen echter niet. In 473 wedstrijden scoort hij maar liefst 318 maal.

Geilman, Bram
Oké, de vraag is gerechtvaardigd of Bram Geilman (1945) dit lexicon had gehaald als hij een andere naam had gehad. Als hij bijvoorbeeld Piet of Klaas Geilman had geheten. Een slechte keeper is Geilman overigens niet, zowel bij Roda JC als Fortuna SC staat hij jarenlang onder de lat. Maar ja, die naam hè? Als hij een zoon krijgt, laat hij zijn achternaam veranderen in Gildeman. Dan is hij van het gezeur af.

Gelder, Jack van
'Sinds 1960 lid van A.F.C. (opgericht in 1895)', staat er op zijn account op Twitter, maar ook voor Ajax lijkt Jack van Gelder (1950) een zekere sympathie te koesteren. De vrolijke presentator van *Studio Sport* (en Oranje-volger namens *Langs de Lijn*) is van alle markten thuis. Hij speelt mee in de musical *Les Misérables*, handelt in kleding, doet de pr van Cruyff Sports en levert zingend een bijdrage aan het weggehoonde Koningslied. Verder: sigarenroker.
Als *de Volkskrant* hem in 2011 vraagt waarom voetballers bij hem op schoot willen zitten, antwoordt Jack: 'Ik noem het weleens het *Te land, ter zee, en in de lucht*-gevoel. Dat heb ik dertien jaar met heel veel plezier gepresenteerd. Ik hou gewoon van mensen, en dat straal ik ook uit.'
Alleen met Louis van Gaal is het contact niet zo lekker meer. 'Ik heb geen enkel probleem met de manier waarop Van Gaal coacht, wel met hoe hij zich af en toe gedraagt: megalomaan. En dat zeg ik dan ook gewoon. Als ik daardoor ruzie krijg en niet op zijn bruiloft word uitgenodigd, *so be it*.'

Gemalen haaienbotten
De Deense linksback Jan Heintze (1967) brengt het grootste deel van zijn voetballeven door bij PSV. Heintze is klein van stuk, maar een echte doorzetter. Hij speelt 86 interlands, maar mist het EK van 1992 – als Denemarken Europees kampioen wordt – vanwege een conflict met bondscoach

Richard Møller Nielsen. Heintze voetbalt tot op hoge leeftijd en is topfit. Zijn geheim? Hij eet elke dag gemalen haaienbotten, de smeerolie voor zijn gewrichten.

Gerets, Eric

Onbuigzamer hebben ze niet bestaan. Eric Gerets (1954) is opgebouwd uit één bonk graniet, hij is de vleesgeworden onverzettelijkheid in de defensies van PSV en het Belgische nationale elftal. Wie met Gerets te maken krijgt in het veld, heeft een moeilijke middag. De Leeuw van Vlaanderen laat zich niet makkelijk passeren. Bij PSV groeit hij uit tot publiekslieveling, niet voor niets wordt hij verkozen tot PSV'er van de eeuw als de club honderd jaar bestaat. Als coach is de bebaarde Vlaming wat minder succesvol bij PSV. Wel voorkomt hij in z'n eentje een veldinvasie tijdens PSV-Kaiserslautern door de supporters eigenhandig terug de tribune op te sturen. Zijn

Eric Gerets als bondscoach van Marokko.

laatste klus als bondscoach van Marokko loopt uit op een sof. Hij verdient nu wat bij in Qatar.

Gijp, René van der

Laat hem maar schuiven, de oud-voetballer van Sparta en PSV met de ongecompliceerde levenshouding en de gulle lach. Het liefst ligt hij thuis in Dordrecht op de bank. Desondanks rijgt Van der Gijp (1961) na z'n loopbaan als voetballer de prijzen aaneen, zonder dat hij er veel moeite voor doet. In 2012 wordt hij door de lezers van *NUsport magazine* gekozen tot beste voetbalanalyticus en roept Radio 538 hem uit tot tv-persoonlijkheid van het jaar. Als vaste tafelheer van *Voetbal International* stuwt hij tijdens het EK de kijkcijfers tot grote hoogte. Intussen vliegen bij het Kruidvat de Gijp-vogels de winkels uit.
In 2013 wint het boek dat journalist Michel van Egmond over hem heeft geschreven, *Gijp*, tot ergernis van de literaire wereld de NS Publieksprijs en doet hij een paar ongelukkige uitspraken. Zoals: 'Voetbal is geen spel voor homo's.' En: 'Als je 14 bent, ben je er klaar mee, dan ga je in het weekeinde in een kapperszaak werken.' Iedereen boos, vanzelfsprekend. Een paar maanden later neemt Van der Gijp op een vrije avond het eerste exemplaar van een boek over transgenders in ontvangst en geeft hij toe dat zijn uitspraken wat ongelukkig waren. 'Ik heb met niemand problemen, behalve met mannen die aan jonge meisjes zitten.'

Glendenning, Bob

De langstzittende bondscoach van Oranje en de eerste die in dienst treedt bij de KNVB (1928). De Engelsman Robert 'Bob' Glendenning (1888-1940) leidt zijn eerste wed-

Bob Glendenning.

Goaltjes Piet.

strijd van het Nederlands elftal in 1923. Van 1925 tot aan zijn overlijden in 1940 is hij de vaste bondscoach. In 87 interlands wint en verliest hij 36 keer en speelt hij vijftienmaal gelijk. Hij is de Nederlandse bondscoach met de meeste interlands achter zijn naam, gevolgd door Dick Advocaat (55) en Rinus Michels (53).

Go Ahead Eagles

Tot 1971 gaat Go Ahead zonder Eagles door het leven, dan vindt coach Barry Hughes zo'n Engelse toevoeging wel stoer staan. Zeker bij een club die op De Adelaarshorst vertoeft aan de Vetkampstraat. In die tijd is Go Ahead een geducht uitdager van het eredivisie-establishment. Eind jaren zestig schaart de club zich vier keer op rij onder de topvijf. In de jaren tachtig moet Go Ahead de strijd opgeven. Nog één keer vecht *Kowet* zich terug op het hoogste niveau, de degradatie van 1996 luidt een lange periode van sportieve schaarste in. Die pas in 2013 wordt opgeheven met een glorieuze rentree via de play-offs. Sterspelers: Dick Schneider, Bert van Marwijk, Cees van Kooten, René Eijkelkamp.

Goaltjes Piet

De bijnaam van Piet van Reenen (1909-1969), topscorer aller tijden van Ajax. Maakt 272 goals in 235 wedstrijden. Op 3 april 1932 scoort hij in één wedstrijd zeven keer, tegen Veendam (9-1). Dat aantal wordt nadien nooit meer geëvenaard door een Ajacied. Klaas Bakker (1955), Johan Cruijff (1971) en Marco van Basten (1985) komen tot zes. De keuzecommissie van de KNVB ziet het echter niet zitten in Goaltjes Piet. De flegmatieke midvoor moet in het Nederlands elftal Wim Lagendaal en Beb Bakhuys voor zich dulden. Van Reenen wordt slechts tweemaal geselecteerd voor Oranje – hij scoort niet.

Gobbel, Ulrich van

Hij geldt lange tijd als de snelste verdediger van het land, Ulrich van Gobbel (1971) doet handgeklokt 10,4 seconden over de honderd meter. Zijn rushes langs de rechterflank van Feyenoord worden dan ook gevreesd door de tegenstanders, zeker als het 'Uli, Uli' van de tribunes van De Kuip golft. Tussen 1989 en 2002 blijft hij de club trouw, uitstapjes naar Galatasaray en Southampton worden hem snel vergeven. In Oranje schopt hij het tot acht interlands, hij krijgt ook speeltijd op het WK van 1994. Na zijn loopbaan komt de verdediger wat minder positief in het nieuws. Hij bedreigt bestuurders van het CFK-fonds omdat hij zijn spaargeld iets eerder uit wil laten keren dan de bedoeling is, zijn winkeltje (hoso) in Surinaamse producten gaat failliet en in 2008 wordt hij door de rechtbank veroordeeld tot een taakstraf vanwege het verduisteren en verkopen van lease-auto's.

Goddelijke Kale

Van alle bijnamen een van de allermooiste. En niet eens overdreven. Want Bertus de Harder (1920-1982) is kaal en zijn spel bij tijd en wijle goddelijk. Een linksbuiten bekend om zijn snelle rushes, zijn spectaculaire techniek én zijn goals. In de drie seizoenen dat hij bij VUC (Voorwaarts Utile Dulci) speelt vlak voor de oorlog, is hij goed voor 46 goals. Op dat moment heeft hij al zijn debuut als international gemaakt, in 1938 staat hij met Oranje op de WK-eindronde in Frankrijk. Niet slecht voor een jongen uit de Schilderswijk die in mei 1937 nog actief is in het Haagse bedrijfsvoetbal. Tijdens de oorlog trekken duizenden mensen naar het terrein van VUC aan de Schenkkade alleen al om De Harder aan het werk te zien. De teleurstelling is groot als De Harder in de kampioenscompetitie van 1944 voor tweeënhalf jaar wordt geschorst. Er gaan geruchten over omkoping, maar die worden niet hardgemaakt. Wel heeft De Harder geld aangenomen om te spelen voor een bedrijfselftal uit IJmuiden.
De Harder blijft lid van VUC, zit zijn schor-

Bertus de Harder, 'de Goddelijke Kale', in actie tijdens de Watersnoodwedstrijd in Parijs.

sing uit en maakt begin 1947 een glorieuze rentree. Hij verdient er zelfs een transfer naar Bordeaux mee en staat ook in de basis van de legendarische Watersnoodwedstrijd van 1953. Eenmaal terug in Nederland wordt hij als 35-jarige speler van Holland Sport ook weer opgeroepen voor Oranje.

Graaf, Ben de

In 1996 schrijft Kees Fens in *de Volkskrant* een portret over Ben de Graaf (1936), de journalist (en biljartliefhebber) die deel uitmaakt van een ongekend kritische generatie sportverslaggevers. 'Hij ontmaskert het gemak van onze meningen en gevoelens. Wij hebben een hele avond van een prachtige voetbalwedstrijd genoten. Maar het televisiescherm is ons vergrootglas. De volgende dag brengt De Graaf alles tot zijn ware proporties terug. En hij heeft gelijk. Maar wij verdragen ons ongelijk niet. Daarom heeft bijna iedereen een hekel aan hem. Hardnekkig en lang.'

In die tekst zit ook de verklaring verscholen voor zijn onvrijwillige duik in het zwembad van het Waldhotel tijdens het WK in 1974. Zijn ergernis betreft vooral de 'overdreven hardheid' van het Nederlands elftal.

Vanwege zijn kritische stukken in *de Volkskrant* organiseren Johan Cruijff, Ruud Krol en Wim Suurbier op 26 juni de tewaterlating. De reserves René en Willy van de Kerkhof en Piet Schrijvers voeren de actie uit. De Graaf: 'Alles was zeiknat, m'n paspoort en foto's van m'n kinderen, wat me bijzonder ergerde. Maar het ergste was wel dat ik door muurbloempjes in het water ben gedonderd.'

Graaf, Jaan de

De aalvlugge rechtsbuiten uit Spakenburg is op negentienjarige leeftijd de opvallendste speler van het elftal van IJsselmeervogels dat in het seizoen 1974-1975 de halve finales bereikt van het toernooi om de KNVB-beker. Een prestatie die het amateurelftal tot sportploeg van het jaar maakt.

Na de krankzinnige winst op AZ '67 in De Alkmaarderhout – na strafschoppen – staan de profclubs voor De Graaf (1955) in de rij: Ajax, Feyenoord, PSV, Anderlecht, Fenerbahçe en Borussia Dortmund. Er is echter één probleem: hij weigert vanwege zijn geloof op zondag te voetballen.

Toch stapt marktkoopman De Graaf over naar het betaald voetbal. In 1978 gaat hij bij AZ '67 spelen. Onder één strikte voorwaarde: nooit op zondag. Hij voetbalt in die periode nog in het Nederlands B-elftal. Met Ronald Spelbos, Hans van Breukelen en Simon Tahamata. AZ-baas Klaas Molenaar hoopt dat het hem zal verleiden om zijn principes opzij te zetten. Maar De Graaf houdt voet bij stuk. Hij heeft het zijn oma, bij wie hij opgroeit, beloofd.

De Graafschap

Superboeren worden ze genoemd, een geuzentitel die met trots elk thuisduel wordt uitgedragen. Spelers van De Graafschap (1954) passen keurig in dit beeld, ze heten Vreman, Pieneman of Trentelman, vedetteneigingen zijn hun vreemd. Maar spoken kan het op De Vijverberg, zeker als opvliegende trainers als Fritz Korbach of Simon Kistemaker aan het hoofd van de troepen staan. Zeker eind jaren negentig, begin 2000 als de Achterhoekers zich vrij probleemloos handhaven in de eredivisie, met de achtste plaats in 1997 als uitschieter. De laatste jaren pendelen de Doetinchemmers tussen ere- en eerste divisie, op een trainer meer of minder wordt daarbij niet gekeken. Sterspelers: Guus Hiddink, Theo van Londen, Ernie Brandts, Ron Olyslager, Jan Vreman.

Grachtentocht

Het Nederlands elftal vaart in 1988, een dag na de gewonnen EK-finale, door de Amsterdamse grachten. Een grandioze intocht die wordt bijgewoond door een miljoen supporters. Veel woonboten lopen schade op – sommige staan half onder water – maar niet één zinkt. De tocht maakt diepe indruk op de spelers en trainers. Rinus Michels: 'We zullen het nooit, nooit vergeten. Dank u wel.' Ook Ajax krijgt in 1995, na het winnen van de Champions League, een tocht door de grachten. 'Dat blijft de mooiste herinnering uit mijn trainersloopbaan,' zegt coach Louis van Gaal. 'Al die mensen die ons vanaf de kant of vanuit hun raam toezwaaiden: het heeft bij mij een onuitwisbare indruk achtergelaten.'
Vergeleken bij deze twee rondvaarten doet die voor het Nederlands elftal na het WK van 2010 wat geforceerd aan. En terecht: tweede plaatsen tellen niet.

Groningen, FC

In 1971 neemt FC Groningen het stokje over van GVAV, dat een jaar eerder gedegradeerd is naar de eerste divisie, maar via een tweede plek gelijk terugkeert op het hoogste niveau. Daar maakt FC Groningen zijn entree, maar een groot succes wordt het niet, in 1974 volgt degradatie. De volgende promotie leidt de succesjaren in, midden jaren tachtig draait Groningen bovenin mee, begin jaren negentig worden de groen-witten zelfs derde. Ook in de UEFA Cup maakt men furore, zo wordt Atlético Madrid uitgeschakeld (tot twee

keer toe) en krijgt Internazionale op het Oosterpark met 2-0 klop. Onder het regime van voorzitter en varkenshouder Renze de Vries is niets te dol in Groningen, van heinde en ver worden spelers ingevlogen, onder wie cultspelers als Ahmad Fandi en Milko Djurovski. In 1989 legt de FIOD een zwartgeldstroom bloot bij de club waarna De Vries moet wijken.
De opening van het nieuwe stadion (Euroborg) in 2006 vormt de overgang naar een periode waarin het Groningen redelijk voor de wind gaat op een kleine dip in 2012 na. Er is in ieder geval genoeg reden om het clublied 'Laat ons weer eens juichen' aan te heffen.
Sterspelers: Piet Fransen, Martin Koeman, Tonny van Leeuwen, Ronald Koeman, Erwin Koeman, Jan van Dijk, Milko Djurovski, Arjen Robben, Luis Suarez.

Groot, Henk
Sommige voetballers denken met afgrijzen terug aan bepaalde wedstrijden. Begin met Henk Groot (1938) niet over een interland uit 1969 tegen Polen, want dan wordt hij lijkbleek. Dat is de wedstrijd die het begin van het einde van zijn carrière inluidt. Hij weet niet meer precies welke Pool hem die doodschop verkoopt, wel dat de knie vanaf dat moment dienst weigert. De tweevoudig eredivisietopscorer en vijfvoudig landskampioen (met Ajax én Feyenoord) moet op zijn 31e noodgedwongen afscheid nemen van het betaalde voetbal. De kopbal- en penaltyspecialist is geveld en dat doet pijn. Tot op de dag van vandaag.

Groot, Jaap de
Met zijn wekelijkse column en als ghostwriter van Johan Cruijff is de chef-sport van *De Telegraaf* Jaap de Groot (1955) een van de invloedrijkste journalisten in het voetbal. Zijn relatie met Cruijff is innig en dateert al uit de jaren zeventig. Het duo belt elkaar elke zondagochtend. In de zogenaamde fluwelen revolutie die Cruijff bij Ajax ontketent, speelt De Groot een sleutelrol. *De Telegraaf* opent de aanval op alle tegenstanders, Louis van Gaal voorop. De band met Ajax is sterk. Zijn vader, Theo, speelt in de jaren vijftig dertig officiële wedstrijden in het eerste elftal, onder meer aan de zijde van Rinus Michels. Later is Theo de Groot lid van de ledenraad en voorzitter van Lucky Ajax.

Groote Beer
De eerste supportersexodus vindt in Nederland plaats op 4 mei 1963. Vanaf de Lloydkade van de Rotterdamse haven vertrekken twee schepen bomvol Feyenoord-supporters richting Lissabon, voor de return tegen het grote Benfica. Ze worden uitgezwaaid door tienduizenden mensen.
Het initiatief voor de reis over zee is genomen door Wim Hollander van *Het Vrije Volk*. In totaal laten 1600 supporters zich inschepen. Ze worden verdeeld over De Waterman, een Amerikaans troepenschip uit de Tweede Wereldoorlog, en de Groote Beer. De tiendaagse reis kost 250 tot 350 gulden. Om de passagiers te vermaken varen artiesten mee als Cor Steijn, Jaap Valkhoff en Johnny Kraaijkamp. Bij aankomst in Lissabon speelt organist Cor Steijn tot grote ontroering van veel reizigers 'Hand in Hand' en het Wilhelmus. Helaas valt er niet veel te juichen voor de in totaal vierduizend Feyenoord-fans. Feyenoord, dat de eerste wedstrijd tegen het Benfica van Eusebio 0-0 heeft gespeeld, verliest met 3-1.

Ruud Gullit in actie als aanvoerder van Oranje.

Gullit, Ruud

Het is een wat vreemde setting die 29e mei 1994. In Huis ter Duin, de pleisterplaats van het Nederlands elftal, voert bondscoach Dick Advocaat het woord tijdens een ingelaste persconferentie. Het is twee dagen na de oefeninterland tegen Schotland, een echte reden om de pers toe te spreken is er op het eerste gezicht niet. Totdat blijkt waarom het journaille is opgetrommeld in Noordwijk. Ruud Gullit (1962), de grote ster van het Nederlandse voetbal, heeft abrupt zijn afscheid aangekondigd als international. Hij zit naast Advocaat, maar zegt geen woord. Waarom hij er de brui aan geeft, wordt ook niet helemaal duidelijk. Hij staat niet achter de te voeren tactiek en het systeem waarmee Oranje naar het WK gaat. Maar hij weigert daar zelf iets over te zeggen.

Een vreemd afscheid dat haaks staat op zijn fraaie carrière die hem na HFC Haarlem langs Feyenoord, PSV, AC Milan en Sampdoria voert. Groot wordt hij op het EK van 1988 waar hij als aanvoerder de enige hoofdprijs uit de Oranje-historie in ontvangst neemt. Met Milan viert hij triomfen in de Serie A en in de Champions League, de gewonnen Gouden Bal in 1987 draagt hij op aan Nelson Mandela. In zijn nadagen bouwt hij een carrière op in Engeland waar hij als speler/manager het spel van Chelsea een nieuwe dimensie geeft. In 1997 wint hij als eerste buitenlander de FA Cup. Daarna gaat het rap achteruit met zijn trainersloopbaan. Bij Chelsea en later Newcastle United moet hij voortijdig het veld ruimen, eenmaal terug in Nederland wordt ook zijn huwelijk met Feyenoord geen doorslaand succes. Na nog een paar bittere ervaringen, onder andere in Grozny, besluit Gullit dat het trainerschap niet voor hem is weggelegd. Beter voelt hij zich in zijn rol als ambassadeur van het Nederlandse voetbal (WK-bid) en als tv-analyticus.

Top-10: Zangers

1. René en Willy van de Kerkhof – 'Laat me, als het effe kan' en 'Da hedde of da kredde'
2. Hans Boskamp – 'Stroei Voei'
3. Frank Rijkaard/Marco van Basten – 'Het is fijn in Italië te zijn'
4. Ryan Babel/Royston Drenthe – 'Tak Taki'
5. Barry Hughes – 'Ik wil op m'n kop een kamerbreed tapijt'
6. Ruud Gullit – 'South Africa'
7. Willem van Hanegem/Frans Derks – 'Ik ben ik, jij bent jij'
8. René van der Gijp – 'Geef me hoop Jomanda'
9. Frank Kramer – 'Standing on the inside'
10. Gerrie en Arnold Mühren – 'De hele wereld zal het weten'

Haan, Arie

Man van afstandsschoten, 35-voudig international, Groninger (Winschoten, net zoals Jan Mulder), en wereldreiziger. Sinds 2002 is Haan (1948) achtereenvolgens werkzaam in China, Iran, Kameroen, Albanië en opnieuw China. Daar wordt hij in 2009 drie wedstrijden geschorst na een curieus incident. Tijdens een wedstrijd van zijn club Chongqing Lifan probeert hij de vierde official om te kopen, na een omstreden strafschop.

Arie Bombarie, wordt hij vaak genoemd. Gebrek aan zelfvertrouwen kan hem niet worden ontzegd. Hij heeft er baat bij tijdens een loopbaan die hem langs Ajax, Anderlecht, Standard Luik, PSV en Seiko voert en talloze prijzen oplevert. Haan wint zes landstitels in Nederland en België, driemaal de Europacup voor landskampioenen, tweemaal de Europacup voor bekerwinnaars en de Wereldbeker en is van de partij in de WK-finales van 1974 en 1978. Niemand kan zo'n erelijst overleggen, ook bijvoorbeeld Clarence Seedorf en Johan Cruijff niet.

Het doet zijn zelfvertrouwen geen kwaad, maar Haan is meer dan Arie Bombarie, zoals hij zelf in 1985 in *Het Parool* toelicht: 'Ik heb flair, maar een bluffer ben ik niet, want een bluffer valt vroeg of laat bij gebrek aan kennis door de mand. Ze noemden me eigenwijs omdat ik bij Ajax tegen Cruijff en Suurbier inging, maar mocht dat dan niet? Had ik dan niets mogen zeggen? Hebben zij de wijsheid in pacht?'

Alles in het leven draait om 'winnen, winnen en winnen', houdt zijn vader Rikus zijn enige zoon in Winschoten voor. Hoewel hij als trainer van bijvoorbeeld Feyenoord (1995-1997) minder succesvol is en het hoogste niveau niet haalt, heeft Arie Haan de levensles ter harte genomen.

Haan, Foppe de

Wat Otto Rehhagel als trainer heeft betekend voor Werder Bremen en Guy Roux voor Auxerre, is vergelijkbaar met de verdiensten die Foppe de Haan heeft voor SC Heerenveen. Als zoon van wagenmaker Reinder de Haan en Tjimkje Wouda wordt Foppe Geert de Haan in 1943 geboren in Lippenhuizen. In 1985 treedt hij als trainer in dienst van SC Heerenveen, dan een laagvlieger in de eerste divisie. Hij vormt een twee-eenheid met voorzitter Riemer van der Velde. Samen stuwen zij de club op. Het resulteert in een langdurig verblijf in de subtop van de eredivisie, twee (verloren) bekerfinales en rechtstreekse plaatsing voor de Champions League in 2000.

De Haan wordt de langstzittende trainer

in het Nederlandse betaalde voetbal. Hij coacht meer dan 500 wedstrijden voor de Friese club. De onderwijzer voelt zich op zijn gemak tussen jonge mensen. 'Hartstikkene prima', vindt hij het werken met aankomende profs.
De KNVB ziet in de koppige maar emotionele Fries een goede leermeester voor de jonge talenten. In 2006 en 2007 wordt hij als bondscoach van Jong Oranje Europees kampioen. De Olympische Spelen in China, in 2008, moeten de kroon op zijn werk worden, maar de chemie in de ploeg ontbreekt. In de nadagen van zijn loopbaan werkt De Haan bij Ajax Cape Town, als bondscoach van Tuvalu en is hij adviseur van Heerenveen.

Haar, Martin
Als je op een lijstje voorkomt met namen als Johan Cruijff, Frank Rijkaard en Ruud Gullit, dan heb je het als modale voetballer niet slecht gedaan. Zeker niet als je de lijst aanvoert, want Martin Haar (1952) is in 1982 de eerste Voetballer van het Jaar in de eredivisie. Hij verdient die prijs bij het al even bescheiden HFC Haarlem waarvan Haar de aanvoerder is. Bescheidenheid siert hem ook in zijn loopbaan als trainer, want op de voorgrond treedt de geboren Zwollenaar liever niet. Daarvoor bevalt het assistentschap bij AZ hem veel te goed.

Haarlem, HFC
25 januari 2010 is een zwarte dag in het leven van de HFC Haarlem-fan. Op die dag komt er met een faillissement een abrupt einde aan het avontuur van De Roodbroeken dat op 1 oktober 1889 begint. HFC Haarlem is een begrip in de voetballerij, de eerste naoorlogse kampioen en leverancier van topspelers als Kick Smit, Piet Groeneveld, Ruud Gullit en Arthur Numan en trainers als Barry Hughes en Dick Advocaat. De grote bloeitijd vindt begin jaren tachtig plaats als Haarlem zich staande houdt tegen de topploegen en zich zelfs plaatst voor Europees voetbal, een unicum in de rood-blauwe historie. Ook staat de ploeg van trainer Hans van Doorneveld drie keer op rij in de halve finale van de KNVB-beker. Als eind jaren tachtig Haarlem degradeert, is er geen redden meer aan en glijdt de club steeds verder weg in het betaalde voetbal.
Sterspelers: Kick Smit, Piet Groeneveld, Beer Wentink, Ruud Gullit, Piet Huyg, Martin Haar, Piet Keur, Raymond Atteveld, Arthur Numan, Barry van Galen.

Haarms, Bobby
Een eigen fanclub én een standbeeld voor een assistent- en hersteltrainer, dat is

tamelijk uniek in de voetballerij. Maar het bronzen beeld van Ajax-icoon Bobby Haarms (1934-2009), waarvoor supporters geld inzamelen, staat sinds 2011 voor de Arena.
Haarms wordt geboren tegenover het oude stadion De Meer, voetbalt zelf voor Ajax en wordt in 1967 door Rinus Michels als assistent aangesteld. Haarms blijft tot aan zijn dood trouw aan Ajax. Al wordt hij in 1981 tot zijn grote verdriet door trainer Kurt Linder op een zijspoor gezet en tot zijn grote vreugde door Johan Cruijff in 1986 weer teruggehaald naar Ajax.
Hij verdient de bijnaam de Goede Beul, vanwege zijn behulpzame, sociale karakter én de meedogenloosheid waarmee hij geblesseerde spelers fysiek en mentaal klaarstoomt voor hun rentree.

Halle, Leo
Oftewel de Leeuw van Deventer. Doelman Halle (1906-1992) is in de jaren dertig op de Nederlandse velden een indrukwekkende verschijning. Hij is lang (1,84 meter), weegt meer dan 90 kilo, heeft een brede borstkast en grote handen en gaat gekleed in een karakteristieke wollen trui. Zijn moed is legendarisch: niemand duikt met zo veel lef voor de voeten van tegenstanders. Met Go Ahead wordt hij in 1930 en 1933 kampioen van Nederland. Als hij, inmiddels al jaren international, in 1936 plotseling in het ziekenhuis wordt opgenomen met een longontsteking, berichten de kranten uitgebreid over zijn herstel. Als hij na zeven weken het ziekenhuis mag verlaten, heeft hij honderden brieven gekregen, zelfs vanuit Java en Borneo.

Halst, Jan van
Kuitenbijter uit Utrecht die via de plaatselijke FC, Wageningen en FC Twente in 1999 bij Ajax terechtkomt. Na een rampjaar onder trainer Jan Wouters wordt Van Halst (1969) verhuurd aan Fortuna Sittard. Een jaar later verbant Co Adriaanse, die Wouters is opgevolgd, de hardwerkende maar technisch beperkte middenvelder naar 'kleedkamer 2'. Hij mag niet meer meetrainen, laat staan meespelen, met het eerste. Als Adriaanse in november 2001 wordt ontslagen, doet Ronald Koeman onmiddellijk de deur van kleedkamer 2 open. Van Halst rent als een dolle de wei in en zet in een half jaar tijd de kroon op zijn voetballoopbaan. In dertien wedstrijdjes wordt hij kampioen met Ajax en wint hij de KNVB-beker. Al het werken is niet voor niets geweest. Hij kan zich rustig storten

op een nieuwe carrière: als commercieel en algemeen manager (bij FC Twente en FC Utrecht) en als voetbalanalyticus, bij de NOS, Eredivisie Live en Fox.

Hand in Hand Kameraden

Clublied van Feyenoord, geschreven door Johnny Hoes en Jaap Valkhoff. Oorspronkelijk is 'Hand in Hand Kameraden' het clublied van de Rotterdamse steenkolenclub Coal, waar Hoes (1917-2011) een verdienstelijke rechtsbinnen van het eerste elftal is. Hoes en Valkhoff herschrijven het lied in 1961 voor Feyenoord. Hoes is een man om rekening mee te houden in de Nederlandse muziekwereld. Hij ontdekt de Zangeres zonder Naam, hij zingt zelf 'Och, was ik maar bij moeder thuis gebleven' en produceert de eerste platen van Doe Maar. Hij schrijft zo'n tweeduizend liedjes. Liefde, verlangen en seks zijn dankbare onderwerpen. En voetbal ook. 'Zonder de sportpagina's zou niemand de krant lezen,' zegt Hoes. 'En zonder voetbal zouden de sportpagina's niet bestaan.'

Hand in hand kameraden
Hand in hand voor Feyenoord 1
Geen woorden maar daden
Leve Feyenoord 1

Ga je mee naar 't stadion
Naar de ploeg van Rood en Wit
Je zoekt een plekje in de zon
Waar je zo gezellig zit
Kijk ze komen op het veld
Een gejuich uit duizend kelen
Want je staat ervan versteld
Als de sterrenploeg gaat spelen
Dan is altijd wat je hoort
Het lied van Feyenoord

Hanegem, Truus van

Dochter van een worstelkampioen en een van de eerste voetbalvrouwen die de publiciteit niet schuwt – en misschien zelfs wel de eerste. De ogenschijnlijk onverwoestbare twee-eenheid Willem en Truus van Hanegem-de Nijs valt in 1983 door een scheiding uiteen. Tot dan woont het gezin in een boerderij in Leerbroek waar het een komen en gaan is van bezoekers, iedereen kan mee-eten en een kolossale hoeveelheid dieren rondscharrelt. Het salaris wordt onder meer aangevuld door een fotosessie van het echtpaar voor het Hema-breiboek. In het jaar dat Van Hanegem afscheid neemt als voetballer, strandt het huwelijk. Hij is verliefd geworden op een dertien jaar jonger model, Marianna Beun. Het huwelijk eindigt met een rechtszaak. Truus (1943) laat zich bijstaan door drie advocaten, Willem door niet één. Hij wil Truus en de kinderen Alice en Gert nergens de dupe van laten worden. Daardoor vloeit bijna de hele opbrengst van zijn afscheidswedstrijd in De Kuip, naar verluidt zo'n 900.000 gulden, naar haar. In de publiciteit keert ze niet meer terug.

Hanegem, Willem van

Zijn zeventigste verjaardag (op 20 februari 2014) wordt in stijl gevierd. Honderden belangstellenden komen bijeen in De Kuip om Willem van Hanegem (1944) in het zonnetje te zetten. Bij die gelegenheid wordt een tribune naar hem vernoemd. Van de Kromme zelf hoeft die heisa allemaal niet zo. Het liefst laat hij dit soort mijlpalen in stilte aan zich voorbijgaan. Want elk jaar brengt hem dichter bij zijn grootste angst: de dood. 'Zeventig jaar... Toen ik jong was, had ik daar geen enkele voorstelling van,

Feyenoorder
Willem van Hanegem in duel met
Jos Jonker van AZ.
Pier Tol en Ronald
Spelbos kijken toe.

nu wel. Tja, wat is oud? M'n moeder zou zeggen: de duvel is oud,' zegt hij in een interview. Van Hanegem is niet zo van feesten en partijen. Liever nestelt hij zich in een luie stoel om een wedstrijd in wat voor buitenland dan ook te aanschouwen. Of rijdt hij naar een tv-studio om het spul kundig te analyseren.
Voetbal is zijn leven, al bijna zeventig jaar lang. Geboren in Breskens tijdens de oorlog die zijn vader het leven kost, groeit hij op in Utrecht in de volksbuurt Oudwijk. Tot zijn zestiende maakt hij deel uit van een speeltuinvereniging, als hij lid wil worden van een echte club wordt hij eerst afgewezen door Elinkwijk en DOS waarna Velox-trainer Daan van Beek zich over hem ontfermt. In 1966 wordt hij verkocht aan Xerxes/DHC, twee jaar later lijft het grote Feyenoord hem in, hoewel hij zelf een lichte voorkeur voor Ajax voelt. Toch blijkt het geen verkeerde keus. Met Feyenoord wint de linkspoot talloze nationale titels, de Europacup I en de Wereldbeker voor clubteams. Met Oranje maakt hij faam tijdens het WK van 1974. Voor het volgende WK haakt hij af omdat hij zich niet voldoende gesteund weet door de door hem zo bewonderde Ernst Happel.
Bij Feyenoord is hij dan inmiddels al vertrokken, naar AZ. Begin jaren zeventig krijgt hij tal van aanbiedingen die hij alle afwimpelt. Soms op een niet-alledaagse manier. Zoals op de dag dat Marseille zich meldt bij Feyenoord. 'We zaten toen aan het strand van Breskens samen met de familie van Wim Jansen,' vertelt Van Hanegem aan Sportschrijvert.nl. 'Ik hoorde dat het bijna rond was en liet m'n vrouw, zoon en dochter meebeslissen of ik naar Marseille moest. Gert en Truus waren voor, Alice en ik tegen. Twee tegen twee. Toen stelde ik voor dat de stem van onze herder Wodan de doorslag zou geven. Als hij zou gaan blaffen, ging het feest niet door, hield-ie zijn bek, zouden we de koffers pakken. We zaten aan het strand, ik wist dat als ik "Visjes" zou zeggen, hij zou gaan blaffen. Ik heb voor alle zekerheid "Poesjes" geroepen.'

Hanssen, Gène

Oer-Limburger, clubicoon van Roda JC en een van de eerste Nederlandse voetballers met (veel) tatoeages. Voordat hij prof wordt, is Gène Hanssen (1959) bouwvakker. Wat hard werken is, ziet hij om zich heen, als mijnwerkerszoon. Zijn vader stelt verbaasd vast dat hij per wedstrijd meer verdient dan hijzelf in een maand in de mijnen. De bikkelharde rechtsback is een dierenliefhebber. Denk aan kweekvogels als de kanarie en de distelvink. Hanssen houdt ook van vissen. Verbazingwekkend genoeg vertrekt hij in 1993, na veertien seizoenen Roda JC, naar Japan (Yomiuri Verdi). Al na vier maanden is hij terug in Limburg. Niemand kijkt er vreemd van op.

Happel, Ernst

Als trainer in ruste brengt Ernst Happel (1925-1992) zijn dagen door in Café Ritter, Ottakringerstrasse 117 in Wenen, zijn geboortestad. Daar drinkt hij elke dag koffie, kaart hij, rookt hij en ontmoet hij vrienden en bekenden, sommigen uit Nederland.
Het is een terugkeer. Als hij zijn loopbaan als verdediger van Rapid Wien beëindigt, vestigt Happel zich in West-Europa. Hij start zijn trainerscarrière begin jaren zestig in Den Haag, bij ADO waar het cultuur-

Willem van Hanegem, trainer Ernst Happel en Coen Moulijn op het trainingsveld van Feyenoord.

verschil legendarische vormen aanneemt. Happel is een zwijgzame man die zelden met voetballers spreekt. Het bord met de opstelling voor aanstaande zondag is volgens hem duidelijk genoeg. Grote indruk maakt hij op het trainingsveld waar hij laat zien waarom hij jarenlang deel uitmaakte van het grote Oostenrijk. Na de training zien de spelers hem in zijn Italiaanse pak met de manchetknopen met zijn eigen initialen verdwijnen in een luxe Citroën. Veel, en misschien wel alles, is te verklaren door de Tweede Wereldoorlog. In het verhaal *Hast du noch immer die groentezaak* van Michel van Egmond zegt een jeugdvriend dat de stuursheid van Happel een façade was. 'In werkelijkheid is hij altijd gebleven zoals hij vroeger was: een beetje verlegen, iemand die zich met zijn houding geen raad wist. Gevormd door de oorlog, die ons Oostenrijkers niet in de kouwe kleren is gaan zitten. We vochten niet alleen voor een verloren zaak, maar ook voor een fout regime. Ernst was in dat opzicht eerder een antiheld, met een heel klein hartje.'
Overal waar hij komt, laat de ondoorgrondelijke Oostenrijker een onuitwisbare indruk achter – ook natuurlijk vanwege de successen die hij boekt. Met Feyenoord wint hij begin jaren zeventig de Europacup voor landskampioenen en de Wereldbeker. Ook bij Club Brugge en Hamburger SV (Europacup in 1983) is hij zeer succesvol. Zijn grootste nederlaag lijdt hij in 1978, als 'supervisor' die op het WK in Argentinië boven bondscoach Jan Zwartkruis is gesteld. Nederland verliest wéér een WK-finale en in de loop der jaren wordt stukje bij beetje onthuld dat Happel zich tijdens het toernooi afzijdig houdt als de spanningen oplopen. In zijn boek omschrijft Zwartkruis hem zelfs als een 'totaal verknipte geest'. Jaloezie speelt daarbij zonder twijfel een rol.

Happel kiest ervoor om in Wenen te sterven. 'Als ik moet sterven, dan *mal in der Heimat*,' zegt hij kort voor zijn dood tegen journalist Jan D. Swart. 'Ik wilde naar Wenen, naar Ritter, naar mijn kleinkinderen en naar het Praterstadion. *Dass sind Sentimenten, Mein Junge*.'
Hij overlijdt op 66-jarige leeftijd. In Café Ritter herinnert een gesigneerde tekening en een fotocollage aan de beroemdste stamgast. *Bilder eines Fussball-Weltmeister* staat eronder.

Hard gras
Geïnspireerd door Angelsaksische voorbeelden beginnen Matthijs van Nieuwkerk – die van *De Wereld Draait Door* – en Henk Spaan in 1994 met een 'literair' voetbaltijdschrift. Over het literaire gehalte kan worden gediscussieerd, maar feit is dat *Hard gras* in een behoefte voorziet, tot op de dag van vandaag. Een van de bekendste nummers is *De Coolsingel bleef leeg* uit 1996. De schrijver, Hugo Borst, maakt sinds 2005 deel uit van de redactie. Andere bekende (thema)nummers zijn *De eenzame kampioen* van Edwin Winkels (over Louis van Gaal in Barcelona, 1998) en *Je hebt het niet van mij* van Marcel van Roosmalen (over Vitesse, 2006).

Harmsen, Ton
Feyenoord dankt de landstitel die in 1984 wordt behaald voor een niet onbelangrijk deel aan Ton Harmsen (1925-1998). Na een geschil met de voorzitter van Ajax vertrekt Johan Cruijff naar Feyenoord dat prompt de titel en het bekertoernooi wint. Harmsen leidt Ajax van 1978 tot 1988 en is zes jaar lid van het sectiebestuur betaald voetbal van de KNVB. De wispelturige voorzitter ontdekt de grote commerciële mogelijkheden van de club. Hij laat skyboxen bouwen in stadion De Meer en sluit een miljoenencontract af met de eerste shirtsponsor, TDK. Een vulkaan wordt hij genoemd. Waar zijn voorganger, Jaap van Praag, diplomatieke vaardigheden tentoonspreidt, zegt hij vaak botweg waar het op staat. 'Kleine stad, klein ziekenhuis, kleine club,' zegt hij over PSV. Leo Beenhakker noemt hij een 'ordinaire schreeuwer'.
Tragiek kenmerkt zijn afscheid bij Ajax. In september 1988 stapt hij op, nadat hij en zijn familie talloze malen zijn bedreigd. De woede over het vertrek van trainer Johan Cruijff richt zich op hem. 'Kogels houd je niet tegen', is zijn commentaar. Korte tijd later wordt hij aangehouden omdat de FIOD ontdekt dat hij betrokken is bij een zwartgeldaffaire. Harmsen krijgt later een hersenbloeding en laat zich nooit meer

zien bij Ajax. Een eik buigt niet, een eik breekt, is de tekst op zijn rouwkaart.

Harry NAC

In Engeland zijn mascottes onlosmakelijk verbonden met het voetbal, in Nederland is de relatie vrij moeizaam. De tijden dat er een Champy door de Arena liep, liggen ver achter ons. Liever gebruiken de clubs levensechte mascottes zoals de arenden die voorafgaand aan de wedstrijden van Vitesse en Go Ahead Eagles door het stadion vliegen. Ook NAC had ooit een heuse mascotte, heel toepasselijk Harry NAC geheten. Directeur Roelant Oltmans vindt het een goed idee als er voorafgaand aan de wedstrijden iemand in een mollenpak kruipt, dit in tegenstelling tot het publiek dat er niets van moet hebben. Zo ook voor een wedstrijd tegen Feyenoord op een warme dag eind jaren negentig. Als de mol plotseling tegen de grond slaat en zich kruipend naar de zijlijn begeeft, gaat dat gepaard met helse fluitconcerten. Totdat blijkt dat de mascotte een hartinfarct heeft gekregen en ter plekke gereanimeerd dient te worden. Niet veel later schaft NAC de mascotte af.

Hart, Cor van der

Samen met nog driehonderd jongens mag Cor van der Hart (1928-2006) op zijn elfde proefwedstrijdjes spelen voor Ajax. Twee jongens krijgen te horen dat ze mogen blijven. Rinus Michels is de ene, Cor van der Hart de andere. Het is het begin van een lange, soms tumultueuze loopbaan in het voetbal. De Amsterdammer wordt als zeventienjarige met Ajax kampioen van Nederland (1947) en wijkt vijf jaar later uit naar Frankrijk (Lille), zoals meer Nederlandse 'voetbalvluchtelingen' die van hun hobby hun beroep willen maken.
Het geld is zijn enige drijfveer. 'Ik ben naar de ambachtsschool geweest om mijn diploma te halen, maar ik heb altijd geweigerd voor een baas te werken. Ik wilde voetballer worden. Ik ging naar de penningmeester van Ajax en vroeg kaartjes voor mijn vrienden. Als ik ze niet kreeg, weigerde ik te spelen. Als ik ze wel kreeg, verkocht ik ze door.'
Van der Hart (44 interlands, waarvan 26 als aanvoerder) is een trotse verdediger met een uitzonderlijke traptechniek, een broodvoetballer die zich er later vaak over zal beklagen dat hij het grote geld heeft misgelopen. Als trainer haalt hij de top niet. Op zijn lijst staan clubs als AZ, Standard Luik, MVV, ADO Den Haag, Volendam en Telstar. En er is dat alcoholprobleem dat hem parten speelt. Het zal de reden zijn geweest dat hij in 1974, als assistent van bondscoach Fadrhonc en supervisor Michels, het spelershotel van Oranje moet verlaten. Slecht pakt het overigens niet uit: Van der Hart krijgt de taak de komende tegenstanders te analyseren en wordt voor zijn rapporten overladen met complimenten.

Hasselbaink, Jerrel

23 interlands, twee keer topscorer van de Premier League, maar nul eredivisieduels, dat zijn de curieuze cijfers achter de naam van Jerrel Hasselbaink (1972). In Nederland goed voor een strafblad en mislukte optredens bij Telstar, AZ en FC Zwolle; in Portugal, Engeland en Spanje goed voor lovende kritieken en groot enthousiasme. Met name bij Chelsea waar hij tussen 2000 en 2004 sneller scoort dan zijn schaduw. Niet slecht voor een spits die vijf jaar

eerder nog zijn dagen slijt bij de amateurs van Neerlandia/SLTO. Via het Portugese provincieclubje Campomaiorense, waar hij zijn bijnaam Jimmy krijgt aangemeten van de voorzitter die moeite heeft met zijn echte voornaam, komt het toch nog goed met de schutter die in 1998 zelfs in de basis staat van het eerste WK-duel van het Nederlands elftal tegen België.

Later krijgt hij bij Oranje te maken met Louis van Gaal. In zijn biografie *Jimmy Hasselbaink – Verguisd in Nederland, bejubeld in Engeland* vertelt Hasselbaink hoe zijn eerste ontmoeting met de bondscoach verliep: 'Vlak na het bekendmaken van de opstelling op 15 november 2000 zei Louis van Gaal, nadat hij me een hand had gegeven: "Ga je het doen voor mij?" En ik dacht, wat bedoelt hij daarmee? En nog een keer vroeg hij: "Ga je het doen voor mij?" Ik keek hem vragend aan en vroeg hem: "Wat bedoelt u?" Hij weer: "Ga je het doen voor mij?" Ik zei: "Nee, ik ga het voor mezelf doen."'

He should not stick his head in other players' ass

Op 13 juni 1996 zegt reserve Edgar Davids in de mixed zone van het stadion van Aston Villa in steenkolenengels dat Guus Hiddink zijn hoofd niet in de kont van voetballers moet steken. De volgende dag stuurt de bondscoach hem naar huis.

Ontevreden voetballers, verdeeldheid binnen de selectie, matig spel, gekrenkte ego's én een weifelende coach: alle ingrediënten voor een explosie zijn aanwezig. Edgar Davids negeert de Nederlandse pers, maar blijft na de wedstrijd tegen Zwitserland wel staan bij een paar Duitse en Zwitserse journalisten.

Als Hubert Meyer van het Duitse sporttijdschrift *Der Kicker* een vraag stelt, zegt Davids: '*He should not put his head in other players' ass. He should make his own decisions.*' *Parool*-journalist Mark van den Heuvel staat in de buurt. Hij heeft een cassetterecorder bij zich en neemt alles op. Wat bedoel je, schreeuwt hij. Davids herhaalt de zin. Op de vraag over wie het gaat, zegt Davids: 'De trainer. Hij zou beter moeten weten. Het is een schande wat er gebeurd is.'

Clarence Seedorf probeert hem weg te trekken bij de pers, maar is te laat. De uitspraak van Davids zingt snel rond. Omdat Van den Heuvel zijn cassettebandje afstaat aan de NOS, is de uitspraak 's avonds te horen bij *Studio Sport*. De opwinding is groot. De verontwaardiging ook. En het EK is verziekt.

Heel, Puck van

Gerard Henricus 'Puck' van Heel (1904-1984) komt uit een groot katholiek gezin

uit Rotterdam-Zuid. Hij schopt het tot 64 interlands. In 1937 lost hij Harry Dénis af als recordinternational en pas in 1979 passeert Ruud Krol de Feyenoorder op die ranglijst.
Van Heel is een bescheiden man, die later toegeeft dat hij in het begin van zijn interlandloopbaan moeite heeft met de vele medespelers die aan de universiteit studeren. 'Die mensen kwamen voor ons Feyenoorders uit een andere wereld. Maar ach, toen wij later in de meerderheid waren, keken we iemand als Gejus van der Meulen niet meer aan.'
Zoals veel van zijn ploeggenoten verdient Van Heel zijn geld met een eigen sigarenzaak en later een café. Hij wordt benoemd tot lid van verdienste van Feyenoord en de KNVB maakt hem in 1964 bondsridder.

Heen & Weer

Al negen keer 'vaart' hij uit. Zo vaak promoveert Volendam van eerste naar eredivisie en vice versa. Dus krijgt de op een platte kar staande botter waarmee het kampioenselftal door het dorp wordt vervoerd al snel de bijnaam Heen & Weer mee hoewel de boot-op-wielen bij degradaties niet van stal wordt gehaald. In 2013 maakt het palingdorp zich op voor de tiende rondrit per boot, maar op de valreep legt Cambuur Leeuwarden beslag op de titel in de Jupiler League.

Heerenveen, SC

Heerenveen is een van de sympathiekste clubs van het land. De folklore rond wedstrijden, Abe Lenstra, de fans die nooit voor amok zorgen, de aaibare spelers en dito bestuurders. Trainers en spelers worden er oud, de sfeer lijkt er altijd ontspannen. Dat verandert drastisch als er afscheid wordt genomen van boegbeelden Foppe de Haan en Riemer van der Velde en er nieuwe bewindsvoerders worden aangesteld die een radicale stijlbreuk voorstaan met het verleden. De wind bij Heerenveen wordt wat killer. Directeuren als Koos Formsma en Robert Feenstra zorgen uiteindelijk voor een vijandig werkklimaat bij de voorheen zo klantvriendelijke club. Zelfs de supporters roeren zich.
De mindere sfeer vertaalt zich ook naar de prestaties op het veld. Lijkt Heerenveen, dat zich onderscheidt met een sterk aan- en verkoopbeleid, rond de millenniumwisseling klaar voor een sprong naar de top, met de tweede plaats en bijbehorend Champions League-voetbal in 2000 als absoluut hoogtepunt, later moeten de *pompeblêden* toch weer inbinden. Met Marco van Basten aan het roer probeert de club weer aan te haken, op bestuurlijk niveau is het in elk geval al weer een stuk rustiger.
Sterspelers: Abe Lenstra, Gertjan Verbeek, Maarten de Jong, Rodion Camataru, Jon-Dahl Tomasson, Ruud van Nistelrooij, Afonso Alves, Klaas-Jan Huntelaar, Alfred Finnbogason.

Heineken-ontvoerders

Na regelmatig te worden gesignaleerd in de Arena doen Heineken-ontvoerders Cor van Hout en Willem Holleeder midden jaren negentig hun intrede bij een andere voetbalclub. Op uitnodiging van de spelers Mike Offenberg en Donny Huysen komen ze langs bij HFC Haarlem. Holleeder en Van Hout kennen de voetballers van haver tot gort, vader Robbie Offenberg was een jeugdvriend van het duo.
Hun entree in het stadion aan de Jan Gij-

zenkade gaat niet zonder slag of stoot voorbij. Ze roken opzichtig een jointje en houden de businessclub wat langer open door wat flappen op tafel te leggen. Na afloop van een wedstrijd tegen Telstar gaat het mis. In de toiletgroep maakt Van Hout in woord en gebaar avances aan het adres van de vrouw van Haarlem-voorzitter Frans Bastiaenen. Die is daar niet van gediend en trekt de halsketting van Van Hout aan gort. Van Hout geeft op zijn beurt een seintje aan een van zijn bodyguards die de vrouw met een welgemikte vuistslag een blauw oog bezorgt. Uit angst voor represailles doet Bastiaenen geen aangifte bij de politie, wel treedt hij meteen af als voorzitter. Na dit incident worden de Heineken-ontvoerders niet meer in het stadion gespot.

Hel van Deurne

De 'hel' staat er nog steeds, in de deelgemeente van Antwerpen. Het Bosuilstadion, 'den Bosuil', waar Royal Antwerp FC zijn thuiswedstrijden speelt, dateert uit 1923. Twee tribunes herinneren aan de gloriejaren van de Derby der Lage Landen die hier tussen 1926 en 1977 vijfendertigmaal werd gespeeld. Als de hel het strijdtoneel is, zit Nederland aan de radio gekluisterd. Voetbaljournalist Matty Verkamman, in

De Hel van Deurne.

Trouw: 'Leo Pagano, maar ook Dick van Rijn en – in de nabeschouwing ingenieur Ad van Emmenes – deden je haarfijn uit de doeken hoe er werd gespeeld. Deze kenners noemden het stadion in Antwerpen drie keer op zo'n regenachtige zondagmiddag de Hel van Deurne. Het was er altijd dringen, er waren ongelukken op de tribunes, duizenden Nederlanders vierden feest, tienduizenden Belgen lachten de Kaaskoppen uit. Wat zou je er graag een keertje bij zijn.'

Helder, Glenn

Het had heel anders kunnen lopen met Glenn Helder (1968). De aanvaller is begiftigd met veel talent en lijkt een gouden toekomst tegemoet te gaan. In eerste instantie klopt dat ook. Helder haalt als Vitesse-speler Oranje en wordt in januari 1995 gekocht door het grote Arsenal waar hij aan de zijde van Dennis Bergkamp mag opdraven op het imposante Highbury. Helder kan echter niet met de weelde omgaan, is te gemakzuchtig en verliest zichzelf in het spenderen van geld op alle mogelijke vlakken. Helder koopt alles wat los en vast zit, geeft iedereen die erom vraagt een sommetje mee, waagt weleens een gokje en steekt zichzelf diep in de schulden. In 1999 onderneemt hij zelfs een zelfmoordpoging op de parkeerplaats van een tankstation. Op dat moment zit zijn actieve carrière al een tijdje in het slop. Arsenal leent hem uit aan Benfica en NAC, maar het leidt tot niets.

Na zijn actieve carrière gaat het van kwaad tot erger. Eind 2007 wordt hij veroordeeld tot een half jaar gevangenisstraf vanwege stalking, bedreiging, mishandeling, wapenbezit en diefstal. Dit alles vanwege een zwaar uit de hand gelopen ruzie met zijn ex-vriendin en haar nieuwe vriend. Enkel de zorg voor zijn zoontje Jilani houdt hem op de been. Later komt daar een nieuwe passie bij: drummen.

Helderse affaire

In de aanloop naar weer een nieuw seizoen wemelt het van de oefenduels die doorgaans vrij vreedzaam verlopen. De zon schijnt, de bierpomp staat aan en het regent goals. Soms gaat er wat mis. Zoals op 29 juli 1993 bij een wedstrijd die de boeken in zal gaan als de 'Helderse affaire'. Dit omdat tijdens een duel tussen een Helderse selectie en Feyenoord een speler uit Rotterdam zich verliest en tegenstander Ronald Schouten een kaakbreuk bezorgt. Feyenoord weigert de naam van de dader vrij te geven, betaalt een forse schadevergoeding en koopt zelfs de amateurbeelden op die van het voorval gemaakt worden. Pas vele jaren later wordt de naam van de dader bekend: Harvey Esajas blijkt de kickbokser van dienst.

Helmond Sport

Eredivisievoetbal op sportpark De Braak, het bestaat. Twee seizoenen duurt het avontuur slechts, tussen 1982 en 1984. Waarvan iedereen zich in elk geval één wedstrijd herinnert: de penalty-in-tweeënwedstrijd van 5 december 1982 tegen Ajax. Het behalen van de bekerfinale in 1985 is een ander hoogtepunt.
Sterspeler: Otto Versfeld.

Hendriks, Nol

Textielkoopman Arnold 'Nol' Hendriks (1937) is vanaf 1981 vijfentwintig jaar suikeroom, huisbankier en technisch directeur van Roda JC. Hendriks heeft geen agenda. Zijn textielhandel van 150 werknemers bestuurt hij met het blote hoofd. Ook al zijn scoutingwerkzaamheden voor Roda JC verricht hij zonder pen en papier. Hij transfereert in een kwarteeuw rond de honderd spelers, schat hij. Onder wie Arouna Koné, Tom Soetaers, Bob Peeters, Tijjani Babangida en Johan de Kock. Hij verdient aan transfers voor zijn club ongeveer 85 miljoen gulden. 'Al dat geld heb ik weer in de club gestoken. Ik heb niks voor mezelf gehouden.'
Het principe van de miljoenenwinst is simpel. 'Goedkoop inkopen en duur verkopen,' zegt koopman Hendriks. Wat in zijn voordeel werkt, is dat Hendriks veel beslissingen alleen neemt. 'Soms had ik spelers drie kwartier zien voetballen, maar dan wist ik vaak al genoeg. Deed ik in de rust meteen zaken.'
Dat probeert Hendriks ook in 1989, als Roda JC in de Europacup II de derde ronde bereikt. Na de uitschakeling tegen Sredets Sofia brengt Hendriks direct een bod uit van twee miljoen gulden en een partij spijkerbroeken op de dan nog onbekende Hristo Stoichkov, speler van Sredets. De Bulgaar ziet het wel zitten, maar in de volgende ronde speelt Sredets tegen Barcelona, dat Stoichkov voor de neus van Roda JC wegkaapt.

Heracles

Met hun zwart-wit gestreepte shirts en hun Engels getinte stadion aan de Bornsestraat is Herácles (uitspraak Tom Egbers) een van de meest klassieke clubs van het land. Hoewel in de eigen streek overschaduwd door grote buurman FC Twente heeft Heracles (opgericht in 1903) zijn eigen

stijl ontwikkeld en behouden. Op het eigen kunstgras in het Polman Stadion speelt de ploeg aantrekkelijk en aanvallend, zeker onder leiding van Peter Bosz. In Jan Smit kent de club een eigenzinnige en kleurrijke voorzitter.
Sterspelers: Steve Mokone, Joop Schuman, Hennie van Nee, Folkert Velten, Everton.

Herik, Jorien van den
Vijftien jaar lang is de Grote Kale Leider baas en boegbeeld van Feyenoord, in merendeels turbulente tijden. Het zijn de jaren van financiële problemen, een FIOD-affaire en supportersgeweld en een pijnlijke hegemonie van Ajax, maar ook van een bevrijdende triomf in de UEFA Cup (2002). De succesvolle (en vermogende) zakenman Jorien van den Herik (1943) wordt in De Kuip in zijn regeerperiode bejubeld en beschimpt, geprezen en weggehoond. In 2006 trekt hij zich gedesillusioneerd terug. Een groot deel van het Legioen beschouwt hem als de aanstichter van het 'Grote Financiële én Technische Wanbeleid', zoals op een spandoek valt te lezen. Hij wordt verantwoordelijk gehouden voor het enorme verlies van 16,1 miljoen. Als gevolg daarvan wordt Feyenoord door de KNVB onder curatele gesteld. Het herstel kost de club jaren.
'Stalin aan de Maas', noemt het tijdschrift *Johan* hem. Zelf stemt de kleinzoon van een baggeraar uit Sliedrecht, eigenaar van een dakdekkersbedrijf, in met het etiket 'dictatoriale democraat'. Strijdvaardig is hij altijd, meegaand zelden. Met Henk Kesler (KNVB) en Michael van Praag (Ajax) voert hij harde gevechten uit. 'Hij komt soms agressief uit de hoek,' zegt Kesler bijvoorbeeld. Maar er is ook die andere kant van de medaille, onder woorden gebracht door PSV-voorzitter Harry van Raaij: 'Hij heeft Feyenoord gered van de ondergang.'

Hiddink, Guus
Het is een verrassende move: als eind 2013 iedereen al genoegen neemt met Ronald Koeman als nieuwe bondscoach laat Guus Hiddink (1946) weten dat hij ook nog wel in is voor een laatste kunstje. Tot teleurstelling van Koeman laat de KNVB gelijk de oren hangen naar de voormalige tsaar wiens laatste bezigheid in Dagestan weinig verheffend is. Toch hapt de bond gretig toe. People's manager Hiddink is natuurlijk een mooi uithangbord voor het Nederlandse voetbal, de halve wereld kent hem. In Zuid-Korea is hij een volksheld naar aanleiding van het WK van 2002, als hij het thuisland naar de halve finale voert. Met Australië plaatst hij zich via een barrage tegen Uruguay voor het WK van 2006, de Russen leidt hij naar de halve finale op het EK van 2008, onder meer door Nederland te verslaan, en met Oranje doet hij het vooral goed op het WK van 1998 dat bijna een finaleplaats oplevert. Ook als clubcoach staan er successen achter zijn naam: hij wint met PSV de Europacup I, met Real Madrid de Wereldbeker en als interim-trainer van Chelsea de FA Cup.

Hi-ha-hondelul
Op 7 december 1969 geeft de voormalige havenarbeider Piet Romeijn na de wedstrijd FC Twente-Feyenoord scheidsrechter Arie van Gemert een hand. 'Bedankt voor de leiding, hondelul,' zegt de blonde rechtsback van Feyenoord. Zo worden spreekkoren geboren die decennialang populair zullen blijven in de voetbalstadions: 'Hi-ha-hondelul' en, op de melodie van 'Tararaboemdiee', 'Hij is een hondelul'. Romeijn heeft het niet kunnen verkroppen dat FC Twente in de slotminuut gelijkmaakt (1-1), door een doelpunt van Theo

Guus Hiddink na het behalen van de landstitel met PSV.

Pahlplatz. Van Gemert neemt de zaak hoog op. Zijn hond is kort tevoren overleden. Alleen *de Volkskrant* schrijft het scheldwoord letterlijk op. Voor de tuchtcommissie van de KNVB verklaart Romeijn dat hij 'onbenul' heeft gezegd. De KNVB trapt er niet in en geeft hem 350 gulden boete.

Hoekema, Oeki

Als de cabaretiers Bram Vermeulen en Freek de Jonge in 1978 met de actie Bloed aan de Paal trachten te voorkomen dat Nederland deelneemt aan het WK in Argentinië, krijgen ze steun van slechts een paar voetballers. Eenmalig international Uilke Piebe Hoekema, 'Oeki' (1949), is een van hen. De roodharige Fries keert zich tegen rechtse én linkse dictaturen. Op sportgeschiedenis.nl staat een veelzeggend fragment uit de *Leeuwarder Courant* van 22 maart 1978: 'Oeki Hoekema, momenteel speler van FC Den Haag, heeft zijn club gevraagd hem voor één wedstrijd te ontslaan van zijn contractuele verplichtingen. Hoekema, waarschijnlijk de enige voetballer in dit land die nog weleens over andere zaken nadenkt dan harde guldens en groene duizendjes, wil graag afzien van het intertotoduel van zijn club tegen het Hongaarse Honved op 10 mei.'

Het komt hem op kritiek te staan van onder anderen Willem van Hanegem, in zijn column *Krompraat* in *De Telegraaf*. 'Ik heb ook een aardige suggestie. Het WK in Argentinië zit er voor Oeki helaas niet in. Dan maar naar Texel en met zijn rooie kop op de hoek gaan staan knipperen. De opbrengst moet natuurlijk ook naar Argentinië.' Hoekema reageert op superieure wijze: 'Die rubriek heet geloof ik *Krompraat*, wel, daarmee is dat stukje voldoende gekwalificeerd.'
Vergeten is hij niet, de principiële Fries. In 2012 nemen Meindert Talma & De rode kaarten het nummer 'Oekie Hoekema' op, de man met de 'mooiste Nederlandse voetbalnaam'.

Hogewoning, Jacques

Een broeder van de natte gemeente, noemt geestverwant en medebestuurder Jan Huijbregts hem na zijn dood. Daarmee wil hij maar zeggen dat Jacques Hogewoning (1924-2005) graag een glas wijn of whisky drinkt, of een fles wijn of whisky. 'Al die mooie herinneringen blijven me meer bij dan die vergaderingen, waarin het zo vaak ging over randverschijnselen.' De twee verloren WK-finales in 1974 en 1978, de EK-zege in 1988, Hogewoning is erbij als KNVB-bestuurder. Als voorzitter van het sectiebestuur moet hij in 1978 aftreden na een botsing met de clubs. Hij is fel tegen invoering van shirtreclame, de clubs zijn voorstander.

Hollander, Han

De pionier van het gesproken radioverslag is een beroemd man, in de periode 1928-1940. Als Han Hollander (1886-1943) verslag doet van een wedstrijd van het Nederlands elftal, is het stil op straat. 'Hij was zijn eigen voorganger, en tot de Tweede Wereldoorlog had hij zo'n beetje het monopolie als voetbalverslaggever,' schrijft Nico Scheepmaker.

Honderden brieven krijgt de zoon van een Joodse koopman na de eerste radioreportage voor de AVRO, waaronder twee van horlogemakers. 'Hemel, daar valt mijn horloge,' zegt hij geschrokken in de uitzending, en de luisteraars horen het met een tik vallen. Een horlogefabrikant adverteert prompt: 'Het horloge van Han Hollander viel uit de radiocabine en was stuk; als hij ons horloge had gehad, zou dat ertegen hebben gekund.' Op een andere dag feliciteert Han Hollander in de uitzending zijn moeder met haar verjaardag. Honderden luisteraars, onder wie tientallen uit Nederlands-Indië, reageren en sturen hem een felicitatie.

Hartog Hollander heet hij eigenlijk, maar hij verkiest de naam Han omdat die 'Nederlandser' zou klinken. Voetbal kleurt zijn leven. Hij is betrokken bij een club uit Deventer, zijn geboortestad, en bedenkt zelfs de clubnaam: Go Ahead.

Hoewel hij Joods is, vertrouwt hij er in de oorlog vanwege zijn reputatie en populariteit lange tijd op dat de Duitsers hem zullen sparen. Het is een vergissing. Na een verblijf in Westerbork worden Hollander, zijn vrouw Leentje en zijn dochter Froukje op transport gesteld naar het vernieti-

Topoverleg in het Olympisch Stadion voorafgaand aan de wedstrijd Nederland-Schotland van 21 mei 1938. Met v.l.n.r. ir. Ad van Emmenes, Karel Lotsy, Han Hollander, Kick Smit en C.J. Groothoff.

gingskamp Sobibor. Op 9 juli 1943 wordt hij vermoord.

Hoogendijk, Anouk
De vlucht die het meisjes- en vrouwenvoetbal neemt in Nederland kent een voorlopig hoogtepunt in 2009. Het Nederlands team debuteert op een EK en haalt meteen de halve finales, waarin Engeland uiteindelijk met 2-1 te sterk is. Dat duel wordt rechtstreeks uitgezonden op de Nederlandse tv en trekt 1,6 miljoen kijkers. In de zinderende kwartfinalewedstrijd tegen Frankrijk komt het op penalty's aan (0-0). Anouk Hoogendijk (1985) maakt de beslissende en wordt op slag een bekende Nederlander. Ze haalt in 2014 opnieuw de voorpagina's van de kranten als ze wordt getransfereerd van Ajax naar Arsenal.

Hooijdonk, Pierre van
Tegenwoordig is Pierre van Hooijdonk (1969) een gerespecteerde oud-voetballer en analyticus, maar er is een tijd dat hij als geldwolf, egoïst en verrader wordt afgeschilderd. Hij maakt zowel bij Celtic als Nottingham Forest amok omdat beloftes niet worden nagekomen. Bij Forest gaat Van Hooijdonk zelfs in staking waarna bijna de hele Britse voetbalwereld over hem heen valt. Forest-manager Dave Bassett gebruikt de naam van de verguisde spits vooral in combinatie met het woord 'aarsgat' en teamgenoot Steve Stone verklaart zelfs dat hij Big Pete naar de strot zal vliegen als hij ooit nog een stap op het trainingsveld zet. Als dat uiteindelijk toch gebeurt, bindt iedereen snel in en kan de aanvaller rustig overstappen naar Vitesse. Zijn momenten van glorie beleeft de spits

Pierre van Hooijdonk op de training van Oranje, gadegeslagen door bondscoach Dick Advocaat en omringd door Rafael van der Vaart, Patrick Kluivert en Wesley Sneijder.

uit Steenbergen vooral bij Feyenoord, die hij met zijn rake vrije trappen op het spoor van de UEFA Cup in 2002 zet en als supersub bij Oranje. Van zijn 46 interlands start hij er slechts vijf in de basis, toch komt hij nog aan veertien interlandgoals.

Horn, Leo

'Ik was de enige scheidsrechter voor wie de mensen naar het stadion kwamen.' Zo'n zin kan maar uit de mond van één arbiter komen, Leopold Sylvain Horn (1916-1995). Enigszins vol van zichzelf, dat zeker, maar de in Sittard in de Begijnehofstraat geboren scheidsrechter is dan ook een van de beste in zijn genre. Hij fluit in 1953 de legendarische Engeland-Hongarije (3-6) op Wembley, de wedstrijd van de eeuw, en leidt ook twee Europacup-I-finales (Real Madrid-Fiorentina in 1957 en Benfica-Real Madrid in 1962) in goede banen. Hij is de enige Nederlander die actief is tijdens een WK-finale (in 1962), zij het als grensrechter. Dat hij goed is, weet hij zelf ook. Niet voor niets laat hij zijn autobiografie uit 1964 (*Leo Horn fluit*) beginnen met lovende woorden aan zijn adres van sterren als Billy Wright, Alfredo di Stéfano en Faas Wilkes. 'Men zal begrijpen, dat ik na deze uitspraken geen "Voorwoord" in de geijkte vorm meer behoef. Ik mag er toch blij mee zijn, nietwaar? Wat die jongens geschreven hebben, hoor zelfs ik niet iedere dag.'

Hotseknotsbegoniavoetbal

Term ontsproten aan het brein van wijlen voetbaltrainer Bert Jacobs. Synoniem voor erbarmelijk slecht voetbal, voetbal zonder idee en gespeend van creativiteit en technisch vermogen.

Top-10: Met een café

1 Puck van Heel – Café Puck van Heel
2 Leen Vente – Sportcafé Leen Vente
3 Paul van Egmond – Café Van Egmond
4 Cees de Wolf – Café Piet de Padt
5 Arie de Oude – 't Vinkie
6 Willy Brokamp – Aux Pays Bas
7 Theo Lucius – In D'n Ollie
8 Dick Nanninga – De Zwarte Kat
9 Nico Jansen – Café De Kiosk bij den Top
10 Bas Paauwe – De Ster/De Zilveren Bal

Houtman, Peter

Veelscorende spits, achtvoudig international, stadionspeaker, trainer, politicus. Politicus? In 2010 wordt Peter Houtman (1957) namens Onafhankelijk Nieuw Spijkenisse (ONS) gekozen in de gemeenteraad van Spijkenisse, met voorkeursstemmen. Het verrast hem volkomen. 'Als nummer 45 op de lijst zou ik niet gauw worden verkozen,' zegt hij in het *Algemeen Dagblad*.
In 1998 wordt de oud-speler stadionspeaker van Feyenoord en dat is hij, na een korte onderbreking wegens bezuinigingen, nog steeds. Houtman weet waarover hij praat. Voor Feyenoord maakt hij, verdeeld over drie periodes, in 153 wedstrijden 90 doelpunten. 'Als spits zou ik nu in een paar jaar multimiljonair zijn, terwijl mijn hoogste salaris als profvoetballer 100.000 gulden was. Maar ik klaag niet. Gezond en gelukkig zijn – dat is toch het belangrijkste?'

Houwaart, Henk

Henk Houwaart (1945) groeit op in de Haagse Schilderswijk, in een groot gezin met zeven broers en zussen. 'Als er één ziek was, waren we allemaal ziek.' Hij schopt

het ver, dankzij zijn voetbalkwaliteiten die hem via ADO en FC Twente naar België (Club Brugge) brengen. Als voetballer en als door Ernst Happel geïnspireerde trainer van een dozijn Belgische clubs heeft hij een uitbundige levensstijl. Houwaart is een flamboyante man die elke gelegenheid aangrijpt om oesters en champagne te bestellen. 'Altijd wordt er gezegd: Houwaart, levensgenieter. Wat nou levensgenieter? Ik lust graag een glaasje champagne. Maar hoeren en snoeren, dat doe ik niet.'
De plakboeken zijn verdwenen. 'Ooit had ik enorme stapels. Alles is weg. Mijn eerste vrouw heeft alles verbrand in de open haard. En wat ik daarna heb verzameld en gekregen, is ook weg. Zal mijn tweede vrouw wel in de vuilnisbak hebben gegooid. Jammer.'

Hovenkamp, Hugo
Een oud-voetballer die een camping beheert, dat hoor je ook niet iedere dag. In het zomerseizoen staat Hugo Hovenkamp (1950) voor dag en dauw op om de gasten van zijn camping in Callantsoog genaamd Trekkershonk het naar de zin te maken. 'Ik zou me rot vervelen als ik niet hoef te werken. De voetballers van nu voetballen zich binnen, pakken hun golfstick en gaan. Ik maai liever het gras op de camping,' zegt hij in *de Volkskrant*. Daarnaast is hij actief als scout bij AZ, de club die hij ook als speler dient tussen 1975 en 1983. De geboren Groninger maakt deel uit van het team dat in 1981 landskampioen wordt, drie keer de KNVB-beker wint en de finale van de UEFA Cup haalt. In diezelfde periode is hij de vaste linksback van Oranje, waarmee hij 31 interlands haalt. Al in zijn tweede interland laat Hovenkamp zich gelden als hij de Belgische rechtsbuiten Roger Van Gool in de eerste minuut met bal en al over de lijn schopt. Van Gool heeft zich in de aanloop laatdunkend uitgelaten over die onbekende back van Oranje, op deze manier neemt Hovenkamp wraak.

Hughes, Barry
In het boek *Barry Hughes, de Entertrainer* van Johan Derksen uit 1987 staan typerende foto's: Hughes met een feestneus, Hughes in de polonaise bij Sparta, Hughes in de *Mounties Show* met Piet Bambergen ('Piet Bambergen en ik voelden elkaar goed aan op het toneel'), Hughes met Vader Abraham en Hughes in de *Showbizzquiz* van Ron Brandsteder.
Altijd in voor een geintje, de kale man uit Wales, maar Hughes (1937) is ook een vakbekwame en vooral inspirerende trainer, onder meer van Haarlem, Go Ahead en Sparta. Daarnaast presentator van de *Barry Hughes Quiz* en zanger van de carnavalshit (acht weken in de Top-40, hoogste note-

Voorafgaand aan de wedstrijd Haarlem-Ajax van 10 maart 1974 overhandigt Barry Hughes een gouden plaat aan Alice Cooper. De rockster verrast op zijn beurt de Haarlem-trainer met een gouden bal.

ring 7) 'Ik wil op m'n kop een kamerbreed tapijt'.

Hulshoff, Barry
De stoere, maar uiterst vriendelijke voorstopper (baard, lange haren) is een van de eerste voetballers die reclame maakt, voor hondenbrokken van Chappi. In de jaren zeventig is hij een belangrijke pion bij Ajax, als centrale verdediger van een ploeg die Europa verovert en driemaal op rij de Europacup wint. In 2010 keert Hulshoff (1946) terug bij Ajax als hij wordt gekozen in de ledenraad. Net zoals Aron Winter, Keje Molenaar, Dick Schoenaker, Peter Boeve en Co Meijer wordt hij voorgedragen door Johan Cruijff.

Huntelaar, Klaas-Jan
Klaas-Jan Huntelaar (1983) maak je niet zo snel gek. Dat zal ongetwijfeld met de plek te maken hebben waar hij ter wereld komt, in het Gelderse Drempt in de Achterhoek. Waar nuchterheid en gewoon gedrag hand in hand gaan. Toch vlamt er een bijna onbedwingbare bewijsdrift in het lijf van de spits die al op jonge leeftijd in de jeugd van De Graafschap furore maakt als goalgetter. Op zijn zeventiende lijft PSV hem in, maar de concurrentie is te groot in Eindhoven. Via De Graafschap en AGOVV komt hij bij Heerenveen waar hij zich snel ontwikkelt tot een meedogenloze afmaker die koelbloedigheid paart aan precisie. Niet verwonderlijk dat twee jaar later in 2006 Ajax op de stoep staat van huize Huntelaar. Nog diezelfde zomer debuteert hij in Oranje, met twee treffers tegen Ierland. Als het grote Real Madrid zich meldt eind 2008, lijkt dat het begin van een buitenlandse triomftocht, maar de werkelijkheid is helaas wat weerbarstiger. Zowel bij

Real als later bij AC Milan komt de grote doorbraak niet op gang, en ook in Oranje lukt het hem niet om furore te maken omdat de bondscoaches Marco van Basten en Bert van Marwijk op de verschillende eindrondes liever Ruud van Nistelrooij (EK 2008) of Robin van Persie (WK 2010, EK 2012) in de spits posteren. Tot grote teleurstelling van Huntelaar die zich na zijn derde eindronde als reserve niet meer inhoudt en zijn kritiek spuit in het *Algemeen Dagblad*. 'Ik had de indruk dat alles al van tevoren vaststond,' verdenkt hij Van Marwijk van vriendjespolitiek.

Als clubspeler heeft hij intussen een betere keuze gemaakt. Bij Schalke 04 groeit hij binnen korte tijd uit tot een *Torjäger* eersteklas die zich in zijn tweede seizoen met 29 goals tot topscorer van de Bundesliga kroont. In zijn vierde *königsblaue* seizoen wordt hij geplaagd door blessureleed, een onwillige knie zet hem maandenlang buitenspel.

Hup Holland hup

Songtekst van de Amsterdamse huisarts, kunstschilder, cabaretier en radiomaker Jan de Cler (1915-2009), met het volgende refrein:

Hup Holland hup,
Laat de leeuw niet in zijn hempie staan,
Hup Holland hup,
Trek het beestje geen pantoffels aan,
Hup Holland hup,
Laat je uit 't veld niet slaan,
Want de leeuw op voetbalschoenen,
Durft de hele wereld aan

Verstand van voetbal heeft De Cler niet, maar met de hulp van verslaggevers Leo Pagano en Frits van Turenhout slaagt hij erin bij iedere interland die in de jaren vijftig door de KRO wordt uitgezonden in de rust en na afloop een verslag op rijm te maken. Het refrein van het lied, dat hij in 1950 schrijft met Dico van de Meer, wordt door het publiek nog geregeld gezongen bij wedstrijden van het Nederlands elftal.

Ibrahimovic, Zlatan
Niet zijn achternaam Ibrahimovic, maar zijn voornaam Zlatan prijkt in zijn eerste seizoen achter op het shirt van Ajax. De stoere junior, voor negen miljoen euro gekocht van Malmö FF, is meer bezig met zijn imago dan met voetbal. Hij onderscheidt zich niet op het veld, maar vooral daarbuiten. Daar komt verandering in als de Zweedse spits zaakwaarnemer Mino Raiola tegen het lijf loopt.
Zlatan (1981), die bij Ajax geen steun vindt bij trainer Co Adriaanse en zich geen raad weet met het spelsysteem, is een straatvechter, een artiest en een groot kind ineen, afkomstig uit een achterstandswijk in Malmö en nauwelijks in staat om in Amsterdam voor zichzelf te zorgen. Hij dreigt te ontsporen.
'Mino Raiola heeft me geleerd nederig te zijn. Ik droeg bij onze eerste ontmoeting in Amsterdam een Rolex en ik had mijn

Porsche expres voor de deur van het hotel gezet. Mino zei meteen dat het geen enkele indruk op hem maakte. Ik moest normaal doen en die Porsche en het horloge meteen inleveren. Hij had natuurlijk gelijk.'
Ibrahimovic groeit uit tot een van de beste aanvallers ter wereld. Hij wint tussen 2004 en 2013 negen landstitels in tien seizoenen. Hij wordt kampioen met Ajax, twee keer met Juventus, drie keer met Inter, één keer met Barcelona, één keer met AC Milan en in 2013 met Paris Saint-Germain.

Ich hoffe dass du focking sterbst
Hij rent er ver zijn doel voor uit, maar deze kans wil Hans van Breukelen niet laten liggen. Tijdens de beladen EK-wedstrijd in 1988 tegen West-Duitsland in het Volksparkstadion, kan hij zich niet langer bedwingen. Na weer een duikeling van schwalbe-koning Lothar Matthäus is de keeper van Oranje het zat. Na een doldwaze sprint buigt hij zich over de middenvelder en spreekt de historische woorden: '*Ich hoffe dass du focking sterbst.*' Later heeft Van Breukelen spijt van deze uitspraak. 'Omdat hij grammaticaal niet klopt. M'n vroegere havo-leraar wees me erop. Het is *stirbst* in plaats van *sterbst*.'

Israel, Rinus
Eerste beroep: stratenmaker. Bijnaam: IJzeren Rinus. Dat zegt genoeg. De Amsterdammer is een spijkerharde, nietsontziende verdediger, maar dat niet alleen. Veel betere centrale verdedigers dan hij heeft Nederland niet voortgebracht. Met Theo Laseroms aan zijn zijde vormt Israel (1942) in 1970 het betonnen fundament van Feyenoord en wint hij, naast drie landstitels, de Europacup voor landskampioenen.

In de finale tegen Celtic is hij een van de doelpuntenmakers.
Jammer genoeg tellen bij hem de jaren al als onder leiding van Johan Cruijff een uiterst talentvolle lichting voetballers doorbreekt. Ook zijn knieën werken niet mee. Desondanks blijft hij in het profvoetbal twintig jaar op de been, de laatste zeven seizoenen bij PEC Zwolle. Afscheid nemen lukt hem nauwelijks. Voor Israel is voetbal veel, zo niet alles.
Als trainer wordt hij gehinderd door zijn cynisme en harde grappen. Het is anders geworden, zei hij in 2003 tegen voetbaljournalist Henri van der Steen. 'Het is allemaal gladjes geworden. Trainers moeten een goed verhaal hebben, zich tussen sponsors kunnen bewegen. Ik heb nooit toegegeven aan die praktijken, ik ga mijn eigen weg. Trainers hebben tegenwoordig een geweldige pr. Ze doen hun best maar.'
In hetzelfde interview noemt Israel zichzelf saai en burgerlijk. Het liefst ligt hij languit voor de televisie. 'Mijn leven ziet er niet zo uitbundig uit, nee. Op vakantie gaan is wel leuk, maar het leukste is altijd weer naar huis gaan.'

Top-10: Snelste doelpunt eredivisie

1. 8 seconden: Koos Waslander (NAC), PEC Zwolle-NAC (1-2), 20-3-1982
2. 9 seconden: Tjaronn Chery (ADO), Roda JC-ADO (4-1), 16-10-2011
3. 9 seconden: Romeo Wouden (Heerenveen), NAC-Heerenveen (5-1), 30-3-1996
4. 9 seconden: Johan Cruijff (Ajax), Ajax-Telstar (5-2), 21-11-1971
5. 10 seconden: Wesley Verhoek (ADO), FC Twente-ADO (3-1), 12-3-2010
6. 10 seconden: Tom Caluwé (FC Utrecht), FC Utrecht-Willem II (1-4), 16-4-2006
7. 10 seconden: Harry van der Laan (FC Den Haag), FC Den Haag-MVV (6-1), 18-2-1990
8. 10 seconden: Theo Pahlplatz (FC Twente), FC Twente-FC Volendam (1-0), 24-11-1968
9. 10 seconden: Joop Böckling (Haarlem), Haarlem-MVV (3-2), 3-10-1981
10. 11 seconden: Jesper Drost (PEC Zwolle), Heracles-PEC Zwolle (1-3), 10-8-2013

Jansen en Tilanus

Fabrikant van kleding, en onderbroeken (desgewenst met voorklep) in het bijzonder. De firma wordt in 1869 in het Twentse Vriezenveen opgericht door Wicher Christiaan Jansen en Johannes Leonard Lodewijk Tilanus, respectievelijk 22 en 21 jaar oud. De katoenen voetbaltenues van het kledingmerk zijn van grote kwaliteit. Het Nederlands elftal speelt zelfs decennialang in Jansen en Tilanus, tot in de jaren zestig. Al in 1929 zingt Louis Davids in 'De Voetbalmatch':

Twintig knullen in d'r Jansen en Tilanus
Liepen los in het midden op een grasveld rond
Wassen beelden mens om zo rauw in te bijten
Af en toe dan kwam het water in me mond.

Jansen sr., Karel

ADO is zijn club, meer dan driehonderd wedstrijden staan er achter de naam van Karel Jansen (1925-2008), een type Jan Wouters die tussen 1949 en 1959 actief is voor ADO en die ook nog uitkomt voor DHC en Holland Sport. In 1961 richt hij de spelersvakbond VVCS op, een historische gebeurtenis omdat voor die tijd amper rekening wordt gehouden met de rechten van de voetballer. Jansen groeit uit tot een belangrijk belangenbehartiger van sporters, ook buiten het voetbal.

Jansen vervult diverse bestuursfuncties in de voetbalwereld. In 1995 neemt hij met pijn in zijn hart afscheid als bestuurslid technische zaken van de profsectie van de KNVB wegens het bereiken van de maximale leeftijd voor KNVB-bestuurders van zeventig jaar. Hij is bondsridder van de KNVB en Ridder in de Orde van Oranje-Nassau.

Jansen, Nico

Nico Jansen (1953) is de eerste fullprof van FC Amsterdam. De bonkige spits heeft een neus voor doelpunten en een verschrikkelijk hard schot. 'Uit stand schoot ik 140 kilometer per uur. Ik was een sportjongen, hè. Ik woonde in de Kinkerbuurt en ik ging meestal op de fiets naar de training. Maar als ik er zin in had, rende ik heen en terug naar de training in het Olympisch Stadion.' Zijn vader zit in groente en fruit. Henkie Banaan noemen ze hem. Hij werkt tot zijn 75e op de Albert Cuyp, de Westerstraat en de Lindengracht. 'Mijn vader zei altijd: "Van luiigheid ga je dood, niet van hard werken."'

De mooiste wedstrijd speelt Jansen met FC Amsterdam tegen het grote Internazionale. 'Wonnen we in San Siro met 2-1. Maakte ik twee goals. Stak ik de grote Facchetti de loef af. En die grote Facchetti spugen naar me. Ik deed niks terug, nee. Laat hun maar kwaad worden, dan weet je dat je goed speelt. Soms werd ik wel kwaad. Ik heb een keer een speler van Espanyol tien meter aan zijn kloten over het veld gesleept. Als ik iets vast heb, laat ik niet meer los, hè.'

Jansen maakt later nog furore bij Feyenoord voordat hij in 1978 bij het Belgische RWD Molenbeek neerstrijkt. Na zijn loopbaan gaat hij in België de horeca in.

De spits speelt slechts één interland en dat is volgens Jansen te wijten aan zijn rotte knie, waaraan hij dertien keer wordt geopereerd. 'Ik had een zwabberbeen. Mijn scheenbeen staat niet recht onder mijn knie, vandaar. Dat zwabberbeen was wel makkelijk als ik voorbij een verdediger was, want dan haalden ze me nooit meer in. Je komt er niet langs, hè.'

Jansen, Rob
Met een vakbondsman als vader is het niet verwonderlijk dat ook zoon Rob (1955) toetreedt tot de VVCS. Hij doet dat als spelersbegeleider, in 1995 richt hij zijn eigen bureau op: Sport-Promotion waarmee hij de belangen behartigt van tal van topspelers zoals Dennis Bergkamp, Edwin van der Sar, Frank en Ronald de Boer, Marc Overmars, Dirk Kuijt en Pierre van Hooijdonk.

Jansen, Wim
Een sliding, een val, een fluitsignaal: Feyenoorder Wim Jansen (1946) speelt een hoofdrol tijdens het onbetwiste naoorlogse dieptepunt van het Nederlandse voetbal, de WK-finale in 1974 tegen West-Duitsland. De sliding in de 26e minuut is van middenvelder Jansen, de val van de Duitse aanvaller Bernd Hölzenbein, het fluitsignaal van de Engelse scheidsrechter Jack Taylor. Paul Breitner benut de strafschop, de stand is weer gelijk.

Het wordt Jansen nauwelijks kwalijk genomen. De algemene opvatting in Nederland is dat Hölzenbein zich aan een 'Schwalbe' bezondigt. Een kwart eeuw later blijkt een andere Duitse international, Berti Vogts, er ook zo over te denken. 'De scheidsrechter stond er niet goed voor toen Jansen Hölzenbein verdedigde. De camera achter het doel liet zien dat de beslissing ons een strafschop toe te kennen een vergissing was', zegt hij in *Bild*.
Jansen is óók de stille en onmisbare kracht die met Feyenoord de Europa Cup en de Wereldbeker wint en de club vijftien seizoenen op rij trouw blijft, 65 interlands op zijn naam schrijft, als trainer opduikt in Lokeren, Saoedi-Arabië, Hiroshima en Glasgow en, opvallend genoeg, door Johan Cruijff meerdere malen de hemel in wordt geprezen om zijn voetbalkennis.
Met onderbrekingen is hij sinds 2005 in verschillende functies werkzaam bij Feyenoord, zijn club. Het eindoordeel is van een voormalige ploeggenoot, Jan Boskamp: 'Wim Jansen hoort in hetzelfde rijtje als Coen Moulijn en Willem van Hanegem.'

Jansma, Kees
Het boek dat in 2011 verschijnt over het leven van Kees Jansma (1947) heet kortweg *Kees*. Het is geschreven door Kees Jansma en op de cover staat een grote foto van de schrijver/hoofdpersoon. Nee, enige ijdelheid kan hem niet worden ontzegd.
Niet dat er voor een boek over Jansma geen aanleiding is. Zijn loopbaan in de sportjournalistiek omvat een halve eeuw en brengt hem bij kranten, tijdschriften, omroeporganisaties en radioprogramma's en hij draagt talloze petten. Zijn finest hour beleeft hij in 1988 als hij voor de

NOS *embedded* het EK mag volgen en een bijzondere verstandhouding opbouwt met bondscoach Michels. Jansma is de aangever, Michels de mild-cynische afmaker.
Jansma, na de 2-1 overwinning op West-Duitsland: 'Hans van Breukelen zei dat hij nooit had gewanhoopt. Deelt u die mening achteraf?'
Michels: 'Achteraf wel, ja.'
Als Marco van Basten in 2004 bondscoach wordt, zet hij een nieuwe pet op, die van perschef van Oranje. In 2013 kondigt hij aan dat hij er na het WK in Brazilië mee stopt.

Janssen, Theo
Theo Janssen (1981) rookt. Nou en? zegt Theo Janssen. Genoeg mensen roken. Zijn dat slechte mensen? Hij is de enige profvoetballer van wie het bekend is, maar hij ziet het wekelijks om hem heen gebeuren. De rest doet het stiekem, in een hoekje. Hij niet.
Theo Janssen geldt op jonge leeftijd als een groot talent, maar hij is ook onberekenbaar. Als voetballer van Jong Oranje krijgt hij een voorwaardelijke schorsing van een jaar opgelegd omdat hij tijdens een wandeling in het haventje van Toulon medespeler Peter Wisgerhof in het water duwt. Die heeft tegen Janssen gezegd dat hij van vissen houdt. Ga ze maar vangen dan, zegt Janssen.
Als jongen uit de Arnhemse volksbuurt 't Broek blijft hij te lang hangen bij zijn club Vitesse. Van 1998 tot 2008. Hij maakt tussendoor een kort uitstapje naar het Belgische Genk, maar na een half jaar vindt hij het daar wel welletjes. Hard trainen om de beste te zijn hoeft hij niet. Wil hij ook niet. Want van hard trainen wordt hij wel slank, maar niet happy.
Pas na zijn overstap naar FC Twente in 2008 wordt duidelijk hoe goed Janssen kan voetballen. De club wordt voor het eerst landskampioen in 2010 en wint het jaar daarop de KNVB-beker. Janssen krijgt de Gouden Schoen, voor beste speler van de eredivisie.
Het kampioensjaar bij Twente wordt echter overschaduwd door een eenzijdig autoongeluk dat Janssen veroorzaakt en waarbij medepassagier Kevin Moeliker een hersenkneuzing oploopt. Janssen heeft een te hoog alcoholpromillage in zijn bloed en wordt door zijn club voor twee maanden geschorst.
In het seizoen 2011-2012 is hij Ajacied, zonder veel indruk te maken. In maart 2014 kondigt hij zijn afscheid aan, na een ernstige knieblessure. 'Ik hoop dat iedereen me nu met rust laat,' zegt hij in *nrc.next*.

Jimmy's Bar
Café in Bremen waar Aad de Mos zich op 5 december 1995 in de nesten werkt, als trainer van Werder, maar op wonderbaarlijke wijze ontsnapt. Na een wedstrijd tegen PSV loopt De Mos in het bijzijn van enkele Nederlandse verslaggevers leeg tegen de Belgische journalisten Rudy Nuyens en Paul Verbrugghe. Hij kondigt aan dat hij zijn ontslag zal indienen en is zeer kritisch over Werder Bremen. Als *Der Spiegel* de opmerkingen van De Mos later overneemt, spant hij een rechtszaak aan tegen het tijdschrift. De Mos verklaart dat hij de Belgische journalisten niet heeft gezien, laat staan gesproken. Sterker nog, hij is die avond niet eens in Jimmy's Bar geweest, zegt hij.
De Mos wordt een maand later ontslagen, maar wint de rechtszaak. *Der Spiegel* moet rectificeren en Werder Bremen wordt,

omdat het contract voortijdig is ontbonden, veroordeeld tot het betalen van een afkoopsom van een half miljoen mark.

Jol, Dick

Het is de bekroning van een prachtige carrière als arbiter, de Champions League-finale van 2001 tussen Bayern München en Valencia staat onder de trotse leiding van Dick Jol (1956), zoon van een Scheveningse visser. Na Leo Horn en Charles Corver is hij de derde Nederlander die de eindstrijd van de Europacup I/Champions League in goede banen mag leiden, een hele eer.
Het feit dat zijn naam op het affiche staat, is ook een zege op het KNVB-establishment dat hem half jaren negentig beticht van omkooppraktijken, van gokken op eigen wedstrijden. De KNVB schorst hem in eerste instantie, maar via de rechter wordt Jol uiteindelijk op alle vlakken gerehabiliteerd. Maar echt warm wordt de relatie tussen

KNVB en Jol nooit meer. Als de bond in 2006 bij monde van directeur Henk Kesler weigert een minuut stilte af te kondigen bij de wedstrijden na het overlijden van collega John Blankenstein ('Dan kunnen we wel aan de gang blijven') reageert Jol als volgt: 'Ik denk dat Henk Kesler een medisch wonder is. Hij leeft al jaren zonder hart.'

Jol, Martin

De straat in Scheveningen waar Martin Jol (1956) is geboren staat op het Panorama Mesdag. Zijn ouderlijk huis ligt vlak bij zee. 'Als ik de straat overstak, was ik er. Ik hou van de zee. Ik hou van ver kijken.'
De eerste keer dat hij Scheveningen verlaat, heeft hij heimwee. Als speler van FC Den Haag kan hij naar Ajax en Bayern München. Het salaris bij Bayern is beter. 'Maar daar heb ik weinig aan gehad. De helft van mijn geld ging op aan telefoonkosten. Als het mooi weer was, zat ik in mijn appartement en keek ik uit over een wei met bomen en koeien. In het weekend reed ik vanuit München terug naar Den Haag, zodat ik maar thuis kon zijn. Op het strand.'
Als kleine jongen loopt Jol geregeld met een bord over het strand. ZIMMER FREI staat erop. Voor een paar gulden per nacht verhuurt de familie Jol kamers aan Duitse badgasten. Sommige gasten komen elk jaar terug. 'De familie Klatte is wel dertig jaar elke zomer naar Scheveningen gekomen. Mijn broer Cock en ik hebben nog doorgeleerd in het vak Duits. Cock is zelfs leraar Duits geweest.'
Cock is zijn steun en toeverlaat in zijn loopbaan als trainer. Hij neemt hem overal mee naartoe. Ook als Jol in Nederland in 2009 eindelijk de kans krijgt om bij een topclub aan de slag te gaan: Ajax.

Het wordt geen gelukkig huwelijk. Cock Jol weet wel waarom. 'Er lopen hier gewoon te veel Ajacieden rond.'

Jolink, Bennie
Het is natuurlijk een kwestie van tijd dat muzikant en Superboer Bennie Jolink (1946) een nieuwe versie van het clublied van De Graafschap componeert en zingt. In 2007 is het zover en introduceert Jolink een nieuwe song getiteld 'De Superboeren' met het volgende refrein:

Superboeren, uut de Achterhoek
Hup De Graafschap
Hup De Graafschap
Superboeren uut de Achterhoek
De mooiste club
Van 't hele land

Echt aanslaan doet dit muzikale epistel niet. Al snel schakelt de club terug op de vertrouwde 'Bongo Song' van Safri Duo. Volgens Jolink ligt het vooral aan de belabberde geluidsinstallatie op De Vijverberg. 'Laatst hoorde ik daar een plaatje, afschuwelijk,' zegt hij in *NUsport magazine*. '"Wat is dat voor een troep?" vroeg ik m'n buurman. Het bleek m'n eigen "Deurdonderen" te zijn. Dat zegt wel genoeg, toch?'

Jong, Jerry de
Een valse pincode maakt in 2000 een einde aan de loopbaan van Jerry de Jong (1964), op dat moment speler van MVV. Hij wordt betrapt als hij bij een filiaal van een SNS-bank met het bankpasje van ploeggenoot Emerson geld probeert te incasseren. Hij zou ook andere medespelers hebben bestolen, om gokschulden te kunnen betalen. MVV ontslaat hem op staande voet en de drievoudig international, vader van Nigel de Jong, gaat diep door het stof.
Tien jaar later kijkt hij in het *Eindhovens Dagblad* beschaamd op het voorval terug. 'Het was een heel moeilijke periode in mijn leven. Achteraf denk ik: 'Verdomme Jer, hoe heb je het in godsnaam zo ver kunnen laten komen? Ik heb me jarenlang diep geschaamd. Ik heb zo veel mensen teleurgesteld. Dat deed pijn.'

Jong, Nigel de
Wat krijgt hij in de nasleep van de verloren WK-finale van 2010 niet over zich uitgestort? Naar Robben-eiland dient hij te worden verbannen. Als is hij een beruchte crimineel, half Nederland valt over een schandelijke overtreding die de Amsterdammer begaat op Spanjaard Xabi Alonso en die slechts met geel wordt bestraft in plaats van rood. De Jong (1984) wordt het

De veelbesproken overtreding van Nigel de Jong siert de cover van *Hard gras*.

zwarte schaap van Oranje, de zondebok waar het missen van de wereldtitel op geprojecteerd wordt.
Hoewel de heksenjacht ietwat misplaatst is, neemt De Jong zijn rol als breker in die periode inderdaad iets te letterlijk. Als hij in het najaar van 2010 wederom een paar keer over de schreef gaat, onder andere tegen Hatem Ben Arfa, vindt bondscoach Van Marwijk het welletjes en legt hij de middenvelder een schorsing op.
Nigel de Jong 2.0 heeft zijn lesje geleerd. Op het middenveld van Manchester City, AC Milan en Oranje wordt hij nog maar zelden op een zware tackle betrapt.

Jong, Siem de
Siem de Jong (1989) is een telg uit een sportieve familie. Zijn ouders George en Loeki zijn gewezen volleybalinternationals. Zijn broer Luuk wordt ook profvoetballer, bij De Graafschap, FC Twente, Borussia Mönchengladbach en Newcastle United. De broers worden geboren in het Zwitserse Aigle, waar hun vader – die zijn master sportmanagement haalt in de VS – lange tijd technisch directeur is van de wereldvolleybalbond. Later werkt George de Jong voor de Koninklijke Nederlandse Hippische Sportfederatie.
Organiseren, het bundelen van krachten, denken in het algemeen belang; het zijn kwaliteiten die Siem van zijn vader erft. Hij wordt, als bescheiden teamspeler met een mening, onder trainer Frank de Boer aanvoerder van Ajax. In een sport waarin individualisme meer en meer de kop opsteekt, is Siem de Jong een witte raaf. Grappig: waar zijn meeste ploeggenoten rijden in een zwarte of grijze lease-auto, kiest De Jong voor een witte.

Jongbloed, Jan
Twaalf jaar lang behelst de hele interlandcarrière van Jan Jongbloed (1940) amper zes minuten. Heel lang krijgt zijn invalbeurt tegen Denemarken uit september 1962 geen vervolg. Maar dan breekt 1974 aan en wordt alles anders. Kom bij de Amsterdammer echter niet aan met beelden van het WK van 1974, dan wordt hij link. 'Als die voorbijkomen, zijn het altijd weer die tegengoals uit de finale. Ik schijt iedere keer weer peuken als ik ze zie.' Dat is het lot van de doelman die tijdens twee verloren WK-finales het doel verdedigt van Oranje en er bij sommige tegengoals niet al te goed uitziet. Maar dan wordt er te weinig aandacht geschonken aan de routes naar beide finales toe, met name die van 1974. Want het is natuurlijk geen toeval dat Oranje maar twee tegengoals krijgt te verwerken tijdens de zes voorgaande duels waarvan één ook nog in eigen doel.
Jan Jongbloed is een unieke keeper die zich

vooral ver voor zijn eigen doellijn onderscheidt. Hij zegt weleens als grap dat hij twee salarissen had moeten krijgen, een als keeper en een als laatste man, want Jongbloed grijpt accuraat in bij elke bal die achter de defensie belandt.
In zijn nadagen wordt hij flink getroffen door persoonlijk leed. Op 8 september 1985 wordt hij tijdens het eredivisieduel tussen Haarlem en Go Ahead Eagles het slachtoffer van een hartaanval. Een jaar eerder is de schok nog vele malen groter als zijn zoon Eric als doelman van DWS dodelijk geraakt wordt door de bliksem.

Jonge, Freek de

Freek de Jonge (1944) is een cabaretier die, waarschijnlijk, het liefst voetballer was geworden; voetballer van Ajax, want dat is zijn club. Wat Theo Maassen is voor PSV, is hij voor Ajax. Tijdens thuiswedstrijden duikt hij in de Arena op in een skybox. Tweemaal in de week trapt hij bij amateurclub Zeeburgia samen met onder anderen Sjaak Swart en Guus Hiddink een balletje. Géén groot voetbaltalent, Freek, helemaal niet zelfs, maar daar gaat het niet om.
Het voetbal laat hem niet los. In 1978 ontketent hij samen met Bram Vermeulen de actie Bloed aan de Paal, uit protest tegen de deelname van Nederland aan het WK in dictatuur Argentinië. In 1997 scoort hij een nummer-1-hit in de Top-40, met 'Leven na de dood'. De Jonge zingt onder meer:

> *Wat kon Seedorf nou gebeuren,*
> *toen hij van elf meter schoot.*
> *Er is leven, er is leven na de dood.*

Jonk, Wim

Technisch begaafde middenvelder die bij Ajax een sublieme tandem vormt met

Wim Jonk (links) in de Haarlemse rechtszaal tijdens het kort geding van het kamp Cruijff versus de NV Ajax.

aanvaller Dennis Bergkamp. Ze verkassen in 1993 samen naar Internazionale, maar daar heeft niemand een boodschap aan de innige band tussen de twee Nederlanders. Bergkamp maakt later naam in Engeland, Jonk (1966) kent vooral een goede periode bij PSV. Pas na hun carrière worden Jonk en Bergkamp herenigd bij Ajax, als belangrijkste apostelen van Johan Cruijff in de fluwelen revolutie.
Jonk treedt niet vaak op de voorgrond, maar tijdens het WK van 1998 haalt hij de voorpagina van *De Telegraaf* met een zelfgeschreven gedicht. Het is een eerbetoon aan zijn Volendamse jeugdvriend Harry Kwakman, die om het leven komt bij een verkeersongeval. Jonk kan niet bij de uitvaart zijn. Hij voetbalt op die dag met Oranje in Saint-Étienne tegen Mexico. 'Omdat Harry dat zou hebben gewild.'

Harry,
Je levensstijl zat vol dynamiek
Altijd wilde je het beste en was je fanatiek
Altijd genoot je van het leven
Jouw positivisme en passie wilde je iedereen meegeven
Nog zoveel dromen onderweg
Nog zoveel dingen te doen
Maar het noodlot stopte je op die weg naar nog meer roem
We zullen je gulle lach missen
Maar hoe je bij stilte was
Daar kunnen we alleen maar naar gissen
Van medespeler tot mental-coach zijn de herinneringen die je achterlaat
Jouw peptalk zal ik missen
Je was voor mij een bijzondere kameraad

Getekend, Wim Jonk

Top-10: Van beroep

1. Tinus Bosselaar (handelaar honden- en kattenvoer)
2. Leo Halle (vrachtwagenchauffeur)
3. Puck van Heel (bootwerker)
4. Rinus Israel (stratenmaker)
5. Cor Veldhoen (stukadoor)
6. Ton de Kruijk (politieman)
7. Jan Notermans (dameskapper)
8. Ruud Geels (huisschilder)
9. Dick Nanninga (bloemist)
10. Coen Moulijn (eigenaar modezaak)

Jonker, Andries

Een kloon van Louis van Gaal wordt hij genoemd, de Amsterdammer Andries Jonker (1962). De twee komen elkaar voor het eerst tegen bij Ajax, in 1995, waar Van Gaal succesvol trainer is en Jonker stage gaat lopen. Ze steken elkaar in eigenwijsheid naar de kroon, maar Van Gaal kan de pedanterie wel hebben van de ambitieuze en ijverige leerling. Het moet voelen alsof hij soms in de spiegel kijkt. Jonker: 'Maar ik ben geen kloon en ook niet de zoon van Louis van Gaal.'
Waar Van Gaal nadien gaat, maakt hij geregeld gebruik van de diensten van Jonker. Bij Barcelona, bij de KNVB en ook bij Bayern München, waar Jonker na het ontslag van Van Gaal zelfs nog even hoofdtrainer is. Maar meestal werkt hij in de luwte, zoals bij VfL Wolfsburg, waar hij tussen 2012 en 2014 assistent is van Felix Magath. Op de vraag of Jonker vindt dat hij zelfstandig is geslaagd als trainer, zegt hij: 'Ik heb lang gedacht dat ik überhaupt niet de kennis had om in het betaald voetbal te werken, dus ja.'

In Nederland wordt Jonker zelfingenomenheid verweten. Hij krijgt vaker kritiek dan loftuitingen. Maar in het buitenland ligt dat anders. In 2014 stelt Arsenal Andries Jonker, op voorspraak van manager Arsène Wenger, aan als hoofd van de jeugdopleiding.

Joosten, Egidius

Tot medio 1954 is het vrij normaal dat spelers er naast het voetbal een volledige baan bij hebben. Op een maandag in juli komt daar echter een resoluut einde aan, met dank aan Egidius Joosten (1921-1993), een zakenman uit Heerlen. Die introduceert bij zijn zojuist opgerichte club Fortuna '54, spelend in het Mauritsstadion van Geleen, als eerste een training waarvoor de spelers betaald krijgen. Hiermee wordt Joosten de grondlegger van het betaalde voetbal in Nederland.

Naar aanleiding van de succesvolle Watersnoodwedstrijd in 1953 richt de Limburger eind van dat jaar de NBVB op, de Nederlandse Beroepsvoetbal Bond die buiten de KNVB om een eigen competitie start met tien clubs. Omdat de KNVB star vasthoudt aan de eigen amateurregels, bestaan er korte tijd twee competities naast elkaar. Tijdens een meeting op een kamer van het Utrechtse Hotel Terminus wordt de vrede getekend en smelten de twee bonden vanaf november 1954 samen onder de paraplu van de KNVB.

Joosten probeert het succes af te laten stralen op zijn Fortuna '54. Tal van topspelers lokt hij naar het zuiden, maar een felbegeerde titel zit er niet in, wel twee KNVB-bekers.

Teammanager Hans Jorritsma in de dug-out met Frank de Boer en Bert van Marwijk.

Jorritsma, Hans

Maatschappijkritische hockeyer die in 1978 op het WK in Argentinië weigert een medaille te ontvangen uit handen van dictator Videla, en later (hockey)coach. In 1996 maakt Jorritsma (1949) zijn opwachting in de voetbalwereld, als teammanager. Na het mislukte EK in Engeland haalt bondscoach Hiddink hem binnen bij Oranje, om de organisatie rondom de ploeg te professionaliseren. Jorritsma is een zittenblijver. Hij staat achtereenvolgens Hiddink, Rijkaard, Van Gaal, Advocaat, Van Basten, Van Marwijk en opnieuw Van Gaal terzijde. In de verzoening tussen Hiddink en Davids in 1998 speelt hij een opvallende rol. Het is in zijn huis in Amsterdam dat de bondscoach en de voetballer die twee jaar eerder met elkaar botsten, definitief de vrede tekenen.

Kaartincident
Tijdens een trainingskamp van het Nederlands elftal voor het WK in 1994 wordt Feyenoord-verdediger John de Wolf betrapt op vals spel. Wat het nog schokkender maakt, is dat De Wolf vriend en clubgenoot Rob Witschge bedriegt. Witschge ruikt al een tijdje onraad. 'Ik kaartte vaak mét John, en soms dacht ik ook: speel ik zelf vals? Er gebeurden dingen die absoluut onmogelijk waren.' Het bedrog wordt ontdekt door twee spelletjesfreaks, Frank en Ronald de Boer. Het kaartincident verscheurt Feyenoord dat onder leiding van trainer Van Hanegem een hechte eenheid is. Zoals een andere Feyenoord-speler, Peter Bosz, het zegt: 'Feyenoord was tot dat incident echt een vriendenploeg. Elke maandag gingen we met zestien man op stap in Amsterdam. Maar na dat kaartincident was dat over. Dat was echt een splijtzwam in onze groep.'
De Wolf neemt aan het eind van het seizoen de wijk naar Engeland (Wolverhampton Wanderers). 'Het was een stommiteit. Zoals iedereen weleens een grote fout maakt in zijn leven. Natuurlijk tikt het harder aan omdat ik bekend ben, maar ik wil hier niet mee achtervolgd worden. En daar lijkt het soms wel op.'

Kabel
Kabel is een Surinaamse uitdrukking voor vriendschapsband. Het woord wordt in 1996 in een uitzending van *Barend & Van Dorp* waarin Clarence Seedorf, Patrick Kluivert en Edgar Davids te gast zijn, voor de eerste keer genoemd. Als de jonge (oud-) Ajacieden, gesterkt door de Champions League-triomf met Ajax, zich tijdens het

Oranje aan de lunch tijdens het EK van 1996. Volgens sommigen was dit het bewijs voor de verdeeldheid binnen het Nederlands elftal.

EK in Engeland achtergesteld voelen en Davids in opstand komt, gaat het begrip in de media een eigen leven leiden. Sommige journalisten menen dat de Kabel een semigeheim, mystiek genootschap is van donkere internationals. Ook Winston Bogarde en Michael Reiziger maken er deel van uit.

De aanhangers van de theorie dat er bij Oranje een scheidslijn loopt tussen zwart en wit, denken een bevestiging te krijgen als *de Volkskrant* een foto van Guus Dubbelman plaatst van een lunch van de ploeg, met 'Surinaamse' en 'Hollandse' tafels. Alleen Richard Witschge doorbreekt het stramien.

Het ongemakkelijke gevoel verdwijnt niet. Tien jaar later zegt Bogarde in een tv-portret het volgende over de zwart-witkwestie: 'Die scheiding merkte je aan alles. In het hotel, bij het eten. Zij waren daar hoog verheven boven ons. Dat heeft ons het EK gekost.'

In 2010 brengt Davids het conflict terug tot voor iedereen begrijpelijke proporties. 'Op het EK speelde een verschil in cultuur en leeftijd. Een nieuwe generatie wilde opstaan.'

Kanu, Nwankwo

In de speelfilm *Escape to Victory* van regisseur John Huston legt de Braziliaanse voetballer Pelé, staande voor een schoolbord, uit wat hij zal doen als hem in een wedstrijd de bal wordt toegespeeld. Met woeste, schijnbaar ongecontroleerde halen trekt hij een wirwar van strepen op en neer en van links naar rechts over het bord, voordat hij zegt: 'And then I score.'

Gevraagd naar zijn lievelingsdoelpunt maakt Christian Nwankwo Kanu (1976) bijna dezelfde, wilde bewegingen in het luchtledige. 'Acht tegenstanders passeren, inclusief de doelman, en dan scoren.' Wie zijn grote voorbeeld is? 'Pelé natuurlijk.'

Kanu wordt geboren in Owerri, Nigeria. Hij trekt bij Ajax veel op met zijn landgenoot Finidi George. Kanu heeft met zijn enorm lange benen een mooie 'sleepbeweging' in huis, die hem de bijnaam Smit Tak oplevert.

In 1996, een jaar na het winnen van de Champions League, neemt Ajax afscheid van een van zijn grootste attracties. Kanu verkast naar Inter Milaan. In die zomer wint de aanvaller met Nigeria goud op de Spelen van Atlanta. Na de Spelen volgt de medische keuring bij Inter, waar een ernstige hartafwijking wordt geconstateerd. Kanu ondergaat een zware operatie en komt pas in april 1997 in actie voor Inter. Een succes wordt zijn avontuur in Milaan niet. In twee jaar tijd: 12 duels, 1 goal.

Bij Arsenal vindt Kanu later wel zijn draai. Hij maakt er een aantal van zijn lievelingsdoelpunten: acht man passeren, inclusief de keeper, en dan scoren.

Karatetrap

In zijn ene hand heeft Louis van Gaal een schrijfmap en in de andere een pen als hij op 24 mei 1995 aan de zijlijn van het stadion in Wenen een karatetrap uitvoert. Het is de avond van Ajax-AC Milan, de finale van de Champions League, en de Fransman Marcel Desailly heeft een niet-bestrafte overtreding gemaakt op Ajacied Jari Litmanen. Van Gaal is woedend, of doet alsof. Het is óók een truc om zijn spelers te motiveren, geeft hij later toe.

De karatetrap wordt, naast het winnende doelpunt van Patrick Kluivert, het moment van de finale. 'Met alles wat-ie aan adrenaline in zich had, had Van Gaal het been geworpen. Meer dan een meter was-ie van de grond gekomen. Het was een sprong uit een musical,' schrijft Jan Mulder vol bewondering in *de Volkskrant*. De Nederlandse karatebond probeert hem lid van verdienste te maken. 'Uw reactie heeft een positief verband gebracht tussen karate en voetbal,' schrijft bondsvoorzitter André Sukel.

Kein Geloel, Fussbal spielen!

Ernst Happel is een man van weinig woorden. Als hij in zijn rol van supervisor tijdens het WK van 1978 besluit om Jan Jongbloed te vervangen door Piet Schrijvers vindt zijn assistent Jan Zwartkruis dat daar wel een uitleg bij hoort. Happel: '*Warum?*' Zwartkruis legt uit dat Jongbloed bezig is aan zijn tweede WK en enig respect verdient. Happel: '*Du, immer sprechen, immer sprechen.*' Waarop hij naar Jongbloed toe gaat, een paar seconden naast hem loopt en terugkomt bij Zwartkruis. '*So, ich habe ein gutes Gespräch mit dem Jan gehabt.*'

Later komt Zwartkruis Jongbloed tegen. 'En Jan, een goed gesprek gehad?' 'Wát?' zegt Jongbloed. 'Hij heeft alleen gezegd: "Du, auf der Tribune."'

Het is Happel ten voeten uit. Volgens de overlevering zou heel zijn wedstrijdbespreking voorafgaand aan de WK-finale hebben bestaan uit één zin: '*Meine Herren, Zwei Punkte.*'

Maar zijn meest bejubelde en tegelijk karakteristieke uitspraak is natuurlijk zijn *Kein Geloel, Fussbal spielen!* die hij al introduceert tijdens zijn succesvolle periode als trainer van Feyenoord.

Keizer, Gerrit

De keepende groenteboer Gerrit Keizer (1910-1980) is de allereerste Nederlander bij Arsenal, ver vóór Dennis Bergkamp en Marc Overmars. Hij speelt dertien duels in Londen, wint negen keer en houdt niet één keer de nul. Keizer krijgt er zes pond per week voor, zo'n 72 gulden.

In 1929 pendelt Keizer vier weekeinden achtereen tussen Nederland en Engeland, om zaterdag op de bank te zitten bij Millwall en een dag later met Ajax te keepen. Het levert hem de bijnaam de Vliegende Keeper op.

Keizer (twee interlands) speelt na Arsenal ook nog voor Charlton Athletic en Queens Park Rangers. Kort voor het einde van zijn carrière wordt duidelijk dat Keizer door de douane bij een van zijn vele reizen naar Engeland is betrapt op het smokkelen van duizenden guldens in contanten, tevergeefs verstopt in een leren knikker. Hij krijgt zes maanden celstraf en een forse geldboete.

Keizer, Jan

Betweterig, arrogant en behept met een parmantig lachje, dat is Jan Keizer (1940) ten voeten uit. De Volendammer mag graag op de voorgrond treden tijdens een wedstrijd. Ondanks zijn wat hanige gedrag dringt hij door tot de scheidsrechterstop in binnen- én buitenland. Hij is actief op het EK van 1984 en het WK van 1986 en leidt de return van de UEFA Cup in 1988 tussen Bayer Leverkusen en Espanyol. Maar het absolute hoogtepunt is de finale van de Olympische Spelen in 1984 die Keizer toegewezen krijgt. Voor meer dan 100.000 toeschouwers fluit hij in de Rose Bowl van Los Angeles de eindstrijd tussen Frankrijk en Brazilië.

Keizer, Piet
Piet Keizer of Johan Cruijff, dat is eind jaren zestig, begin jaren zeventig de vraag, zoals ook Beatles-fans in dat tijdvak voor een principiële keuze (Lennon of McCartney) worden gesteld. Amsterdammer Keizer (1943) is bij Ajax de grillige stilist, de geniale linksbuiten van de droomvoorhoede die de 'schaar' als handelsmerk heeft en zich soms minutenlang aan het spel onttrekt. Het is de tijd dat Ajax vanwege de enorme successen in Europa de aandacht trekt van creatieve geesten en (pseudo-) intellectuelen. In de hype richten ze zich vooral op Keizer – tot ergernis van de voetballer zelf.
Hij spreekt zo tot de verbeelding dat Theun de Winter in 1973 voor uitgever Erven Thomas Rap een poëziebundel samenstelt, *Elf gedichten voor Piet Keizer*, met bijdragen van onder anderen C. Buddingh', Marga Minco,

Piet Keizer Ajax

Jan Wolkers en Mensje van Keulen. Keizer vindt het maar niks. 'Hij toonde gereserveerde belangstelling en wekte niet de indruk vereerd te zijn,' schrijft De Winter in de inleiding.
In een interview in dezelfde bundel legt Keizer op fraaie wijze uit waarom het van hem niet had gehoeven. 'Ik sta er echt helemaal buiten. Mijn gedachten staan erbuiten en daadwerkelijk sta ik erbuiten. Er wordt door anderen een stukje van mij gepikt, zonder dat ik er iets aan kan doen. Ik ben er misschien wel tegen, maar dat heeft geen zin. Als dit een wedstrijd is, heb ik nu duidelijk verloren.'

Kerkhof, René van de
Helmonder met tweelingbroer (Willy) die via FC Twente bij PSV terechtkomt en in de jaren zeventig als voetballer aan de top staat. René van de Kerkhof (1951) is een snelle (10,3 seconden op de 100 meter) aanvaller die vanwege zijn soms ongekunstelde stijl de Blinde wordt genoemd. De bijnaam doet hem geen recht. Van de Kerkhof is een wervelende buitenspeler die zich, bijvoorbeeld, als invaller in de WK-finale in 1974 met de besten kan meten. Niet voor niets speelt hij 47 interlands en is hij aanwezig op twee WK's.
Het grote geld gaat aan zijn neus voorbij, maar medelijden hoeft niemand met hem te hebben en jaloers op de latere generaties is hij niet. 'Ik gun het iedereen van harte. Het zijn andere tijden. En wij hebben het ook niet slecht gedaan hoor. In mijn topjaar, 1978, verdiende ik in totaal ook zo'n 800.000 gulden. Abe Lenstra heeft helemaal nooit iets verdiend.'
Voor de WK-finale in 1978 zorgt hij voor oponthoud. Hij draagt, ter bescherming

Willy (links) en René van de Kerkhof.

van zijn gebroken rechterhand, een speciaal uit Nederland overgevlogen gipsmanchet. De Argentijnen protesteren bij monde van aanvoerder Passarella en na een tien minuten durende discussie besluit scheidsrechter Gonella dat de manchet inderdaad te gevaarlijk is. 'Dan *spielen* wij niet,' is de reactie van de coach van Oranje, Ernst Happel. 'René niet *dabei*, dan wij allemaal *nach* huis.' Een compromis biedt uitkomst. Om de manchet wordt een laagje schuimrubber gewikkeld, en daaroverheen een rol tape.
Dat de gipsmanchet bewaard is gebleven, is te danken aan de Brabantse kloosterzuster Walthera Voets. In het Anna-ziekenhuis van Geldrop redt de non het omhulsel. Als Van de Kerkhof zich na het WK meldt in het ziekenhuis, vraagt PSV-fan Walthera of zij het afgeknipte gips mag hebben.

Kerkhof, Willy van de
Helmonder met tweelingbroer (René) die via FC Twente bij PSV terechtkomt en in de jaren zeventig als voetballer aan de top staat. Willy van de Kerkhof (1951) is een snelle aanvaller die vanwege zijn corrigerende werk op het middenveld de Stofzuiger wordt genoemd. De bijnaam doet hem geen recht. Van de Kerkhof is óók een geslepen en inzichtrijke tacticus met een hoogontwikkeld gevoel voor tijd en ruimte. Niet voor niets speelt hij 63 interlands en hij is aanwezig op twee WK's.
Evenals zijn broer kiest hij na zijn loopbaan voor een plaats in de periferie van het voetbal. Het trainerschap is niks voor ze, een vaste baan ook niet. Van de Kerkhof wisselt voortdurend van baan. In 2005 bijvoorbeeld biedt hij de Amsterdamse kunstschilder Peter Klashorst zijn diensten aan, als zakelijk manager. De samenwerking pakt slecht uit: Klashorst beschuldigt hem van oplichting.
Met zijn broer vormt hij een hecht duo, behalve in 1998. Een zakelijk conflict over kaartjes voor het WK, 250 stuks om precies te zijn, leidt ertoe dat Willy en René elkaar een jaar lang niet spreken. De les: 'Met je familie moet je wandelen, niet handelen.'
In het stadion van PSV zijn twee zalen vernoemd naar Ons Willy en Ons René.
In 2004 laten de Brabanders door Guido Derksen hun leven optekenen in het boek *De gebroeders*. Ook memorabel: met zijn broer neemt Willy twee carnavalsplaten op, in 1978 'Laat me, als het effe kan' en een jaar later 'Da hedde of da kredde'.

Kerstboomsysteem
Eind jaren tachtig bedenkt trainer Co Adriaanse van FC Den Haag het 'kerstboomsys-

teem'. Een opstelling in de vorm van een kerstboom, met diepe spits Heini Otto als 'piek'. Door de jaren heen zijn spelsystemen in het voetbal wereldwijd aan veranderingen onderhevig. In de jaren twintig ontstaat het WM-systeem, genoemd naar de getekende vorm van de opstelling die lijkt op de twee (gekantelde) hoofdletters. Ook wel driebacksysteem of stopperspilsysteem genoemd, met een extra verdedigende 'spil' in plaats van een aanvallende. Landen en clubs zoeken naar hun eigen succesvolle speelwijze, al dan niet gekoppeld aan het streven naar een bepaalde identiteit: Brazilië (4-2-4), Engeland (4-4-2) en Nederland (4-3-3, ook wel de 'Hollandse School' genoemd) zijn daarvan klassieke voorbeelden.

Kesler, Henk

Voetbalbestuurder met grijs haar, maar bepaald geen grijze muis. De Twentse jurist Henk Kesler (1949) geeft in de periode 2000-2010 als directeur betaald voetbal op geheel eigen wijze leiding aan de profsectie van de KNVB. Achtereenvolgens geeft hij de leiding van het Nederlands elftal in handen van Dick Advocaat, Marco van Basten en Bert van Marwijk.
Tot genoegen van de media is hij niet erg diplomatiek en zegt hij waar het op staat. 'Henk kan nog weleens emotioneel uit de hoek komen,' is een understatement van PSV-voorzitter Harry van Raaij. Als in december 2007 politieacties er de oorzaak van zijn dat twee wedstrijden, Feyenoord-AZ en Ajax-PSV, niet doorgaan, reageert Kesler woedend. Hij noemt politieagenten 'verwende kereltjes' en hun belangenbehartigers 'gefrustreerde vakbondsbaasjes'. Dit is de KNVB onwaardig, briest voorzitter Jeu Sprengers. Onder druk van de raad van toezicht van de KNVB biedt Kesler een dag later zijn excuses aan, maar van harte gaat het niet.

Kessel, Frits

Ruim dertig jaar lang is Frits Kessel (1937) arts bij de KNVB. Tot 1999 begeleidt hij Oranje in 252 interlands, en meestal in alle rust. Een paar keer komt hij in opspraak, in 2001 bijvoorbeeld als hij zich laat ontvallen dat Dennis Bergkamp lijdt aan vliegangst. Kessel is ook de man die het Nederlands elftal in de aanloop naar het WK in 1990 onderbrengt in Joegoslavië waar, aldus Frank Rijkaard, 'de muren na een dag al op ons afkwamen en qua sfeer de basis werd gelegd voor de latere ellende in Italië'.
Ook tijdens dat toernooi is Kessel niet bij iedereen geliefd. Assistent-bondscoach Nol de Ruiter noteert in zijn dagboek: 'Bondsarts Frits Kessel gaat steeds belangrijker doen. Hij bemoeit zich overal mee, bepaalt de programma's, het eten, het uitgaan, wie er wel of niet traint, kortom: hij is een oud wijf.'
Met twee bondscoaches, Rijkaard en Hiddink, komt hij eind jaren negentig in conflict over de samenstelling van het medische begeleidingsteam. Rijkaard heeft geen goed woord voor hem over. 'Hij is star, niet met zijn tijd meegegaan en een machtswellusteling.'

Kessler, Georg

Het product van een Duitse vader en een Nederlandse moeder leert het vak van trainer aan de Academie van Sporten in Keulen waar hij veel opsteekt van docent Hennes Weisweiler. In het land van zijn moeder gaat hij aan de slag, eerst bij de KNVB waar hij het zelfs schopt tot bondscoach. Vanaf 1 december 1965 probeert Kessler (1932) de spelers van Oranje wat Duitse eigenschappen aan te leren, maar het leidt niet tot plaatsing voor het EK van 1968 of het WK van 1970. Het semiprofessionalisme is de halve Duitser een doorn in het oog. Zo kan hij er niet over uit als Johan Cruijff afzegt voor een belangrijke training voor een WK-kwalificatie-interland tegen Bulgarije omdat hij in Italië schoenen moet inkopen voor de boetiek van zijn vrouw. Kessler schorst Cruijff waarna Oranje niet verder komt dan een gelijkspel tegen de Bulgaren. Gedesillusioneerd zoekt Kessler zijn heil verder als clubcoach. In die hoedanigheid maakt hij eind jaren zeventig van AZ een geoliede machine. Later duikt Sir Georg nog één keer op in Nederland: als trainer van Fortuna Sittard.

Keur, Piet

Een scorende levensgenieter, saai is het nooit met Piet Keur (1960), zowel binnen als buiten de lijnen. De Zandvoorter houdt van een babbeltje en een drankje, niet voor niets gaat hij ook als Piet Likeur door het leven. Bij HFC Haarlem bezorgt hij goals op bestelling, later scoort hij ook voor FC Twente en Feyenoord. De sfeermaker pur sang verdeelt nu zijn uren tussen een strandtent in Zandvoort en het trainingsveld van AZ, waar hij de spitsen traint.

Kicker

De Haarlemse voetballer Hans Werdekker, die voor Willem II, Ajax en RKC speelt, wordt na zijn loopbaan op 36-jarige leeftijd kicker bij de Amsterdam Admirals (american football). Na een jaar neemt een andere oud-prof van onder meer Roda JC, Silvio Diliberto, zijn plaats in bij de Admirals. Werdekker verhuist als kicker naar de Amsterdam Crusaders.

Kieboom, Cor

Kleurrijke en invloedrijke voorzitter van Feyenoord, die mede aan de basis staat van het profvoetbal in Nederland. Dat zit zo. Feyenoord laat de weekbrief aan de leden rondbrengen door een eerste-elftalspeler die zonder werk zit. Het geld dat de club aan postzegels uitspaart, krijgt de voetballer. De KNVB wijst er in een brief fijntjes op dat dit in strijd is met de amateurbepalingen.

Kieboom (1901-1982) is furieus. Hij dringt aan op een bijeenkomst tussen clubs en KNVB in Hotel Terminus in Utrecht. Die bijeenkomst gaat later de boeken in als de 'slaapkamerconferentie', omdat de aanwezigen bij gebrek aan vergaderruimte moeten uitwijken naar een hotelkamer. Vooraf grijnst Kieboom: 'We zullen die dikke reten eens boven het haardvuur hangen.' Die dag, 30 juni 1954, gaat de KNVB met het mes op de keel akkoord met de invoering van betaald voetbal.

Kolenhandelaar Kieboom geeft Feyenoord, met een handig transferbeleid, aanzien in Nederland en Europa. De voorzitter is strijdlustig en slagvaardig. Hij praat met iedereen en mag graag een geintje maken. Zo is prins Bernhard eens te gast, voor de wedstrijd tegen Real Madrid. Na afloop valt de prins direct aan op het banket. Kieboom trekt hem aan de mouw en zegt: 'Hoogheid, het is hier gebruikelijk dat we een minuut stilte in acht nemen. Voor hen die willen bidden.' Bernhard gelóóft het en biedt uitgebreid zijn verontschuldigingen aan.

In 1967 treedt Kieboom terug. De club benoemt hem tot erevoorzitter. Drie jaar later wint Feyenoord de Europacup I en de Wereldbeker. De basis daarvoor is mede gelegd door Kieboom.

Kieft, Wim

Van de elf doelpunten die Wim Kieft (1962) maakt in het Nederlands elftal is zijn negende veruit de belangrijkste. In de laatste poulewedstrijd tegen Ierland, op het EK van 1988, een wedstrijd die Oranje móét winnen, brengt Kieft acht minuten voor tijd de beslissing. Hij promoveert met een achterwaartse kopbal een mislukt schot van Ronald Koeman tot doelpunt.
In hetzelfde jaar wint Kieft met PSV de Europacup I. Maar zijn carrière telt ook genoeg dieptepunten. Bij Ajax maakt hij al op 21-jarige leeftijd plaats voor de twee jaar jongere Marco van Basten. In Italië, bij Pisa, speelt de Europees topscorer van 1982 daarna zelfs even in de tweede divisie.
In Oranje is niet altijd waardering voor

Kieft, die in de belangrijke WK-kwalificatiewedstrijd tegen België in 1985 al in de derde minuut een rode kaart krijgt aangesmeerd door Frank Vercauteren. In 1990 bestempelen jongere internationals hem in de bespreking voor een interland tegen Griekenland als 'boomstam', waarna Kieft het trainingskamp verlaat.
Na zijn loopbaan wordt Kieft analyticus, onder meer voor Sport 1, maar raakt hij privé van het rechte pad af. Begin 2014 geeft Kieft toe dat hij lange tijd cocaïne heeft gebruikt. In een afkickkliniek raakt hij van zijn verslaving af.

Kindvall, Ove

Zweed met een enorme schaduw. Tot op de dag van vandaag worden spitsen van Feyenoord vergeleken met de legendarische aanvaller. Kindvall (1943) slaagt er als eerste buitenlander in topscorer te worden van de eredivisie en maakt in de Europacup-I-finale tegen Celtic in de verlenging het winnende (2-1) doelpunt.
Theo Koomen, in het radioverslag: 'We hebben nog, eh, ruim vijf minuten en Feyenoord blijft in de aanval. Feyenoord mag nu komen via een vrije schop. Uit de middencirkel genomen door Rinus Israel. Dat kan gevaarlijk worden. Dan is dat hands! Hands! En de bal ligt in de goal! Hij ligt in de goal! Feyenoord heeft gewonnen! Feyenoord staat voor met 2-1.'
Coen Moulijn is de voornaamste aangever van de Zweed. In 144 wedstrijden voor Feyenoord scoort Kindvall 129 keer – een formidabel gemiddelde dat de norm stelt.
Het Kindvall-syndroom speelt menig spits in De Kuip parten. In zijn boek *Van Kindvall tot Kuijt – de spitsen van Feyenoord* maakt schrijver/journalist Constantijn

Feyenoord-spits Ove Kindvall op de cover van een speciale uitgave van *Nieuwe Revu*.

Hoffscholte in 2012 duidelijk dat de 'vloek van Ove' voor een groot deel op een mythe berust. Er zijn immers na het tijdperk-Kindvall tal van spitsen die de verwachtingen waarmaken, zoals Peter Houtman, József Kiprich, Pierre van Hooijdonk en, recentelijk, John Guidetti en Graziano Pellè. 'Een nostalgische hang naar de grote successen van weleer,' noemt Hoffscholte het verlangen naar de Zweedse spits dan ook. Dat neemt niet weg dat talloze aanvallers hopeloos falen in De Kuip, spitsen met namen als Clyde Best, Hans Posthumus, Atilla Ladinsky, Marek Saganowski en Fjodor Smolov.
Ove Kindvall speelt vijf jaar voor Feyenoord. Met landgenoot Harry Bild, tevens de eerste buitenlander bij de club, vormt hij in zijn eerste seizoen een duo. Tsjiendval, noemt tv-commentator Herman Kuiphof hem. De uitspraak van de naam is, hoewel correct, controversieel. Menig voetballiefhebber beschouwt de uitspraak als aanstellerij. Het levert Kuiphof een grappige bijnaam op, Tsjuiphof, en een unieke kop in *Voetbal International* na de Europacupzege: DE TSJUP IS IN DE TSJUIP.

Kiprich, József
De Tovenaar van Tatabanya wordt hij genoemd. Zijn eerste indrukken in De Kuip zijn verre van magisch. Kiprich (1963) maakt een wat slome indruk, versterkt door zijn morsige voorkomen. Maar dat verre van flitsende imago wordt hem razendsnel vergeven door het Legioen dat kickt op zijn goals. Bijna achteloos neemt hij het vijandelijke doel op de korrel, ook strafschoppen zijn aan hem besteed. De befaamde Kuipvrees lijkt op hem geen vat te krijgen, van het elftal dat in 1993 de landstitel pakt, ontwikkelt de Hongaar zich tot cultheld.

Kist, Kees
De topschutter vormt met Kurt Welzl en Pier Tol de voorhoede van AZ '67, dat tussen 1976 en 1982 zijn beste jaren kent. In 1981 wordt de ploeg kampioen, wint de beker en haalt de finale van het UEFA Cup-toernooi, waarin over twee duels wordt verloren van Ipswich Town. Een smet op zijn loopbaan is de wijze waarop de spits in stadions wordt bejegend nadat zijn sportzaak in vlammen is opgegaan. 'Keesie is een pyromaan', wordt er gezongen, en aanstekers vliegen het veld op. Na zijn loopbaan wordt Kist (1952) marktkoopman. Hij verkoopt onder meer skippyballen en schoenen.

'Ooit won ik de Gouden Schoen, nu sta ik op de markt met schoenen.'

Kistemaker, Simon

Bijnaam: de Kist. Motivatietrainer die zijn spelers tijdens emotionele teambesprekingen wild maakt voor een wedstrijd, iets wat maar al te graag wordt opgepikt door zijn protegé Hans Kraay junior. Kistemaker (1941) is helemaal in zijn element als de vonk overspringt naar het publiek. Thuiswedstrijden van De Graafschap op De Vijverberg worden onder zijn leiding 'boerenbruiloften', zoals Kistemaker dat zelf noemt. Een liefhebber van mannelijk voetbal die volledige overgave van zijn voetballers eist. Zelf heeft hij geregeld fysiek te kampen met de spanningen van het trainersvak, met hoge bloeddruk, oververmoeidheid en migraineaanvallen tot gevolg. Vele jaren later wordt bij hem een tumor achter zijn oor ontdekt waaraan hij met succes wordt behandeld. In 2013 wordt hij bij Telstar uitgeroepen tot 'trainer van de halve eeuw'.

Kitkoning

De zeg maar gerust flamboyante ondernemer, een succesvolle handelaar in lijm, maakt van zijn hart geen moordkuil. Als voorzitter/eigenaar van SVV/Dordrecht '90 geeft Cees den Braven (1944) in 1992 na een oefenwedstrijd tegen FC Den Bosch tegen een verslaggever van het *Brabants Dagblad* een oordeel over de gekleurde spelers in de selectie. 'Het zijn bijna allemaal bajesklanten en drugsgebruikers. Je moet eens weten voor hoeveel van die gasten ik uitstel heb bij justitie. Na de competitie moeten ze gaan zitten. Zo gauw we vijf punten meer hebben behaald en veilig zijn, flikker ik het hele gespuis eruit.' De rel is groot.
Als voorzitter van Dordrecht '90 trekt de Kitkoning in de jaren negentig voortdurend de aandacht, helemaal als de club met SVV fuseert en met Dick Advocaat als trainer in de eredivisie speelt. Den Braven háát de pers. 'In de voetballerij word ik beoordeeld door journalisten die op een oude fiets naar het stadion komen en mij vertellen wat ik moet doen.'

Klaassens, Jan

Met zijn rijzige gestalte, zijn etagekapsel, zijn afkeer van drank en andere genotsmiddelen (heel knap voor de zoon van een kastelein die later eigenaar wordt van een sigarenzaak) en zijn nooit aflatende inzet is Jan Klaassens (1931-1983) in de jaren vijftig en zestig een modelprof. Eerst bij stadgenoot VVV, vanaf de zomer van 1959 bij Feyenoord. Ook speelt hij tussen 1953 en

1963 bijna onafgebroken als linkshalf voor Oranje, 57 interlands lang.
Een bescheiden man die één keer echt uit zijn slof schiet als in de rust van de wedstrijd vvv-Elinkwijk zijn vader hem te hulp roept. Zijn zwager wordt een zitplaats geweigerd, het sein voor vader en zoon Klaassens om de penningmeester de huid vol te schelden. vvv legt de international een boete op van 1000 gulden. Klaassens betaalt grif en biedt de penningmeester zijn excuses aan. Voor stadion De Koel staat sinds oktober 2004 een standbeeld van deze voorbeeldige voetballer die in 1983 tijdens een partijtje tennis een hartaanval krijgt en overlijdt.

Klassieker
Het Nederlandse voetbal kent één klassieker: de wedstrijd tussen Ajax en Feyenoord. Voor het eerst gespeeld op 9 oktober 1921.

De clubs uit de twee grootste steden van het land zijn rivalen sinds het begin van de vorige eeuw: Ajax als oude eliteclub tegenover Feyenoord als oude arbeidersclub. De onderlinge duels zorgen vaak voor spektakel en meestal voor veel doelpunten. De klassieker eindigt slechts één keer in 0-0, op 28 oktober 1978 in Amsterdam. Door ernstige supportersrellen wordt de klassieker sinds 2009 zonder uitpubliek gespeeld.

Kluivert, Patrick
Patrick Kluivert en Ruud van Nistelrooij zijn op dezelfde dag geboren: 1 juli 1976. Ze verschillen echter als dag en nacht. Pogingen om de twee samen in het Nederlands elftal te laten spelen, zijn tot mislukken gedoemd. Kluivert is de betere voetballer van de twee, maar Van Nistelrooij heeft de juiste mentaliteit. Kluivert beleeft zijn sportieve hoogtepunt eigenlijk al op zijn achttiende, als hij Ajax in 1995 in Wenen aan het winnende doelpunt helpt in de Champions League-finale tegen AC Milan. Kluivert is geen modelprof. Als speler van Barcelona mijdt hij het nachtleven in de stad niet en de spits kampt met een onwillige knie. Toch is hij lange tijd topscorer aller tijden in Oranje, met veertig doelpunten. Daar is niet één doelpunt uit een penalty bij.
Als trainer begint hij bij de beloften van FC Twente. In 2012 wordt hij assistent van bondscoach Louis van Gaal. Al in 2006 verschijnt zijn biografie. Op de dag van de presentatie is Kluivert te gast in het tv-programma *Holland Sport*. Dat interview wordt een pijnlijke vertoning. Presentator Wilfried de Jong fileert zijn stamelende gast, omdat die de nabestaanden van schouwburgdirecteur Putman elf

jaar heeft genegeerd na het door Kluivert veroorzaakte auto-ongeval in 1995 waarbij Putman overlijdt.

Knobel, George

De zoon van een Roosendaalse sigarenmaker is een succesvolle trainer van MVV als Ajax hem in 1973 benadert om Stefan Kovács op te volgen. Hij heeft pech: de spelersgroep is verzadigd en Johan Cruijff vertrekt aan het begin van het seizoen naar Barcelona. Knobel (1922-2012) krijgt geen vat op de selectie en mag het seizoen niet afmaken. Een interview in het tijdschrift *Deze Week* wordt hem fataal. 'Ajax gaat stuk aan drank en vrouwen,' kopt het blad en het bestuur ziet zijn kans schoon.
Jaren later kijkt hij in *de Volkskrant* terug op zijn ontslag. 'Ik zal het nooit vergeten, de oude kleedkamers waren er nog en het was Goede Vrijdag. Sies Wever, de reservekeeper, kwam binnen met dat blad voor zijn buik. Lachend. Toen wist ik al dat het voorbij was. Ik werd bij het bestuur geroepen, de heren zaten al klaar, in vol ornaat. Ik ben vijf minuten binnen geweest. We moesten natuurlijk wel even de geldzaken afwikkelen. Dat is keurig gebeurd.' Steun krijgt hij uitgerekend uit Barcelona. Een paar uur na het ontslag belt Cruijff hem op en nodigt hem uit naar Spanje te komen voor een vakantie. Jarenlang onderhouden Cruijff en Knobel een hecht contact.
Nog hetzelfde jaar wordt hij bondscoach, eveneens onder moeilijke omstandigheden. Bij Oranje is een kloof ontstaan tussen Ajax en PSV. 'Wist ik veel dat de spelers van Ajax en PSV al een jaar aan het bakkeleien waren. In Katowice verloren we met 4-1 van Polen. Sommigen gaven de bal telkens een meter achter de man. Ik zat op de bank en begreep dat er iets niet klopte.'
In de voorbereiding op de thuiswedstrijd tegen Polen escaleert het conflict. Van Beveren en Van der Kuijlen verlaten de ploeg. Het EK in 1976 in Joegoslavië draait uit op een debacle. Knobel incasseert de teleurstelling manmoedig. 'Ik weet beter dan wie ook hoe betrekkelijk voetbal is. Ik ben geen voetbaldwaas.'

KNVB

In 2014 bestaat de Koninklijke Nederlandse Voetbal Bond exact 125 jaar. Onder een andere naam wordt de bond op 8 december 1889 opgericht: de eerste zes jaar gaat het als NVAB door het leven, de Nederlandsche Voetbal- en Athletischen Bond die zich tot doel stelt het 'Voetbalspel en de Atletische spelen in Nederland te bevorderen en algemeen bekend te maken'. De NVAB is een initiatief van sportpionier Pim Mulier die ook aan de wieg staat van talloze andere

sportinitiatieven zoals de Elfstedentocht. In 1895 richten de atleten een eigen bond op, NVB luidt de nieuwe afkorting. Bij het veertigjarig bestaan van de bond in 1929 krijgt die het predicaat koninklijk.
Voetbal is dan al de populairste sport van het land. Op het hoogtepunt telt de KNVB meer dan een miljoen leden. Heel lang propageert de bond enkel het amateurvoetbal, maar in 1954 gaat de KNVB overstag en organiseert het competities voor betaaldvoetbalclubs. Twee jaar later start de eredivisie. Ook is de KNVB verantwoordelijk voor het nationale elftal.

Ko Nijn
Hij moet nog steeds ergens rondzwerven op de bondsburelen van de KNVB te Zeist. Ko Nijn, de mascotte van Oranje tijdens het WK van 1974, beschikbaar gesteld door de AMRO-bank.
Het pluchen speelgoedbeest leidt tijdens het toernooi een wat kwijnend bestaan totdat Jan Jongbloed opeens met het konijn in de handen het veld betreedt voorafgaand aan de finale. Op verzoek van KNVB-marketingman Maarten van Wamelen die het een mooi gebaar vindt richting de sponsor. 'We krijgen voor ieder doelpunt geld van de AMRO-bank,' schrijft Jan Jongbloed in zijn WK-dagboek dat hij speciaal bijhoudt voor *Vrij Nederland*. 'Als ik het konijn zou dragen, dan wilden ze ook het eigen doelpunt van Ruud Krol tegen Bulgarije uitbetalen. Dat zal ik dan maar doen.'
Het is niet de eerste keer dat er een konijn opduikt rond Oranje. Al in 1924 betreden debutanten van het Nederlands elftal het veld met een langoor, een cadeautje van de Nederlandse consul voorafgaand aan de Olympische Spelen van Parijs. Tijdens de eerste wedstrijd krijgt het kleinood een plekje in het doel, prompt wint Nederland met 6-0 van Roemenië. Vanaf dat moment wordt besloten dat het konijn bij elke wedstrijd van de partij moet zijn, aan een debutant de taak om het beest vast te houden tijdens de volksliederen. De traditie houdt 37 interlands stand totdat er in juni 1929 gelijk wordt gespeeld (4-4) tegen laagvlieger Noorwegen. Net als in 1974 wordt er van het konijn vervolgens weinig meer vernomen. Wel is het zo dat tot op de dag van vandaag elke debutant een speldje ontvangt, het zogenoemde haasje. Of is het toch een konijn?

Kock, Johan de
Een speler die meedenkt en -werkt aan het ontwerpen van het eigen stadion, waar vind je dat nog? Johan de Kock (1964) doet het bij Schalke 04 als hij daar tussen 1996 en 2000 onder contract staat. Want De Kock is naast verdienstelijk voetballer (13 interlands) ook bouwkundig ingenieur. Maar ook binnen de lijnen staat hij zijn mannetje als onverzettelijk bouwwerk in het hart van de defensies van FC Groningen, FC Utrecht en Roda JC. Het krachtmens haalt daar zelfs Oranje mee, op het EK van 1996 is hij basisspeler. Oranje maakt nu weer deel uit van zijn leven, hij is sinds december 2013 lid van de raad van commissarissen van de KNVB.

Koeman, Erwin
Misschien is Erwin Koeman (1961) als jong ventje wel een betere voetballer dan zijn broer Ronald. Maar Ronald speelt met meer gif in zijn lijf en heeft een specialisme: zijn wreeftrap/vrije trap. Erwin is meer de teamspeler. Opofferingsgezind. Het mooie

is dat hun beide kwaliteiten verenigd worden in het Nederlands elftal dat in 1988 Europees kampioen wordt.
Erwin is óók een winnaar, maar op een ander niveau. Ronald beklimt met Barcelona het hoogste erepodium, Erwin wint met KV Mechelen in 1988 de Europacup II. Later, als trainer, is dat verschil in ambitie tussen de twee broers er nog altijd. Het maakt Erwin niet uit of hij nou RKC traint of Feyenoord of de nationale ploeg van Hongarije.
De oudste van de twee broers Koeman is volgens eigen zeggen met weinig tevreden. Kop koffie en een krantje op een terras in Eindhoven, dat is de gelukzaligheid ten top. 'Het klinkt misschien raar, maar het liefst zou ik anoniem door het leven gaan.' Erwin Koeman is een gezelligheidsdier. Al in zijn tijd bij KV Mechelen speelt hij op feestelijke gelegenheden graag voor dj. Weken van tevoren is hij dan in de weer met het samenstellen van cassettebandjes.

Koeman, Martin
Hij is opgenomen in de uitgebreide eregalerij der enkelvoudige internationals, maar Martin Koeman (1938-2013) is buiten Groningen toch vooral bekend als de vader van Erwin en Ronald. In de stad zelf is hij de gedreven voetballiefhebber die zijn club FC Groningen (voorheen GVAV) bijna vijftig jaar trouw blijft. Koeman, slager van beroep, speelt er als semiprof en vervult na zijn actieve loopbaan talloze functies bij de club: assistent-trainer, technisch directeur, hoofd jeugdopleiding en scout. Tot aan zijn overlijden is hij nog zes dagen per week voor FC Groningen in touw.
Koeman is de enige oud-international met twee zoons die ook het Nederlands elftal halen. Bij hun prestaties steken die van hem mager af. In zijn enige interland, een oefenduel met Oostenrijk in 1964, valt hij de laatste achttien minuten in.
Het talent van Erwin en Ronald merkt senior al vroeg op. Hij tracht een nuchtere voetbalvader te zijn en afstand te bewaren tot de loopbaan van zijn zoons. 'Mijn stelregel was: als je prof wilt worden, zul je daarnaar moeten leven. Elke dag trainen, goed eten en rusten. Je mag best een potje bier drinken, maar niet een of twee dagen voor de wedstrijd.'

Koeman, Ronald
Als een blijvende herinnering aan zijn meest glorieuze moment als voetballer staat de rechterschoen van Ronald Koeman (1963) in een glazen vitrine in het museum van FC Barcelona. Met dat schoeisel bezorgt Koeman de club in 1992 de eerste Europacup I, via een rake vrije trap op Wembley in de finale tegen Sampdoria. Het is Koeman ten voeten uit: er stáán op de momenten dat het moet.
Toch gaat niet alles in zijn loopbaan altijd van een leien dakje. De centrale verdediger die in 1988 een belangrijke rol vervult in het Nederlands elftal op het gewonnen EK krijgt in de jaren daarna ook veel kritiek en hoon over zich heen van pers en publiek in Nederland: Koeman is te log en te traag. Buiten het veld brengt Koeman zichzelf soms in de problemen. Na de gewonnen halve finale op het EK tegen West-Duitsland (2-1), waarin Koeman scoort uit een penalty, veegt hij tijdens een ereronde door het Volksparkstadion met het shirt van Olaf Thon zijn kont af. Koeman wordt daar niet voor gestraft, maar het komt hem wel op een berisping te staan van zijn vader.

Ronald Koeman als trainer van Ajax, met rechts assistent Ruud Krol.

Koeman wordt in datzelfde jaar wél gestraft voor een uitspraak in een interview waarin hij een zware overtreding van ploeggenoot Hans Gillhaus (PSV) op tegenstander Jean Tigana van Bordeaux prijst. 'Die doodschop van Gillhaus op Tigana was klasse.' Koeman wordt door de UEFA voor één duel geschorst en hij mist de return in de halve finale van de Europacup I tegen Real Madrid. PSV haalt met de hakken over de sloot de finale en wint daarin, na strafschoppen, van Benfica.
Als trainer en coach timmert Koeman ook gedreven aan de weg. Té gedreven volgens zijn criticasters, want in een tijdsbestek van ruim tien jaar heeft hij Ajax, Feyenoord, PSV, Vitesse en AZ onder zijn hoede, en ook al twee buitenlandse avonturen bij Benfica en Valencia achter de rug. Bovendien botst hij als op-en-top professional geregeld met jonge voetballers, die hun vak in zijn ogen niet altijd serieus nemen.

Kohn, Spitz
Mijnwerkerszoon uit het Luxemburgse Esch-sur-Alzette. 'Een goed mens, maar ook een mooi bewegende, echte spits,' zegt Willem van Hanegem in een reactie op zijn overlijden. Antoine 'Spitz' Kohn (1933-2012) manifesteert zich bij FC Twente en Ajax als een bekwame, aimabele trainer. Met FC Twente wint hij in 1977 de KNVB-beker en plaatst hij zich voor de finale van de UEFA Cup. Bij Ajax is hij drie keer interim-trainer, na het vertrek van respectievelijk Aad de Mos, Johan Cruijff en Kurt Linder. Anders dan vaak gedacht wordt, heeft zijn bijnaam niets met voetbal te maken. Spitz dateert uit zijn jeugd. Vanwege zijn smalle gezicht noemen vriendjes hem zo.

Konijnenburg, Appolonius
Beter bekend onder de naam Ploon Konijnenburg (1938). Restauranteigenaar in

Monaco en kunstenaar. De flamboyante Hagenaar is een van de eerste spelersmakelaars in Nederland. Hij adviseert Ruud Krol na diens overgang van de Vancouver Whitecaps naar Napoli in 1980, speelt een grote rol bij de transfers van Van Basten, Gullit en Rijkaard naar AC Milan en staat ook Michel van de Korput (Torino), Jan Peters (Genoa) en Wim Kieft (Pisa) bij hun transfers naar Italiaanse clubs terzijde.
In 1989 geeft hij er de brui aan, na een conflict met Gerald Vanenburg. 'We hadden een mondeling akkoord met AS Roma. Op de dag dat de Italianen in Eindhoven zaten om de zaak af te ronden, tekende Vanenburg opeens een contract voor het leven bij PSV. Ik kreeg een claim van negen miljoen gulden aan m'n broek. Toen had ik er even geen trek meer in.'

Koning Voetbal

Rotterdammer Willy Schootemeijer componeert het tangolied 'Ik hou van Holland' en meer dan vijftig marsen, waarvan 'Koning Voetbal' de bekendste is. Na de wedstrijd Nederland-België in 1934 wordt de 'KNVB-marsch' snel een begrip in de Nederlandse stadions. De mars wordt voor elke interland door een muziekkorps ten gehore gebracht en blijkt onverwoestbaar te zijn. In menig stadion klinkt nog immer 'Koning Voetbal'.
De compositie van Schootemeijer wordt genoemd in een van de beste Nederlandse naoorlogse romans, *De Avonden* van Gerard Reve uit 1947. Als op de radio de nieuwslezer 'U hoort de mars "Koning Voetbal"' zegt, zet hoofdpersoon Frits van Egters onmiddellijk de radio uit.

Koomen, Theo

Er gaat een schokgolf door Nederland op 5 april 1984. De avond ervoor heeft Theo Koomen (1929-1984) nog een radioverslag verzorgd van FC Twente-MVV, de volgende ochtend is het commentaarfenomeen niet meer onder ons. Diep in de nacht, in de buurt van zijn huis in Wervershoof, maakt een auto-ongeluk een einde aan het leven van de populairste verslaggever van het land. Waar Theo Koomen komt, gebeurt wat, al of niet aangedikt door de maestro zelf, want daar draait hij zijn microfoon niet voor om. Met name in de Tour de France maakt Koomen furore, maar ook in de voetbalstadions is hij een welkome gast. De luisteraars van de radio smullen van zijn aanstekelijke commentaar.

Kooten, Cees van

Groot, bonkig, hoekig en zo sterk als een os. Dat is Cees van Kooten (1948), spits van Hermes DVS, Lille, Telstar, Go Ahead Eagles en PEC Zwolle. En van Oranje, in een periode dat Oranje dringend verlegen zit om een stormram, een breekijzer in de punt van de aanval. Tussen 1981 en 1983 doet Van Kooten negen interlands mee en niet zonder succes. Al bij zijn debuut neemt hij de enige treffer voor zijn rekening tegen Cyprus, hij scoort ook nog tegen België en tweemaal tegen Malta. In 1983 wil hij nog één klapper maken, maar Ajax vindt een transfersom van acht ton veel te gortig waarna hij tekent bij PEC Zwolle. Later wordt hij trainer van NEC en RKC, totdat fysieke malheur de overhand neemt. Nadat hij een hartinfarct overwint, krijgt hij binnen korte tijd te maken met slokdarm- en prostaatkanker. Hij is veelvuldig terug te vinden in Café Floors, het oudste café van Deventer.

Kopstootincident

Een van de geruchtmakendste incidenten uit het betaalde voetbal is de rode kaart die PSV-speler Bertus Quaars ontvangt tijdens het seizoen 1975-1976 in de wedstrijd Feyenoord-PSV. Hij heeft grensrechter Gerrit Griek een kopstoot gegeven, althans zo lijkt het. Bij de behandeling van de zaak blijkt echter niet Quaars, maar grensrechter Griek de grote boosdoener te zijn, waarna Quaars wordt vrijgesproken. In hetzelfde seizoen krijgt Henk van Ramselaar wél een zware straf opgelegd. De speler van eerstedivisieclub SC Amersfoort wordt voor bijna drie jaar geschorst nadat hij scheidsrechter Oetelmans te lijf gaat. Na het zien van de rode kaart schopt hij de arbiter ook nog in de onderbuik.

Korbach, Fritz

Of we de Engelse vertaling van crematorium weten? Fritz Korbach (1945-2011) wel. 'Stoke City'. Met de onaangepaste oefenmeester kun je altijd lachen. Nooit is de grap of de grol ver weg. Korbach, zoon van een Duitse vader, komt zelfs weg met de typering 'kleine rotneger' die hij toebedeelt aan Bryan Roy. In het programma *Barend & Van Dorp* wordt hij ter verantwoording geroepen. Korbach vindt zichzelf geen racist en besluit zijn optreden met de opmerking dat hij ook 'familie heeft verloren in de oorlog'. Daar schrikt met name Frits Barend van. 'O ja, Fritz?' Korbach: 'Ja, m'n vader viel dronken van de wachttoren.' Korbach haat subtiliteiten, hij zegt wat hij denkt. Dat wordt hem niet door iedereen in dank afgenomen. Zijn openheid en grof taalgebruik voorkomen een transfer naar een grote club, denkt hij zelf. De clubs waar hij wel in dienst treedt, zijn dik tevreden met hem. Er wordt zelfs een term voor bedacht: het Korbach-effect. Met vijf teams (Wageningen, PEC Zwolle, Volendam, FC Twente en Cambuur) promoveert hij naar de eredivisie. En overal blijft Korbach zichzelf, je kunt hem zo uittekenen: zonnebril in het haar, sigaar in de mond, voeten sokloos in de schoenen. En strijdbaar tot het bittere eind. Zelfs als de heren medici niets meer voor hem kunnen doen in de strijd tegen kanker. Op 14 augustus 2011 komt de Grote Geitenbreier hem halen om hem zijn houten jas om te doen.

Korevaar, Joop

Joop Korevaar (1950) is pas 31 jaar als zijn knie het begeeft en abrupt een einde maakt aan een carrière van vijftien jaar die de vleugelverdediger in zijn geheel doorbrengt bij ADO en FC Den Haag. Het zwarte gat bezweert Korevaar met een switch naar de voetbalmakelaardij. De Hagenaar behartigt jarenlang de belangen van voetballers als Arthur Numan, Danny Hesp en Arjen van der Laan. Totdat het geweten gaat wringen. Korevaar is namelijk ook Jehovagetuige, een niet-alledaagse combinatie. Er gaat zelfs een verhaal dat de voetballer geblesseerd raakt omdat iemand een deur dichtslaat waar zijn voet nog tussen zit. Als hij zijn naam terugvindt in een voorselectie van het Nederlands elftal voor het WK van 1974 bedankt hij vriendelijk voor de eer. Hij vindt Oranje te nationalistisch, hij wil maar één Heer dienen. Nog steeds gaat Korevaar langs de deuren om de blijde boodschap te verkondigen.

Korver, Bok de
Spartaan Johannes Marius de Korver (1883-1957) is een van de beste - zo niet dé beste - voetballers van Nederland aan het begin van de twintigste eeuw. Hij wordt Bok genoemd, maar het is niet bekend of dat ligt aan een koppig karakter of aan zijn kopkracht. Hij is een spil, een voorstopper, met een voorliefde voor aanvallen. De Korver wordt vijfmaal landskampioen met Sparta en hij is erbij in de allereerste interland van het Nederlands elftal, op 30 april 1905 in Antwerpen tegen België (1-4).
Bok de Korver is wars van persoonsverheerlijking. Hij is een kalme, humorvolle man. Trainen vindt hij onnodig ('zo belangrijk is voetbal ook weer niet') en oneerlijk ('de tegenstander doet het tenslotte ook niet'). Veel andere liefhebberijen dan voetbal heeft Bok niet. Als hij niet voetbalt, is hij het liefst thuis. Maar dat hij een grote populariteit geniet, blijkt wel uit het feit dat jarenlang (1928-2001) een Amsterdamse voetbalclub heeft bestaan die de naam van Rotterdammer Bok de Korver draagt: BDK.

Körver, Frans
Vanwege zijn legendarische woedeaanvallen langs de lijn wordt de Limburgse trainer Frans Körver (1933) vaak een clown genoemd, en een demagoog. Maar hij is ook geliefd bij supporters en een voortreffelijke motivator die met een club maar liefst zesmaal naar de eredivisie promoveert, een unieke prestatie. 'Een slimme vogel die precies weet hoe hij het publiek moet bespelen en de gevoelens van de gewone man op de tribune moet oproepen,' zegt MVV-voorzitter Benoit Wesly over hem in zijn boek *Het paradijs kent vele gezichten*.
Oud-doelman Körver is trainer van alle Limburgse clubs en overal waar hij werkt zorgt hij voor tumult - en zet hij zich in met ziel en zaligheid. Wesly: 'Frans Körver houdt niet van zijn vak, hij aanbidt het stuk leer. [...] En mensen die ook maar even iets anders denken of doen, zijn in de ogen van Körver per definitie oplichters.'

Kovács, Stefan
De tamelijk onbekende Roemeen volgt Rinus Michels op als trainer van Ajax en wint in 1972 en 1973 de Europacup I. De zachtaardige Kovács (1920-1995) voelt goed aan hoe hij de verzameling topspelers in Amsterdam moet behandelen.
Sinds de komst van de kettingrokende Kovács, die vaak op de fiets naar stadion De Meer rijdt, staan zijn soepele handhaving van de discipline en trainingsaanpak ter discussie in het bestuur. Maar omdat de ploeg met Johan Cruijff en Piet Keizer twee begaafde 'trainers' in het veld heeft staan, wordt Kovács' benadering getolereerd.

'Wanneer gezegd was dat tot half elf gepokerd mocht worden, bleef Kovács zelf meedoen tot elf uur,' zegt een bestuurslid in 1972, vlak voor de Europacupfinale tegen Inter Milaan. 'Michels deelde boetes of andere straffen uit. Kovács maakt alleen maar grapjes.'

Kraak, Piet

Hij is in voetbaltermen al hoogbejaard als de vermaarde keeper Piet Kraak (1921-1984) in 1959 na zeven jaar terug wordt gehaald bij Oranje. Pas in 2010 wordt hij door Sander Boschker uit de recordboeken verdreven. Met zijn 38 jaar en acht maanden staat hij nu op de tweede plek. Piet Kraak is een fenomeen die vlak na de oorlog uitgroeit tot de beste doelman van Nederland. Hij speelt dan in IJmuiden bij Stormvogels, de club waar hij twintig jaar lid van blijft alvorens hij in 1954 de lokroep van het net geïntroduceerde betaalde voetbal niet kan weerstaan en bij de Haagse Profs tekent. Daarvoor verdient hij de kost als politieman.

Na zijn actieve loopbaan bekwaamt hij zich in het trainersvak, dat hem uiteindelijk tot in Denemarken brengt als oefenmeester van Aalborg. Daar wordt hij getroffen door een hersenbloeding. Na twee jaar in coma gelegen te hebben overlijdt hij in 1984.

Kraay jr., Hans

De man die door René van der Gijp Hansie Hansie wordt genoemd, is namens SBS 6 elf jaar lang de vaste interviewer van de bondscoach en de internationals, totdat de zender in 2014 na het WK de uitzendrechten kwijtraakt. Hans Kraay (1959), de zoon van de achtvoudige international met dezelfde naam, is de vaste presentator van *Lachen om homevideo's*. Hij is vaste gast in het tv-programma *Voetbal International* en trainer van amateurclubs. Zijn eigen conclusie: 'Ik kan niet kiezen.'

Als harde voetbalmacho speelt Kraay tussen 1978 en 1997 voor vijftien clubs. Zijn wilde jaren (denk aan: vrouwen, nachtelijke uitspattingen) liggen achter hem, mede dankzij zijn vrouw Sofie. 'Zij heeft mij doen inzien dat het veel leuker is om thuis gezellig een paar glaasjes wijn te drinken. Voorbij zijn de tijden dat ik met John de Wolf de dansvloer onveilig maakte. Enkele jaren geleden zei mijn dochter die in Engeland woont tegen mij: "Pa, *you have changed for the better.*" Toen heb ik even staan janken. Dat vond ik een geweldige uitspraak.'

De biografie *Achter de kleedkamerdeur* van Iwan Tol wordt in 2012 een bescheiden verkoopsucces. Ook op andere podia is Kraay niet bang zichzelf op de hak te nemen. Uit een interview met *Voetbal International*:

Hans Kraay jr. met Willem van Hanegem.

'Deze simpele boerenlul heeft het salaris van premier Rutte. Eigenlijk is dat natuurlijk lachwekkend.'

Kraay sr., Hans

Begaafde verdediger die met DOS (1958) en Feyenoord (1962 en 1965) landskampioen wordt en de rest van zijn leven in het voetbal actief blijft. In 2012 zegt Hans Kraay (1936) in een interview met de *NCRV-gids* dat hij daar dubbele gevoelens over heeft. 'Ik ben mijn hele leven in de voetballerij blijven hangen. Als trainer, bestuurder, bij televisie, radio, kranten. Als ik terugkijk, denk ik: ik had het misschien ook anders kunnen doen. Aan de ene kant kijk ik met grote tevredenheid terug. Ik weet ook niet of en hoe ik het anders zou hebben willen doen. Maar nu, in alle rust terugkijkend, zeg ik: nee.'

Waar Kraay niet met genoegen op terugkijkt, is de druk en de spanning waar een trainer aan wordt blootgesteld. Hij ondervindt het aan den lijve als trainer van onder meer AZ '67 en Ajax. 'Het is niet wat je noemt een vak dat je een beter mens maakt. Je wordt erg op jezelf gericht, egoïstisch. Er is veel spanning in je leven.'

En over de media: 'In de publiciteit staan is leuk als die publiciteit positief is. Maar als je afgebroken wordt, dan zeg je niet: goh, wat ziet de dag er leuk uit.'

Als voetbalanalyticus bij RTL Sport ligt Kraay in het programma *Voetbal Insite* vaak in de clinch met Johan Derksen. In 2004 geeft hij er de brui aan omdat hij, zo vindt hij, niet in zijn waarde wordt gelaten. De spanning loopt ook achter de schermen hoog op: na afloop van de laatste uitzending maakt Kraay het 'middelvingergebaar' naar presentator Wilfred Genee, zoals Derksen gretig meldt. Zijn zoon heeft bij het tv-programma *Voetbal International* eenzelfde rol.

Kroft, Leo van der

Je mag Leo van der Kroft (1929) aan veel wedstrijden helpen herinneren, zoals die keer dat hij op Hampden Park Schotland-Engeland fluit voor bijna honderdduizend man publiek, maar liever niet aan Real Madrid-Borussia Mönchengladbach van 17 maart 1976, de return in de kwartfinale van de Europacup I. De heenwedstrijd in Duitsland is in 2-2 geëindigd. Als Jupp Heynckes na 25 minuten 0-1 scoort, lijkt een sensatie in de maak. Maar dan hebben de Duitsers buiten de arbiter gerekend. Aan de gelijkmaker van Real gaat een onterechte vrije trap vooraf, daarna keurt Van der Kroft nog twee Duitse goals om onduidelijke redenen af. 'Nu weet ik waarom Real nooit een thuiswedstrijd verliest,' luidt het commentaar van Borussia-doelman Wolfgang Kleff. Jupp Heynckes: 'De arbiter heeft ons bestolen.' In de Duitse pers wordt druk gespeculeerd dat Van der Kroft op deze manier wraak heeft willen nemen voor de verloren WK-finale van 1974. De wedstrijd leidt een roemloos einde in van Van der Krofts loopbaan, een invitatie om te fluiten op de Olympische Spelen van 1976 wordt ingetrokken.

Krol, Ruud

Het is een fraai staaltje totaalvoetbal dat Ruud Krol (1949) op het WK 1974 tegen Brazilië ten beste geeft. Als rechtsbenige verdediger is hij bij Ajax linksback geworden en hij heeft tot in den treure geoefend om zijn voorzet met links beter te maken. Net als bij Ajax zijn in het Oranje van bondscoach Rinus Michels de aanvallers ook verdedigers en verdedigers ook aanvallers. Krol stoomt op langs de linkerflank en bedient met zijn chocoladebeen Johan Cruijff, die met zijn treffer (2-0) tegen de dan regerende wereldkampioen de basis legt voor een finaleplaats.

Vier jaar later staat Krol opnieuw in de WK-finale, nu zelfs als aanvoerder, maar hij heeft een kwakkeljaar achter de rug en hij speelt in Argentinië niet zijn beste voetbal. Misschien is Krol zijn club Ajax na de gouden periode wel te lang trouw gebleven. Pas in 1980 gaat hij de grens over. Via Vancouver Whitecaps belandt hij bij SC Napoli, waar zijn status uitgroeit tot die van een halfgod.
Zijn verschijning heeft een grote aantrekkingskracht op vrouwen. Als voetballer draagt hij het hemd losjes en uitdagend over zijn broekje. Zo onzeker als hij in zijn eerste jaar is bij Ajax – hij kan in die periode de slaap alleen vatten met slaappillen – zo almachtig is hij in de laatste episode bij de club. Op enig moment geeft hij ploeggenoot Kees Zwamborn tijdens een wedstrijd zelfs een oorvijg als die in zijn ogen tegenstander Dick Nanninga niet straf genoeg dekt.
Verbaal heeft Ruud Krol, de zoon van de Amsterdamse verzetsstrijder Kuki Krol, minder in zijn mars. Misschien maakt dat Nederlandse clubs huiverig om de 83-voudig international, een van de grootste naoorlogse voetballers van ons land, aan te stellen als hoofdtrainer. Hij is assistent bij Ajax en het Nederlands elftal, maar als zelfstandig trainer/coach werkt Krol voornamelijk in het buitenland: België, Zwitserland, Egypte, Zuid-Afrika, Frankrijk en Tunesië.

Krommendijk, Tom

Een auto-ongeluk maakt op 24 augustus 1990 een eind aan het leven van de behendige, veelbelovende linksbuiten van FC Twente. Na de wedstrijd Roda JC-FC Twente crasht jeugdinternational Tom

Krommendijk (1966-1990) op de weg tussen Enschede en zijn woonplaats Hengelo. Hij is pas 23 jaar.

Kruiver, Piet
In het seizoen 1961-1962 speelt een opvallende Nederlander voor het Italiaanse Lanerossi Vicenza: Piet Kruiver (1938-1989), alias de blonde Zaankanter. Door zijn vader Jo, linksbuiten van KFC, is Piet al vroeg wegwijs gemaakt in de voetballerij. Piet krijgt als jonge jongen te horen dat hij aan later moet denken. Het levert hem de bijnaam Pietje Geld op. Van KFC gaat hij al op negentienjarige leeftijd naar PSV en voor 275.000 gulden verkast hij later naar Italië. Van zijn driejarig contract bij Vicenza dient hij slechts twaalf maanden uit.
'Het voetbal was een ramp in Vicenza,' zegt Kruiver. Italiaans voetbal is in zijn ogen een corrupt zaakje, en je wordt wekelijks volgestopt met doping. 'Een spuit en een pil, waarna je anderhalf uur als een gek liep – werkelijk, als de wedstrijd anderhalve dag had geduurd, zou ik nog hebben gelopen.'
Voor drie ton keert hij terug naar Nederland, naar Feyenoord. Na vier mooie jaren verkast hij naar DWS. Kort na die overgang plaatst Kruiver bij een interview in *Het Parool* zelf een advertentie: 'Wegens vertrek naar Amsterdam te koop, prachtige witte bungalow met garage en grote, mooi aangelegde tuin rondom. Circa vijftien minuten rijden van Rotterdam. Eventueel direct te aanvaarden. Prijs Fl. 65.000,-- kosten koper. Piet Kruiver, Seringenstraat 10, Papendrecht.'

Krul, Tim
'Ze bonden op de training mijn polsen bij elkaar. Zo heb ik de juiste houding aangeleerd.' Het is een onorthodoxe wijze waarop de jonge doelman Tim Krul (1988), die op zeventienjarige leeftijd van ADO Den Haag naar Newcastle United vertrekt, het keepersvak leert in de Engelse havenstad. Krul heeft bij het verlaten van zijn doel nogal de neiging om wild met zijn armen te zwaaien. 'Op een dag koos Shay Given, de keeper van het eerste, voor de extreme aanpak om dat af te leren.'
Krul heeft er baat bij. De puber houdt zich staande in Engeland en wordt uiteindelijk eerste doelman. Voor zijn ouders ziet hij het als een beloning dat hij in de Premier League keept en in 2011 ook het Nederlands elftal haalt. 'Ik vind het juist voor hen zo mooi, omdat zij destijds toch hun kind hebben afgestaan. Een ventje van net zeventien, nog enig kind ook.'

Kuijlen, Willy van der
Skiete Willy luidt zijn bijnaam en dat is niet zomaar. De medische wetenschap hoeft niet raar op te kijken als straks na zijn dood kruitresten aangetroffen zullen worden in de benen van Willy van der Kuijlen (1946). De PSV'er met het hardste en dodelijkste schot uit de eredivisie. Met zijn 311 goals is de eigenzinnige Brabander, die midden jaren zeventig bedankt voor Oranje als hij partij kiest voor teamgenoot Jan van Beveren, nog immer topscorer aller tijden in Nederland hoewel hij al dertig jaar geleden stopte met betaald voetbal. Nu is hij als Mister PSV nog steeds verbonden met de club, zei het als uithangbord.
Een van zijn meest bijzondere goals vliegt erin op 3 november 1974 als PSV het op de Berg lastig heeft tegen Wageningen. Na rust komt de thuisploeg zelfs op voorsprong en lijkt een sensatie in de

maak. Totdat Van der Kuijlen bij een vrije trap zich achter de bal posteert. Ook nu etaleert hij zijn specialiteit: snoeihard raak schieten. Doelman Bert van Geffen heeft geen schijn van kans, loeihard verdwijnt de bal in de uiterste hoek. Maar is het wel een goal? Want een seconde later stuitert de bal via een reclamebord weer het veld in. Razendsnel brengt Van Geffen via een doeltrap de wedstrijd weer op gang. Intussen wordt scheidsrechter Keizer besprongen door elf PSV'ers die de bal toch echt het doel in hebben zien gaan. Na inspectie van het doel komt de aap snel uit de mouw: er zit een gat in het net. Resoluut wijst Keizer naar het midden. Rest nog slechts één vraag: zat dat gat er al, of schiet Van der Kuijlen echt met vernietigende kracht raak? We gokken op het laatste.

Kuijt, Dirk

Een van Dirk Kuijts (1980) eerste voetbalherinneringen gaat als volgt: 'Rond mijn achtste was ik een keer aan het voetballen en een jongen fietste een beetje stoer over het veld. Dat irriteerde zo dat ik 'm van zijn fiets afsloeg. Ik heb 'm daarna niet meer gezien,' liet de visserszoon optekenen in *NUsport magazine*. Toch omschrijft hij zichzelf als een winnaar, geen vechtersbaas.

Met zijn voorbeeldige inzet en oneindige werklust is Dirk Kuijt een geschenk voor elk elftal. Nee, hij is niet de fijnbesnaarde technicus die het publiek constant in vervoering brengt, Dirkie stroopt liever de mouwen op om vervolgens negentig minuten lang te sjouwen en te sleuren. Dat je daar ook een heel eind mee kan komen, bewijst zijn lijst van clubs die de namen van FC Utrecht, Feyenoord, Liverpool en Fenerbahçe bevat. Bij Utrecht wint hij de KNVB-beker, bij Feyenoord kroont hij zich tot topscorer van Nederland, met Liverpool staat hij in de finale van de Champions League waarin hij nog scoort ook. Tussen de bedrijven door staat de vader van vier kinderen met Oranje op vier eindrondes en nadert hij de honderd interlands.

Kuil, Piet van der

In 1956 is Ajax bereid 17.000 gulden te betalen voor de technisch vaardige, kleine rechtsbuiten Piet van der Kuil (1933) van VSV. 'Hoe dat contact tot stand kwam? Nou, we speelden op een dag tegen Ajax in De Meer. Na de wedstrijd vroeg trainer Jack Reynolds of ik bij Ajax wilde komen. Ik zei dat dat goed was.' Als hij zich gaat verloven, wil hij dat Ajax de kosten van het verlovingsfeestje betaalt. De penningmeester weigert en Van der Kuil vertrekt voor een recordbedrag naar PSV. Hij kan daar meer verdienen en krijgt een plaats op de Philips Bedrijfsschool waar hij een opleiding tot

instrumentenmaker volgt. Zijn geringe postuur belemmert hem niet: Van der Kuil schrijft veertig interlands op zijn naam.

Kuip, De

Blijft-ie nou of valt-ie om? Al jarenlang wordt er in Rotterdam en verre omstreken gediscussieerd over de toekomst van De Kuip. De aanhangers van het mooiste stadion van Nederland vinden dat een likje verf wel volstaat, tegenstanders denken aan een nieuwe Kuip die meer tegemoetkomt aan de eisen van de huidige tijd. Want het klopt inderdaad dat bijna iedereen nat wordt als het regent boven De Kuip en dat de voorzieningen niet meer van deze tijd zijn. Het is voor de KNVB reden om het stadion nog maar sporadisch te gebruiken voor interlandvoetbal.

Hoe anders is het in 1937 als Nederland en België er aftrappen op 2 mei, anderhalve maand na de opening. Spelers en publiek genieten van de door architect Leendert van der Vlugt ontworpen voetbaltempel die destijds 65.000 fans kan herbergen.

De Kuip zal uiteindelijk het decor vormen voor 117 interlands, waaronder een paar memorabele zoals de *Feyemoord* van 4 oktober 1959 (Nederland-België 9-1), de 5-0 zege op België in de heenwedstrijd van de EK-kwartfinale van 1976 en de 6-1 op Joegoslavië tijdens het EK 2000. De Kuip vormt ook het decor van de EK-finale van 2000 en talloze Europacupfinales, waaronder de Europacup-I-finale tussen Ajax en Internazionale in 1972. Tijdens de laatste Europese finale die beslist wordt in Rotterdam staat Feyenoord zelf in het veld: de gewonnen UEFA Cup-finale tegen Borussia Dortmund in 2002.

Een helikopter met nieuwe spelers landt in De Kuip voor de traditionele Open Dag van Feyenoord.

Kuipers, Björn

Nederland mag in 2014 eindelijk weer eens een scheidsrechter afvaardigen naar het WK. Björn Kuipers (1973) uit Oldenzaal valt die eer te beurt. Hij komt ook op het EK 2012 al twee duels in actie en hij leidt in 2013 de finale van zowel de Confederations Cup (Brazilië-Spanje) als de Europa League (Chelsea-Benfica in de Amsterdam Arena) in goede banen. De eigenaar van drie supermarkten en een haarsalon volgt Jan Wegereef op, de Nederlander die in 2002 voor het laatst op het WK actief is. Wegereef fluit één duel op dat toernooi, Senegal-Uruguay, een wonderlijke wedstrijd waarin hij twee penalty's geeft en twaalf gele kaarten uitdeelt. Daarna mag hij naar huis.

Top-10: Hugo Walkertjes

1. 'Komt dat schoooooot.'
2. 'Gaat zo'n bal erin, is het een goal.'
3. 'Ja, en dan doet dingetje ook weer mee. En met dingetje bedoel ik natuurlijk Joonas Kolkka.'
4. 'En dan houden we ermee op hier in Waalwijk.'
5. 'Keepertje, keepertje wat doe je nu?'
6. 'Goed schot, dito redding.'
7. 'Had ik persoonlijk heel anders gedaan.'
8. 'Het spel golft heen en weer. Enfin, dat ziet u zelf ook wel.'
9. 'Gaan we kijken of-ie ook een linker heeft... Heeft-iééééé!'
10. 'Laudrúúuuuuuup... Laudrúúúuuup... Goal!'

Kuiphof, Herman

De geschiedenis van het Nederlandse voetbal heeft een geluid, en de stem van Herman Philippus Kuiphof (1919-2008) is daar nauw mee verbonden. Zijn commentaar bij de door Oranje verloren WK-finale van 1974 levert een klassieke uitspraak op: 'Zijn we er toch ingetuind!' zegt Kuiphof bij de tweede en beslissende goal van de Duitsers.

Zijn handelsmerk is zijn ietwat droge stijl, zonder veel verbale krullen, in combinatie met een grote (feiten)kennis van zijn specialismen: voetbal, tennis en schaatsen.

Piet Lagarde Sp.cl. Enschede

Lagarde, Piet

Keeper en tweevoudig international, maar vooral bekend geworden als vertegenwoordiger van adidas bij het Nederlands elftal sinds 1978. Piet Lagarde (1939) is dat ook als zijn firma voor het EK in 1988 een ongewoon oranje shirt presenteert; een shirt met 'schubben'. Zijn eerste reactie: 'Sjezus. We vonden het niet te geloven zo lelijk.' Hij heeft geen keuze. 'Nederland was al tien jaar niet op een eindtoernooi geweest. Om dan een totaal afwijkend shirt aan de man te brengen, daar hadden we niet heel veel geloof in. Maar we moesten wel, de Duitsers wilden het grootser aanpakken.'

Lagendijk, Ger

Ger Lagendijk (1941-2010) sterft in het harnas. Tijdens een etentje met Heracles-voorzitter Jan Smit waarmee hij net de contractverlenging voor Everton Ramos da Silva heeft bezegeld, wordt hij geveld door een hartaanval. Daarmee komt een einde aan een kleurrijk leven dat in het teken staat van voetbal. Eerst als actief speler bij clubs als ADO, De Volewijckers, Zwolsche Boys en Hermes DVS, later als flamboyant zaakwaarnemer waarbij hij uitgroeit tot vertrouwenspersoon van de broers Koeman, Pierre van Hooijdonk, John Bosman en Aad de Mos. Ook is hij kortstondig technisch directeur van Feyenoord.

Landman, Wim

Op 54-jarige leeftijd pleegt Wim Landman (1921-1975) zelfmoord. Hij springt op Rotterdam Centraal voor de trein. Daarmee komt een eind aan een turbulent leven. De sublieme doelman speelt slechts zeven interlands, omdat Landman concurrentie ondervindt van Frans de Munck en Piet Kraak, maar ook omdat Landman soms opzichtig blundert. Met Sparta gaat hij in de kampioenswedstrijd tegen Hermes DVS onbegrijpelijk in de fout en drie jaar later, als keeper van Scheveningen Holland Sport,

Top-10: Kort maar krachtig

1 Jo Bux
2 Ed Sol
3 Ad Bijl
4 Wim Tap
5 Cor Pot
6 Jan Vos
7 Jeu Cox
8 Ed Roos
9 Ad Krug
10 Jo Plum

gebeurt dat opnieuw in de titelstrijd met NAC. Geruchten over omkoping zijn er wel, maar het bewijs ontbreekt.
In 1959 loopt Landman wel tegen de lamp als hij zich voor 2500 gulden door een paar dronken supporters van BVV laat omkopen. Dat blijkt later uit de zwarte boekhouding van BVV. Landman wordt voor zestien maanden geschorst. Hij keept daarna niet veel meer. Na zijn actieve voetballeven wordt hij soepverkoper. Door de omkoopaffaire en privéproblemen raakt Landman in depressies.

Langs de Lijn

Onverwoestbaar radioprogramma dat in 2012 zijn tienduizendste uitzending beleeft. Zeg de naam en je hoort de tune. Vooral de zondagmiddag is onverminderd populair bij luisteraars, met als hoogtepunt de uitzending op 29 april 2007. Drie clubs – Ajax, AZ en PSV – kunnen kampioen van Nederland worden. Het aantal luisteraars loopt op tot drie miljoen, zes keer zoveel als normaal.
Sinds de eerste uitzending op 1 januari 1967 is aan de formule nauwelijks gesleuteld. De combinatie van live verslaggeving, sportnieuws en muziek bestaat nog steeds. Het programma is hooguit ernstiger geworden, zeker in vergelijking met de tijd dat Koos Postema en Willem Ruis het presentatieduo vormen, in de jaren zeventig. Het komt voor dat ze aangeschoten in de studio zitten. 'Dertig jaar geleden kon je hier rustig een fles wijn ploppen,' zegt presentator Tom van 't Hek in 2012 met enige spijt in zijn stem. 'De sport is vercommercialiseerd, de belangen zijn veel groter, ook bij ons. Elk foutje wordt enorm uitvergroot. Er zijn grenzen aan de losheid.'
Andere bekende medewerkers uit de geschiedenis van *Langs de Lijn* zijn uitslagenman Frits 'null-null' van Turenhout, Theo Koomen, Govert van Brakel, Jack van Gelder en Bas Ticheler. De zondagmiddaguitzending wordt momenteel gepresenteerd door Henry Schut en Hugo Borst.
Leuk weetje 1: de naam is bedacht door journalist Peek Jellema.
Leuk weetje 2: de tune is een compositie van Quincy Jones, 'Chump Challenge'.

Larsson, Henryk

Zoveel spitsen als er zijn verguisd in De Kuip, zoveel zijn er ook bejubeld. De Feyenoord-fan wil uiteraard prestaties zien, maar koestert ook een bepaalde voorliefde voor buitenbeentjes. De kromme, licht kalende Oostblokker József Kiprich wordt een cultheld, maar ook diens tegenpool Henryk 'Henke' Larsson (1971) – een Zweeds/Kaapverdische exoot met blonde dreadlocks en een sierlijke stijl – kan na vier jaar niets meer fout doen in Rotterdam-Zuid. Larsson blijkt een pareltje. Hij ontpopt zich tot een van de beste Zweedse voetballers van zijn generatie. Na Feyenoord maakt hij furore bij Celtic en Barcelona. Met die laatste club wint hij in 2006 de Champions League. In de finale tegen Arsenal valt Larsson in voor Mark van Bommel en met twee assists legt hij de basis voor de 2-1 zege.

Laseroms, Theo

Er is voor tegenstanders eind jaren zestig geen doorkomen aan tegen Feyenoord, met Theo Laseroms (1940-1991) en IJzeren Rinus Israel achterin. Toch is de bikkelharde Laseroms van origine een aanvaller. Bij RBC breekt hij door als een snelle rechtsbuiten. Later bij Sparta posteert trainer Wiel Coerver hem centraal in de verdediging. 'Al draagt een trainer mij op te gaan keepen, dan doe ik dat ook,' zegt Laseroms. Hij is klein van stuk, heeft brede schouders en korte benen en loopt als het moet dwars door een muur heen; vandaar de bijnaam de Tank.

Zijn beste jaren als voetballer moeten dan nog komen. Na een tweejarig avontuur in de Verenigde Staten belandt de Brabander bij Feyenoord. De supporters zijn sceptisch over het binnenhalen van de meedogenloze Laseroms. Maar die scepsis slaat snel om in bewondering. Laseroms, de koning van de sliding, vormt met Israel een niets en niemand ontziend duo, dat een belangrijke pijler is onder het succes van de ploeg. Feyenoord wint in 1970 de Europacup I én de Wereldbeker.

De trainersloopbaan van Laseroms heeft niet veel om het lijf. Hij overlijdt in 1991 aan een hartstilstand. Hij is dan pas 51 jaar.

Leck, Jaap van der

Trainer bij De Volewijckers, DOS, Sportclub Enschede, Feyenoord, Heracles, Willem II en DWS. Bondscoach Nederlands elftal tussen 1949 en 1954. Van der Leck (1911-2000) komt op voor de belangen van de oefenmeester en is jarenlang de stuwende kracht achter de Vakbond Voetbal Oefenmeesters Nederland (VVON).

Ledezma, Froylán

Na een hevige ruzie met Feyenoord wint Ajax in 1997 de slag om de negentienjarige Costa Ricaan Froylán Ledezma (1978). Waar de voetballer bij zit, vliegen Feyenoordvoorzitter Jorien van den Herik en Ajaxpenningmeester Arie van Os elkaar in de haren. Ledezma speelt eerst een toernooitje voor de Rotterdammers, maar tekent daarna stiekem voor Ajax, dat veel meer wil betalen.

Twee jaar later wordt Ledezma ontslagen, zonder een minuut in het eerste elftal te hebben gespeeld. Ledezma kost Ajax vijf miljoen dollar, waarvan 1,8 miljoen naar de club Alajuelense gaat.

Ledezma, als kind opgegroeid in een sloppenwijk, is als tiener niet klaar voor de verlokkingen die hem in Amsterdam te wachten staan. Trainer Morten Olsen stelt hem nooit op. 'En als ik niet speel, vergaat mij de lust om te voetballen. Ik liet het voetbal voor wat het was en begon uit te gaan.'

In de twee jaar bij Ajax krijgt Ledezma de ene boete na de andere. In augustus 1999 moet hij vertrekken. Twee jaar na zijn ontslag zoekt een verslaggever van *Het Parool* hem op in Costa Rica. Ledezma hopt in Zuid-Amerika van de ene naar de andere club, speelt vrijwel nergens en is acht kilo te zwaar. 'Voetballen verleer je nooit,' zegt Ledezma. 'Ik ben nog jong, ik kan mijn doelen nog bereiken.'

Leeuw, Paul de

Nee, veel met voetbal heeft Paul de Leeuw (1962) niet. Tot de dag in 1982 dat hij aan zijn vader vertelt dat hij in de horeca wil gaan werken en van hem 1400 gulden wil lenen. 'Die lening kreeg ik niet,' vertelt De Leeuw in *Sportweek*. 'Mijn vader zei: "Je gaat er eerst maar voor werken." De maandag erop lazen we in de krant dat Gullit naar Feyenoord zou komen, aangekocht door een bekende conservenkoning uit Barendrecht. Mijn moeder vloekte: "Is hij nog te besodemieterd om 1400 gulden aan zijn kind te lenen, maar ondertussen wel Gullit kopen."'

Vader Henk de Leeuw financiert de aankoop van Gullit met een renteloze lening van 750.000 gulden.

Leeuwen, Tonny van

Kort na de helse 'cornerinterland', de uitwedstrijd tegen Oost-Duitsland waarin hij faalt bij hoge voorzetten en Nederland met 4-3 verliest, speelt doelman Tonny van Leeuwen (1943-1971) met GVAV een uitwedstrijd tegen Ajax. Met de voorhoede Swart, Nuninga, Cruijff en Keizer heeft Ajax de landstitel voor het grijpen. De bloemen staan al klaar.

Dankzij Van Leeuwen wint GVAV volkomen onverwacht met 1-0. 'Hij pakte de ballen alsof het aardappelen waren, soms met één klauw. Hij was toen werkelijk onpasseerbaar en kreeg zelfs een staande ovatie van de Ajax-supporters,' zegt ploeggenoot Piet Fransen later in een portret van de doelman in *de Volkskrant*. DE ALLERBESTE

CLUBKEEPER TER WERELD, is de kop boven het stuk.

Een lang leven is hem niet gegund. Nadat hij een onderscheiding van de KNVB heeft gekregen als minst gepasseerde doelman in het seizoen 1970-1971, komt hij om vijf uur 's ochtends na een botsing met een vrachtwagen met betonnen buizen bij Meppel om het leven. Het is 15 juni 1971. Zijn vrouw overleeft het ongeluk.

Lem, Gerard van der

Het is ogenschijnlijk een wat vreemd koppel, maar het werkt uitstekend. Bij Ajax wordt hoofdtrainer Louis van Gaal begin jaren negentig gekoppeld aan assistent Gerard van der Lem (1952), het begin van een glorieuze samenwerking. Levensgenieter Van der Lem is de man van de anekdote, de vertrouwensman van de spelers die veel te stellen hebben met de veeleisende Van

Gaal. Samen triomferen ze in de UEFA Cup (1992) en in de Champions League (1995). Als Van Gaal opstapt bij Ajax in 1997 gaat Van der Lem op eigen benen verder. De oud-speler van FC Amsterdam, Roda JC, Feyenoord, Sparta en FC Utrecht kent wisselend succes als hoofdtrainer. Het meest angstige avontuur beleeft hij als bondscoach van Saoedi-Arabië als hij eind december 2002 in Koeweit vier hartstilstanden overleeft. Later keert hij terug in Nederland waar hij Danny Blind assisteert bij Ajax.

Lens, Jeremain

Krijgt op veertienjarige leeftijd te horen dat hij weg moet bij Ajax. Het heeft niets van doen met zijn voetbalkwaliteiten, want die zijn toereikend, maar met zijn mentaliteit. Er schort iets aan, maar wat dat 'iets' is krijgt Jeremain Lens (1987) niet te horen in zijn laatste gesprek op De Toekomst.

Hij zit er met een brok in zijn keel. De trainer die tegenover hem zit, schuift wat met koffiekopjes over de tafel en verhaalt over de weg naar de top. De ene weg leidt langs het ene kopje (Ajax), maar de weg van Lens leidt langs het andere kopje, HFC Haarlem bijvoorbeeld.

Het pad van Lens leidt uiteindelijk niet via HFC Haarlem, maar via FC Omniworld. En daarna langs AZ, NEC, opnieuw AZ en PSV naar Dinamo Kiev. In het Nederlands elftal is hij onder Louis van Gaal een belangrijke pion in de kwalificatie voor het WK 2014 in Brazilië. De Amsterdammer maakt vijf goals in negen duels.

Lens, Sigi

Het duurt even voor Sigi Lens (1963) weer een vliegtuig instapt. De vroegere spits van AZ en Fortuna Sittard is een van de slachtoffers van de SLM-ramp uit 1989, maar kan het als een van de weinigen navertellen. Het letsel is wel dermate groot dat zelf voetballen verleden tijd is. Lens blijft betrokken bij de sport, als zaakwaarnemer. Eerst in dienst van de VVCS, na een conflict met de bond richt hij zijn eigen kantoor op: Pro-Athlete, waarmee hij de zaken regelt van spelers als Patrick Kluivert, Winston Bogarde, Edgar Davids, Giovanni van Bronckhorst, André Ooijer, Mounir El Hamdaoui en Adam Maher.

Lenstra, Abe

Abe Lenstra (1920-1985) maakt van Heerenveen Abeveen en de liefde is wederzijds. Het stadion in het stadje puilt elke thuiswedstrijd uit. Ús Abe beloont de Friezen voor hun mateloze bewondering door Heerenveen trouw te blijven. De lucratieve aanbiedingen uit Italië en Frankrijk stro-

Abe Lenstra.

men binnen, maar het natuurtalent legt ze allemaal naast zich neer.
De eigenzinnige, stugge en ondoorgrondelijke man met de zwarte lok is een held in Friesland en de rest van het land, een formidabele aanvaller met een geniaal spelinzicht die zijn tijd vooruit is. Bijna ongelofelijk is zijn optreden op 7 mei 1950. Nadat spits Rinus Michels in de 61e minuut Ajax in Heerenveen aan een 5-1 voorsprong heeft geholpen, zet Lenstra zich schrap. Een wonder volstrekt zich: Heerenveen wint met 6-5. Een dag later schrijft de *Leeuwarder Courant* vol ongeloof: 'Golven van geestdrift sloegen de 5-1 voorsprong van Ajax te pletter. Nog nooit was een zege zo zoet en een nederlaag zo zuur. Een zege, behaald temidden van het tot ongekende hoogte opgezweepte enthousiasme der golvende rijen supporters, die een wedstrijd "van-één-maal-in-je-leven" meemaakten.'
Met de voetbalbond en de Keuze Commissie botst Lenstra vaak en hard. Van de 79 interlands die in de periode dat hij actief is worden gespeeld, mist hij er 32 – en bijna allemaal wegens onenigheid. *De Telegraaf* voelt zich gedwongen het voor hem op te nemen. 'Troost U, waarde heer Lenstra, in de geschiedenis van de Nederlandse voetbalsport zal uw naam met groter letters geschreven staan dan die van de vervelende systeemrijders, de vorsten van de neergang van het Nederlandse voetbal.'
Een makkelijk mens is hij niet. In zijn laatste levensjaren – Lenstra is dan getroffen door een hersenbloeding – gaat hij liever in Thialf naar het ijshockey kijken dan naar de thuiswedstrijden van Heerenveen. Het niveau van het voetbal boezemt hem weerzin in.
Wat blijft, is de voetballer, de man die door Rutger Kopland op fraaie wijze werd geëerd in het gedicht 'Abe Lenstra':

We stonden bij Achilles, het regende en woei,
in een geur van sigaren, nat gras en natte
mannen,
het gromde en stampvoette om ons heen,
voetbal was oorlog, toen al.

Vader, weet je nog hoe het even doodstil werd,
de bal kwam, hij kwam uit de grauwe lucht
en woei voor het doel,
niemand had gezien dat hij daar stond.

Weet je nog hoe hij toen even met zijn hoofd
knikte,
bijna ootmoedig, bijna verlegen, bijna
verontschuldigend.

We hadden verloren voor we het wisten. Abe.

Leonardo

Voordat we Leonardo Vitor Santiago (1983) ook maar één keer tegen een bal hebben zien trappen, is hij al wereldberoemd in Nederland. Dat komt doordat de dan elfjarige Braziliaan de hoofdrol speelt in *Solo, de wet van de favela*, een bekroonde documentaire van filmmaker Jos de Putter die een vertederend beeld schetst van het jochie dat maar één droom heeft: profvoetballer worden. In 2000 is het dan zover: Feyenoord haalt de nieuwe Romario naar Nederland. Het begin is veelbelovend, maar keer op keer wordt het grote talent teruggeworpen. Door blessures, een vals paspoort, ruzies met trainers en ploeggenoten en zijn wispelturige gedrag. Zijn bizarre levensverhaal is door Bart Vlietstra prachtig opgeschreven in *Leo, lijden en lachen met Leonardo Vitor Santiago*.

Lerby, Søren

Door de jaren heen strijken veel Deense voetballers neer bij Ajax. Dat begint in 1975 met de komst van Søren Lerby (1958) en Frank Arnesen. Die laatste is een stijlvolle middenvelder, terwijl Lerby het moet hebben van zijn over-mijn-lijkmentaliteit. Lerby is een aanjager, bikkelhard voor zichzelf, voor tegenstanders én voor medespelers, die hij niet zelden verrot scheldt. Lerby wordt de onbetwiste leider van Ajax en wint vijf landstitels met de club. In 1983 vertrekt hij naar Bayern München, met zijn vrouw Willeke Alberti. Schoonvader Willy Alberti zingt Lerby toe tijdens het jaarlijkse voetbalgala:

Søren, nou niet zeuren, het zijn dezelfde kleuren,
bij München en bij Ajax, rood en wit,
Jij waait met elke wind mee, maar waarom moet mijn kind mee?
En roep je straks bij Bayern: schat, hij zit!

Lerby voetbalt later nog voor AS Monaco en PSV, waarmee hij in 1988 de Europacup I wint. In 1996 scheidt hij van Willeke Alberti. Na zijn actieve loopbaan wordt hij zaakwaarnemer.

Libregts, Thijs

Trainer van PSV en Feyenoord én de bondscoach die niet meer gewenst is als Nederland zich in 1990 gereedmaakt om het WK in Italië te spelen. Bondsbestuurslid Rinus Michels toont begrip voor de bezwaren van de internationals. Op 25 maart 1990 kan in het Hilton Hotel op Schiphol worden gestemd op drie kandidaten: Aad de Mos, Leo Beenhakker en Johan Cruijff. Acht van de vijftien spelers kiezen voor Cruijff, onder wie Gullit, Wouters, Rijkaard en Ronald Koeman. Michels legt de uitslag naast zich neer en benoemt Beenhakker. Niet alleen het slechte spel van Oranje in de kwalificatiereeks wordt Rotterdammer Libregts (1941) fataal. Hij blijft achtervolgd worden door een uitspraak over Gullit tegenover een *Volkskrant*-verslaggever. De vermeende luiheid van Gullit zou het gevolg zijn van zijn afkomst: 'Je weet hoe zwartjes zijn.'

Linden, Tonny van der

Het weekblad *Sport en Sportwereld* van maandag 16 juni 1958 bericht over de kampioenswedstrijd tussen SC Enschede en DOS. Journalist Martin Bremer beschrijft het winnende doelpunt van DOS-spits Tonny van der Linden (1932) als volgt: 'Eindelijk kreeg aanvoerder Van der Linden de kans om zijn behendigheid met de bal te demonstreren. Goochelend met de bal beurtelings op de voet en op het hoofd legde hij een tweetal Enschedese verdedi-

TONNY v.d. LINDEN
met z'n nieuwe „QUICK" schoenen

gers in de luren. Om daarna een schot te lossen dat doelman Van der Wint blijkbaar totaal verraste.'
Die treffer maakt het Utrechtse Door Oefening Sterk voor het eerst in zijn bestaan kampioen van Nederland. Tonny van der Linden is een sieraad voor de voetbalsport. Een sierlijke aanvaller, wiens bescheidenheid een transfer naar een grote buitenlandse club in de weg staat.
Hij blijft DOS lang trouw, maar hij bewaart weinig goede herinneringen aan zijn afscheid van de club, in 1967. Na een wedstrijd tegen Ajax krijgt Van der Linden een enveloppe, zónder inhoud.

Linder, Kurt
Al in het begin van zijn loopbaan, bij Xerxes, is Kurt Linder (1933) een trainer van de oude stempel. Een van de spelers, Willem van Hanegem: 'Die man liet je lopen, lópen! Ik kreeg pijn in mijn hoofd van die man.' De Duitser is in de periode 1968-1972 zonder veel succes trainer van PSV, en in de jaren tachtig twee keer van Ajax, de laatste maal in 1988. Op zoek naar een puinruimer die de crisis bij Ajax kan bezweren, veroorzaakt door het vertrek van Johan Cruijff, schakelt voorzitter Ton Harmsen zijn oude skivriend in. Linder is geen trainer meer, maar werkt in een Zwitserse fysiotherapiepraktijk. De inschattingsfout van Ajax is legendarisch. Linder voelt zich in Amsterdam als een vis op het droge en wordt na vijf wedstrijden haastig weggestuurd.

Linford, John
In het voetbal lopen vreemde wezens rond. Wat te denken van John Linford (1957) uit Norwich, die voor een hele trits Nederlandse clubs voetbalt, waaronder DS '79, FC Utrecht, FC Den Haag en Fortuna Sittard. Bij die laatste club wordt Linford geadoreerd door de fans. Vanwege zijn goals en het feit dat hij elk weekend is te vinden in Café Stadt Zitterd. In die kroeg krijgt hij de bijnaam Elephant Man. Dan staat hij na afloop van een wedstrijd weer eens te dansen op de tafels, met de binnenvoering van zijn twee broekzakken naar buiten gehangen en zijn lul door zijn gulp gestoken. *'Look everybody, I'm an elephant!'*

Ling, Tscheu La
Kledingstukken van kurk, handel in voedingssupplementen, eigenaar van een club in Slowakije, waar bemoeit Tscheu La Ling (1956) zich eigenlijk niet mee na zijn actieve loopbaan. De creatieve voetballer van toen (FC Den Haag, Ajax, Feyenoord, 14 interlands) blijft ook in zaken ongrijpbaar. Hij

wordt door Johan Cruijff als de geschikste persoon gezien om Ajax te leiden, hoewel velen aangeven dat Ling daarvoor niet over de juiste capaciteiten beschikt. De voorkeur van de Verlosser is des te opmerkelijker omdat Ling en Cruijff als teamgenoten niet de beste vrienden zijn. Als Cruijff tijdens een partijtje biljarten aanhoudend kritiek levert op zijn manier van voetballen, kan Ling zich niet langer inhouden. Met 'Als je nou je bek niet houdt, krijg je een keu in je reet' krijgt hij Cruijff meteen stil.

Linse, Rodger

Juzzt football heet het kantoor van spelersbegeleider Rodger Linse (1969). De vroegere journalist heeft spelers als Jeffrey Bruma, Karim Rekik, Joris Mathijsen, Bruno Martins Indi, Luc Castaignos, Eljero Elia, Jonathan de Guzman en Nigel de Jong onder zijn hoede en is vanaf het begin de vertrouwenspersoon van Ruud van Nistelrooij waarmee hij jarenlang samen optrekt in de voetbaljungle. Als die in de zomer van 2012 stopt met voetballen, denkt Linse er ook hard over om te kappen als zaakwaarnemer, maar zijn vader brengt hem op andere gedachten.

Linskens, Edward

Voor altijd en eeuwig de middenvelder van PSV die het grote Real Madrid van 'Don Leo' Beenhakker de voet dwars zet in de halve finale van de Europacup I, in 1988. PSV staat in stadion Bernabéu met 1-0 achter als Linskens (1968) wordt aangespeeld door Frank Arnesen. 'Eigenlijk net te hard, ik moest een tussenpasje maken, mijn lijf stond in een vreemde stand. Ik raakte 'm met de hak, de bal kreeg totaal geen snelheid mee. Als je er nu naar kijkt, zou je meteen aan matchfixing denken. Maar de belangen waren zo groot, dat kon natuurlijk helemaal niet.' Het doelpunt is goud waard. Twee weken later wordt Real Madrid opnieuw bedwongen (0-0) en plaatst PSV zich voor de finale.

Litmanen, Jari

Jari Litmanen (1971) is de Johan Cruijff van het kleine voetballand Finland. Hij rekt zijn carrière zo lang mogelijk, tot ver na zijn veertigste, omdat hij het voetbal niet kan missen en omdat hij vurig blijft hopen ooit één keer met zijn land deel te kunnen nemen aan een EK of WK.
Die eer is hem niet gegund, hoewel Litmanen álles opzijzet om zijn talent ten volle te benutten. Hij is een man die houdt van rituelen en vastigheden: altijd dezelfde warming-up, altijd dezelfde voetbalschoenen (adidas World Cup). Bij Barcelona kijken zijn medespelers vreemd op als hij met die schoenen aan de sauna betreedt, voor een betere pasvorm. En tóch, ondanks alle

toewijding loopt Litmanen geregeld tegen het onheil aan. Man van glas, noemen ze hem, omdat blessures hem vaak aan de kant houden.
Bij Ajax beleeft hij midden jaren negentig zijn mooiste momenten. Hij geeft het begrip 'schaduwspits' een nieuwe dimensie. In zijn ietwat gekromde stijl, met zijn o-benen, is hij spelmaker en afmaker ineen. Litmanens gevoel voor ruimte en zijn functionele techniek maken hem tot de spil van het elftal van trainer Louis van Gaal.
Hij beweegt het liefst tussen de vijandelijke linies. Geruisloos. Onopvallend. En dat doet hij in het echte leven ook. De vriendelijke Fin, in eigen land geëerd met een standbeeld en een postzegel, houdt voetbal en privé strikt gescheiden. Hij is getrouwd met Ly Jürgenson, voormalig Miss Estland. Ze hebben twee zoons. Dat is alles wat we (mogen) weten.

Lotsy, Karel
Er is die charismatische, charmante en populaire bestuurder die van grote waarde is voor het voetbal en de sport decennialang dient, onder veel meer als voorzitter van HFC, als voorzitter van de machtige 'Keuze Commissie' die het Nederlands elftal samenstelt en als chef de mission op de Olympische Spelen van 1936, 1948 en 1952. 'Karel de Kerel' sleurt het Nederlands elftal in de jaren dertig uit een diepe crisis en wordt een volksheld.
Nadat tussen 1928 en 1931 slechts drie wedstrijden (van de twintig) worden gewonnen, wijst Lotsy (1893-1953) de nationale ploeg de weg naar het WK in 1934. 'Elf loslopende honden' worden getransformeerd tot 'een bezielde, verrukte eenheid', schrijft sportjournalist Joris van den Bergh. De toespraken van Lotsy zijn legendarisch en inspirerend. Het clubhuis van VUC in Den Haag, waar het Nederlands elftal samenkomt, wordt zelfs omgedoopt tot de Wondertent.
Van den Bergh in *Sportkroniek*: 'Eenmaal per week verandert het vierkante, ietwat holle restaurant van VUC in een wondertentje. [...] Het is een milieu vol atmospheer waarin OVERTUIGING wordt aangekweekt en waarin langs den weg van de enthousiasmerende kameraadschappelijke causerie het inzicht wordt gepropageerd dat het innerlijke de daden van het fysieke moet steunen.' Lotsy is trouwens ook de man die zich met hand en tand verzet tegen de introductie van het beroepsvoetbal. Immers, 'bij professionalisme gaat het goede en het mooie van de sport teloor'.
Er is nog een bestuurder. Bijna twintig jaar na zijn dood verandert het imago van

Top-10: Scorende keepers

1 Oscar Zijlstra (Cambuur)
2 Jan van Grinsven (FC Den Bosch)
3 Mark Verzijlberg (HFC Haarlem)
4 Rein van Duijnhoven (MVV)
5 Martin Pieckenhagen (Heracles)
6 Nico van Zoghel (Go Ahead)
7 Tonny van Leeuwen (GVAV)
8 Harry Schellekens (NEC)
9 Azing Griever (Heerenveen)
10 Edwin van der Sar (Ajax)

Lotsy, na een publicatie in *Vrij Nederland* over zijn gedrag in de oorlog. Het stuk van Frits Barend en Henk van Dorp zorgt ervoor dat Lotsy van zijn voetstuk valt. Onder meer vanwege het feit dat hij midden in de oorlog, in 1942, voorzitter wordt van de Nederlandse Voetbalbond, wordt geconcludeerd dat hij op zijn minst te meegaand is geweest met de bezetter. Sommige gemeenten zien er aanleiding in de namen te veranderen van naar Lotsy vernoemde straten.
In 2009 klinkt er een opvallend tegengeluid, in de biografie *De Dordtse magiër – de val van volksheld Karel Lotsy*. Schrijver/journalist Frank van Kolfschooten concludeert dat Lotsy ten onrechte is afgeschilderd als collaborateur en antisemiet. 'De beschuldigingen zijn gebaseerd op onbetrouwbare getuigenissen en onzorgvuldig bronnenonderzoek.'

Lucius, Theo

Visser, een ouderwetse. 'Ik heb ooit een snoek van 1,07 meter gevangen. Mooi visje. Wat er zo leuk is aan vissen? De rust, de natuur, het onder elkaar zijn met vrienden.' Als het over Theo Lucius (1976) gaat, gaat het vaak over andere zaken dan voetbal; over zijn handel in illegaal vuurwerk bijvoorbeeld en zijn veroordeling tot een werkstraf in 2005. Feit is dat hij als voetballer de top haalt, vooral bij PSV. Dankzij bondscoach Van Basten haalt de Brabander zelfs Oranje. De vistip van Theo Lucius: 'De ene keer willen de vissen maden, een uur later maïs. Dat moet je een beetje aanvoelen.'

Luinge, Roelof

Al tijdens zijn warming-up wordt hij toegejuicht. Roelof Luinge (1955) is een populaire verschijning in de Nederlandse stadions. Trouwens ook in de verschillende bestuurskamers, spelers- en supportershomes waar de arbiter vaak het licht uitdoet en een verdienstelijk karaokezanger blijkt. Als hij voor dit gedrag op de vingers wordt getikt door de KNVB gaat hij schoorvoetend akkoord met een wat bescheidener inbreng rond wedstrijden. Maar in het veld gaat de Luinge-show onverdroten door, waarbij elke verkeerde beslissing hem ruimhartig wordt vergeven. Zelfs als hij tijdens De Graafschap-PSV eigenhandig een bres slaat in het De Graafschap-muurtje waarvan Luc Nilis dankbaar profiteert.
Als hij in 2010 vanwege het bereiken van de pensioengerechtigde leeftijd (55) voor arbiters moet stoppen van de KNVB is hij zwaar teleurgesteld. Liever wil hij nog een jaar door. Later neemt Luinge, in het dagelijks leven werkzaam als inspecteur van de Belastingdienst, doodleuk de fluit in de net opgerichte Topklasse ter hand. In de zomer van 2013 daalt hij vrijwillig af naar het districtsniveau.

Maassen, Theo

Hij is verreweg de bekendste PSV-supporter, cabaretier Theo Maassen (1966) is vaak te vinden in het Philips Stadion en op De Herdgang. Waar hij in 2007 trainer Ronald Koeman de Gouden Pik overhandigt na de miraculeuze landstitel van de Eindhovenaren. Maassen blijkt ook een meester in het ontvreemden van trofeeën. Tijdens een uitzending van *Studio Sport* in 2001 tovert hij bijvoorbeeld een replica van de in 1978 door PSV gewonnen UEFA Cup tevoorschijn. PSV kan de grap maar matig waarderen. Maassen herhaalt een dergelijke stunt in 2007 in *Studio Voetbal* als hij een plaquette behorend bij de strijd om de Europese Super Cup uit 1988 op tafel legt. Zijn trofeeëntrilogie voltooit hij in mei 2012 als hij bij *De Wereld Draait Door* over de kampioensschaal van Ajax blijkt te beschikken. Dit keer is het doorgestoken kaart: een *free publicity*-moment voor de Ajax Experience.

Makaay, Roy

Heeft op 7 maart 2007 in de wedstrijd Bayern München-Real Madrid precies 10,12 seconden nodig om te scoren: de snelste treffer in de Champions League. Roy Makaay (1975) verdient in zijn periode als spits in München de bijnaam Das Phantom. En treffender kan zijn verschijning op de voetbalvelden niet worden omschreven. Jaagt tegenstanders door heel Europa grote schrik aan door uit het ogenschijnlijke niets ineens een doelpunt te maken. 'Het spook' maakt in de eredivisie (Vitesse en Feyenoord), de Primera División (Tenerife, Deportivo La Coruña) en de Bundesliga het duizelingwekkende aantal van 256 goals in 526 wedstrijden. Makaay richt zich na zijn afscheid (2010) op een baan als jeugdtrainer bij Feyenoord.

Male, Adri van

Er is in 1934 maar één doelman die in aanmerking komt om met Oranje af te reizen naar het WK in Italië. Maar Adri van Male

Doelman Adri van Male in actie tijdens Nederland-Schotland in 1938.

(1910-1990) gaat niet. KNVB-bestuurder Karel Lotsy en Gejus van der Meulen, die een jaar eerder afzwaait als vaste doelman, gooien het op een akkoordje. Lotsy levert kritiek op de prestaties van Van Male in april 1934 tegen Ierland, een maand later staat Van der Meulen onder de lat tijdens het eerste WK-duel met Zwitserland. Tot groot ongenoegen van de rest van de spelersgroep die bijzonder gesteld is op Van Male maar uit angst voor Lotsy niet tegenspartelt. Pas twee jaar later sluit de Feyenoorder weer aan bij Oranje, als zoete wraak wordt hij in 1938 uitgeroepen tot beste keeper van het WK.

Mansfield, Jayne

De beroemdste aftrap uit de Nederlandse voetbalgeschiedenis wordt op 31 oktober 1957 gedaan door een Amerikaanse filmdiva met een, zeg maar gerust, omvangrijke boezem. Het is het handelsmerk van Jayne Mansfield (1933-1967). Ze bezoekt Nederland ter promotie van de komedie *Will Success Spoil Rock Hunter*. Ze verschijnt onder meer op Het Kasteel in Rotterdam waar de wedstrijd Sparta-DOS wordt gespeeld. De pin-up geeft, heel opzienbarend, de knappe DOS-doelman Frans de Munck een kus op de mond. Sparta-supporter Jules Deelder is getuige, als jongen van 13, en kijkt 25 jaar later in *Voetbal International* op de gebeurtenis terug. 'Met eigen ogen kon ik constateren dat er van de roemruchte borstomvang van Miss Mansfield geen centimeter gelogen was, want haar gemoed stak royaal over de punten van haar schoeisel heen, terwijl de mode dat jaar juist héle puntige schoenen dicteerde! Nadat de star, enigszins belemmerd door haar ultranauwe kokerrok, op kokette wijze de bal aan het rollen had gebracht en het veld had verlaten, zag zij Sparta na een kwartier weliswaar door Bosselaar met een klimmend schot de leiding nemen, maar vervolgens een ontketend DOS, met een waarlijk briljánte Tonny van der Linden, die Terlouw alle hoeken van het veld liet zien, maar liefst met 7-1 zegevieren.'

Mansveld, Aad

De beste speler uit de historie van ADO en FC Den Haag. Daar hoeven de fans van de club niet lang over na te denken. Aad Mansveld (1944-1991) is Mister Den Haag. De stijlvolle ausputzer, zoon van een verwarmingsmonteur, is in totaal 27 jaar lid van ADO/FC Den Haag als hij in 1977 naar Feyenoord overstapt. Maar naam maakt hij in en om het Zuiderpark, waar later een tribune naar hem wordt vernoemd. Ook siert een standbeeld het Haagse Heldenplein voor het huidige Kyocera Stadion. Mansveld is niet alleen een sierlijke speler, voor een verdediger scoort hij opmerkelijk veel. Vaak zijn het treffers van grote afstand. In een Europacupduel met West Ham United scoort hij zelfs driemaal.

Marle, Jo van

Dertien jaar lang, van 1980 tot 1993, is Jo van Marle (1925-1995) voorzitter van de KNVB. In totaal is hij bijna veertig jaar lang bestuurslid bij de bond. Van Marle is de man van het midden, de bestuurder die zoekt naar het compromis en in 1988 zijn hoogtepunt beleeft als Nederland kampioen van Europa wordt. Later legt hij de basis voor de kandidatuur van Nederland en België voor de organisatie van het EK in 2000. Zijn zwartste dag als bestuurder beleeft hij in Brussel, op 29 mei 1985 in het Heizel-stadion. 'De Europacup-I-finale tussen Juventus en Liverpool. Als official van de UEFA werd ik daar, van het ene op het andere moment, geconfronteerd met 39 lijken. Die aanblik raak ik nimmer meer kwijt.'

Martins Indi, Bruno

Rolando Maximiliano Martins Indi (1992) staat er in zijn paspoort, we zullen weten dat hij bestaat. De verdediger van Feyenoord maakt bliksemsnel carrière in De Kuip, op zijn achttiende debuteert hij al in het eerste, twee jaar later gevolgd door zijn eerste interland, op 15 augustus 2012 tegen België, het jaar waarin hij ook nog vader wordt van dochtertje Zoë. Een heel verschil met een jaar of vijf eerder als hij in het Rotterdamse stadsdeel de Slinge nu niet bepaald het goede voorbeeld geeft. 'Rond mijn vijftiende, zestiende hing ik met jongens rond met wie ik niet rond moest hangen,' zegt hij in *NUsport magazine*. 'Ik zat toen al een jaar of twee in de Feyenoord-jeugd en was aan het puberen. Ik vond het nodig om een beetje stoer te doen, ook op school. [...] Ik ben veel wijzer geworden. Stabieler. Volwassener. Ik voel me nu gewoon Bruno. Toen niet. Ik had altijd een weerwoord, tegen iedereen. De Bruno van toen was zoekende naar de juiste weg.' En de juiste personen. Hij heeft ze gevonden in Ronald Koeman, coach van Feyenoord, en Louis van Gaal. De bondscoach die hij pardoes, en ondanks een nieuwe heup, na een treffer tegen Turkije in de armen springt.

Marwijk, Bert van

Is dat even een teleurstelling, Bert van Marwijk (1952) denkt dat de topclubs voor hem in de rij zullen staan na het WK van 2010

Bondscoach Bert van Marwijk langs de lijn tijdens Nederland-Duitsland in Charkov op het EK van 2012.

waarin hij Oranje naar een finaleplek leidt. Maar zo'n grote naam heeft de Deventenaar nu ook weer niet opgebouwd. In Nederland kennen we hem van succesvolle periodes bij Fortuna Sittard (bekerfinalist) en Feyenoord (winnaar KNVB-beker en UEFA Cup) en in Duitsland van een weinig verheffende periode bij Borussia Dortmund.
Zodoende besluit de oefenmeester om in dienst van de KNVB te blijven. Dezelfde bond die hem na het mislukte EK van 2012 binnen de kortste keren afserveert en terugvalt op ijzervreter Van Gaal. Dat afscheid verdient niet de schoonheidsprijs, KNVB-directeur Bert van Oostveen fluistert al vlak na de derde poulenederlaag een journalist in het oor dat het over en sluiten is met Van Marwijk, maar laat hem toch nog tien dagen bungelen. Daarna zoekt de coach bewust wat afstand van het voetbal. Hij wordt gelinkt aan diverse clubs, maar gaat pas in september 2013 echt op een nieuwe aanbieding in, van Hamburger SV. Dat huwelijk strandt echter al na 143 dagen.

Mathijsen, Joris
Critici nemen Joris Mathijsen (1980) vaak op de korrel. Dan is hij weer te langzaam, dan weer te slap in het duel, eigenlijk is het nooit goed. Maar met Joris Mathijsen in het centrum van de defensie plaatst Oranje zich wel eenvoudig zonder al te veel tegengoals voor vier verschillende eindrondes. De in Goirle geboren verdediger weet zijn plaats in het elftal: het uitschakelen van een spits is de primaire taak, daarna komt pas de opbouw in het vizier. Bij de bondscoaches staat zijn naam als eerste op het wedstrijdbord, pas onder Louis van Gaal gaat het knellen. Na een succesvolle periode bij Hamburger SV, en een korte onderbreking bij Málaga is Mathijsen inmiddels teruggekeerd in de eredivisie bij Feyenoord. Staat inmiddels op 84 interlands en hoopt stiekem op een plekje in de WK-selectie.

McClaren, Steve
Slechts de liefhebbers van voetbalclichés laten een traan als Steve McClaren (1961) in februari 2013 ontslagen wordt als trainer van FC Twente. Ze laven zich wekelijks aan klassiekers als *In football everything is possible*, *If we scored the first goal you'll get a very different game* en *We walked behind the facts.* Dat geldt ook voor de tweede regeerperiode van McClaren bij de tukkers. Leidt hij de club tijdens zijn eerste cyclus (2008-2010) naar de eerste landstitel uit de historie, zijn rentree in januari 2012 verloopt een stuk minder succesvol. Een jaar later is *the size full.*

De Meer

Je moet over een flinke verbeeldingskracht beschikken wil je op de plek waar De Meer ooit stond een stadion voor je zien. De Meer is niet meer, ervoor in de plaats is een woonwijk gekomen waarvan enkel de namen nog refereren aan het roemruchte stadion aan de Middenweg. Zo zijn er twaalf bruggen vernoemd naar Ajacieden. Een kleinschalig stadion verrijst er in 1934 in de Watergraafsmeer, een complex met kleine vijfhoekige huisjes tussen de tribunes in waar af en toe een terreinknecht of wasvrouw in woont. Het huiselijke De Meer kost dan ook 'slechts' 300.000 gulden en wordt gebouwd naar een ontwerp van architect en Ajax-lid Daan Roodenburgh. Het wordt op 9 december 1934 ingewijd met een vriendschappelijke wedstrijd tussen Ajax en Stade Français (5-1). In het begin is er plek voor 20.000 man, in de jaren zeventig wordt dat aantal opgekrikt naar 30.000. Pas eind 1971 krijgt het stadion lichtmasten. Op een ander punt heeft Ajax wel de primeur, de hoofdtribune wordt als eerste in Nederland in 1986 verrijkt met skyboxen.

Het afscheid van het stadion is in stijl, op 28 april 1996 wordt Willem II met 5-1 verslagen, ruim voldoende voor de landstitel.

Meeren, Paul van der

Op 7 september 1991 wordt een record gevestigd dat waarschijnlijk voor eeuwig in de boeken blijft. Met een hoofdrol voor Paul van der Meeren (1944), destijds kapper aan het De Ruijterplein in Haarlem. Maar ook keeperstrainer bij Telstar, de club die hij ook in zijn actieve carrière dient, naast korte uitstapjes naar FC Amsterdam, Go Ahead Eagles en FC Twente. Als Telstar op deze avond geen beroep kan doen op een drietal keepers, zit er niks anders op om Van der Meeren onder de lat te zetten in het competitieduel met RBC. Op dat moment 47 jaar en 62 dagen oud. 'Het ging goed, ik zweefde als vanouds,' aldus Van der Meeren in het *Haarlems Dagblad*. Telstar-RBC wordt 4-4, het record van oudste speler in het betaalde voetbal zal waarschijnlijk nooit meer worden verbroken.

Meijde, Andy van der

'Het wordt tijd dat ik serieus aan mijn cv ga bouwen en me van een andere, meer duurzame kant laat zien.' Dat deze woorden uit de mond van een voetballer komen is al opmerkelijk, dat die mond toebehoort aan Andy van der Meijde (1979) is een wonder op zich. Maar het is echt waar. Van der Meijde, ooit gespecialiseerd in een leven vol lapdances, overmatig drugs- en drankgebruik en vijf kinderen bij drie vrouwen,

heeft het licht gezien. Sinds begin 2014 is hij *barista*, oftewel professioneel koffiezetter bij Puro Koffie.
Daarvoor doet hij zo'n beetje alles wat God verboden heeft. Met name tijdens zijn verblijf in Liverpool, waar hij uitkomt voor Everton, leidt hij, mild uitgedrukt, een zeer losbandig leven. Tussen het bezoek aan striptenten, discotheken, kroegen en andere uitgaansgelegenheden door trapt hij heel af en toe tegen een balletje. Vele jaren en kilo's geleden doet hij dat namens Ajax zo aardig, dat hij in 2003 verhuist naar Internazionale en later naar Everton.
Maar het voetbal lijkt slechts bijzaak in zijn leven, hij scoort liever op andere vlakken. Al bij Ajax begrijpt hij dat voetballers bevoorrecht zijn. 'Ook als het om vrouwen ging,' zegt hij in zijn biografie *Geen genade* van Thijs Slegers. 'In het begin ging ik er niet naar op zoek, maar later ontdekte ik dat er voor een Ajacied overal mogelijkheden voor seks liggen.'
Van der Meijde maakt er dankbaar gebruik van, laat het geld uitbundig rollen en leeft enkel nog voor seks, drank en drugs. Ook loopt er opeens een giraffe in zijn tuin.
In 2010 ziet hij de dwaasheid in van zijn bestaan en keert hij via afkickklinieken langzaam terug op het rechte pad. Met dank aan zijn huidige verloofde en ex-playmate Melisa met wie hij vanaf februari 2014 te zien is in een realitysoap getiteld *Andy & Melisa*. 'Het was tijd voor een ommekeer in m'n leven,' zegt hij schuldbewust.

Meijer, Gerard
Bijna onvoorstelbaar lang, een halve eeuw maar liefst, is Gerard Meijer (1935) masseur (en vertrouwensman) bij Feyenoord. Hij groeit uit tot een clubicoon en werkt samen met tientallen trainers en honderden voetballers. In het *Algemeen Dagblad*: 'Natuurlijk heb je met de een meer dan met de ander, maar ik heb me altijd goed kunnen verplaatsen in andermans gedachten. Ik heb geleerd me aan te passen, altijd mijn eigen weg te vinden.'
Meijer wordt benoemd tot 'ambassadeur' van de club, 'wat inhoudt dat Meijer op wedstrijddagen zo oneindig veel handen schudt, dat je er een lamme arm van zou krijgen. In De Kuip treft u Meijer meestal in de buurt van een deur. Daar is zijn rendement simpelweg het grootst,' aldus Sjoerd Mossou in een column in het *Algemeen Dagblad*. Bij zijn afscheid krijgt Meijer van Feyenoord een reischeque ter waarde van 1000 euro. 'Dat je voor 1000 euro niet eens een weekje naar Spanje kunt, was voor Meijer geen reden om woedend de deur van De Kuip achter zich dicht te smijten. Meijer nam de cheque in ontvangst en zei bedankt. Je zou dat een blijk van echte clubliefde kunnen noemen.'

Meis, Sylvie
Brabantse actrice die zich van sexy bardame in de tv-serie *Costa!* omhoogwerkt tot celeb in Nederland en Duitsland – en tot een van de bekendste voetbalvrouwen van Nederland en misschien zelfs wel van West-Europa. Tussen 2005 (veelbesproken huwelijk) en 2013 (veelbesproken scheiding) heet Sylvie Meis Sylvie van der Vaart, dankzij haar Rafael.
SBS 6 zendt een uur lang beelden uit van de bruiloft in Heemskerk. Het is geen doorsnee huwelijk. Er zijn veertien bruidskinderen, de kerk is versierd met twintigduizend bloemen, de bruidsjurk is een creatie van de ook in Hollywood ver-

maarde Elie Saab en Van der Vaart draagt een handgemaakt pak en handgemaakte schoenen. Het thema van de dag is: *La dolce vita*, het zoete leven. In Château Marquette is een Toscaanse binnenplaats nagebouwd, met bloemen, crèmekleurige accenten en olijfbomen.

Menzo, Stanley

Bezeten en bevlogen doelman die in 1985 aan het keepersvak bij Ajax van technisch directeur Johan Cruijff een waarde moet toevoegen: die van de meevoetballende goalie. Met zijn spectaculaire stijl en formidabele reflexen verovert Menzo (1963) al snel de harten van het Ajax-publiek. Maar hij jaagt dezelfde fans ook geregeld schrik aan door ver buiten zijn strafschopgebied te opereren.

Menzo is leergierig en ambitieus en werkt met keeperstrainer Frans Hoek hard aan de nieuwe stijl van keepen. Maar Menzo is misschien wel té gepassioneerd en daardoor soms overgeconcentreerd. Na acht

jaar, en 322 wedstrijden, komt in maart 1993 een abrupt einde aan zijn tijdperk bij Ajax. Louis van Gaal is inmiddels trainer en Menzo maakt een onzekere periode door. In de kwartfinale van de UEFA Cup-wedstrijd tegen Auxerre maakt Menzo bij een 2-2 stand een blunder. Hij slaat een Franse corner in eigen doel. Die fout markeert het begin van de carrière van Edwin van der Sar, die vanaf dat moment eerste keus is.

Merkel, Max

Bijna niemand in Nederland heeft op 14 maart 1956 vertrouwen in een goede afloop van de uitwedstrijd tegen Duitsland, de *Weltmeister*, maar onder leiding van de Oostenrijkse bondstrainer Max Merkel (1918-2006) wordt een wonderbaarlijke zege geboekt. Dankzij twee doelpunten van Abe Lenstra wint Nederland in Düsseldorf met 2-1. Duizenden landgenoten zijn getuige, miljoenen zijn aan de radio gekluisterd. Merkel, eerder trainer van HBS, is niet lang in dienst van de bond. Nadat hij weigert een lezing te houden, wordt hij weggestuurd. Zijn verklaring voor de weigering: 'Het enige wat ik moet is doodgaan.'

Mesincident

Fred Bischot (1948) wil tijdens een nacompetitieduel met FC Groningen op 10 juni 1979 een ingooi nemen ter hoogte van de middenlijn als hij opeens iets langs zijn oor hoort suizen. 'Voor me stak een stiletto in het gras,' haalt de speler van Telstar een huiveringwekkende herinnering op in de *IJmuider Courant*.

Groningen-supporter Jacob R. is de afzender van het mes, hij kan de hardheid van Bischot maar matig waarderen en reageert zich op deze manier af. Bischot pakt het

mes op, overhandigt het aan scheidsrechter Bep Thomas en gaat met zijn teamgenoten in een rechte lijn naar de kleedkamer. De arbiter last een afkoelingsperiode in, vraagt tot drie keer toe of Telstar weer bereid is om het veld in te gaan, maar dat zijn ze niet. Bij Bischot zit de schrik er goed in. 'Ik had toen twee kleine kinderen en een vrouw thuiszitten. Een paar centimeter naar rechts en ik was er misschien niet meer geweest.'
Als de wedstrijd definitief wordt gestaakt, reageert het thuispubliek woedend. Met overvalbusjes worden de spelers van Telstar buiten de stad gebracht, waarbij ze plat op de grond moeten blijven liggen. Op de snelweg stapt de selectie over op de eigen spelersbus.
Op 20 juni wordt het duel met publiek uitgespeeld, Groningen wint met 3-0. Bij Telstar staat Bischot gewoon in de basis.

Metgod-broers

Drie broers die allen het betaald voetbal halen, het komt niet al te vaak voor. Gezamenlijk zijn John (1958), Edward (1959) en Mark Metgod (1963) goed voor 880 duels in de eredivisie. Dat de jongste in dienst van HFC Haarlem slechts tot twee duels komt in het seizoen 1984-1985 doet daar verder weinig aan af. Van de twee iets volwaardiger profs maakt John het meest carrière. Hij wordt met AZ en Feyenoord landskampioen, speelt bij grote clubs als Real Madrid en Nottingham Forest en hult zich 21 keer in het Oranje-shirt. Edward Metgod is een goede clubkeeper bij HFC Haarlem en Sparta en haalt zowaar ook het Nederlands elftal. Beiden hebben zich op het trainersvak gestort, John maakt nu deel uit van de technische staf van de Colorado Rapids, Edward is scout bij het Nederlands elftal. De jongste telg heeft van golfen zijn beroep gemaakt.

Meulen, Gejus van der

Gejus van der Meulen (1903-1972) wordt niet in de eerste plaats herinnerd omdat hij maar liefst 54 wedstrijden het doel verdedigt van het Nederlands elftal, omdat hij huisarts te Haarlem is, deelneemt aan de Olympische Spelen van 1924 en 1928 of omdat hij, als heer van stand, in 1934 als enige speler permissie krijgt om zijn vrouw mee te nemen naar het WK. HFC-doelman Van der Meulen staat tegenwoordig bekend als (voetbal)collaborateur. Hij werkt als SS-arts en laat al een paar maanden na de inval van de Duitsers met een bord op zijn praktijk weten dat Joden niet welkom zijn. In 1940 wordt hij lid van de NSB en twee jaar later van het Vrijwilligers Legioen Nederland. Als arts aan het Oostfront staat

hij de Duitse troepen terzijde. Na de oorlog wordt hij tot acht jaar gevangenisstraf veroordeeld.

Meulensteen, René

Opmerkelijk, daar waar René Meulensteen (1964) assistent-trainer wordt, trekt hij binnen de kortste keren zelf aan de touwtjes. Zo gaat dat bij Anzhi Makhachkala, waar hij heel snel Guus Hiddink aflost als hoofdtrainer, en als hij in november 2013 aan de slag gaat bij Fulham wordt Martin Jol binnen drie weken ontheven van zijn functie. Maar toch kennen we Meulensteen, fervent aanhanger van de Wiel Coerver-methode, het best als loyaal assistent van Sir Alex Ferguson. Verdeeld over twee periodes werkt hij ruim tien jaar voor Manchester United.

Michels, Rinus

De grootheid van Rinus Michels (1928-2005) wordt wereldwijd erkend. De Engelse kwaliteitskrant *The Times* roept hem in 2007 uit tot beste coach na de Tweede Wereldoorlog. De voorsprong op Johan Cruijff (15), Guus Hiddink (29) en Louis van Gaal (36) is groot. *The Times* schrijft: 'De Nederlander, die in 2005 overleed, werd in 1999 door de FIFA uitgeroepen tot coach van de eeuw. Die keer had de bond het eindelijk eens bij het juiste eind. Als uitvinder van het totaalvoetbal won Michels met Ajax de Europacup I, met Barcelona de Spaanse landstitel en met Nederland het EK in 1988. Hij had het WK 1974 ook moeten winnen. Bovendien zou je bereid zijn Wembleytoegangsprijzen te betalen om zijn ploegen te zien spelen.'
Zijn strengheid en leiderschap leveren hem de bijnaam de Generaal op, zijn ondoorgrondelijkheid de Sfinx. Bij Ajax staat hij in de jaren zestig bekend als de Bul. Michels is de man die het Nederlandse voetbal een grote impuls geeft en een forse bijdrage levert aan de professionalisering van de sport. Mede dankzij hem verdwijnt de kneuterigheid uit het voetbal en wordt een internationale doorbraak bewerkstelligd. Hij heeft het geluk aan zijn zijde, in de persoon van Johan Cruijff.
Familiebanden, vriendschappen, voor het voetbal moet alles wijken. Michels is meedogenloos. Veelzeggend is de kop boven een interview in 1967 in *Vrij Nederland*: ZE MOETEN DOEN WAT IK ZEG. Met zijn vrouw Wil vormt hij een sterke twee-eenheid. Opvallend is de ontspannen manier waarop hij zich in 1988 tijdens het EK in de media manifesteert: de starheid maakt plaats voor losheid.
Na zijn dood, het gevolg van complicaties na een hartoperatie in een kliniek in het Belgische Aalst, verschijnt er een aangrijpend interview in *de Volkskrant* van Bart Jungmann met Peter Michels, een broer die altijd op de achtergrond is gebleven. Ook de kop boven dat artikel spreekt boekdelen: DAT VERVLOEKTE VOETBAL. Het voetbal heeft zijn broer zo in beslag genomen, zegt Peter Michels, dat hij zijn naasten verwaarloosde. Rinus Michels blijft altijd de Sfinx, het masker gaat nooit af, tot groot verdriet van zijn broer.
Kort na zijn dood vindt Peter Michels de agenda van zijn broer. 'Daarin stonden keurig de wedstrijden genoteerd die hij de komende maanden wilde bezoeken. Ongelooflijk, waarmee zo'n man nog bezig is geweest. Ik weet niet of er een hemel is, maar ik hoop voor hem dat ze er twee elftallen kunnen samenstellen. Moet toch een mooi gezicht zijn, 22 engelen en een bal.'

Rinus Michels gaat op de schouders van Ruud Gullit en Adri van Tiggelen na het winnen van het EK in 1988.

Mickey Mouse-competitie

De term valt elk seizoen als het over ons voetbal gaat, de eredivisie is een Mickey Mouse-competitie. Te klein om serieus genomen te worden, zeker in vergelijking met grootmachten als Premier League, Bundesliga en Primera División. De roemruchte Engelse coach Brian Clough ('Ik ben niet de beste coach, maar ik sta wel in de top-1') introduceert midden jaren tachtig deze term om de in zijn ogen minderwaardige eredivisie te duiden. Maar voor de originele bedenker moeten we een continent verder wezen. In Amerika vergelijkt ene George Halas, American football-coach in de NFL, de concurrerende AFL-competitie met de beroemde muis uit de Walt Disney-fabriek.

Mido

Roepnaam van de Egyptische voetballer Ahmed Hossam (1983) die in 2001 bij Ajax neerstrijkt. Hij is negentien jaar, verdient bij Ajax drie miljoen gulden per seizoen en geeft dat met bakken tegelijk uit.
Rijdt in een Ferrari 306 Modena, een rode natuurlijk. Hij bekent dat hij in België, als speler van AA Gent, zonder rijbewijs heeft rondgereden. 'Ik was absoluut niet van plan om met de bus naar de trainingen en naar de wedstrijden te gaan. Anders zou ik opstappen.'
De aanvaller levert in 2002 een flinke bijdrage aan de titel van Ajax, maar hij komt ook in botsing met ploeggenoot Zlatan Ibrahimovic, die hij in de kleedkamer een verbandschaar naar zijn hoofd slingert.
Later haalt Mido zich de woede van trainer Ronald Koeman op de hals door op een zaterdag even naar Caïro te vliegen zonder de club daarvan in kennis te stellen. Kort daarna vertelt hij de trainer dat hij geen zin meer heeft om als linksbuiten te spelen. Dat moet een ander maar doen.
Tussen 2003 en 2013 dient Mido nog een onwaarschijnlijke hoeveelheid clubs, waaronder ook nog even Ajax, maar zijn prestaties spreken nergens tot de verbeelding. Mido komt per jaar kilo's aan. Op zijn dertigste stopt hij met voetbal.

Mijnals, Humphrey

Dominee Graafland doet meer dan het gebruikelijke zendelingenwerk in Suriname. De geestelijke heeft ook oog voor voetbaltalent én hij is de huisvriend van de familie Mijnals in Moengo, een dorpje in het westen van Suriname. Eenmaal terug in Zeist neemt hij contact op met Elinkwijk en tipt de club over de zoon des huizes, Humphrey Mijnals (1930). Een avontuur van de Surinaamse international in Brazilië is op niks uitgelopen, eenmaal terug bij topclub Robin Hood aast Mijnals op een Nederlands avontuur. Elinkwijk durft de gok wel aan, laat Mijnals per vrachtboot (het vliegtuig wordt gemist vanwege een uitgelopen afscheidsduel) overkomen en heeft zeven seizoenen lang veel plezier van de Surinaamse verdediger.
Op 30-jarige leeftijd komt daar nog een verrassende ontwikkeling bij: Mijnals krijgt van bondscoach Elek Schwartz een invitatie voor Oranje. Op 3 april 1960 in de interland tegen Bulgarije wordt Mijnals zodoende de eerste Surinamer in Oranje. Hij maakt vooral naam met een technisch perfect uitgevoerde omhaal in zijn eigen strafschopgebied, een vrij onbekend fenomeen in die tijd.
Een mindere beurt tegen België luidt het einde van zijn tijdperk als international al weer in. Hij mag nog wel mee op een

Humphrey Mijnals met het Nederlands elftal, voor de wedstrijd tegen Bulgarije in 1960. Achterste rij: Van der Kuil, Henk Groot, Van der Linden, Rijvers en Moulijn. Voorste rij: Muller, De Munck, Wiersma, Mijnals, Klaassens en Kuijs.

trip naar Zuid-Amerika, maar meer dan een invalbeurt tegen Suriname zit er niet in. Als hij na terugkeer kritiek spuit in de media zit zijn interlandcarrière erop.

Mijnders, Kees

Voordat Oranje in 1934 naar Rome gaat (ze komen overigens niet verder dan Milaan), houdt Karel Lotsy een van zijn befaamde donderspeeches, die het Polygoon-journaal, ook al bevangen door de WK-koorts, in zijn geheel opneemt. Voordat Lotsy zijn ietwat vreemde yell afsteekt ('Heja, heja, litsjumeaux, kwatta, kwatta!') maakt hij de spelers duidelijk dat ze zich in Italië dienen te onthouden van alle kwalijke invloeden die ze tegen zullen komen. Deze boodschap geldt met name voor Kees Mijnders (1912-2002) die het niet zo nauw neemt met de gedragsregels. De speler van DFC gaat regelmatig aan de zwier, ook rond interlands. Het gerucht dat hij daarbij een geslachtsziekte oploopt, kan ook tachtig jaar na dato niet bevestigd worden.

Militair elftal

Zelfs talentvolle voetballers ontkomen er niet aan: de militaire dienst. Voor hen is echter een aantrekkelijk alternatief beschikbaar, het Nederlands militair elftal. Het staat twintig jaar onder leiding van luchtmachtofficier Jan Zwartkruis die over een surplus aan talent kan beschikken. Dankzij spelers als Willy van der Kuijlen, Piet Keizer, Klaas Nuninga, Jan Mulder, Barry Hulshoff, Rob Rensenbrink, Jan van Beveren, Dick van Dijk en Wim Jansen geldt de ploeg zelfs jarenlang als de kraamkamer van het echte Oranje.

In 1967 plaatst het elftal zich onder leiding van kapitein Zwartkruis voor het 'intergeallieerd' eindtoernooi in Irak. In zijn bio-

Anderlecht-voetballer Jan Mulder is op 27 juli 1966 in de legerplaats Ossendrecht aangekomen om zijn militaire dienstplicht te vervullen.

grafie van uitgever Voetbal International kijkt Jan Mulder terug: 'We zijn daar nooit geweest. We hadden onze tropenkleding al ontvangen toen in het Midden-Oosten de Zesdaagse Oorlog losbarstte. Het feest was meteen over, jammer want ik verheugde me op dat kaki kostuum. Dat vond ik nog het ergste, dat we dát niet konden dragen.'

Mini-voetbalshow

Een uitverkocht Ahoy en miljoenen voor de buis. Op de avonden dat de NCRV beelden uitzendt van de *Mini-voetbalshow* is het vrij stil op straat. De kijkers genieten vanaf oktober 1974 met volle teugen van de eigentijdse variant op het aloude zaalvoetbal. Een bal die uit een koker valt, gaten achter in de doelen, een veld dat doorloopt tot achter de goals, kopdoelpunten die dubbel tellen, drie corners penalty, en een keur aan binnenlandse en buitenlandse vedettes die op komen draven in het Rotterdamse Sportpaleis. Of ze nou Sjaak Swart, Coen Moulijn, Rik Coppens, Jimmy Greaves of Arie Riedijk heten, met veel plezier onderwerpen de sterren zich aan deze populaire voetbalvariant met presentatie van Dick Passchier en van commentaar voorzien door Joop Niezen en Barend Barendse. Tien jaar houdt het concept stand, dan gaat de stekker eruit.

Mistwedstrijd

De onbekende Cees de Wolf (1945-2011) vervangt Piet Keizer op 7 december 1966 in de wedstrijd Ajax-Liverpool. Het is zó mistig die avond dat bijna niemand in het Olympisch Stadion iets meekrijgt van de glorieuze 5-1 zege van de Amsterdammers op het elftal van Bill Shankly. De Wolf: 'We hoopten op een gelijkspel, dat leek het

hoogst haalbare tegen de kampioen van Engeland.' Maar binnen twee minuten ligt de bal al in het net. Voorzet Sjaak Swart, kopbal De Wolf. Doelpunt.
Ajax ontwikkelt zich in de jaren daarna verder als Europese topclub, maar voor De Wolf trekt de mist eigenlijk nooit meer op. Hij belandt na wat omzwervingen in België. De drank krijgt hem eronder. 'Toen ik 25 was, kocht ik een kroeg. Ik dacht: als ik er toch altijd al zit, kan ik er net zo goed één kopen. Dat was einde verhaal.'
Hij baalt jarenlang van het feit dat zijn mooiste wedstrijd in de mist werd gespeeld, want niemand heeft zijn doelpunt of hem gezien. Pas veel later dringt tot hem door dat de mist die wedstrijd juist legendarisch maakt en dat de mensen zich daarom Cees de Wolf zullen blijven herinneren.

Mochizuki, Tatsuya

De vraag doet het altijd goed tijdens een quiz. Wie was ook alweer de eerste Japanner in de eredivisie? Wie het antwoord weet, mag zich opgeven voor de NK voetbalquiz in Maassluis.
Tatsuya Mochizuki (1963) is de naam. In 1982 ontdekt door Haarlem-trainer Hans van Doorneveld tijdens een oefenduel dat Jong Japan afwerkt in Zeist. Met behulp van een sponsor en een gastgezin komt de middenvelder bij de HFC Haarlem terecht, waar hij echter niet doorbreekt. Zijn optredens blijven beperkt tot een handvol in de eredivisie en de KNVB-beker. Na twee seizoenen stapt hij over naar Telstar, maar ook een divisie lager slaagt hij niet in zijn opzet. Gedesillusioneerd keert hij terug naar het vaderland.

Molenaar, Keje

Stijlvolle rechtervleugelverdediger van Volendam, Ajax, Feyenoord en SVV. Wordt na zijn loopbaan in 1990 beëdigd als advocaat. Molenaar (1958) speelt in 2010 en 2011 op de achtergrond een grote rol in de fluwelen revolutie bij Ajax. Hij steunt Johan Cruijff in zijn plannen voor radicale veranderingen binnen de club.

Mos, Aad de

In het begin van zijn trainersloopbaan wordt hij Haagse Aadsje genoemd; de getapte jongen, een bluffer soms, die zich uit de Schilderswijk omhoogknokt en furore maakt bij Ajax. Hij maakt de club twee keer kampioen, maar wordt in 1985 ontslagen. Drie jaar later haalt hij zijn gram. Als trainer van KV Mechelen wint hij de finale van de Europacup II van Ajax met 1-0. De Mos (1947) maakt een vreugdedansje op het veld en steekt zijn middelvinger op naar de Ajax-bestuurders op de tribune.
Later in zijn loopbaan krijgt De Mos de bijnaam Aadje Afkoopsom, omdat hij veel clubs verslijt – waaronder Anderlecht, PSV

Aad de Mos (midden).

en Werder Bremen – en vrijwel nergens zijn contract uitdient. Gedonder geeft zijn werkwijze wel vaak. De Mos krijgt het overal aan de stok met een of meerdere spelers, die hij niet zelden vernedert met een wissel zeer vroeg in de eerste helft.
Zijn laatste club in Nederland is Sparta, waar hij in april 2010 met veel bombarie binnenkomt om de club te redden voor de eredivisie. Maar de trainer die zichzelf eens 'een garantie voor succes' noemt, slaagt niet in die missie. Hugo Borst schrijft een boekje over die periode onder de titel: *Waarom ik zo van Sparta hou (en Aad de Mos haat)*.

Mosveld-baby's
Een team dat vanaf de jeugd samenspeelt en later de stap naar de eredivisie zet, kom daar nog maar eens om. Het lukt het jeugdelftal van De Volewijckers dat, spelend op het Mosveld, al snel de bijnaam Mosveld-baby's krijgt toebedeeld. Vanaf begin jaren zestig staan spelers als Cees Kick, Hassie van Wijk en Frits Soetekouw bijna dagelijks met elkaar op het veld onder leiding van de vaderlijke coach Evert Theunissen. Onder diens opvolger, de al even innemende Daan de Jongh, komt het Wonder van Zuilen tot stand. De eerste promotie-degradatiewedstrijd tegen Elinkwijk (uit de Utrechtse wijk Zuilen) wordt met 4-3 gewonnen, bij Elinkwijk staat de ploeg tien minuten voor tijd met 4-1 achter en lijkt de droom te vervliegen. Dan volgt het wonder: de Mosveld-baby's scoren in de slotfase drie keer en promoveren naar de eredivisie.

Moulijn, Coen
Onwerkelijk is het: wie de legendarische linksbuiten Coen Moulijn (1937-2011) wil spreken, hoeft hem alleen maar te bellen

De Volewijckers alias de Mosveld-baby's.

in zijn kledingzaak. 'Moulijn Herenmode', klinkt het dan. Al in 1961 opent hij de zaak aan de Langenhorst in de Rotterdamse Zuidwijk. Zelfs de allerbeste voetballers moeten in de jaren zestig gewoon werken naast hun sport.
Moulijn is groot, als mens en als voetballer. Bijna vijfhonderd wedstrijden speelt hij voor Feyenoord. Zijn voorzetten zijn maatwerk, zijn dribbels onnavolgbaar.
Als Coentje in de middencirkel van De Kuip gaat zitten klaverjassen, komen er al tienduizend mensen kijken, is een bekende uitspraak in de jaren zestig, toegeschreven aan Feyenoord-voorzitter Kieboom.
Ook lang na het beëindigen van zijn loopbaan wordt Moulijn nog voortdurend geëerd. In 1999 wordt hij uitgeroepen tot Rotterdamse sporter van de eeuw. In 2008 wordt een musical over hem gemaakt, *Feyenoord Forever*, en in 2009 wordt bij De Kuip een standbeeld van Moulijn onthuld.
Een zondagskind is hij niet, ondanks zijn grote talent. Een echtscheiding, een lichamelijk gehandicapte zoon, een doodgeboren kindje en een hartinfarct stellen hem op de proef. Zijn laatste dagen als voetballer vallen hem zwaar, bekent hij in de biografie *Coen Moulijn*. 'Ik was opgelucht toen ik stopte. Ik realiseerde me plotseling: je hoeft niet meer te presteren, Coen. Ik was bang, onzeker. Niet voor een schop, die zag ik al van verre aankomen. Maar om het waar te maken. Die druk. Het voetballen was een obsessie.'
Coentje overlijdt op 4 januari 2011, aan een herseninfarct. Zijn vrouw Adrie ontvangt meer dan duizend condoleancebrieven van Feyenoord-supporters. Een jaar later kijkt

Feyenoorder Coen Moulijn passeert middenvelder Dick Twisk van AZ '67.

ze vol verwondering terug op de begrafenisplechtigheid. 'Mensen sloegen op de auto met Coen. Gooiden er bloemen op, boeketten. Jonge en oude mensen huilden. Je hoorde ze roepen. Coen, Coen, Coen! Coentje, bedankt! Ik zat daar natuurlijk met al mijn verdriet, want ik was mijn man verloren. Maar ik was ook trots, want dit deden die mensen toch maar allemaal voor hem.'
Vier maanden na zijn dood wordt de doorgaande route tussen De Kuip en de trainingsvelden van Varkenoord omgedoopt tot de Coen Moulijnweg. COEN MOULIJN, (1937-2011), SPELER VAN FEYENOORD, staat er op het bordje. 'Ik hoop dat Coen van boven meekijkt,' zegt weduwe Adrie.

Mühren, Arnold
Zoals de Volendamse muziek haar eigen stijl heeft, zo hebben de voetballers uit het dorp die ook: met een fluwelen balbehandeling als belangrijkste basisingrediënt. Arnold Mühren (1951) is een belangrijke exponent van die voetbalstijl. En in zijn geval geldt: hoe ouder, hoe beter. Breekt in zijn eerste periode bij Ajax niet door, wint daarna met FC Twente de KNVB-beker, met Ipswich Town de UEFA Cup, met Manchester United twee keer de FA Cup, waarna Johan Cruijff hem op 34-jarige leeftijd terughaalt naar Ajax.
Kort voor zijn 36e verjaardag wint Arnold Mühren met de Amsterdammers het Europacup-II-toernooi, door in Athene Lokomotive Leipzig te verslaan. Op 37-jarige leeftijd zet de linksbenige middenvelder de kroon op zijn voetballeven. Hij wordt in West-Duitsland Europees kampioen met het Nederlands elftal. In de finale tegen de Sovjet-Unie (2-0) is hij de aangever van

Arnold Mühren maakt reclame voor Citroën.

het meest memorabele doelpunt in de geschiedenis van het Nederlandse voetbal, de volley van Marco van Basten.

Mühren, Gerrie
Het gebeurt op een avond in Estadio Bernabéu in Madrid, in 1973. Bij Real Madrid-Ajax (0-1), in de halve finale van het toernooi om de Europacup I, houdt middenvelder Gerrie Mühren (1946-2013) de bal ter hoogte van de middenlijn even een paar maal hoog. Hij vangt een breedtepass van Wim Suurbier op met zijn linkervoet, tikt de bal direct over naar zijn rechtervoet, dan weer naar zijn linkervoet, vervolgens weer naar rechts. Daarna laat hij de bal een moment roerloos liggen op zijn linkervoet, waarna hij 'm doorspeelt naar de opkomende Ruud Krol.
Ajax is superieur in Europa. Een maand na de avond in Madrid, waarop Mühren ook het enige doelpunt maakt, zou Ajax in de finale tegen Juventus de trilogie voltooien. Driemaal op rij winnaar van de Europacup I en Mühren is er drie keer bij.
De actie van Mühren in Madrid is geen provocatie, maar een uiting van de spelende mens. 'Ik dacht er niet eens bij na.' Hij is een fabelachtige technicus die zijn

kwaliteiten in dienst stelt van het team. Naast zijn goede lange passes en voorzetten valt hij ook op door zijn verdedigende bijdragen. Hij heeft een geweldige conditie. Na zijn carrière is Mühren, die in 2013 overlijdt aan de beenmergziekte MDS, scout voor Ajax en organiseert hij met broer Arnold clinics voor de jeugd.

Muiswinkel, Erik van

Haarlemse cabaretier (én Hoofdpiet) die in het VARA-programma *Studio Spaan* (2000-2003) en later ook *Kopspijkers* de aandacht trekt met soms meesterlijke imitaties. Van Muiswinkel (1961) kruipt onder anderen in de huid van Harry van Raaij, Willem van Hanegem, Jan Mulder, Hans Kraay sr. en Ronald Spelbos. Zijn vriend en collega Diederik van Vleuten neemt Ronald Koeman, Eric Gerets, Rinus Michels en Jorien van den Herik voor zijn rekening. Van Muiswinkel heeft een favoriet: 'Aan Van Hanegem zat ik het meest gebakken. Daar zat ik zo goed in dat ik er lustig op los kon improviseren.' De twee mannen ontmoeten elkaar in 2003. Van Hanegem is op dat moment assistent van bondscoach Advocaat. 'Hij vroeg of ik de kwalificatiewedstrijd in Wit-Rusland van hem kon overnemen. Zo'n reis naar Minsk, daar had Van Hanegem niet zo'n zin in. En, zei hij, Advocaat merkt het verschil toch niet.'

Mulder, Jan

Niemand zit in tv-studio's vaker aan tafel dan de Groningse schoenmakerszoon, de voetballer die schrijver wordt en later een nukkige, wispelturige beroepscommentator. Uit een onderzoek uit januari 2014 blijkt dat Jan Mulder (1945) bijna duizend keer te gast is in talkshows op de Nederlandse televisie. De voorsprong op de nummers twee en drie, Marc-Marie Huijbregts (218) en Frits Wester (187), is groot – en dan zijn de optredens van Mulder in *Studio Voetbal* nog niet eens meegeteld.
In de jaren negentig krijgt hij een vaste plaats op televisie, in het programma *Barend & Van Dorp*. Een van de hoogtepunten beleeft Mulder tijdens het WK in Frankrijk in 1998, als derde man in *Villa BvD*.
'Stukjesschrijver', 'mannetje van de televisie', Mulder is de eerste om zijn werk te relativeren. Zijn schrijverschap begint begin jaren zeventig als NRC *Handelsblad* hem vraagt een 'Hollands Dagboek' te schrijven en hij columns gaat produceren voor weekblad *De Tijd*. In 1976 lokt chef-sport Ben de Graaf hem naar *de Volkskrant*. Mulder excelleert elke maandag met een column op de sportpagina. In NRC *Handelsblad* kijkt hij ruim dertig jaar later terug op zijn debuut. 'Ik weet nog hoe gelukkig ik me voelde toen ik op een zondagavond

samen met mijn vrouw Johanna mijn eerste twee stukjes ging inleveren op de redactie aan de Wibautstraat.' Het verlangen naar het veld verdwijnt echter niet. 'In een flits scoren en dat enorme geluid uit vijftigduizend toeschouwers schieten, daar heb ik altijd van genoten. Een ingezonden brief na een column is toch minder.'
Zijn voetbalcarrière is een rijke bron van inspiratie. Als jongen uit Winschoten verovert hij in het tweede deel van de jaren zestig Brussel, als midvoor van Anderlecht. In 1972 stapt hij voor het recordbedrag van 1,3 miljoen gulden over naar Ajax. Een zware knieblessure dwingt hem er twee jaar later toe zijn loopbaan te beëindigen. 'Schrijven heeft me uit het zwarte gat gehaald van de profvoetballer die vroegtijdig moet stoppen,' zegt hij in 2003 in *De Morgen*. 'Een midvoor wordt hard aangepakt, ik ben zo'n zeven keer geopereerd. Nu ben ik opgewekt van aard en heb ik er nooit echt veel last van gehad, maar op het laatst van mijn carrière zag ik het toch duister in. Dat gesukkel met die knie. Weer het ziekenhuis in, die pijn, niet kunnen spelen, falen in zekere zin.'

Mulder, Jantje
Jantje Mulder (1961) wordt hij genoemd, voor het onderscheid met de gelijknamige oud-international en analyticus. Later gaat hij als Jantje M. de (straf)boeken in. De oud-speler van onder meer Feyenoord, Sparta, Dordrecht en Telstar belandt in de cel nadat hij in juli 1999 in een dronken bui een vriend doodschopt. De officier van justitie heeft het tijdens de behandeling van de rechtszaak over 'de getrainde benen van deze oud-profvoetballer als wapens'. Al eerder in zijn actieve loopbaan komt Mulder in opspraak. Op 27 maart 1993 doet de toenmalige linksback van Telstar er schijnbaar alles aan om tegenstander FC Zwolle aan tegengoals te helpen. In de laatste minuut glijdt hij de bal zelfs over de eigen doellijn. Na afloop doen er al snel suggesties de ronde dat de wedstrijd verkocht is, maar als Mulder wordt geconfronteerd met deze geruchten geeft hij luid en duidelijk antwoord. 'Iemand die zulke dingen durft te beweren, sla ik zijn kop eraf.'

Mulder, Youri
Zoon van Jan Mulder. Spits van FC Twente en Schalke 04. Wint in 1997 met de Duitse club de UEFA Cup. En in navolging van zijn vader haalt hij ook het Nederlands elftal, waarin hij op 6 september 1995 tegen Wit-Rusland zijn belangrijkste doelpunt maakt. Mulder (1969) valt in een erbarmelijke wedstrijd bij een 0-0 stand in voor René Eijkelkamp. Oranje moet winnen om in de race te blijven voor het EK 1996 in Engeland. In De Kuip gaat zo'n beetje alles mis, totdat

Youri Mulder (links).

een wegwaaiende dieptepass van Orlando Trustfull door Mulder met de punt van zijn schoen in het doel wordt gewerkt. Oranje haalt uiteindelijk het EK, en Mulder is daarbij, maar tijdens dat toernooi gaat het Nederlands elftal kapot aan onderlinge strubbelingen.

Mulier, Pim

Hij is de grondlegger van het voetbal in Nederland. Geboren in Groningen verhuist Pim Mulier (1865-1954) op jonge leeftijd naar Haarlem waar hij in 1879 (op veertienjarige leeftijd) de oudste voetbalclub (HFC) van het land opricht. Hij trapt zelf ook aardig tegen een balletje, hij haalt zelfs het bondselftal, de voorloper van het officiële Nederlands elftal. In 1889 richt hij de Nederlandsche Voetbal- en Athletischen Bond op waarvan hij de eerste voorzitter wordt. Muliers inspanningen blijven niet beperkt tot het voetbal, hij is ook de drijvende kracht achter atletiek, tennis en schaatsen. Zijn notities over een lange schaatstocht in Friesland vormen de basis van de Elfstedentocht. Het feit dat hij honderdvijftig jaar geleden ter wereld kwam, wordt in 2015 groots herdacht in Haarlem.

Pim Mulier (midden onder) als speler van HFC.

Muller, Bennie
Kleine, maar belangrijke halfspeler van Ajax en een ouderwetse semiprof. Muller (1938) bestiert jarenlang een sigarenzaak om aan de kost te komen. Hij heeft niet de tijd om zich volledig aan het voetbal te kunnen wijden en loopt net de gloriejaren van zijn club en het Nederlands elftal mis. Zijn 43e en laatste interland speelt hij in 1968.
Muller is op 17 januari 1965 het mikpunt van een discriminerende belediging. DWS-doelman Jan Jongbloed ergert zich aan de manier waarop Muller op hem inloopt. Jongbloed kan zich niet beheersen en roept 'vuile rotjood' naar Muller. Het incident vormt het bizarre dieptepunt in de sfeer van vaak zwartgallige animositeit tussen landskampioen DWS en stadgenoot Ajax. Jongbloed wordt uiteindelijk voor twee duels geschorst. Die straf heeft zware consequenties. Als DWS in De Kuip tegen Feyenoord voor de titel gaat, blundert invaller-doelman Leo Heeres drie keer en wint Feyenoord met 3-1. Ook tegen Fortuna '54 verliest DWS met Heeres op doel een week later met 0-2. Door die resultaten wordt niet DWS maar Feyenoord kampioen.

Munck, Frans de
In een tijd waarin een *Ladies Night* nog een onbekend fenomeen is in het voetbal, steelt Frans de Munck (1922-2010) op een Pellè-achtige manier de show in het Nederlandse voetbal. Zelfs qua uiterlijk heeft de Zwarte Panter wel wat weg van de goedgesoigneerde Italiaanse spits. De oud-keeper van Oranje (31 interlands), Fortuna '54 en DOS is in de jaren vijftig een ster in ons land. Zo mag hij in 1957 filmster Jayne Mansfield ontmoeten die zojuist de aftrap heeft verzorgd op Het Kasteel, het stadion van Sparta. De platinablonde seksbom geeft

Frans de Munck onderschept de bal tijdens de Watersnoodwedstrijd in 1953 in Parijs.

iedere speler een hand behalve De Munck. Die zoent ze hartstochtelijk. De keeper is dan ook een collega-filmster. Begin jaren vijftig, als hij onder contract staat bij het Duitse FC Köln heeft hij een rol in *Das Ideale Brautpaar*. Niet voor niets wordt De Munck bij onze oosterburen al snel omgedoopt in *Der Erste Star*.

Munsterman, Joop

Een voorzitter die kan reorganiseren is altijd handig. En dus snijdt Joop Munsterman (1951) vanaf zijn aantreden als preses in 2004 driftig in de organisatie bij FC Twente zoals hij dat in een ander leven doet bij de krant *Tubantia* en uitgeversconcern Wegener. Hij maakt in ieder geval van FC Twente een gezond bedrijf, binnen de kortste keren staat er in organisatorisch en sportief opzicht een club die de strijd met de traditionele topclubs aankan. Dat leidt in 2010 tot de landstitel. Tijdens zijn bewind vindt ook een tragedie plaats. In 2011 stort een deel van een tribunedak in, een ongeluk dat aan twee mensen het leven kost.

MVV

Prachtig is de historie van us MVV'ke, de parel van het zuiden. Ooit een grootmacht in de eredivisie, goed voor eindrangschikking vier, vijf en zes, maar eind 2013 afgezakt naar een niveau waarbij zelfs de trainer zijn leven niet veilig is, zoals blijkt als Tiny Ruys met doodsbedreigingen te maken krijgt na een bekernederlaag tegen de amateurs van Cuijck. 'We snijden je keel door en steken je huis in de fik,' wordt hem toegevoegd door een deel van de fans. Een dag later kondigt Ruys zijn ontslag aan. Sterspelers: Fons van Wissen, Pummy Bergholtz, Frans Körver, Willy Brokamp, Jo Bonfrère, Erik Meijer.

NAC
Het uitschrijven van alle namen die tezamen de afkorting NAC vormen is een ruimteverspillende bezigheid, maar op deze plek zeer te rechtvaardigen. NAC is een fusieclub die vanaf 1912 zijn intrede doet in het voetbal en bestaat uit NOAD en ADVENDO, zodat je uiteindelijk de Nooit Opgeven Altijd Doorzetten Aangenaam Door Vermaak En Nuttig Door Ontspanning Combinatie krijgt.
Gesteund door een razend enthousiast publiek, dat met name van de Avondjes NAC ware happenings maakt, is NAC een club om rekening mee te houden. Behoudens een wat langere periode tussen 1986 en 1993 is de club uit Breda altijd op het hoogste podium te bewonderen. Ook wint het in 1973 de KNVB-beker. De laatste jaren wordt de club geplaagd door financiële problemen, ook wordt er veelvuldig van directeuren en trainers gewisseld.
Sterspelers: Rat Verlegh, Kees Kuijs, Leo Canjels, Frans Bouwmeester, Peter van der Merwe, Ton Lokhoff, Pierre van Hooijdonk, Anthony Lurling.

Nandrolon-affaire
Maar liefst drie internationals worden in 2001 betrapt op het gebruik van het verboden middel nandrolon. Edgar Davids wordt positief bevonden op 4 maart, Frank de Boer op 29 april, Jaap Stam op 13 oktober. Alle drie overschrijden ze de toegestane waarde van 2,0 nanogram slechts minimaal. De meestgehoorde verklaring is dat het trio de dupe is geworden van 'vervuilde' voedingssupplementen. Hilarisch zijn de verklaringen van de voetballers zelf. Davids vermoedt dat de stof in zijn oogdruppels heeft gezeten, De Boer legt een verband met de zalf die in zijn gezin wordt gebruikt ter bestrijding van de waterwratjes van zijn dochter en Stam wijst op de mogelijkheid dat inspanningen en stress de oorzaak zijn. Over de affaire wordt vaak wat lacherig gedaan, maar Oranje wordt er wel degelijk de dupe van. In de beslissende kwalificatiewedstrijd voor het WK 2002, uit tegen Ierland, ontbreken aanvoerder De Boer en Davids door schorsingen.

Nanninga, Dick
Met Johan Neeskens is Dick Nanninga (1949) de enige Nederlandse voetballer die een doelpunt maakt in een WK-finale. Zijn rake kopbal levert Oranje in 1978 in de eindstrijd tegen Argentinië een verlenging op, maar die is niet toereikend voor de wereldtitel: 1-3. 'Het wordt tijd dat iemand eens de winnende goal maakt in een WK-finale, ben ik er eindelijk vanaf,' zegt Nanninga.

25 juni 1978. Buenos Aires. Het Nederlands elftal staat in de WK-finale met 1-0 achter. Er moet iets geforceerd worden. Bondscoach Ernst Happel bromt naar Nanninga: 'Du, geh mal warmlaufen.' 'Het is het enige wat Happel in vijf weken tegen me heeft gezegd. Happel was geen prater, meer een kaarter.'
Nanninga, een geboren Oosterparker (Groningen) is van origine machinebankwerker. Later wordt hij betontimmerman. De spits is beresterk en een fantastische kopper. In zijn eerste seizoen bij Veendam halen negen keepers van de tegenpartij het einde van de wedstrijd niet.
De verhalen van Nanninga over het WK zijn hilarisch. 'Het was eenzaam daar. We zaten in het Andes-gebergte, daar hield de wereld op. Het vroor 's nachts. De volgende ochtend trainden we op een keihard veld. Voor het vermaak hadden we videobanden mee van de *Dik Voormekaar Show*. Johan Neeskens imiteerde af en toe Ome Joop. We zijn een keer naar een bowlingbaan gegaan. Na elke gooi moesten Jan Jongbloed en ik de kegels weer rechtop zetten.'
Het doelpunt, 82e minuut. Voorzet van rechts, René van de Kerkhof. Nanninga weet dat zijn kopbal erin zal gaan. 'Dat voel je als je in de lucht hangt en de bal ziet komen. Leuk, maar ik had liever de winnende gemaakt.'

Nationaal gedicht

Subtiel is het misschien niet, met die opzichtige verwijzing naar de Tweede Wereldoorlog, maar niemand beschrijft het winnende doelpunt van Marco van Basten tegen West-Duitsland op het EK in 1988 mooier dan Jules Deelder:

Nationaal gedicht
(21-6-'88)

Oooooooo!
Hoe vergeefs
des doelmans hand

zich strekte
naar de bal
die één minuut

voor tijd
de Duitse doel-
lijn kruiste

Zij die vielen
rezen juichend
uit hun graf

Natris, Jan de

Misschien wel de eerste vedette van het Nederlandse voetbal, een grillige aanvaller (van Ajax) met een surplus aan techniek en een eigenzinnig karakter. Jan de Natris (1895-1972) is een rebelse volksheld die tegenstanders, medespelers, toeschouwers, scheidsrechters en bestuurders tot wanhoop drijft – en intussen 23 interlands speelt. Zijn bekendste daad van verzet gaat de geschiedenis in als de 'Schande van de Schelde'. Tijdens de Olympische Spelen in 1920 in Antwerpen komt de Amsterdammer in opstand tegen de bondsofficials. Terwijl die zijn ondergebracht in dure hotels, slapen de spelers in benauwde vierpersoonshutten op het marineschip Hollandia in de Schelde. Uit onvrede smeert De Natris in bruikleen van bestuurders verkregen grammofoonplaten in met jam, om onopgehelderde redenen, waarna hij ze een voor een in het water gooit. Als hij

Jan de Natris poseert met Ajax, landskampioen in 1918. Staand v.l.n.r. Smit, De Natris, Hordijk, De Haan, Couton en Van Dort. In het midden Joop Pelser, voorste rij Fons Pelser, Terwee, Brokmann en Gupffert.

daarna ook nog eens met een aantal medespelers tot diep in de nacht het Antwerpse nachtleven verkent, wordt hij geschorst voor de laatste wedstrijd tegen Spanje.

NEC

Wie in de historie van de Nijmegen Eendracht Combinatie duikt, bemerkt al snel dat één ontmoeting er met kop en schouders bovenuit steekt. Leuk hoor, die animositeit jegens de buren uit Arnhem, prachtig die vier finaleplaatsen in de strijd om de KNVB-beker en dat rondje UEFA Cup in het seizoen 2008-2009.

Maar er is vooral: NEC-Barcelona. Nota bene als eerstedivisieclub ontmoet het kleine NEC grootmacht Barcelona in de tweede ronde van de Europacup II. De thuiswedstrijd op 19 oktober 1983 in een afgeladen De Goffert verloopt als in een droom. Het elftal van Pim van de Meent komt met 2-0 voor via goals van Anton Janssen en Michel Mommertz, pas dan stelt het geïrriteerde Barcelona orde op zaken: 2-3 onder meer via een eigen goal van Eric van Rossum. In het immense Camp Nou (Carlos Aalbers: 'De kleedkamer was zo groot dat alle spelers er tegelijk naar de wc konden') is Barcelona lief voor NEC (2-0). Sterspelers: Pauke Meijers, Tiny van Reeken, Jan Peters, Cas Janssens, Sije Visser, Carlos Aalbers, Henk Grim.

Neeskens, Johan

Als Johan Neeskens (1951) in 1974 in Barcelona arriveert, gaat hij een groot avontuur tegemoet. Hij is op de toppen van zijn kunnen. Een van de vele bewonderaars, Michel van der Plas, schrijft een gedicht over hem in de geest van 'Herinnering aan Holland' van Hendrik Marsman, met de beginregels:

Denkend aan Neeskens
zie ik benen als lieren
traag door
oneindig grasland gaan.

Hoewel hij met Ajax Europa verovert en met Oranje de WK-finale speelt, is Neeskens nog geen wereldburger. Als hij met zijn vrouw in Barcelona een restaurant wil bezoeken, om zes uur, komt hij voor een verrassing te staan. 'Was het nog dicht en zeiden ze ons dat we maar om een uur of negen moesten terugkomen. Negen uur! Met een volle pens naar bed, dat vond ik maar niks. Als we thuis aten, deden we dat daarom net als in Nederland, rond zessen.'
De onvermoeibare middenvelder past zich snel aan, aan het Spaanse leven en aan FC Barcelona waar hij wordt herenigd met twee landgenoten: Johan Cruijff en Rinus Michels. Neeskens ontpopt zich tot een publiekslieveling, Johan Segundo, oftewel Johan II. In 1976 wordt hij gekozen tot beste speler van Spanje, als eerste buitenlander. Drie jaar later zet hij de socio's van Barcelona aan tot een opstand, als voorzitter Núñez laat weten dat hij de club moet verlaten. 'Neeskens sí, Núñez no,' scandeert het publiek in Camp Nou. Barcelona is zijn grote liefde geworden, 'meer nog dan Ajax'. Hoe populair hij is, blijkt ook bijna dertig jaar later. Als assistent van Frank Rijkaard keert Neeskens in 2006 terug naar Barcelona. Nuchter als altijd zegt hij in het *Algemeen Dagblad* na zijn eerste wedstrijd: 'Het voelde niet echt heel anders. Het was net of ik nooit was weggeweest. Het was de eerste keer op de bank, natuurlijk. Maar niet het gevoel van: dit is heel bijzonder. Meer van: ik ben er weer.'
De Nees zwerft na zijn voetballoopbaan als trainer over de hele wereld. Een merkwaardig toeval zorgt ervoor dat Johan II eind 2012 in één nieuwsbericht opduikt met Johan I. Ze worden op dezelfde dag weggestuurd door hun club, Cruijff door Chivas Guadalajara, Neeskens door het Zuid-Afrikaanse Mamelodi Sundowns.

Neve, Eddy de

Hoe onderscheid je je in een veld vol debutanten moet Eddy de Neve (1882-1943) gedacht hebben tijdens de allereerste interland van het Nederlands elftal. Op 30 april 1905, uiteraard tegen België. En dus scoort de spits van Velocitas Breda liefst vier keer op het veld van Beerschot. Met name zijn tweede, in de zestiende minuut van de verlenging, moet een prachtgoal geweest zijn, een kopbal uit een corner van rechtsbuiten Rein Boomsma. 'De zon stond al laag en we keken allen knipperend tegen de zon in naar den komenden bal,' beschrijft De Neve in zijn boekje *Koning Voetbal* uit 1938. 'Boomsma gaf geen boogschot, maar een kaarsrechten kanjer, die linea recta op mij af kwam. Nu of nooit, dacht ik en bleef roerloos gespannen staan. En tegelijk was het gebeurd. De bal ketste op mijn kop terug en ik zag duizend sterren voor mijn ogen dansen. De bal lag in het doel.'

Neville, Denis

Harde verdediger uit Londen (Fulham) die als trainer in Nederland furore maakt bij Sparta. Neville (1915-1995) wordt met de Rotterdamse club landskampioen in 1959 en wint tweemaal de KNVB-beker (1958 en 1962). Legendarisch is de zege van Sparta in 1960 in het Europacup-I-toernooi op de Schotse kampioen Glasgow Rangers. Op Ibrox Park in Glasgow wordt het 1-0 door een treffer van Tonny van Ede. In 1964 en 1965 is Neville – dan clubtrainer bij Holland Sport – ook nog even bondscoach van Oranje.

Nieuwenhuizen, Richard

Voetbalvader uit Almere, die als zoveel voetbalvaders tijdens een wedstrijdje van hun kind weleens als grensrechter optreedt. Het wordt Richard Nieuwenhuizen (1971-2012) op 2 december 2012 fataal. Na de wedstrijd van het team waarin zijn zoon speelt, Buitenboys B3, wordt hij door tegenstanders van Nieuw Sloten B1 zodanig geschopt en geslagen dat hij later in het ziekenhuis aan zijn verwondingen overlijdt.

De KNVB last voor het weekeinde daarna alle amateurwedstrijden af en op 9 december lopen twaalfduizend mensen, onder wie Richard Nieuwenhuizens zoon Alain, mee in een stille tocht. Op 26 april 2013 wonen 1600 toeschouwers de benefietwedstrijd bij tussen Buitenboys en een ploeg van oud-internationals. De opbrengst van ruim 55.000 euro gaat naar de familie Nieuwenhuizen.

In hoger beroep wordt de enige volwassen dader door het gerechtshof in Leeuwarden tot zes jaar cel veroordeeld. De zes minderjarige betrokkenen krijgen straffen tot maximaal twee jaar jeugddetentie, waarvan een deel voorwaardelijk.

Nieuwjaarswedstrijd

Niets is meer heilig, ook niet de eerste dag van het jaar. Traditiegetrouw de dag dat de oud-internationals aantreden tegen de Koninklijke HFC, maar die tijd is niet meer. Omdat steeds meer oud-Oranjeklanten geen zin meer hebben om na een met alcohol besprenkelde avond/nacht de auto te pakken naar Haarlem, wordt met de helft van de traditie gebroken. Er is nog wel een wedstrijd, maar die vindt vanaf 2009 plaats op de eerste zaterdag van het jaar.

Nilis, Luc

Soms hebben twee voetballers in het veld een 'klik'. Ze maken elkaar beter, voelen en vullen elkaar naadloos aan. PSV beschikt eind jaren negentig over zo'n koningskoppel, met Luc Nilis (1967) en Ruud van Nistelrooij. De lepe technicus uit België en de Sturm und Drang-spits uit Brabant combineren en scoren er lustig op los. In het seizoen 1998-1999 maken ze samen voor PSV 55 doelpunten: Van Nistelrooij 31 en Nilis 24. Daarmee evenaren ze het record van de Ajacieden Marco van Basten en John Bosman uit 1986.

Nistelrooij, Ruud van

ONGEBREIDELDE WOEDE, PURE BEWIJSDRIFT, staat er boven een verhaal over Ruud van Nistelrooij (1976) in *Sportweek*. Het is een rake typering van de spits bij wie het pannetje weleens overkookt. Dan schopt hij een bidon richting Dick Advocaat of beticht hij een andere bondscoach (Marco van Basten) van een hoog 'ik-mag-je-gehalte' bij het selecteren. De goalgetter uit Geffen is voor niemand makkelijk, voor zichzelf al helemaal niet.
Het stelt hem wel in staat om het beste uit zichzelf naar boven te halen. Van Nistelrooij is een gedreven persoon die in elke actie zijn hele ziel en zaligheid gooit. En na een fikse tegenslag (de zware knieblessure bij PSV in april 2000) sterker terugkomt dan voorheen. Want daarna begint zijn zegetocht langs de internationale velden pas goed. Hij wordt topscorer van Engeland en Spanje, wint landstitels met Manchester United en Real Madrid en scoort ook bij Oranje en in de Champions League aan de lopende band.
Aan het einde van 2009 blijkt de tol die Van Nistelrooij betaalt voor zijn nimmer aflatende inzet. Zijn lichaam moet de strijd met het absolute topvoetbal opgeven. Via Hamburger SV komt hij zowaar toch weer in beeld bij Real, maar de Duitse club werkt tot zijn grote woede niet mee aan een tussentijdse transfer. Een half jaar later is hij gevlogen, naar Málaga waar hij in de zomer van 2012 een punt zet achter zijn loopbaan. Daarna is hij bezig met het halen van zijn trainersdiploma's en treedt hij toe tot de technische staf van Oranje.

NOAD

Om verwarring te voorkomen: deze NOAD is niet de NOAD waar in 1912 NAC uit voort-

Ruud van Nistelrooij juicht na het maken van zijn laatste goal voor Oranje, op 29 maart 2011 tegen Hongarije.

komt. Nooit Ophouden Altijd Doorspelen is een club uit Tilburg die in het begin van het profvoetbal een marginale rol speelt in de eredivisie. Voordat de club uit het betaalde voetbal wordt weggesaneerd in 1971 komt het uit in de tweede divisie.

Sterspelers: Rinus Bennaars, Frits Louer, Jan Meijer, Jan Rombout.

Notten, René

In 1998 wordt openlijk verband gelegd tussen doping en de dood in 1995 van Epi Drost

en René Notten (1949-1995), twee spelers die in de jaren zeventig voor FC Twente uitkomen. Notten is pas 45 jaar als hij op Aruba overlijdt aan een hartstilstand. Als trainer van onder meer De Graafschap, FC Zwolle, FC Den Haag (assistent) en Emmen heeft

Top-10: Hobby's

1 Ed de Goeij – puzzelen
2 Henk Vos – koikarpers
3 Stijn Vreven – indianen
4 Paul Bosvelt – striptekenen
5 Kees Kist – duivenmelken
6 Marc Overmars – emaillen reclameborden
7 Theo ten Caat – kunstschilderen
8 Sander Boschker – lego
9 Nigel de Jong – oldtimers
10 Glenn Helder – drummen

hij een opvallende woning: een chalet op wielen, 5,60 meter hoog, zestien meter lang, acht meter breed, te vervoeren over het water. Vooral als speler wordt hij bekend. Na een geruchtmakende arbitragezaak verruilt hij in 1975 FC Twente voor Ajax. Drie jaar later stapt hij over naar Feyenoord.

Numan, Arthur

Het is een spichtige verschijning die midden jaren tachtig zijn intrede doet bij HFC Haarlem. Arthur Numan (1969) volgt het CIOS in Overveen en traint al snel mee bij de profs. Tijd om fatsoenlijk te eten is er bijna niet. Maar de inspanning betaalt zich uit. Via FC Twente, PSV en Oranje, waarbij de paden zich veelvuldig kruisen met Dick Advocaat, komt Numan bij Glasgow Rangers terecht waar hij tussen 1998 en 2003 uitgroeit tot toonaangevende speler. Hij is dan al een tijd linksback, op initiatief van Advocaat die in de Beverwijker geen middenvelder ziet. Met tegenzin laat hij zich omscholen, later blijkt het een gouden greep. Hij reikt tot 45 interlands, waaronder de kwartfinale tegen Argentinië op het WK van 1998. Omdat hij tijdens dat duel twee keer een gele kaart

Arthur Numan (rechts) geflankeerd door Michael Mols (m) en Bert Konterman.

Top-10: Johannen

1 Johan Cruijff
2 Johan Neeskens
3 Johan Boskamp
4 Johan Derksen
5 Johan de Kock
6 Johan Hansma
7 Johan Zuidema
8 Johan Steur
9 Johan Voskamp
10 Johann Vogel

krijgt, mist hij de wedstrijd tegen Brazilië. Na zijn afscheid bij Rangers in 2003 blijft hij nog vijf jaar wonen in Schotland, dan wordt het tijd om terug te keren. Hij gaat aan de slag als scout bij AZ.

Nummer 14

Niet eerder wordt in Nederland naar voetbal gekeken als in *Nummer 14*, de ode van Maarten de Vos (en Cor Coster) aan Johan Cruijff uit 1972. De lyrische muziek van het 'Orkest Tonny Eyk' en de stem van Letty de Jong in 'Chanson pour Milan' dragen bij aan het romantische gehalte van de documentaire. Cruijff keert terug in het Amsterdamse Betondorp en geeft in een interview zelfverzekerd zijn onnavolgbare gedachten en opvattingen prijs. Wat vooral indruk maakt, zijn de vertraagde beelden van de voetballer. Met die muziek.

Nuninga, Klaas

Als iemand tegen Klaas Nuninga (1940) zegt: je bent klein van stuk, je moet biefstukken eten, dan doet hij dat. En als Abe Lenstra in een interview vertelt dat hij zo goed is geworden vanwege de pannenkoeken, dan eet Nuninga pannenkoeken. 'Ik trapte met links en rechts even goed omdat iemand me vertelde dat dat belangrijk was. Je wordt geen topsporter, je bént het.'
De onderwijzer uit Winschoten heeft voorbeelden nodig, ook als bron van inspiratie. Bij Ajax neemt trainer Rinus Michels zijn team weleens mee naar de Europese wedstrijden van Feyenoord. 'Moesten we vooral letten op de tegenstander. Michels heeft ons bewust gemaakt van wat er te koop was in de rest van de wereld op voetbalgebied: tactische ontwikkelingen, verschillende speelwijzen.'
Nuninga houdt zich vijf jaar staande 'tussen de Amsterdammers'. Na de verloren Europese finale tegen AC Milan in 1969 is de veelscorende middenvelder een van de 'slachtoffers' van de veranderingen die Michels doorvoert.

Nygaard, Kristen

Echte uitblinkers telt het AZ-team niet dat in 1981 de landstitel wegkaapt voor de neuzen van Ajax, Feyenoord en PSV, zo

wordt althans beweerd. Maar voor Kristen Nygaard (1949) willen we graag een uitzondering maken. De linkervoet van de Deen is van goud, elke balbehandeling van fluweel. Voor zulke voetballers komen de mensen naar het stadion. Zijn medespelers schatten zijn inbreng op juiste waarde. 'Van niemand kreeg ik de ballen zo panklaar als van Kristen,' zegt Kees Kist op sportschrijvert.nl. 'Die man had een geweldig balgevoel.' Hugo Hovenkamp: 'Hij liep de honderd meter in drie uur en een kwartier, maar dat verdomde ons niks. Met dat linkerpootje maakte hij alles goed.'

Nygaard is geen doorsnee voetballer, hij interesseert zich ook voor haptonomie, leest tijdschriften, schildert en is overtuigd vegetariër. Op donderdag 5 mei 1994 slaat het noodlot toe als zijn auto ter hoogte van Belfort op de Franse A36 getroffen wordt door een zes kilo zwaar stuk ijzer dat verloren is door een vrachtauto en opgewipt wordt door de auto voor hem. Het metaal slaat dwars door de voorruit van de Range Rover, verbrijzelt Nygaards voorhoofd en slaat een groot deel van zijn rechterhersenhelft weg. Nygaard overleeft het ongeluk ternauwernood, maar is ook twintig jaar na dato nog steeds bezig met de revalidatie.

Obiku, Mike

Het is 8 maart 1995, in het Olympisch Stadion is de bekerwedstrijd tussen Ajax en Feyenoord gevorderd tot in de verlenging. Het dat seizoen onverslaanbare Ajax heeft het knap lastig tegen de Rotterdammers, maar het moet wel heel raar lopen wil Ajax niet bij de laatste vier van het bekertoernooi komen. En dan ontsnapt Mike Obiku (1968) aan de aandacht van de Ajax-defensie. Hij omzeilt een, twee man en omspeelt ook Edwin van der Sar. Hij kijkt nog even aarzelend achterom, maar het is echt einde wedstrijd, de Golden Goal is gevallen. Vanaf dat moment heeft hij definitief een heldenstatus veroverd bij het Legioen. Op Cyprus heeft hij die al. Daar is zelfs een tankstation bij Famagusta naar hem vernoemd.

Oei, oei, oei, dat was me weer een loei

Over Johan Cruijff de voetballer, Johan Cruijff de trainer, Johan Cruijff de analyticus en Johan Cruijff de weldoener niets dan goeds, maar Johan Cruijff de zanger is een ander verhaal. In de studio van Peter Koelewijn neemt de vedette van Ajax in 1969 'Oei, oei, oei, dat was me weer een loei' op, een plaatje dat niet echt de hoogste regionen van de Top-40 bestormt, hoewel Cruijff er graag op wijst dat het nummertje in de Spaanse vertaling ('Oei, oei, oei, otro bien chut') jaren later een flink succes wordt in Catalonië. Volgens Koelewijn komt dat niet door de zangtalenten van Cruijff die tijdens de opname vrij zenuwachtig is en geen maat kan houden. Koelewijn vergelijkt zijn zang met de bronstroep van een edelhert, een kat vliegt gillend de studio uit. Na een paar cola-tics gaat het iets beter, waarna het echte mixen kan beginnen.

Oh oh Den Haag

'Oh oh Den Haag' van 'Harry Klorkestein', een project van het Klein Orkest, bereikt in 1982 de vierde plaats in de Top-40 en groeit uit tot het officieuze lied van de stad. De zanger is Harrie Jekkers. In 2012 zingt Chris Martin van de Engelse band Coldplay het refrein tijdens een concert op het Malieveld. Aan het tweede couplet waagt hij zich jammer genoeg niet:

Ik zou best nog wel een keertje met die ouwe naar ADO willen kijken
In het Zuiderpark, de lange zij, een warme worst, supporters om je heen
Lekker kankeren op Theo van den Burch en die lange Van Vianen
Want bij elke lage bal dan dook die eikel er steevast overheen

Oliebollenmachine

In maart 1997 zegt Jesús Gil y Gil, voorzitter van Atlético Madrid, aan de vooravond van een wedstrijd tegen Ajax het volgende in een tv-interview: 'Het lijkt in Amsterdam soms de Congo wel.' Verder vraagt hij zich af of 'al die zwartjes van Ajax soms uit een oliebollenmachine zijn gekomen'. Ajax-spelers omschrijven Gil als een 'malloot' en 'idioot'. Het bestuur van Ajax mijdt het officiële diner met het bestuur van Atlético. Zeventien jaar is Gil y Gil voorzitter van Atlético en drie keer zit de projectontwikkelaar en handelaar in onroerend goed voor lange of korte tijd in de gevangenis. Hij overlijdt in 2004.

Olli

Een eigen fanclub, een Gouden Loeki, namaakdieren op kermissen en in gokhallen en woedende reacties omdat op

Marktplaats de handel in de knuffelolifant wordt opgedreven: 2013 is het jaar van Olli. Van de Feyenoord-mascotte worden meer dan honderdduizend exemplaren verkocht. Olli schittert in de reclame met Giovanni van Bronckhorst en diens zoon, Jake. Het spotje maakt deel uit van een campagne ter ondersteuning van Diergaarde Blijdorp. De Rotterdamse dierentuin krijgt van verzekeraar ASR een half jaar sponsorschap van Feyenoord cadeau. De campagne is bedacht door Hein Mevissen van reclamebureau John Doe.

Olsen, Morten

Na het strakke regime van zijn voorganger Van Gaal, is de aanstelling van Morten Olsen (1949) als hoofdtrainer van Ajax een verademing. De relaxte Deen raakt meteen de goede snaar en pakt gelijk de dubbel in 1998. Anderhalf jaar later komt hij in conflict met de gebroeders De Boer die zijn naam bij de rechter bezoedelen. In hun weerzin om nog langer bij Ajax te blijven, storten ze een hoop vuil uit over de coach die vanaf dat moment als aangeschoten wild door de Arena strompelt. Terwijl de De Boertjes hun zin krijgen, een transfer naar Barcelona, blijft Olsen achter wachtend op een genadeschot. Dat valt in december 1998 na een nederlaag tegen FC Porto in de Champions League. 'Dat ontslag vind ik tot op de dag van vandaag onterecht,' zegt Danny Blind in juni 2012 in *De Telegraaf*.

Olympisch Stadion

Dat het Olympisch Stadion nog steeds onder ons is, is een wonder op zich. Verschillende malen wordt de gang naar de sloopkogel ternauwernood voorkomen. Het zou een eeuwige schande zijn. Zo wordt in 1985 het besluit van de gemeenteraad van Amsterdam dat het stadion moet wijken voor woningbouw op het laatste moment teruggedraaid. Het stadion wordt uiteindelijk gerenoveerd en ontdaan van de tweede ring en de wielerbaan.

Aan het stadion kleven prachtige voetbalherinneringen. Liefst 77 keer speelt Oranje hier een interland, daarnaast werkt ook Ajax hier zijn belangrijkste Europacupwedstrijden af. De mooiste wedstrijd uit de historie is ongetwijfeld de Europacup-I-finale tussen Benfica en Real Madrid uit 1962 die de Portugezen met 5-3 winnen.

Oostveen, Bert van

De opvolger van Henk Kesler houdt er een andere stijl op na dan zijn voorganger. Tegenover het flamboyante en impulsieve gedrag van de eigenzinnige tukker, vertolkt de in Amstelveen opgegroeide Van Oostveen (1970) een andere rol. 'Ik ben diplomatieker, meer een spelverdeler,'

omschrijft hij zichzelf in NU*sport magazine*. De directeur betaald voetbal houdt het liever koeltjes en zakelijk. Toch maakt hij het zichzelf niet makkelijk. Het ontslag van Bert van Marwijk neemt meer tijd en rumoer in beslag dan wenselijk, de aanstelling van Louis van Gaal als opvolger is een onverwachte zet.
Omdat Van Gaal al in een vroeg stadium aangeeft dat zijn eerste WK-eindronde ook zijn laatste is, moet Van Oostveen binnen korte tijd weer uitkijken naar een geschikte kandidaat. Alle voortekenen wijzen op Ronald Koeman, maar weer komt de KNVB-bons met een verrassende tegenzet: na Van Gaal tovert hij in de persoon van Guus Hiddink weer een ex-bondscoach op leeftijd uit de hoge hoed. De suggestie van Koeman dat er een stilzwijgende afspraak ligt met de bond, noopt Van Oostveen om met een heuse persverklaring naar buiten te komen. 'Laat ik helder zijn: het beeld zoals nu geschetst is absoluut onjuist. De KNVB heeft nimmer het initiatief genomen met Ronald Koeman of zijn zaakwaarnemer over een eventueel bondscoachschap te praten. De gesuggereerde theorieën vind ik bijzonder hinderlijk en verbazen mij ten zeerste.'

Op 'n slof en 'n ouwe voetbalschoen
Geboren Rotterdammer en voormalig speler van de steenkolenclub Coal Johnny Hoes (1917-2011) schrijft het lied 'Op 'n slof en 'n ouwe voetbalschoen' voor Ajax. 'Als Feyenoord-supporter moet je dat misschien niet doen, maar ik heb het toch gedaan.'
Als liedjesschrijver en platenproducer volgt Hoes altijd zijn gevoel en springt hij in op de actualiteit. Over het ritme van 'Op 'n slof en 'n ouwe voetbalschoen' is Hoes goed te spreken. 'Het is een chook-ritme, zo van hoem-pa, hoem-pa, hoem-pa pa. Goed voor een mooie voetbalavond.' Refrein:

Op 'n slof en 'n ouwe voetbalschoen
wordt Ajax kampioen, wordt Ajax kampioen.
Op 'n slof en 'n ouwe voetbalschoen
wordt Ajax kampioen
Met Pietje Keizer als de grote
voetbaltovenaar
moet dat toch maar een heel koud kunstje
zijn,
met Sjakie Swart op rechts als de geboren
pingelaar
wordt elke voetbalzondag een festijn
En heel Amsterdam dat staat in vuur en
vlam

Oranje-indiaan
Vanaf 1994 duikt hij op bij wedstrijden van het Nederlands elftal en wereldwijd trekt hij de aandacht: de Oranje-indiaan, oftewel Graatje Hindriks uit Emmen, te herkennen aan bril, baard, hoofdtooi en trommel. Vaak verkeert hij in het stadion in het

gezelschap van de Generaal, Sinterklaas, de Wortelman en de Tietenman. Omdat alleen de zon voor niets opgaat, laat hij zich sponsoren, door Hans Verkerk Keukens onder meer. Na het WK in Duitsland in 2006 trekt Hindriks zich tijdelijk terug, na telefonische bedreigingen. Nee, het zou niet om cowboys gaan.

Otto, Heini

De oud-speler van FC Amsterdam is vooral bekend om zijn niet-alledaagse selectie voor het Nederlands elftal. Eind mei 1975 brengt hij teamgenoot Jan Jongbloed naar Schiphol die door bondscoach George Knobel is geselecteerd voor de vriendschappelijke interland tegen Joegoslavië. Eenmaal op de luchthaven aangekomen, blijkt Knobel de wanhoop nabij omdat Willem van Hanegem op het laatste moment heeft afgezegd. De bondscoach kijkt om zich heen, ontwaart Otto (1954) en een interlandcarrière is geboren. Otto mag niet alleen mee naar Joegoslavië, hij krijgt ook nog twintig minuten speeltijd toebedeeld.

Overmars, Marc

Is nog altijd de duurste Nederlandse voetballer in de geschiedenis. In 2000 verkoopt Arsenal de snelle buitenspeler voor veertig miljoen euro aan Barcelona.

Overmars (1973) is op en buiten het veld een handige sodemieter. Hij voetbalt even efficiënt als dat hij zakendoet. In de kleedkamer bij Ajax levert dat hem de bijnaam Marc Netto op.

Als een van de eerste profvoetballers investeert Overmars op aanraden van zijn vader in vastgoed. Hij begint klein, in de jaren negentig, met de aankoop van een oude fietsenwinkel, samen met broer Edwin en vader Ben. Het mondt na zijn spelersloopbaan uit in het imperium Overmars Vastgoed BV.

'Ik doe iets in steentjes,' zo formuleert Overmars zijn beleggingen. Hij doet dat zo goed, dat zijn naam in 2002 voor het eerst opduikt in de *Quote 500* van rijkste Nederlanders, op plaats 441.

Maar het voetbal blijft trekken. In 2005 keert Overmars terug bij zijn jeugdliefde Go Ahead Eagles, eerst als commissaris, later als bestuurslid technische zaken en zelfs nog even als voetballer. In de afscheidswedstrijd van Jaap Stam loopt Overmars Ajax' rechtsback George Ogararu aan alle kanten voorbij en dat smaakt naar meer. Maar na een paar maandjes in de eerste divisie zwaait Overmars voorgoed af. Naast het veld is zijn ambitie echter onverminderd groot. In 2012 wordt Overmars directeur Voetbalzaken bij Ajax.

Paauwe, Bas en Jaap

Achttien broederparen spelen in meer dan een eeuw tijd in het Nederlands elftal. Frank en Ronald de Boer staan het vaakst samen in de nationale ploeg: 56 keer. Willy en René van de Kerkhof komen tot 33 gezamenlijke interlands, waaronder de WK-finale in 1978. Erwin en Ronald Koeman spelen 26 keer samen in Oranje, onder meer op het EK in 1988 in Duitsland, dat door Oranje wordt gewonnen.
De Rotterdamse broers Bas (1911-1989) en Jaap (1909-1982) Paauwe spelen wel samen bij Feyenoord, maar nooit in het Nederlands elftal. Jaap, de zwoeger, staat acht keer in Oranje. Bas, de technicus, 31 keer. Ook buiten het veld trekken de broers niet veel met elkaar op. Ze verschillen nogal. Jaap is machinebankwerker en geheelonthouder, Bas lust wel een borreltje en is nog een tijdje kastelein.

Patatgeneratie

Taalvernieuwer (en trainer) Leo Beenhakker introduceert in 1989 een nieuw woord om zich af te zetten tegen een lichting voetballers bij Ajax die hij gemakzuchtig en verwend vindt: de patatgeneratie. Hoewel hij vooral Richard Witschge en Bryan Roy in gedachten heeft, krijgen ook anderen (Frank en Ronald de Boer, Aron Winter, Dennis Bergkamp) het stempel. 'Dan had die een pijntje, dan die,' zegt Beenhakker als hij in 2013 terugblikt in *Voetbal International*. 'Het waren er acht van de elf. Die gasten gingen daar trouwens ook goed mee om. Ze brachten een week later een foto mee, waarop ze met zijn allen voor de Febo stonden. Dan lig ik in een deuk. Maar ik weet ook dat de boodschap is aangekomen.'

Richard Witschge, Marciano Vink, Bryan Roy en Ronald de Boer (v.l.n.r.) tonen zich volwaardig lid van de patatgeneratie.

Pauw, Vera

Niemand in Nederland betekent meer voor het vrouwenvoetbal dan Vera Pauw (1963), de eerste vrouw met het hoogste trainersdiploma. Vijftien jaar maakt ze deel uit van het Nederlands elftal (89 interlands), zes jaar lang is ze bondscoach. Als coach reikt ze het hoogst. In 2009 leidt ze de Oranje Leeuwinnen naar een plaats in de halve finale van het EK. Het is misschien wel dé doorbraak van het vrouwenvoetbal in Nederland. De wedstrijd tegen Engeland wordt door de NOS rechtstreeks uitgezonden en levert Pauw een opvallende onderscheiding op: de Opzij Emancipatieprijs 2009. Een jaar later beëindigt de KNVB de samenwerking, na een conflict. Pauw kijkt in 2013 in NRC *Handelsblad* vol wrok terug op de affaire. 'Meisjes hebben het recht dezelfde ontwikkelingsmogelijkheden aangeboden te krijgen als jongens! Daar heb ik me 25 jaar van mijn leven voor ingezet maar mijn naam wordt zelfs niet meer genoemd. Dat is een wond die nooit dichtgaat.'

PEC Zwolle

De nostalgici smullen van het nieuws. De club die vanaf 1990 FC Zwolle heet, grijpt in 2012 weer terug op het vertrouwde PEC. Die letters doen terugverlangen naar de tijd dat de Zwollenaren een goed figuur slaan in de eredivisie met een achtste stek in 1979 als beste resultaat. Het zijn de jaren van Martin Eibrink, de projectontwikkelaar, die de schulden waarmee de club in die periode worstelt, voor zijn rekening neemt. Na zijn vertrek in 1988 leidt Gaston Sporre de club naar een betaaldvoetbalwaardig bestaan. Het jaar 2012 staat met gouden letters in de annalen. Zwolle promoveert naar de eredivisie en de club heet weer PEC, zoals het hoort.

Sterspelers: Klaas Drost, Ron Jans, Marco Roelofsen, Richard Roelofsen, Henk Timmer, Albert van der Haar, Arne Slot.

Peeper, Marcel

Achttien minuten duurt het debuut van Marcel Peeper (1965) in Oranje. Dan maakt de speler van FC Twente kennis met de maaiende benen van de Sovjet-Rus Sergey Gorlukovich die hem een gecompliceerde dubbele beenbreuk bezorgt. Scheidsrechter Sandor Puhl fluit niet eens voor een overtreding. Het is 28 maart 1990 en er kan voor Peeper gelijk een streep door het naderende WK. En achteraf zelfs door de loopbaan van de talentvolle aanvaller. De revalidatie neemt ruim twee jaar in beslag, vier keer wordt hij geopereerd. Eenmaal weer rechtop is hij niet meer de flitsende linksbuiten van weleer zoals blijkt bij zijn volgende clubs Sparta, FC Groningen, Lierse SK en Wuppertal. Het had heel anders kunnen lopen. 'Ik debuteerde een paar maanden voor het WK, er was interesse van PSV, Juventus en Atlético Madrid, het zag er allemaal heel goed uit. Tot die interland in Kiev...'

Pellè, Graziano

Wie de Graziano Pellè (1985) van AZ (2007-2011) vergelijkt met de Graziano Pellè van Feyenoord (vanaf 2012) kan maar één conclusie trekken: hier is sprake van een wonder. In zijn Alkmaarse tijd kwam de Italiaanse spits geen man voorbij en raakte hij geen bal fatsoenlijk, bij Feyenoord blijkt hij opeens over een fluwelen touch te beschikken en scoort hij goal na goal, soms zelfs heel fraaie. Die totale metamorfose verrast vriend en vijand, behalve de posterboy zelf. 'In mijn tijd bij AZ was er veel kritiek, maar ik heb er nooit wakker van gelegen,' vertelt hij in *VI*. 'Ik ken geen stress.'

Dat blijkt nu in het shirt van Feyenoord. Hoewel elke tegenstander weet dat het spel van de Rotterdammers op hem is afgestemd, vindt hij telkens het doel. Harkt hij bij AZ in vier jaar veertien doelpunten bij elkaar, bij Feyenoord staat in anderhalf seizoen de teller al op ruim veertig. Pellè is hot, in alle opzichten, al zit zijn temperament hem regelmatig in de weg.

Penalty-in-tweeën

Het plan is van Johan Cruijff, die begin jaren tachtig terugkeert als voetballer bij Ajax. Hij voert het uit met Jesper Olsen. Slachtoffer: Helmond Sport, en meer nog in het bijzonder doelman Otto Versfeld. Wat gebeurt er? Cruijff neemt een penalty, maar hij schiet niet op doel, hij tikt de bal zachtjes opzij. Olsen komt van buiten het strafschopgebied aanstormen, pikt de bal op en schuift hem terug naar Cruijff, die de bal langs de verbouwereerde Versfeld in een leeg doel mikt. Sinds die vijfde december 1982 gaat Otto Versfeld door het leven als Otto van de penalty. 'Als ik doodga, dan kom ik op tv, dat weet ik zeker.'
Overigens is Cruijff niet de eerste die een combinatiepenalty neemt. De Belg Rik Coppens gaat hem al in 1957 voor in een interland tegen IJsland.

Penaltysyndroom

Tussen 1992 en 2004 bouwt het Nederlands elftal aan een zwarte reeks. Op vier eindtoernooien, in 1992 (EK), 1996 (EK), 1998 (WK) en 2000 (EK), verdwijnt de ploeg na een strafschoppenserie, noodzakelijk na wedstrijden tegen respectievelijk Denemarken, Frankrijk, Brazilië en Italië. De missers komen op naam van Marco van Basten (1992), Clarence Seedorf (1996), Phillip Cocu en Ronald de Boer (1998) en Frank de Boer, Jaap Stam en Paul Bosvelt (2000). De bevrijding vindt plaats in 2004 als Oranje op het EK in Portugal in de kwartfinales Zweden verslaat. In Faro mist voor Nederland alleen Cocu. Ibrahimovic schiet over. Doelman Van der Sar stopt de penalty van Mellberg en wordt de held van de dag.

Clarence Seedorf mist een strafschop tegen Frankrijk op het EK van 1996.

Peper, Bram

Bericht in het *Algemeen Dagblad* van 10 oktober 2009: 'De voormalige burgemeester van Rotterdam, Bram Peper (69), krijgt komende week een nieuwe linkerknie. Peper vermoedt dat hij zijn knie tijdens zijn jonge jaren te zwaar heeft belast. Voordat Peper de politiek instapte, was hij een makkelijk scorende aanvaller bij semiprofclub Racing Club Heemstede (RCH).'

Peper (1940) is de enige bekende politicus met een aansprekend voetbalverleden. Al op zeventienjarige leeftijd speelt de latere minister van Binnenlandse Zaken in het eerste elftal van RCH, tot zijn 24e. In *NRC Handelsblad*: 'Ik was een typische midvoor, echt een lepe spits, te vergelijken met Feyenoorder József Kiprich. Ook ik kwam zo nu en dan wat dromerig over in het veld, maar dat was voor een belangrijk deel gespeeld. De tegenstander in slaap sussen en dan toeslaan.'

Perez, Kenneth

Eigenlijk heet de oud-speler van AZ, Ajax, PSV en FC Twente Jensen van achteren, maar daar val je in Denemarken niet zo mee op. Hij vindt de naam van zijn Spaanse moeder veel mooier klinken. In de jaren dat hij in de eredivisie speelt, groeit hij uit tot een van de smaakmakers in Nederland. Met zijn fluwelen balbehandeling, zijn oog voor de situatie en zijn overzicht wordt Perez (1974) belangrijk voor al de teams waarin hij speelt. Wel raakt hij vanwege zijn eigenzinnige karakter geregeld in conflict met coaches en scheidsrechters. Het dieptepunt beleeft de Deen in november 2006 als hij een grensrechter uitscheldt voor kankerneger. Zijn grootste triomf is de landstitel bij FC Twente in 2010, de ultieme wraak op Ajax-coach Marco van Basten die hem niet goed genoeg vindt voor het eerste elftal. Perez is analyticus in dienst van Fox Sports en geslaagd voor al zijn trainersdiploma's.

Top-10: Uit elkaar

1 Rafael van der Vaart en Sylvie Meis
2 Willem en Truus van Hanegem
3 Ruud en Estelle Gullit
4 Khalid en Sabia Boulahrouz
5 Ronald en Sharon de Boer
6 Patrick en Angela Kluivert
7 Frank en Carmen Rijkaard
8 Andy en Diane van der Meijde
9 Willem en Maya Suurbier
10 Phillip en Karin Cocu

Persie, Robin van

Robin van Persie (1983) is een oogstrelende straatvoetballer die heeft leren denken en handelen naar de wetten van de topsport zonder zijn gezicht te verliezen. Dat proces om steeds maar weer een betere voetballer te worden, doet pijn, zegt Van Persie. De pijn om je over teleurstellingen heen te zetten. Aan de top kun je je nauwelijks een moment van zwakte veroorloven.

Van Persie groeit op in Rotterdam-Kralingen, van 's middags tot 's avonds laat voetbalt hij op de buurtpleintjes, onder anderen met Mounir El Hamdaoui en Saïd Boutahar. Maar dat zorgeloze van het gepiel op straat raakt hij snel kwijt als voetballer van Excelsior en Feyenoord en, vooral, Arsenal.

In Londen treft hij in manager Arsène Wenger een goede leermeester. 'Wenger maakte een stappenplan voor me en ik ben

Robin van Persie.

keihard gaan trainen. Maar ik zat élke week op de bank. De beloning kwam met een invalbeurt van twee minuten, later zes. En zo is dat in een paar jaar opgebouwd tot hele duels.'

Teambelang, opdrachten en de enorme weerstand in het veld vreten het laatste restje van zijn onbevangenheid weg. Want in het huidige voetbal kun je de meeste ballen, onder druk van een tegenstander, niet aannemen. Van Persie is constant aan het rekenen: kan het nu wel of moet hij wéér terugkaatsen? Heeft hij een halve meter om weg te draaien? Wat is het risico als hij de bal verspeelt? Het is een continu proces van kijken, denken, oplossingen zoeken en in een fractie van een seconde handelen. Na een wedstrijd is hij moe. Doodmoe.

Maar voor vermoeidheid is geen tijd. Húp, op naar de volgende wedstrijd. Het is nooit genoeg. 'Je kunt als voetballer niet zeggen: zo, dit is mijn plafond en op dit niveau wil ik een paar jaartjes blijven. Het móét altijd beter, al is het maar een half procent.'

Van Persie groeit onder bondscoach Louis van Gaal uit tot de onbetwiste leider van het Nederlands elftal. In 2013 wordt hij kampioen van Engeland met Manchester United. Ook verdringt hij, als aanvoerder, Patrick Kluivert van de eerste plaats op de ranglijst van topscorer aller tijden in Oranje.

Peters, Jan

Het is altijd weer een gok. Als je medio jaren zeventig Jan Peters (1954) ter sprake brengt, moet er altijd enige uitleg bij. Want er zijn in die tijd twee Jannen Peters die aardig kunnen voetballen. De een is spits bij Feyenoord, de ander speelt bij NEC in

de eerste divisie. Omdat hij wat kleiner van stuk is, noemen we hem Jantje. Zijn grote doorbraak beleeft Jantje als hij als speler van laagvlieger NEC geselecteerd wordt voor het Nederlands elftal in 1977, overigens samen met die andere Jan Peters. Maar het wordt de interland van Jantje; door zijn twee goals wordt Engeland verslagen en verdient de inmiddels wat grotere Jan een transfer naar AZ. Later zelfs naar Italië waar hij uitkomt voor Genoa en Atalanta. Omdat die andere Jan Peters snel naar de achtergrond verdwijnt, wordt Jantje een grote Jan.

Picornie, Carlo
Met een paginagrote advertentie in *De Telegraaf* herdenken Ajax-supporters op 23 maart 2012 de moord op Carlo Picornie, vijftien jaar eerder. 'In Memoriam Carlo, we'll never forget', is de tekst. Picornie (1961-1997) is 35 jaar en vader van twee kinderen als hij in een grasveld bij Beverwijk wordt aangevallen door Feyenoord-hooligans. Hij overlijdt op weg naar het ziekenhuis. Op een herdenkingsplechtigheid spreekt zijn vriendin vijf jaar later verzoenende woorden. 'Er zijn later boze dingen gezegd, over alles wat nooit had mogen gebeuren. Lang heeft iedereen commentaar gegeven op elkaar, maar dat moet nu maar eens een keer over zijn. Het kan niet zo zijn dat we van dit alles niets hebben geleerd.'

Pieters Graafland, Eddy
Oftewel Eddy Pee-gee. Populaire doelman van Ajax, Feyenoord en het Nederlands elftal (47 interlands) naar wie zelfs voetbalschoenen worden vernoemd. Van Ajax naar Feyenoord, ook in de jaren vijftig is het een geruchtmakende overgang. In het *Algemeen Dagblad* kijkt Pieters Graafland (1934) er een halve eeuw later met enige verwondering op terug. 'In 1958 begon Feyenoord groot te worden met droomvoetbal en daar wilde ik bij zijn. Toen ik in '58 van Ajax naar Feyenoord vertrok, was dat voor een recordbedrag: 134 duizend gulden. Het was het gesprek van de dag, ik zie de foto nog op de voorpagina staan. Zoveel geld voor een keeper, daar werd heel veel over gezegd en geschreven. Vijf procent van het bedrag was voor mij. Daar heb ik niet zoals andere voetballers meteen een auto van gekocht, want ik reed in die tijd al in een Fiat 1100 die ik geweldig vond.'
Op de valreep van zijn loopbaan wint hij met Feyenoord de Europacup voor landskampioenen. De bal waarmee in de finale tegen Celtic wordt gespeeld en die door Pieters Graafland na het laatste fluitsignaal wordt bemachtigd, ligt 38 jaar in zijn garage. In 2008 krijgt de bal een nieuwe plaats, het *Home of History* van Feyenoord.

Ploegsma, Kees
Teddy Maybank heet de speler die Kees Ploegsma (1946) vlak na zijn aantreden als PSV-manager als eerste presenteert. Een groot succes wordt het niet. 'Hij bleek, zonder dat iemand het wist, slechte knieën te hebben,' vertelt de Eindhovenaar op psv.nl. Gelukkig komt het allemaal nog goed met de loopbaan van Ploegsma die uiteindelijk vijftien jaar in dienst blijft van PSV. In die periode (1979-1994) behaalt de club de grootste successen uit de clubhistorie. Dat weerhoudt Ploegsma er niet van om op 1 januari 1995 voor zichzelf te beginnen als spelersbegeleider. Wat rest zijn mooie herinneringen. Aan zijn mooiste aankoop bijvoorbeeld die op eigenaardige wijze tot stand komt. In 1988 informeert Harry van Raaij bij Club Brugge of Marc Degryse te koop is. Club zet de deur op een kier, de Belgen geven aan dat ze zelf met een donkere spits bezig zijn die furore had gemaakt op de Olympische Spelen. Van Raaij vermoedt dat ze een oogje hebben op de spits van Brazilië en rijdt meteen naar Ploegsma. Met behulp van de dan negenjarige zoon Kees jr. komen ze tot de conclusie dat het hier om Romario moet gaan. Spoorslags reizen Ploegsma en coach Hiddink via New York naar Brazilië, een week later hebben ze de spits van Vasco Da Gama gecontracteerd. 'Twee dagen later belde Brugge,' vertelt Van Raaij in *NUsport magazine*. 'Die zijn laaiend, dacht ik. Maar nee, of we Degryse nog wilden hebben. Ze hadden hun droomspits binnen. Frank Farina van Australië.'

Polletje van Van Breukelen
Het is de nachtmerrie van elke doelman. Een kleine oneffenheid in het veld en de bal stuitert zomaar de andere kant op. Of helemaal niet. Dat laatste overkomt Hans van Breukelen in het duel met Feyenoord op 12 april 1987. Als hij de bal wil laten stuiteren alvorens uit te trappen, valt deze dood en rolt weg. Rustig pakt Van Breukelen de bal weer op, waarna scheidsrechter Bep Thomas oordeelt dat de keeper de bal twee keer met de handen heeft beroerd. Uit de toegekende vrije trap schiet Keje Molenaar de gelijkmaker binnen. 'Ik was het lachertje in de sportmedia,' schrijft Van Breukelen in zijn boek *Winnen, van talent naar topspeler*. Tot overmaat van ramp zet bondscoach Rinus Michels hem zeventien dagen later in hetzelfde stadion op de bank tegen Hongarije.

Polsstok
'Ik ben zo gek geweest om te denken dat ik nog achttien was,' zegt Louis van Gaal. Hij heeft tijdens de jaarlijkse reünie van de Academie voor Lichamelijke Opvoeding (ALO) in 2007 iets doms gedaan. Hij waagt zich aan een sprong met de polsstok en breekt daarbij zijn enkel en kuitbeen. De trainer van AZ wordt nog diezelfde avond geopereerd en moet zich drie weken in een rolstoel voortbewegen.
Van Gaal spreekt naderhand evenwel van een 'fantastische uitvoering' van de sprong. 'Ik gleed heel mooi naar beneden, maar het schoeisel was slecht, verkeerde zool.' Zijn vriend, en vroegere medestudent Ruud Bröring, beweert anders: 'De sprong was zeker niet goed. Ook al zei Louis tegen ons van wel. Hij sprong meer horizontaal dan verticaal en had te veel snelheid toen hij op de mat terechtkwam.'

In het bijzijn van voorzitter Jaap van Praag en zijn vrouw Danny tekent Johan Cruijff op 12 juli 1971 een zevenjarig contract bij Ajax.

Praag, Jaap van

Jaap & Max, het verhaal van de broers Van Praag heet het boek van Marga van Praag en Ad van Liempt dat in 2011 verschijnt. Het gaat over de vader, Max, en de oom van Marga van Praag, Jaap, twee Joodse jongens uit de Amsterdamse Transvaalbuurt. De een maakt furore als zanger, de ander als zakenman, presentator van de eerste talentenjacht op televisie (*Onbekend Talent* in 1962) én vooral als voorzitter van Ajax in de periode 1964-1978. Het is de periode waarin Ajax met eerst Vic Buckingham en later Rinus Michels als trainer en Johan Cruijff als gangmaker het amateurisme van zich afschudt en zich ontwikkelt tot een wereldmacht.

Voorzitter Jaap van Praag (1910-1987) is een harde onderhandelaar. Befaamd wordt een cynische uitspraak van Cruijff over de onderhandelingsstrategie van de voorzitter: 'Ik heb hem nog nooit op een waarheid kunnen betrappen.' Flamboyant is hij ook, en humoristisch en charmant. Van Praag is de man van de grote auto's, Amerikanen, en van de mooie vrouwen. Hij trouwt vier keer.

Zijn Joodse achtergrond maskeert hij. Over de Tweede Wereldoorlog spreekt hij nooit, ook niet met zijn zoon Michael die als voorzitter van Ajax in zijn voetsporen treedt. Michael van Praag: 'Velen na de oorlog waren doodsbang. Mijn vader ook. Ik heb hem nooit naar zijn Jood-zijn kunnen vragen.'

De wonden zijn te diep. De ouders en het zusje van Jaap en Max worden vermoord in Auschwitz. Zijzelf overleven door onder te duiken. Het verklaart de pessimistische, defaitistische lijfspreuk van de broers: geen pech hebben is al mazzel genoeg.

In augustus 1987 is Van Praag midden op

de dag betrokken bij een ernstig auto-ongeluk op de A9 bij Badhoevedorp. Na een inhaalmanoeuvre voegt hij te snel in en raakt hij een Belgische vrachtwagen. Zijn Daimler belandt in een sloot. Twee dagen later, op 7 augustus, komt een einde aan zijn leven.

Praag, Michael van

Enigszins onwennig wordt Michael van Praag (1947) begin 1989 voorzitter van Ajax. Een voetbalachtergrond heeft hij nauwelijks. Hij is amateurscheidsrechter (en bevriend met Johan Cruijff), maar muziek is zijn ware passie. Net zoals Uri Coronel en Arie van Os is de Amsterdamse zakenman, eigenaar van een groot aantal elektronicazaken, gescout door een commissie die onder leiding staat van Nico Gianotten, jurist en lid van de ledenraad.
Van Praag in de *VARAgids*: 'Het was één groot avontuur. Toen ik begon wist ik niks. Een voetbalclub leiden? Geen idee. We hadden afgesproken dat ieder zijn eigen portefeuille beheerde. Uri had een idee, Arie zei dat we het konden betalen en dan deden we het. Zo ging dat.'
Het nieuwe bestuur leidt Ajax van hoogtepunt naar hoogtepunt, na een valse start: trainer Leo Beenhakker neemt de wijk naar Real Madrid en het 'staafincident' in 1989 werpt de club ver terug. De aanstelling van Louis van Gaal als trainer blijkt een gouden greep. In 1992 wint Ajax de UEFA Cup, in 1995 (ongeslagen) de Champions League en de Wereldbeker en in 1996 wordt de bouw van een nieuw stadion afgerond, de Amsterdam Arena.
Net zoals zijn vader Jaap van Praag is hij veertien jaar lang voorzitter. In 1994 trekt hij landelijk aandacht met de opmerking dat Ajax koninklijk zou mogen worden. 'Die opmerking achtervolgt mij nog steeds,' zegt hij een jaar later. 'Er zijn mensen die mij een arrogante klootzak en Ajax een enge club zijn gaan vinden. Die denken dat wij koninklijk willen worden omdat we een paar keer kampioen zijn geworden en wat bekers hebben gewonnen. Maar zo is het niet. Het argument om Ajax de status koninklijk te geven, is de Holland-promotie waarvoor de club al tientallen jaren zorgt.'
In 2008 wordt hij voorzitter van de KNVB. Vier jaar later bezoekt hij tijdens het EK de plaats waar zijn grootouders zijn vermoord. 'Ik wilde vooral Birkenau II zien, daar zijn mijn grootouders rechtstreeks naartoe vervoerd. Omdat ze te oud waren, moesten ze meteen naar de gaskamer. Ze hadden het zusje van mijn vader bij zich, een kind nog. Zij is ook meteen vermoord. Ik wilde per se op de plek staan waar zij destijds zijn geselecteerd. Dat heb ik gedaan, en ik heb over het pad gelopen in de richting van de gaskamers. Dat was een zwaar, indrukwekkend moment.'

Prins, Co

Zijn rol is piepklein, maar hij bevindt zich in goed gezelschap. Samen met onder anderen Osvaldo Ardiles, PSV'er Hallvar Thoresen, Paul Van Himst, Bobby Moore en Pelé speelt oud-Ajacied Co Prins (1938-1987) mee in *Escape to Victory* (1981). In de film neemt een groep krijgsgevangenen het in de Tweede Wereldoorlog op tegen hun Duitse bewakers. De Amsterdamse voetbalnozem is de eerste Nederlandse voetballer in de Bundesliga, een wereldreiziger en een klassieke rebel die hier en daar in de cel terechtkomt. De titel van de biografie die in 1998 in Duitsland verschijnt, is goed gekozen: *Co Prins, Genie, Slechterik, Globetrotter*. Prins leeft dan al niet meer. Hij is nog geen vijftig jaar als hij een hartaanval krijgt en zijn leven eindigt in zijn Antwerpse café.

PSV

Op vijfjarige leeftijd brengt Frits Philips, de enige zoon van dr. Anton Philips, de bal aan het rollen op een sportveldje aan de Frederiklaan. Met die handeling gaat in 1911 de eerste wedstrijd van het Philips Elftal van start, het bedrijfselftal dat in augustus 1913 officieel wordt omgedoopt in de Philips Sport Vereniging.

Honderd jaar later behoort de club uit Eindhoven tot de topdrie van het Nederlandse voetbal, een status die het pas in de jaren zeventig aangemeten krijgt. In de eerste achttien seizoenen betaald voetbal wordt PSV maar één keer kampioen, in 1963. Midden jaren zeventig, als Philips weer het geld heeft om te investeren, wordt er in korte tijd een kampioensteam gefabriceerd dat ook buiten de grenzen (winst UEFA Cup in 1978) resultaten boekt. Tien jaar later gaat zelfs de Europacup I mee naar Eindhoven als PSV na strafschoppen Benfica verslaat in Stuttgart.

Tussen 1986 en 2008 grijpen de PSV'ers liefst veertien keer de landstitel, in die periode durft men zonder schroom te zingen dat 'één keer per jaar PSV kampioen wordt'. Nu niet meer. Na 2008 valt de droogte in qua prestaties, zelfs een kwaliteitsimpuls in het jubileumjaar 2013 loopt uit op een sof.

Sterspelers: Coen Dillen, Willy van der Kuijlen, Jan van Beveren, René en Willy van de Kerkhof, Eric Gerets, Romario, Ronaldo, Luc Nilis, Ruud van Nistelrooij, Mark van Bommel, Ibrahim Afellay, Kevin Strootman.

PSV, landskampioen in 1963.

Raaij, Harry van
Als kind wil timmermanszoon Harry van Raaij (1936) priester worden, maar zijn kerk wordt multinational Philips waar hij bijna vier decennia lang in dienst is. De jongen uit het Brabantse dorp Haps, opgegroeid in een gezin met acht kinderen, werkt zich bij Philips gestaag omhoog. Niemand is verbaasd als hij in 1984 toetreedt tot het bestuur van PSV, als penningmeester. Twaalf jaar later wordt hij voorzitter.
Van Raaij groeit uit tot een van de meest succesvolle naoorlogse clubvoorzitters. In de periode van zijn bewind (1996-2004) wordt PSV vier keer landskampioen. De man die in zijn jeugd zijn vader tegen zijn moeder hoort zeggen dat er nog maar 'een kwartje te verteren was', is de onbetwiste leider die erop toeziet dat PSV zich als een professionele en zakelijke club manifesteert, maar tegelijkertijd een warm en sociaal karakter heeft.
Daarnaast is Harry van Raaij een grote fan van Harry van Raaij, of beter gezegd: van de Harry van Raaij zoals die door cabaretier Erik van Muiswinkel in het tv-programma *Studio Spaan* wordt geïmiteerd. Hij vindt het zelf het grappigst. Dat blijkt ook als hij Van Muiswinkel uitnodigt om hem te komen imiteren op de dag dat *Vader en voorzitter* wordt gepresenteerd, de biografie van journalist Yoeri van den Busken.
In 2009 volgt nog een eerbetoon. In de Top-100 van 'tv-typetjes' die het *Algemeen Dagblad* opstelt, eindigt 'Harry van Raaij' op de vierde plaats, voor onder anderen Barend Servet, Bassie & Adriaan, Bob de Rooij en zelfs Dik Voormekaar.

Rab, Jan
Jan Rab (1941) heeft het Nederlands elftal één keer onder zijn hoede, een vriendschappelijke wedstrijd in Parijs tegen Frankrijk in 1997 (2-1). Rab, als coach in dienst van de KNVB, vervangt Guus Hiddink die is uitgeschakeld door een darmoperatie. Hij valt van het ene uiterste in het andere. Twee maanden later wordt hij ontslagen door amateurclub DOVO. Uniek is zo'n korte loopbaan bij Oranje niet. Zeven andere coaches hebben eveneens in slechts één wedstrijd de leiding. Rab is wel de enige Nederlander. De anderen zijn vooral Engelsen die voor de Tweede Wereldoorlog actief zijn: J.E. Bollington, Tom Bradshaw, Jimmy Hogan, Jack Reynolds, Tom Sneddon en Jim Waites. De uitzondering is Heinrich 'Wudi' Müller, een Oostenrijker die het Nederlands elftal in 1956 naar een 3-2 zege op Zwitserland leidt.
Jan Rab is de enige bondscoach in de geschiedenis die niet één speler laat debuteren. Hij is overigens vooral vermaard in Velsen-Zuid. In het seizoen 1973-1974 eindigt Telstar onder zijn leiding in de eredivisie op de zesde plaats.

Raiola, Mino
Mino Raiola (1967) is eigenlijk voorbestemd om in de voetsporen van zijn pizzabakkende vader te treden, maar zijn liefde voor het voetbal stuwt hem een heel andere kant op. Begin jaren negentig is hij bestuurslid technische zaken bij HFC Haarlem, later gaat hij in de leer bij de Haagse familie Jansen die hem de fijne kneepjes van het zaakwaarnemerschap bijbrengt. Hij wordt betrokken bij de transfers van Bryan Roy, Michel Kreek, Wim Jonk en Dennis Bergkamp naar Italië, na het EK van 1996 begint hij voor zichzelf.

In de loop der jaren verzamelt hij een indrukwekkende stal met spelers om zich heen waaronder Pavel Nedved, Mario Balotelli en Zlatan Ibrahimovic. Zijn ster rijst daarbij even snel als zijn banksaldo. Alleen al aan de transfers van Ibrahimovic, die bijna jaarlijks van club wisselt, verdient hij ettelijke miljoenen.
Raiola maakt in die periode niet alleen vrienden. Een club als Barcelona krijgt onder uit de zak, net als Pep Guardiola en Johan Cruijff. Het tweetal is volgens Raiola 'rijp voor een inrichting' waarbij hij Cruijff ook nog eens als 'een demente eikel' omschrijft. Voor gebruik van het woord 'demente' biedt Raiola later zijn excuses aan.

Ramp in het Lenin-stadion
De winter is die week plotseling ingevallen. Alleen de diehard fans van Spartak Moskou verplaatsen zich ondanks de kou op die 20e oktober 1982 naar het Lenin-stadion om hun Spartak aan het werk te zien tegen die onbekende tegenstander uit Nederland, het bescheiden HFC Haarlem. De politie besluit maar één ingang open te maken van het immense stadion, de prelude van een ramp van ongekende omvang. Want in de slotfase van het duel ontstaat bij de deuren een hevig gedrang die zal leiden tot de dood van tientallen Spartak-fans, hoewel sommige onderzoekers beweren dat er honderden doden te betreuren zijn. Pas zeven jaar later, onder invloed van perestrojka en glasnost, wordt de ware omvang van de ramp bekend. De 66 officiële slachtoffers worden elk jaar op 20 oktober herdacht. In 2007 organiseren supporters van Haarlem een herdenkingsduel tussen de ploegen van toen.

Rapid JC
In Limburg wordt er in de beginjaren van het betaalde voetbal druk gefuseerd.

Eredivisie 1958/1959 RAPID J.C. HEERLEN

De ene club is nog niet opgericht, of de andere smelt al samen. Rapid JC uit 1954 is daar een mooi voorbeeld van. Zelf is de club voortgekomen uit Rapid '54 en Juliana om acht jaar later samen met Roda Sport weer op te gaan in Roda JC. Rapid is de laatste kampioen van het oude eredivisieloze systeem, het wint de kampioenspoule in 1956 en plaatst zich zodoende voor het toernooi om de Europacup I. In de eerste ronde verliest het twee keer (binnen vijf dagen) van Rode Ster Belgrado. In 1959 vindt het laatste hoogtepunt plaats: een tweede plaats in de eredivisie, drie punten achter kampioen Sparta.
Sterspelers: Noud van Melis, Wiel Coerver.

De Rat

Een voetballer die al ruim een halve eeuw dood is, maar wordt geëerd alsof hij springlevend is: dat kan alleen in Breda. Antoon Verlegh (1896-1960) ís NAC. Hij is een van de oprichters, bestuurslid en trainer, maar vooral is hij de Rat, een bijnaam die hij dankt aan zijn lepe, behendige en venijnige speelstijl. Verlegh schrijft tussen 1920 en 1927 acht interlands op zijn naam. Zijn dood komt als een schok. Hij verdrinkt in Prinsenbeek, na een auto-ongeluk.
De Rat leeft voort in Breda. Een populair fanzine van NAC-supporters draagt zijn naam en in 2006 volgt een nog groter eerbetoon: het stadion van NAC wordt naar hem vernoemd. Dat mag trouwens ook wel, gezien de vorige namen: Fujifilm Stadion en, net zo afschuwelijk, MyCom Stadion.

RBC Roosendaal

Na een afwezigheid van twaalf jaar keert RBC in 1983 terug in het betaalde voetbal. Dat proces verloopt vrij onopvallend totdat in 2000 onder coach Robert Maaskant via de nacompetitie promotie wordt gerealiseerd. Twee jaar later volgt hetzelfde scenario, nu houdt de club het iets langer vol. In 2011 wordt de schuldenlast de club fataal en wordt het faillissement uitgesproken.
Sterspelers: Gerrie Voets, Eric Hellemons, Pierre van Hooijdonk, Edouard Duplan.

Reclame

Louis van Gaal wint in 2007 de Loden Leeuw Persoonlijkheidsprijs voor zijn rol in een commercial van Media Markt. Het is een dik verdiende zege. 'Is Media Markt nou zo goedkoop of zijn die anderen nou zo duur?' vraagt Van Gaal zich onder meer af. Hij weigert de prijs overigens in ontvangst te nemen.
Voetballers worden al een halve eeuw lang ingezet door reclamemakers. Barry Hulshoff, Ajacied en international, is begin jaren zeventig een van de eerste voetballers

Een reclame in de landelijke dagbladen ter gelegenheid van de Europacup-wedstrijd Feyenoord-Benfica in 1963.

die een product aanprijst, hondenbrokken van het merk Chappi. 'Ik ben Barry Hulshoff en dit is mijn hond Boeddha,' zegt hij, wandelend op het strand. Hij wordt ervoor beloond met hondenvoer en een videorecorder.
Meer reclames van voetballers of trainers hebben zich in het collectieve geheugen genesteld. Denk aan de reclame die Dick Advocaat in een flatgebouw voor Calvé Pindakaas maakt, de foto's van Willem en Truus van Hanegem in het breiboek van de Hema en Johan Cruijff die de 'gezonde sigaret' Roxy Dual Filter rookt.
De laatste jaren is de voetballer in de reclame populairder dan ooit. John de Wolf (Ditzo), Giovanni van Bronckhorst (Diergaarde Blijdorp), Willem van Hanegem en René en Willy van de Kerkhof (Eye Wish Groeneveld), Ronald Koeman (HAK), Dirk Kuijt (Donald Duck), Edwin van der Sar (Milner), Luis Suarez en Ruud Gullit (Beter Horen) en zelfs Willy Overtoom (Nivea) duiken op in reclamespots.

Reep, Erik

Als beginnend bondscoach voegt Marco van Basten in 2004 een mentale begeleider toe aan de staf van het Nederlands elftal. Erik Reep (1951) is een kennis van John van 't Schip. Ook diens schoonmoeder, Willeke Alberti, heeft goede ervaringen met hem. Oranje is echter nog niet rijp voor Erik Reep – en Erik Reep niet voor Oranje. De spelers doen nauwelijks moeite hun lachen te bedwingen. Na zes interlands verdwijnt hij van het toneel. Van Basten vindt het best. Op de vraag of hij van plan is een opvolger aan te trekken, zegt hij: 'Nee. We hebben Kees Jansma toch?'
'Mental coaching is in het voetbal nog een te schimmig fenomeen,' verklaart Reep in een afscheidsinterview. 'Het beeld wordt nog voornamelijk geassocieerd met charlatans, met Jomanda, met magnetiseurs, met Emile Ratelband en dergelijke.' Dat had hij goed gezien.

Reitsma, Theo

Ouderwetse (degelijk, onderkoeld, weinig frivoliteiten) voetbalcommentator die in 2002 bij *Studio Sport* met pensioen gaat en daarna onderdak vindt achter de decoder van Eredivisie Live. In de jaren tachtig en negentig is hij de onbetwiste nummer één van *Studio Sport*, als opvolger van Herman Kuiphof. Zijn eerste WK-finale is Argentinië-Nederland in 1978. Reitsma (1942) is de commentator die tijdens de WK-wedstrijd Argentinië-Engeland onmiddellijk constateert dat Diego Maradona de bal met de 'hand van God' in het Engelse doel slaat. Na de EK-overwinning in 1988 geeft hij het juichende Oranje een compliment dat onlosmakelijk met het toernooi in West-Duitsland verbonden is: 'Dit is een goed stel hoor.' Veel mensen weten ook wat hij zegt na het doelpunt van Marco van Basten in de finale: 'Tjongejonge, wat een doelpunt, zeg. Onvoorstelbaar ingeknald.'

Reiziger, Michael

Wonderlijk genoeg is Michael Reiziger (1973) al bijna een vergeten voetballer, ondanks een loopbaan waar hij alles uithaalt wat erin zit. Bij Ajax, AC Milan, FC Barcelona, Middlesbrough en PSV oogst hij vijf landstitels, de Champions League en de Wereldbeker. Jarenlang is hij de vaste rechtsback van Oranje (72 interlands). Meer dan een bijrol speelt hij nooit. Veel, zo niet alles heeft hij te danken aan Louis

van Gaal, de man die hem in het begin van de jaren negentig bij Ajax van aanvaller omschoolt tot rechtsback en op wiens advies Barcelona hem overneemt van AC Milan.
Als hem wordt gevraagd aan welke club hij de voorkeur geeft, Ajax of Barcelona, antwoordt hij Barcelona. 'Het leven sprak me daar het meeste aan.' Met onder anderen Dennis Bergkamp, Phillip Cocu en Patrick Kluivert slaagt hij in 2009 voor de cursus Coach Betaald Voetbal.
Weetje: in Spanje wordt hij *pato* (eend) genoemd, op grond van zijn uiterlijk. Nog eentje (minder vrolijk): in 2009 beschuldigt hij zijn ex-vrouw ervan dat zij hun drie zoontjes vanuit Spanje naar Nederland heeft ontvoerd.

Reker, Jan
Is van het type 'handen-uit-de-mouwen'. Voelt zich als trainer van clubs als VVV en Roda JC in de jaren tachtig niet te beroerd om zelf de schilderskwast ter hand te nemen als de kleedkamers een nieuw kleurtje kunnen gebruiken. Gaat ook graag op de fiets naar zijn werk.
Reker (1948) geniet verder bekendheid als oprichter en directeur van de trainersvakbond CBV (1990) én als 'de man van het boekje'.
Dat boekje, dat later overigens een kaartenbakje blijkt te zijn, bevat een enorme hoeveelheid informatie over penaltynemers. Doelman Hans van Breukelen doet er in 1988 zijn voordeel mee. In de Europacup-I-finale tussen PSV en Benfica stopt hij de beslissende penalty van António Veloso. 'Ik wist van Reker in welke hoek hij zou schieten.'
Als geboren Eindhovenaar is Reker trots dat hij in 2007, in de laatste fase van zijn werkzame leven, tot algemeen directeur van PSV wordt benoemd. Maar na ruim twee jaar, die worden beheerst door interne strubbelingen, houdt hij de eer aan zichzelf.

Rensenbrink, Rob
Het schot op de paal, altijd maar weer dat ene schot op die ene paal: Rob Rensenbrink (1947) is de voetballer geworden die Nederland in de finale tegen Argentinië in 1978 niet naar de wereldtitel schiet.
De wedstrijd wordt op 25 juni gespeeld in Buenos Aires. In de slotminuut voorkomt Rensenbrink bij een 1-1 stand (doelpunten van Kempes en Nanninga) dat de bal over de achterlijn rolt. Nog lang zal hij worden herinnerd aan de daaropvolgende actie. De combinatie 'Rensenbrink' en 'paal' levert op Google ruim dertigduizend hits op.
'Het was niet eens een echte kans. En als

het een doelpunt was geworden, had die Italiaanse scheidsrechter tot de gelijkmaker laten doorspelen. Argentinië moest nu eenmaal winnen,' zegt hij over een van de meest legendarische momenten uit de WK-geschiedenis. Hij heeft natuurlijk gelijk, maar toch.
Het tweede onuitwisbare stempel betreft zijn hobby. Van Rensenbrink is altijd aangenomen dat hij de jaren na zijn voetballoopbaan slijt aan de waterkant, vissend. Ook dat is onrechtvaardig.
Robert Pieter Rensenbrink is véél meer dan de vissende voetballer die in een WK-finale de bal op de paal schiet. Hij is een gracieuze, stijlvolle linksbuiten, een samensmelting tussen Piet Keizer en Johan Cruijff, een Oostzaner met Braziliaanse allure. Op het WK in Argentinië is hij weergaloos, een aanvaller die zijn bijnaam, het Slangenmens, ten volle verdient.
In Nederland blijft waardering lang uit. In een tijd waarin buitenlands voetbal niet of nauwelijks in Nederland te zien is, bouwt hij in België aan een geweldige staat van dienst. Eerst met Club Brugge (1969-1971) en later met Anderlecht (1971-1980) verovert hij België. In 2007 wordt hij gekozen tot de beste buitenlander die ooit in de Belgische competitie te zien was.
En zijn bijnaam? Het verhaal gaat dat de coach van het Hongaarse Ujpest Dosza, Lajos Baróti, hem zo noemt nadat zijn ploeg in een Europacupwedstrijd kapot was gespeeld door Club Brugge, of beter gezegd door de Nederlander Rob Rensenbrink.

Rep, John

Hij is nog altijd de Nederlander met de meeste WK-doelpunten achter zijn naam: zeven. Als voetballer lacht het leven John Rep (1951) toe. Hij is het goudhaantje van Ajax en Oranje en speelt twee WK-finales, in 1974 en 1978. Prachtige avonturen beleeft hij bij Valencia, Bastia en Saint-Étienne. Openhartig is hij over zijn actieve loopbaan, waarin het zwarte geld binnenstroomt, vrouwen zich aan zijn voeten storten en doping voor het grijpen is. Treurig wordt zijn verhaal na die gloriejaren als Rep kampt met een alcoholprobleem – hij komt zelfs in een afkickkliniek terecht – en twee huwelijken stuklopen. Zijn trainerscarrière heeft niet veel om het lijf, met clubs als De Zwarte Schapen, Sporting Flevoland, FC Omniworld, Texel '94 en RKSV Pancratius; tamelijk troosteloos voor een speler met zo'n roemrucht verleden. Rep, een flamboyante persoonlijkheid, maar een hartelijke vent die wars is van sterallures, voelt zich miskend. Hij biedt zichzelf een aantal keer aan als scout bij Ajax, maar de club geeft geen sjoege. Hij blijft nog slechts zijdelings betrokken bij de voetbalsport, als rapporteur van *De Telegraaf*.

Reve, Gerard

De grote volksschrijver Gerard Reve (1923-2006) houdt niet van voetbal, hoewel hij net zoals Johan Cruijff in het Amsterdamse Betondorp wordt geboren. Hij houdt wel van voetballers, en in het bijzonder van knappe voetballers. In zijn Reve-biografie schrijft Nop Maas dat de schrijver vooral Dick van Dijk (FC Twente, Ajax) een 'geil dier' vindt.
Ook zou Reve ooit met de gedachte hebben gespeeld 'Het Grote Jongens Voetbalboek' te schrijven, met als ondertitel 'over voetbal als homoseksueel kunstmaandverband'. Het komt er niet van. Hoe curieus (en geestig) zijn kijk op voetbal is, toont

hij in een brief aan Simon Carmiggelt, geschreven op 5 mei 1971 nadat Ajax zich dankzij een zege op Atlético Madrid heeft geplaatst voor de finale van de Europacup voor landskampioenen.

> *Het enige wat mij erg lijkt in jouw lot, dat is dat je je moet bezig houden met gewone, 'normale' mensen. (Weg met Ajax! Weg met Feyenoord! Dood aan de arbeiders! Ik vind het jammer dat bij een voetbalwedstrijd niet beide partijen kunnen verliezen, en dat er zo zelden doden bij vallen.)*

Reynolds, Jack

De Brit is bondscoach van Duitsland op het moment dat de Eerste Wereldoorlog op punt van uitbreken staat. Reynolds (1881-1962) wijkt uit naar het neutrale Nederland. Hij wordt bij Ajax opvolger van John Kirwan, de eerste trainer van de Amsterdamse club. Reynolds zal uiteindelijk vijfentwintig jaar de scepter zwaaien, verdeeld over twee perioden. Hij wordt acht keer landskampioen met Ajax. Eén keer is hij daar niet bij, in 1934, omdat beslissingswedstrijden moeten worden gespeeld en Reynolds van een 'welverdiende vakantie' geniet. Na de titel in 1947 neemt de club tijdens een receptie in Hotel Americain afscheid van 'de man met de bolhoed', naar wie later in stadion De Meer een tribune wordt vernoemd.

CLUBNIEUWS DER A.F.C. AJAX. 19

JACK REYNOLDS
ONZE POPULAIRE TRAINER DIE THANS 12½ JAAR DE SPELTECHNISCHE LEIDING IN ONZE CLUB VERZORGD

Jack geeft sprintles.

De samenstelling van onze Adspiranten-elftallen in 1929. Jack samenwerkende met de toenmalige commissie voor jeugdvoetbal.

Ricksen, Fernando

Er is een tijd dat de naam van Fernando (inderdaad vernoemd naar de ABBA-hit) Ricksen (1976) enkel in verband wordt gebracht met zijn gedrag buiten de lijnen. Hij trapt als speler van Oranje een hotelkamerdeur te Minsk in tweeën, gooit een niet met zwemdiploma's uitgeruste Rangers-bobo in het zwembad, parkeert in Schotland zijn jeep tegen een paal en spreekt daarbij de legendarische woorden 'O, mag dat hier niet?', steekt midden in de nacht vuurwerk af in zijn tuin en verwekt bovendien in zijn AZ-periode een buitenechtelijk kind. Hij staat meer dan hem lief is op de voor- in plaats van de achterkant van de Schotse tabloids, zeker als Ricksen aanpapt met glamourbimbo Katie Price. Maar je doet de Limburger tekort als je enkel naar zijn gedrag buiten de lijnen kijkt. Hij speelt twaalf interlands waarvan hij er niet één verloor en hij wordt in 2005 uitgeroepen tot beste speler in de Schotse Premier League. Bij de presentatie van zijn boek *Vechtlust* in 2013 maakt hij tijdens een uitzending van *De Wereld Draait Door* bekend dat hij lijdt aan de dodelijke spierziekte ALS.

Rijkaard, Frank

Franklin Edmundo Rijkaard (1962) neemt in het seizoen 1994-1995 op schitterende wijze afscheid van het voetbal bij zijn eerste profclub. De dan 31-jarige verdediger/middenvelder wordt met Ajax kampioen en wint de Champions League.

Rijkaards aandeel in het succes is aanzienlijk. Hij is de non-verbale leider van Ajax. Danny Blind is aanvoerder, maar op de momenten dat praten, coachen en sturen niet het gewenste effect hebben, laat Rijkaard zich gelden. Met grote passen steekt hij het veld over, of hij gooit er een imposante tackle uit, desnoods ramt hij een bal de tribunes in; als zijn medespelers de boodschap maar begrijpen.

Zo glorieus als zijn rentree is bij Ajax, zo zuur is zijn afscheid van de club zeven jaar eerder geweest. Midden in het seizoen 1987-1988 stapt hij op, na een conflict met trainer Johan Cruijff, wiens 'eeuwige gezeik' hij zat is.

Kort daarvoor heeft Rijkaard zijn contract bij Ajax nog verlengd, terwijl hij ook een handtekening zet onder een verbintenis met PSV, dat hem gepaaid zou hebben met een stereotoren. De clubs komen uiteindelijk een schikking van 2,5 miljoen gulden overeen en Rijkaard blijft (nog even) bij Ajax.

Het is de meest kommervolle en onstuimige periode in zijn loopbaan. Rijkaard wordt uiteindelijk door Sporting Clube de Portugal (waar hij niet speelgerechtigd is) verhuurd aan het Spaanse Real Zaragoza. Pas na het EK in West-Duitsland komt Rijkaard bij AC Milan in rustig vaarwater. De wegen van Rijkaard zijn ondoorgrondelijk, ook als trainer. Hij voelt zich niet te groot voor Sparta, de club waarmee hij degradeert naar de eerste divisie, en niet te

Frank Rijkaard scoort voor Oranje.

klein voor Barcelona, waarmee hij in 2006 de Champions League wint.
Daarvóór is hij al bondscoach geweest van het Nederlands elftal. Die missie eindigt in de halve finale van Euro 2000 tegen Italië, de wedstrijd van de gemiste penalty's.

Rijn, Dick van
'Goedenavond luisteraars, in Nederland, in oost en west, op zee of waar ook ter wereld,' klinkt het steevast als Dick van Rijn (1914-1996) het woord richt tot luisteraars van de Wereldomroep. Ook in het programma *AVRO's Wekelijkse Sportrevue* is hij te beluisteren en, veel later, in *Langs de Lijn*. Historisch feitje: Van Rijn is de commentator bij de eerste interland die op de Nederlandse televisie wordt uitgezonden, België-Nederland op 19 oktober 1952. Op het hoogtepunt van zijn roem speelt hij in het beroemde en veelbeluisterde hoorspel *Monus, de man van de maan* de rol van sportverslaggever.

Rijnders, Nico
In een uitzending van *Andere Tijden Sport* uit 2009 over Nico Rijnders (1947-1976) is een enquêteformulier te zien dat hij als voetballer van Ajax heeft ingevuld. Op de vraag hoelang hij van plan is te blijven voetballen, antwoordt hij: 'Tot ik erbij neerval.'
Hij overlijdt op 16 maart 1976, niet op een voetbalveld, maar op een etage boven zijn oude, failliet verklaarde sportwinkel Nico Rijnders Sport in Brugge. Zijn vrouw heeft hem verlaten en hij is pas 28 jaar. Een hartkwaal wordt hem fataal. Op grond van oude gegevens, maar met nieuwe inzichten, stellen medici in 2009 vast dat Rijnders lijdt aan hartritmestoornissen.
Via NAC en Go Ahead haalt Rijnders in 1969 de nationale top als meesterknecht van Johan Cruijff en Piet Keizer. De Long van Ajax wordt hij genoemd, vanwege zijn loopvermogen. Met die club beleeft hij ook zijn hoogtepunt, de Europacupzege in 1971, hoewel hij in de rust wordt vervangen wegens benauwdheid. Aan het eind van het seizoen wordt hij verkocht aan Club Brugge. In 1972 raakt hij tijdens een wedstrijd tegen Club Luik buiten westen. Hij is klinisch dood, maar wordt gereanimeerd en afgekeurd. In het boek *Mijn Ajax* schetst Ajax-verzorger Salo Muller de laatste jaren van zijn korte leven. 'Hij ging failliet. Zijn vrouw liep met zijn beste vriend weg, hij ging drinken en verpauperde. We konden hem helaas niet meer helpen [...]. Hij was echt ongelukkig.'

Rijsbergen, Wim
Oké, hij maakt een goed seizoen door bij Feyenoord waarmee hij in 1974 de UEFA Cup wint, maar niemand verwacht dat Wim Rijsbergen (1952) daarna meteen doorbreekt in Oranje. Hijzelf al helemaal niet. Dat hij na het afhaken van de geblesseerde Barry Hulshoff bij de selectie zit, is al een verrassing, dat hij vanaf wedstrijd één een centraal duo vormt met Arie Haan is een nog grotere surprise. Maar het vertrouwen dat Rinus Michels in hem stelt, betaalt zich uit. Rijsbergen is een stoere, onverzettelijke voorstopper die zich door niets of niemand van de wijs laat brengen. Zelfs als speler bij het sterrenensemble van New York Cosmos, met vedettes als Pelé en Beckenbauer om hem heen, vertrekt hij geen spier. Sober verdedigen is zijn handelsmerk en dat houdt hij, ondanks veel fysieke malheur, lang vol.

Rijvers, Kees

Op 21 december 1983 speelt Spanje in Sevilla een cruciale EK-kwalificatiewedstrijd tegen Malta (12-1). Kees Rijvers (1926) neemt niet de moeite het duel op televisie te bekijken. De coach van Oranje verkiest een kaartavondje bij de buren in Knegsel.

Het potje kaarten wordt in de media jarenlang met enige regelmaat opgerakeld en geldt als een klassieke anekdote. Als bondscoach in de periode 1981-1984 laat Rijvers onder anderen Gullit, Rijkaard, Van Basten, Ronald Koeman, Vanenburg en Wouters debuteren, maar juist dat voorval blijft aan hem kleven. Hij is de man die op een beslissend moment – niet Nederland maar Spanje plaatst zich dankzij de omstreden zege voor het EK – zit te kaarten bij de buren.

Op gezag van persbureau ANP maken een dag na de wedstrijd talloze andere kranten melding van de kaartavond. Pas twintig jaar later zorgt *de Volkskrant* voor eerherstel. 'Rijvers kaartte die avond helemaal niet,' bekent Wim Jesse, de journalist die Rijvers destijds bijstaat als persvoorlichter.

'Het woord kaarten is plompverloren uit mijn brein ontsproten, toen ANP-redacteur Leo van de Ruit me vroeg: maar Wim, wat deed-ie dan bij de buren? Waarop ik zei: ach, misschien zat-ie wel te kaarten. Toen ik Rijvers enige dagen later vertelde dat het kaartverhaal uit mijn brein was ontsproten, zei hij: maakt niet uit, maar ik hou niet eens van kaarten.'

Wat wel waar is, is dat Rijvers de beschutting van de buren had opgezocht. 'Hij had op voorhand al geen vertrouwen in het resultaat van die wedstrijd,' zegt Jesse later. 'Hij voelde aan dat er iets ging gebeuren en wenste niet te kijken.'

Het gouden binnentrio Faas Wilkes, Abe Lenstra en Kees Rijvers (v.l.n.r.) bereidt zich voor op de interland tegen Luxemburg van 11 september 1957.

Rijvers verdient beter. Hij is de man met een formidabele staat van dienst in het voetbal, als speler van NAC, Saint-Étienne en Feyenoord en Oranje (33 interlands). De eigenzinnige Bredase schoenmakerszoon speelt mee in de Watersnoodwedstrijd en vormt na de Tweede Wereldoorlog met Faas Wilkes en Abe Lenstra het vermaarde Gouden Binnentrio.
Ook als trainer (mét pet) van FC Twente en PSV is Rijvers succesvol. Met PSV domineert hij in de tweede helft van de jaren zeventig het Nederlandse voetbal en wint hij de UEFA Cup (1978). In 2004 krijgt hij uit handen van Rinus Michels een oeuvreprijs voor zijn prestaties als trainer.

RKC

De Rooms Katholieke Combinatie uit 1940 maakt haar entree in het betaalde voetbal in 1984. Al in het vierde seizoen is het raak en promoveren de Waalwijkers naar het hoogste platform. Daar worden altijd veel grappen gemaakt over de behuizing van de club die weliswaar Olympia heet, maar veelal vergeleken wordt met een veredelde fietsenstalling. Onder die omstandigheden is het lastig winnen in Waalwijk. Meermalen schaart het clubje zich onder de eerste tien van de eredivisie. Na twee degradaties (in 2007 en 2010) is het elftal onder aanvoering van trainer Erwin Koeman weer het stugge ploegje van weleer. Helemaal zonder slag of stoot gaat dat niet. In 1991 valt de FIOD binnen en legt een zwartgeldcircuit bloot, later moet sponsor Mandemakers bijspringen om een faillissement te voorkomen.
Sterspelers: Ad van der Wiel, Marcel Brands, Harry Decheiver, Zeljko Petrovic, Rick Hoogendorp.

Robben, Arjen

Met één voetbeweging vervolmaakt Arjen Robben op 25 mei 2013 zijn voetballoopbaan. Met zijn winnende doelpunt (2-1) in de Champions League-finale tegen Borussia Dortmund bezorgt hij Bayern München op Wembley de Europese hoofdprijs en rekent hij af met zijn gestaag groeiende leger critici. 'Toen ik de bal langzaam richting het doel zag rollen, dacht ik maar één ding: dit is 'm. Eindelijk!'
In drie eerdere finales (twee keer Champions League en de WK-finale) staat hij na afloop telkens aan de andere kant: die van de verliezers. In de eindstrijd tegen Spanje, op het WK van 2010, krijgt hij een unieke kans om Oranje op voorsprong te zetten, maar de teen van doelman Casillas voorkomt een treffer. In 2012 mist hij in de Champions League-finale namens Bayern een strafschop tegen Chelsea.
Dat komt hem kort daarna op fluitconcerten te staan van zijn eigen fans als hij met Oranje een oefenwedstrijd speelt tégen Bayern München. Die wedstrijd is georganiseerd om de Duitse club financieel tegemoet te komen, omdat Robben na het WK is teruggekeerd bij Bayern met een, volgens de Duitse clubarts, verwaarloosde hamstringblessure.
Robben is vaker mikpunt van kritiek, vanwege zijn vele blessures, zijn maniertjes, zijn schwalbes en zijn zelfzuchtige spel. Maar hij is ook een liefhebber, een geweldige dribbelaar, met snelheid en een dodelijk schot als machtige wapens. En hij heeft een sterke mentaliteit.
Op 25 mei 2013 valt alles zijn kant op. 'Hier heb ik al die jaren van gedroomd en voor geleefd. En nu is het zover. Toen ik op mijn knieën gleed na dat doelpunt in de slotfase

Arjen Robben probeert zich te ontworstelen aan de greep van Spanjaard Carles Puyol tijdens de WK-finale van 2010.

ging er heel veel door mijn hoofd. Weet je, je wilt gewoon niet met een "loser-stempel" door, de rest van je leven.'

Robson, Bobby

Twee periodes (1990-1992 en 1998-1999) is Bobby Robson (1933-2009) actief bij PSV. Meer nog dan de resultaten zijn het zijn karakter en omgangsvormen die hem zo populair maken. Nooit verloochent hij zijn afkomst – een Engels mijnwerkersgezin – en nooit spreekt hij neerbuigend over anderen. Cynisme is hem vreemd.

'Voetbal gaat over je tegenstander verslaan, maar er is geen tegenstander. Je leeft samen, met winst en verlies,' is een van zijn markante uitspraken. Twintigvoudig Engels international Sir Bobby Robson zegt het aan het eind van zijn leven, na een met prijzen overladen loopbaan die hem als coach onder meer langs Ipswich Town, PSV, Sporting Clube de Portugal, Porto, Barcelona, Newcastle United en de nationale ploeg van Engeland voert.

Arnold Mühren, met wie Robson werkt bij Ipswich Town, karakteriseert hem zo: 'Hij was een vaderfiguur, altijd geïnteresseerd in de mens achter de speler. Hij was een echte vechter, geen coach die met een Jaguar naar de training kwam.'

Roda JC

Roda JC ziet in 1962 het levenslicht als laatste loot van een stamboom die liefst zeven clubs telt. Kerkrade Football Club, SV Bleijerheide, Roda Sport, Juliana, Rapid '54 en Rapid JC staan aan de wieg van Roda JC, de club uit Kerkrade die in zijn eerste jaar gelijk degradeert uit de eerste divisie. Daarna begint de lange opmars richting eredivisie die in 1973 bereikt wordt en niet meer wordt

prijsgegeven, hoewel dat de laatste jaren niet veel scheelt. Met hangen en wurgen wordt het eredivisieschap behouden. Van een tweede plaats, zoals in 1995, kan men alleen maar dromen, van Europese avonturen zoals die veelvuldig plaatsvinden in de afgelopen decennia, ook. Het laatste avontuur dateert van twaalf jaar geleden, in 2002, toen AC Milan verrassend verslagen wordt, maar Roda toch na strafschoppen onderuitgaat. Daarna worden de prestaties minder en steken nieuwe fusiegeruchten de kop op. Maar van een gedroomd FC Limburg komt het niet.
Sterspelers: Pierre Vermeulen, Dick Nanninga, Adrie Koster, Gène Hanssen, Eric van der Luer, Ger Senden.

Roessel, Jan van

In de jaren vijftig is de midvoor een fysiek sterke, goed koppende en gemakkelijk scorende voetballer in de punt van de aanval. Elke club heeft wel zo'n targetman, die vaak tot publiekslieveling uitgroeit.
Jan van Roessel (1925-2011) is zo'n typische midvoor bij LONGA en Willem II, waar hij tot speler van de 20e eeuw is uitgeroepen. Van Roessel wordt in het eerste seizoen van de eredivisie (1954-1955) landskampioen met de Tilburgse club.

Roken

Nee, handig is het niet van Johan Cruijff om mee te werken aan een reclamecampagne voor Roxy Dual. De eerste advertenties verschijnen eind 1978 in de kranten, nadat Cruijff zijn 'afscheidswedstrijd' tegen Bayern München heeft gespeeld.
'Rook verstandig, Roxy Dual', is de boodschap. Felle protesten volgen. Antirookorganisatie Stivoro dient bij de Reclame Code Commissie een klacht in tegen tabaksfabrikant Niemeijer.
Het zal nog jaren duren voordat sigaretten uit de stadions verdwijnen. Jarenlang worden roken en voetbal niet als onverenigbare grootheden beschouwd. Langs de lijn wordt door trainers (Leo Beenhakker, Willem van Hanegem, Aad de Mos) vaak driftig gerookt. 'Roken is slecht,' geeft Van Hanegem toe. 'Voor de gordijnen.'
Jaren later komt hij op zijn woorden terug. Bij hem wordt COPD geconstateerd, een longaandoening die vaak wordt veroorzaakt door roken. 'Ik schrok zo van de uitslag van het medisch onderzoek dat ik al mijn sigaretten direct in een container heb gegooid.'
In 2004 verbiedt de Europese voetbalbond het roken in en rondom de dug-outs. Cruijff is na een hartinfarct op dat moment al jarenlang gestopt en heeft zich ontpopt tot een fanatieke antiroker. Van maar weinig voetballers is bekend dat ze roken. Theo Janssen is de uitzondering.

Rolfluitje

Het filmpje gaat de hele wereld over. Tijdens de wedstrijd Haarlem-AZ van 17 december 1978 haalt Haarlem-trainer Barry Hughes opeens een rolfluitje tevoorschijn waarmee hij een paar keer vrolijk toetert naar AZ-collega Georg Kessler. De actie is typerend voor Hughes die nooit verlegen zit om een grap of een grol. Ook de tussenstand (3-0) is geruststellend, hoewel een getergd AZ de achterstand nog wel verkleint tot 3-2. Na afloop legt Hughes uit dat dit zijn zoete wraak is op Kessler van wie hij les kreeg op de trainerscursus.

Romario de Souza Faria

Excellente Braziliaanse voetballer, die bij zijn eerste Europese club PSV moeilijk te

temmen is, met zijn afkeer van trainen, zijn talent voor feesten en luieren en zijn arrogante houding tegenover collega's die nog niet de helft kunnen met een bal wat hij kan. Maar Romario (1966) betaalt zijn teamgenoten en zijn trainer altijd terug met doelpunten. Ladingen vol doelpunten – intikkers, volleys, kopballetjes, pingeldoelpunten, stiftjes, hakballetjes.
Na PSV scoort de kleine (1,69 meter) spits er ook in het Dream Team van Johan Cruijff bij Barcelona – met Michael Laudrup en Hristo Stoichkov – lustig op los. Hij streeft ernaar om net als zijn illustere landgenoot Pelé – met wie hij geregeld in de clinch ligt – meer dan duizend goals te maken. Daarvoor komt Romario, wereldkampioen met Brazilië in 1994, aan het eind van zijn carrière zelfs even terug naar Nederland om in naslagwerken van statistici op te zoeken in welke oefenduels hij voor PSV heeft gescoord.
In mei 2007 bereikt hij die voor hem zo belangrijke mijlpaal. In de wedstrijd van zijn ploeg Vasco da Gama tegen Sport Recife

scoort Romario, 41 jaar oud, zijn duizendste treffer uit een penalty. Hij is er zielsgelukkig mee en kan met voetbalpensioen.
In 2010 duikt hij op in de politiek, als parlementariër voor de Socialistische Partij. Romario is fel criticaster van het WK 2014 dat in zijn land wordt gehouden, en vooral van de grijpgrage wereldvoetbalbond FIFA, 'die hier binnenkomt, een eigen staat creëert en vertrekt met twee of drie miljard dollar winst'.

Ronaldo
Als interim-trainer van PSV is Kees Rijvers in 1994 ontevreden over een jonge, buitenlandse aanvaller, en vooral over diens inzet tijdens de lessen Nederlands. Tijdens de lessen heeft de Braziliaan meer oog voor zijn vriendin dan voor de leraar Nederlands. 'Hij kust al aardig,' schampert Rijvers. Het komt goed met Ronaldo Luís Nazário de Lima, kortweg Ronaldo. In 46 competitieduels voor PSV scoort hij 42 keer.

Rookmagiër
Begin jaren negentig is FC Groningen in de ban van een langharige Joegoslavische aanvaller, een klassiek enfant terrible die zijn trainer (Hans Westerhof) soms tot wanhoop drijft, maar het stadion met weergaloze solo's in vervoering brengt: Milko Djurovski. En hij rookt dus, deze avonturier. Het levert hem, dankzij *de Volkskrant*, de bijnaam Rookmagiër op – een subtiele verwijzing naar 'antirookmagiër' Robert Jasper Grootveld, een van de gezichten van de Provobeweging in Nederland.

Ross-van Dorp, Clémence
Als preses van De Graafschap is zij de eerste vrouwelijke voorzitter van een eredivisie-

club. Dat houdt de voormalige staatssecretaris (Volksgezondheid, Welzijn en Sport) goed twee jaar vol: van zomer 2010 tot herfst 2012. Maar door aanhoudende kritiek van de achterban, op het beleid van de club en op haar persoonlijk, geeft Ross-Van Dorp (1957) er de brui aan. Het gedrag van sommige supporters van De Graafschap is vijandig en intimiderend. 'Of ik ook bedreigd ben? Ik vind dat niet zo relevant, maar laat ik zeggen dat de politie er vaak niet voor niets was.'

Roy, Bryan

Leo Beenhakker, Rinus Michels, Louis van Gaal: allemaal plaatsen ze kanttekeningen bij het 'rendement' van de elegante linksbuiten. Dat Bryan Roy (1970) tegenstanders kan passeren staat vast, maar leveren zijn solo's ook voldoende op?

De rendementskwestie blijft de Amsterdammer altijd achtervolgen. Desondanks schrijft hij 32 interlands op zijn naam en

heeft hij bij Ajax, Nottingham Forest en Hertha BSC een goede staat van dienst. Het zit ook weleens tegen. Zijn huwelijk met actrice Nada van Nie loopt op de klippen en in 2006 gaat 3D-stars failliet, zijn bedrijf dat voetbalbeeldjes produceert.

Ruiter, Nol de

Nol de Nul, noemt *Voetbal International* hem als hij op het WK in Italië bondscoach Leo Beenhakker (Don Ballon) assisteert. Utrechter De Ruiter (1940) ziet er de humor niet van in. Het is ook niet bedoeld als compliment. Twintig jaar later, in 2010, probeert hij wraak te nemen op zijn critici, door middel van een boek met de titel *Nol de Ruiter 70*. Het is allemaal de schuld van Beenhakker geweest, beweert De Ruiter.

Ruiter, Sjoerd

Hij wordt begin jaren zeventig dé opvolger van Johan Cruijff genoemd, dit talent uit de Watergraafsmeer. Maar hij zal nooit in het eerste van Ajax voetballen. Geen seconde. Op zijn twintigste stopt hij met voetballen. Ruiter (1951) gaat gebukt onder de hoge verwachtingen en staat er helemaal alleen voor. Steun van zijn ouders heeft hij niet. 'Ik sprak nooit met iemand thuis; ze vroegen ook nooit wat. Ja, één keer zeiden ze: wat praat je plat, dat komt zeker door Ajax?'

Zijn Ajax-verleden achtervolgt Ruiter nog jarenlang, ook al omdat hij zichzelf op allerlei gebieden druk en verwachtingen oplegt. Met Cruijff speelt hij uiteindelijk één helft samen: met het tweede uit tegen FC Twente. In de vijf jaar dat Ruiter bij Ajax voetbalt, spreken ze nooit met elkaar. Op die ene keer na, als Cruijff zich tijdens een gezamenlijk etentje van het eerste en het tweede elftal persoonlijk tot hem richt: 'Hé Sjoerdje, wil jij ook een bitterbal?' Jaren later komt Ruiter Cruijff nog eens tegen in Buitenveldert. 'Ik fietste door een straat en daar stond Cruijff op de stoep bij de Internationale School te wachten, op Jordi, vermoed ik. Verder was er helemaal niemand in die straat. Alleen Johan en ik. Alleen op de Wereld: Cruijff en de Nieuwe Cruijff. Ik dacht nog: zal ik hem aanspreken? Maar ik reed door. Ik durfde niet.'

Run, Sjef van

Laatbloeier en degelijke rechtsback, die pas op zijn 25e bij PSV gaat voetballen, maar evengoed 359 competitiewedstrijden voor de club speelt en tweemaal landskampioen wordt. Speelt 25 interlands, waarvan tien tegen België. Dankt zijn voornaam vermoedelijk aan zijn grootouders die uit België komen. Groeit op in het Brabantse Boxtel, waar zijn broer een café bestiert. Sjef (1904-1973) drinkt er ook geregeld een pintje. Hij werkt bij Philips, in de garage, en later wordt hij bewaker van het tennispark van eliteclub ELTC in Eindhoven. Het gezin Van Run woont op het park in een houten keet.

Ruts, Jacques

Met manager Kees Ploegsma vormt Rotterdammer Ruts (1933) PSV in de jaren tachtig om tot een zelfbewuste topclub. De grootste beloning voor zijn werk krijgt hij in 1988, als PSV de Europacup voor landskampioenen wint. In de tien jaar dat hij voorzitter is, wordt de clubs zesmaal kampioen van Nederland.
Bescheidenheid is hem vreemd. Ruts denkt groot, of het nou om de verbouwing van het stadion gaat of het binnenhalen van spelers. Hij geeft onder meer permissie om Ruud Gullit, Eric Gerets, Wim Kieft, Gerald Vanenburg, Ronald Koeman, Søren Lerby en Romario aan te trekken. Het is in die jaren dat PSV een imago krijgt van 'koopclub'. Ruts trekt zich er niets van aan – en koestert de overwinningen.

Rutten, Fred

Generatiegenoot van Ruud Gullit en Frank Rijkaard, met wie Fred Rutten (1962) in vertegenwoordigende jeugdelftallen speelt. Toch blijft zijn grote doorbraak uit. De speler van FC Twente heeft een geweldige techniek, een goed spelinzicht, maar een matige presentatie buiten het veld. Dat speelt Rutten als trainer ook parten. Hij slist en drukt zich uit in termen als 'spelers dienen hoog in de concentratie te zitten'. Bij FC Twente verricht hij als coach uitstekend werk, maar bij Schalke 04, PSV en Vitesse presteert hij redelijk tot matig. Bij Feyenoord krijgt hij een nieuwe kans.

Saedeleer, Rik de
Verdienstelijk voetballer van Racing Mechelen, maar vooral bekend en geliefd om zijn bevlogen voetbalcommentaar op de Belgische televisie. Zijn betrokken, kundige en humorvolle verslaggeving spreekt ook veel Nederlanders aan. 'Wat doe je daartegen? Een SS-20...' zegt De Saedeleer (1924-2013) als Igor Belanov van de Sovjet-Unie met een enorme knal scoort tegen België op het WK 1986. En even later, als Stéphane de Mol België op voorsprong zet: 'Ik hoop dat ze die jongens niet naar Siberië sturen. Ze spelen tegen een goeie ploeg.'
De Saedeleer levert ook een bijdrage aan het lied 'Naar de Top' van Tröckener Kecks. Zanger Rick de Leeuw wordt daarin een wereldster en passeert met de bal aan de voet Boniek, Platini en Scirea. De Belg spreekt het commentaar in.

Sar, Edwin van der
De carrière van Edwin van der Sar (1970) begint eind jaren tachtig aan de kaarttafel. Louis van Gaal, werkzaam bij Ajax, vraagt zijn vrienden hem te tippen als ze een talent in het vizier hebben. De amateurtrainers Ger Boer, Hennie Schipper en Ruud Bröring zien immers veel wedstrijden. Bröring, dan trainer van Noordwijk A1, vraagt Van Gaal: 'Wat zoek je?' Van Gaal: 'Een keeper en een rechtsbuiten.' Bröring: 'Die had ik allebei voor hem. Die rechtsbuiten heeft het niet gehaald, die keeper was Edwin van der Sar.'
Met Ajax wint de lange doelman uit Voorhout alles wat er te winnen is. Volgens Ajax' keeperstrainer Frans Hoek kent Van der Sar in mentaal opzicht zijn gelijke niet. 'Hij moest Stanley Menzo opvolgen, het hele stadion riep om Stanley, maar Edwin sloeg zich erdoorheen, zoals hij zich altijd overal doorheen heeft weten te slaan.'
Van der Sar houdt het lang vol aan de top, tot ver na zijn veertigste. Dankzij een combinatie van vier factoren: eerzucht, geloof in zichzelf, een sterk lijf en plezier. De weinig succesvolle periode bij Juventus en de vier jaar bij Fulham hebben een louterende werking op hem. 'In de jaren daarvoor bij Ajax leek alles zo vanzelfsprekend. Ik begon aan een seizoen en acht maanden later speelde ik ergens een finale. Nu was ik de dertig gepasseerd en moest ik hopen dat ik herontdekt zou worden.'
Alex Ferguson, manager van Manchester United, biedt hem een kans. Het wordt een uiterst succesvol avontuur. Van der Sar wint in 2008 met United de Champions League. In de finale tegen Chelsea draait het uit op penalty's. Van der Sar stopt de beslissende van Nicolas Anelka.
Na zijn carrière keert de keeper terug bij Ajax, waar hij directeur marketing wordt.

Say oe, ah, Ed de Goeij
Nee, Ed de Goeij (Sparta, Feyenoord, Chelsea en Stoke City, 31 interlands) voldoet niet aan het gangbare profiel van de profvoetballer. Zo verklaart hij ooit dat er niets boven een lekkere puzzel van vijfduizend stukjes gaat. De Goeij (1966) is nog steeds getrouwd met zijn eerste vriendinnetje, Antoinette, draagt altijd sportkleding en heeft nog nooit een druppel alcohol gedronken.
Alsof dit niet al onwaarschijnlijk genoeg is, ziet hij er niet tegen op om zijn schoonouders bij te staan op de markt. Ze verkopen handdoeken en dekbedovertrekken. Een antiheld, kortom, maar toch ook weer niet. In De Kuip wordt het in het begin van de jaren negentig regelmatig gescandeerd,

Edwin van der Sar wordt gepasseerd door een kopbal van Lionel Messi tijdens de Champions League-finale van 2009 tussen Barcelona en Manchester United.

door duizenden toeschouwers tegelijk: Say oe, ah, Ed de Goeij.

Scheepmaker, Nico

Een typische Scheepmaker-zin: 'We mogen rustig aannemen dat Rembrandt nooit gevoetbald heeft – althans niet in clubverband.'

Alle voetbalcolumnisten zijn schatplichtig aan Nico Scheepmaker (1930-1990), de man die in de sport zoekt naar het kleine ongewone en daar vervolgens een stuk over schrijft met een, meestal, begripvolle toon. Trivialiteiten bestaan volgens hem niet. Een pak speelkaarten in een vuilnisbak in de kleedkamer van Ajax is voor hem een onderwerp voor een column.

Scheepmaker is een meesterlijke chroniqueur van het voetbal in de periode 1970-1990. Zijn beschouwingen worden gebundeld in *Rembrandt heeft nooit gevoetbald*, *Voor Oranje trillen al mijn snaren* en *Ajax en de kunst van het voetballen*.

Niet alleen vanwege de titel wordt een boek dat hij over Johan Cruijff schrijft, een standaardwerk: *Cruijff, Hendrik Johannes, Fenomeen*. Sinds 2004 draagt de prijs voor het beste Nederlandse sportboek de naam van Nico Scheepmaker.

Scheringa, Dirk

Met zijn doodnormale voorkomen, zijn geitenwollen sokken en zijn voorliefde voor schaatsen kan Dirk Scheringa (1950) je aardig op het verkeerde been zetten. De vroegere politieagent uit Grijpskerk kan heel goed de normale, getapte man uithangen, maar dat is hij slechts ten dele. Kijk alleen maar naar de bodyguards die elke beweging van hem en zijn omgeving in de gaten houden.

Dirk Scheringa en Louis van Gaal vieren de titel van AZ in 2009.

Als bankier is Scheringa een keiharde zakenman die producten aanbiedt die menig klant de kop kosten en uiteindelijk hemzelf ook. In oktober 2009 wordt zijn DSB Bank failliet verklaard. Even lijkt het of AZ, de club waarvan hij eigenaar/voorzitter is, wordt meegesleurd in zijn val, maar de club overleeft het wonderwel en gaat zonder Scheringa verder.

De bemoeienis van Scheringa met AZ gaat ver terug. Al tijdens het Wastora-bewind is hij een van de sponsors van de club. Als de gebroeders Molenaar zich terugtrekken uit de club ziet Scheringa langzaam zijn kans schoon, eerst als penningmeester, vanaf 1993 als voorzitter. In 2005 wordt hij ook eigenaar van de club. Zijn grootste triomf volgt in 2009 als hij de kampioensschaal boven zijn hoofd mag houden en de fans

'Dirk bedankt' schreeuwen. Een half jaar later ziet de wereld er opeens heel anders uit. Een situatie die hij, als liefhebber van het magisch realisme, ongetwijfeld weet te waarderen.

Scheveningen Holland Sport
Als de profclubs van Den Haag en Rotterdam in 1954 gaan fuseren, wordt eerst de naam Flamingo's '54 bedacht. Maar omdat er al een amateurclub is die zo heet moet de nieuwbakken club op zoek naar een andere naam. Dat wordt in eerste instantie Holland Sport, later uitgebreid met Scheveningen, zodat uiteindelijk SHS ontstaat, Scheveningen Holland Sport met het vermaarde Sportpark Houtrust als thuishaven. Tot het in 1971 met ADO opgaat in FC Den Haag speelt SHS, vanaf 1965 weer onder de naam Holland Sport, vier seizoenen eredivisie waarin het geen onuitwisbare indruk achterlaat. Pas veel later komt Holland Sport weer in het nieuws, als tv-programma van Wilfried de Jong en Matthijs van Nieuwkerk. Sterspelers: Bertus de Harder, Wim Landman, Sjaak Roggeveen, Hans Dorjee, Joop van Maurik.

Schijndel, Jan van
De karakteristieke, roodharige middenvelder van SVV is nogal een harde werker. Hij transpireert veel en draagt daarom tijdens wedstrijden steevast een zakdoek tussen zijn broekje en hemd om het zweet van zijn hoofd te wissen. Van Schijndel (1927-2011) wordt landskampioen met zijn club in 1949. Blijft trouw aan SVV en aan de gemeente Schiedam, waarvoor hij 42 jaar werkt. Komt tot zeventien duels voor Oranje.

Schijvenaar, Henk
Behoort tot een klein groepje voetballers dat in meer sporten international is

H. SCHIJVENAAR (OUD SPELER EDO EN NED. ELFTAL)

geweest. Joop Odenthal, Cor Wilders en hij zijn de enigen die zowel voor het Nederlands voetbalelftal als voor het Nederlands honkbalteam uitkomen. Als speler van het Haarlemse EDO debuteert Schijvenaar (1918-1996) in mei 1947 tegen België voor Oranje. Hij komt tot achttien interlands. Het aantal honkbalinterlands dat hij speelt, schat hij zelf op tien of twaalf. Volgens de statistieken zijn het er vijf.

Schip, John van 't

Geboren in het Canadese Fort St. John en op zijn tiende met zijn ouders teruggekeerd naar Nederland. De eerste wedstrijd die John van 't Schip (1963) op de Nederlandse televisie ziet is de finale van de Europacup I tussen Ajax en Inter, in De Kuip in 1972. Johan Cruijff scoort twee keer. Vanaf dat moment is hij Cruijff- en Ajax-fan.
Als Cruijff in 1981 als voetballer terugkeert bij Ajax adviseert hij trainer Kurt Linder om de jonge rechtsbuiten Van 't Schip naar het eerste elftal over te hevelen. 'Ik maakte mijn debuut als invaller in de wedstrijd waarin Johan zijn rentree maakte, tegen Haarlem. Hij scoorde met een fantastische lob. Ik kreeg mijn eerste bal van Johan. Hij speelde en riep: "Ga erop af, één tegen één!" Ik moest meteen een actie maken. Ik passeerde Luc Nijholt en die legde mij neer: vrije trap. Dat was mijn eerste actie in het betaalde voetbal.'
Na zijn carrière wordt Van 't Schip trainer. Zijn eerste baan als hoofdtrainer bij FC Twente is geen succes. Later vormt hij een tandem met zijn vriend Marco van Basten bij het Nederlands elftal (2004-2008) en Ajax, bijgestaan door Rob Witschge. Ze worden soms denigrerend het kaartclubje genoemd. 'Dat komt vooral doordat we naar buiten toe altijd één front hebben gevormd. Achter de schermen gaven Rob en ik echter veel tegenwicht aan Marco.'
Aan het driemanschap komt een einde

als Van Basten bij Ajax na elf maanden vanwege tegenvallende resultaten de handdoek gooit. Van 't Schip gaat daarna zelfstandig aan de slag in Mexico en Australië.

Schmidt Hansen, Bent

Het is een opvallende verschijning op de Nederlandse velden. Een blonde, pijlsnelle aanvaller draait namens PSV de verschillende vijandige defensies dol. Vanwege zijn ongekende acceleratie wordt hij liefkozend Zoef de Haas genoemd, niemand houdt hem bij. Op zijn twintigste verruilt hij in 1967 Horsens FS voor PSV, waar hij in acht seizoenen uitgroeit tot een van de populairste spelers. Bent Schmidt Hansen (1946-2013) gaat daarna weer in het eigen Denemarken voetballen. In 2013 overlijdt hij aan een hartaanval die hij oploopt tijdens een knieoperatie.

Schoenmaker, Lex

Sexy Lexie wordt hij genoemd, een vondst van, naar verluidt, tv-presentatrice Viola Holt-van Emmenes. Tijdens de presentatie van een boek over ADO Den Haag vertelt ze in 2012 dat ze op die naam is gekomen door de flair van de aanvallende middenvelder. 'Ook door zijn wapperende haren, hoor. Meer niet, want ik ben wel een avond met Johan Cruijff uit geweest, maar nooit met Lex.'

Lex Schoenmaker (1947) verlaat ADO en Den Haag meerdere keren, maar nooit voor lang. Hij heeft er diverse functies en kan de club niet missen. Zijn hoogtijdagen als voetballer beleeft hij elders, bij Feyenoord. Met die club wint hij in 1974 de UEFA Cup. Zo'n doelpuntenmaker als Schoenmaker hebben ze in Den Haag nooit meer gehad. Met de stoere verdediger Aad Mansveld, de

driftige middenvelder Dick Advocaat en de kale rechtsback Theo van den Burch vormt hij het fundament van een onvervalst Haagse ploeg die in het begin van de jaren zeventig de top van de eredivisie bestormt.

Schouten, Henk

Het is een record dat niet snel verbeterd zal gaan worden: de negen goals die Henk Schouten (1932) namens Feyenoord in het seizoen 1955-1956 scoort in de wedstrijd tegen De Volewijckers. De spits die voor hij naar De Kuip vertrok doelpunten maakte voor Excelsior en Holland Sport is in die wedstrijd niet af te stoppen door de Amsterdamse verdediging. Binnen dertien minuten staat er al een hattrick achter zijn naam, twintig minuten later ligt de tweede hattrick achter doelman Gerrit de Groot. Na rust maakt Schouten het negental vol. Feyenoord wint overigens met 11-4. Zijn negen goals is een record in het betaalde voetbal, in 2007 komt Heerenveen-spits Afonso Alves er tegen Heracles met zeven treffers aardig bij in de buurt.

Schram, Sjakie

Vertolker van het betere carnavalslied, zoals van de klassiekers 'Glaasje op, laat je rijden' en 'Wat een spreker is die man'. Maar Schram (1927-1989) laat zich ook door voetbal inspireren. In 1968 komt de single 'Ajax of Feyenoord' uit als eerbetoon aan de kampioensrace waarin beide clubs verwikkeld zijn. Een jaar later gevolgd door 'Ajax, geef'm van katoen' op het moment dat Ajax zich plaatst voor de Europacup-I-finale tegen AC Milan. Dat gaat van:

Ajax, geef'm van katoen
Ajax, grote kampioen
Ajax, lap ze aan je zool,
Ajax, maak nog eens een goal

Schrijvers, Daan

Sierlijke centrale verdediger van NAC, DWS en PSV. Man met een zelfverzekerde uitstraling en een mening. Op 17 oktober 1965 maakt Schrijvers (1941) zich als aanvoerder van het Nederlands elftal, en als enige PSV'er in de ploeg, boos over de geringe inzet van enkele van zijn ploeggenoten. Niet iedereen heeft er in zijn ogen alles aan gedaan om de kwalificatiewedstrijd voor het WK 1966 tegen Zwitserland (0-0) te winnen. Daarop bedanken de Ajacieden Piet Keizer, Co Prins en Henk Groot voor Oranje. PSV noemt dat 'vrij onsportief en getuigen van hoogmoedswaanzin', maar de club wil verder niet betrokken raken bij de ongezonde rivaliteit tussen de grote drie van het Nederlandse voetbal: Ajax, Feyenoord en DWS.

Schrijvers, Piet

Gooit als keeper van FC Twente en Ajax met de nodige durf zijn gewicht in de strijd tegen de vijandelijke spitsen. Het levert hem in Amsterdam de geuzennaam Beer van de Meer op. Later in zijn carrière, als de extra kilootjes hem parten beginnen te spelen, gaat hij bij PEC Zwolle door het leven als de Bolle van Zwolle en uiteindelijk zelfs als het Lek van PEC.

Schrijvers (1946) lijkt op het WK van 1974 de vervanger te worden van de geblesseerde Jan van Beveren, maar bondscoach Michels passeert de lijnkeeper en geeft op het toernooi onverwacht de voorkeur aan de 'meevoetballende' Jan Jongbloed.

In diezelfde periode probeert Ajax Jongbloed los te weken bij FC Amsterdam. Maar als Jongbloed afhaakt, haalt de club Schrijvers van FC Twente. De sterke doelman (1,86 meter, 85 kilo) houdt het negen jaar uit in Amsterdam, waarin hij vijf kampioenschappen viert.

Op het WK van 1978 in Argentinië lijkt Schrijvers zijn finest hour te beleven als hij halverwege het toernooi de geblesseerde Jongbloed vervangt. Maar in de (gewonnen) laatste poulewedstrijd tegen Italië raakt Schrijvers zelf geblesseerd, na een ongelukkige sliding van ploeggenoot Ernie Brandts. Hij moet de WK-finale opnieuw aan Jongbloed laten.

Schuil, J.B.

Uitgerekend tegen België debuteren de 'linkervleugelspelers' van AFC Tom Reedijk en Eddy Loomans in het Nederlands elftal. J.B. Schuil weet de sfeer treffend te omschrijven. 'De spelers stonden opgesteld. Het grote ogenblik van de match was daar! Een schrille fluit... en wat er daarop

Omslag van *Hoe de Katjangs op de kostschool van Buikie kwamen* van J.B. Schuil.

gebeurde zou tante Koos al haar verdere levensdagen niet meer vergeten. Het was een geschreeuw, een gekrijs, een gebrul, alsof alle mensen plotseling gek waren geworden.'

Hoe de Katjangs op de kostschool van Buikie kwamen verschijnt in 1930 en is het laatste en zesde 'jongensboek' van de Fries Jouke Broer Schuil (1875-1960). In het boek brengt Schuil de hoofdpersonen uit *Jan van Beek*, *De Katjangs* en *De AFC'ers* samen. Het zegt veel over de kwaliteit van de boeken dat ze nog steeds worden uitgegeven.

België-Nederland loopt gelukkig goed af. Twee minuten voor tijd maakt Reedijk het winnende doelpunt, nadat Loomans op de paal heeft geschoten. 'Hij zit! Hij zit! Hij zit! Hoera! Hoera! Hoera! Het was, of de wereld verging! Zó donderend was het gebrul, dat tante Koos er van rilde. Alles wat Hollands was, danste, schreeuwde, sprong, brulde. Er waren er zelfs, die elkaar omhelsden.'

Schuurmans, Ab

Van zijn zestiende tot zijn negenendertigste heeft Ab Schuurmans (1953) lang haar; zestig centimeter lang haar. Dat is in de jaren tachtig en negentig niet geheel ongebruikelijk, maar wel voor een scheidsrechter. Ook met zijn kledingkeuze maakt Schuurmans talloze reacties los. Soms reist hij in een spierwit pak naar wedstrijden. De scheidsrechterscommissie van de KNVB raadt hem meermaals aan naar de kapper te gaan. 'Eerst wilden mijn ouwe lui dat ik mijn haar liet knippen. Dat deed ik dus juist niet. Als scheidsrechter besefte ik dat ik het mezelf makkelijker kon maken, maar daar trok ik me niets van aan. Mijn haardracht was een protest, onder meer tegen de verdeling van het geld in de maatschappij. Ik had moeite met gezag.'
Na een paar seizoenen op het hoogste niveau laat Schuurmans zijn haar knippen. Hij is gezwicht om zijn loopbaan te redden, wordt gesuggereerd. De werkelijke reden is simpeler. De scheidsrechter wordt kaal.

Schwartz, Elek

Op de ranglijst van bondscoaches met de meeste interlands staat hij met 49 wedstrijden op de zesde plaats, tussen Bert van Marwijk en Guus Hiddink. Des te verrassender is het dat Oom Elek regelmatig heeft gezegd dat voetbal maar bijzaak is. Schwartz (1908-2000) is een eigenzinnige intellectueel van Roemeens-Hongaarse en Joodse afkomst die de kunstacademies van Toulon en Straatsburg bezoekt, filosofie en geschiedenis studeert en in de Tweede Wereldoorlog voor Frankrijk aan het front vecht. In 1955 wordt hij trainer van het Dordtse DFC, twee jaar later treedt hij in dienst bij de KNVB.
Hij start opzienbarend: hij laat het samenstellen van de selectie niet over aan de Keuze Commissie, maar doet het zelf. In een radio-interview met Dick van Rijn geeft hij een grappig en brutaal antwoord op de vraag van de leden van de commissie wat zij voortaan moeten doen. 'U kunt mij lekker een kopje koffie inschenken.'
Wisselvalligheid kenmerken de prestaties van Oranje onder leiding van Schwartz. Tegenover de *Feyemoord* (een 9-1 zege op België in Rotterdam) staat een even opzienbarende 2-1 nederlaag tegen Luxemburg. Schwartz reageert op weergaloze wijze. 'Normaal kan ik alles plaatsen in de beelden van schaduw en licht. Toen was er een totaal niets.'

Scorebordjournalistiek

Co Adriaanse verrijkt de (voetbal)taal met een aantal nieuwe termen. 'Scorebordjournalistiek' is er een van. Het woord haalt de Dikke van Dale: 'Ongenuanceerde vorm van sportjournalistiek, waarbij alleen naar de uiteindelijke (hoge) uitslag wordt gekeken en niet naar het vertoonde spel en de feitelijke krachtsverhoudingen tijdens de wedstrijd.'
Een andere vondst is 'kaaskijker'. 'De supporters van AZ beginnen pas te juichen wanneer we een minuut voor tijd met 3-0 voorstaan. Dan kan het namelijk niet meer fout gaan. Ze kijken net zo lang totdat de kazen rijp zijn.'
Adriaanse verrast zijn gehoor ook met de kreet 'woonerfvoetbal' (een gecontroleerde

manier van spelen, in een laag tempo), 'snelwegvoetbal' en 'avondvoetballer', een speler die in avondwedstrijden beter presteert dan in middagduels.

Seedorf, Clarence

Het is een verrassende keuze, zowel van AC Milan als van Clarence Seedorf (1976) zelf. Hij wordt medio januari 2014 van het ene op het andere moment trainer van de strompelende Italiaanse topclub, waarvoor hij tien jaar heeft gespeeld. Na meer dan duizend wedstrijden op het hoogste niveau stopt Seedorf met voetballen.
Botafogo is zijn laatste club. In Brazilië herbeleeft Seedorf zijn jeugd. Hij voelt zich weer een kind op een voetbalveld – vrijheid om te doen wat je hart je ingeeft. In ruim twintig jaar profvoetbal is Seedorf zuinig met zijn lichaam omgegaan. Nooit gerookt, nooit gedronken, op tijd rusten. In een wereld waarin bijna alles draait om winnen, krijgt het cynisme geen vat op hem. Seedorf probeert een inspirerend persoon te zijn, zegt hij in *de Volkskrant*: 'Het gaat erom wat je uitstraalt, wat je betekent voor mensen. Word je uiteindelijk alleen herinnerd als voetballer, of heb je meer achtergelaten?'
Een van zijn levensmissies is de wereld iets beter maken. Dat begint met hoe hij zichzelf profileert. Op en buiten het veld, door bepaalde normen en waarden uit te dragen. 'Een voorbeeld: ik ben geen matennaaier. Als ik een duwtje krijg, probeer ik te blijven staan.' Misschien praat hij idealistisch, zegt Seedorf, maar je moet idealistisch zijn als je iets wilt veranderen.
Ze noemen hem Professor, of Opa Seedorf, om zijn vroege wijsheid, maar naarmate hij langer in het buitenland verblijft, groeit de

Clarence Seedorf voert campagne tegen racisme.

erkenning voor zijn loopbaan in Nederland. Al baalt hij wel dat hij 'slechts' 87 interlands heeft gespeeld. Niet één bondscoach durft de nationale ploeg om Seedorf heen te bouwen. Daartegenover staat een erelijst om u tegen te zeggen. Seedorf grossiert in nationale en internationale titels bij Ajax, AC Milan en Real Madrid.
Voetbal helpt hem bij het verwezenlijken van andere ambities, zoals de groei van Suriname. Maar politieke ambities koestert hij niet. In 2011 wordt Seedorf benoemd tot Ridder in de Orde van Oranje-Nassau.
In zijn ene hand draagt hij een Nederlands vlaggetje en in zijn andere hand een Surinaams, zegt Seedorf. 'Deze landen vertegenwoordig ik altijd. Met die positie probeer ik zo goed mogelijk om te gaan, in de wetenschap dat niemand perfect is.'

Segers, Hans
Hij is de sluitpost van The Crazy Gang, dat wonderlijke elftal met malloten als Dennis Wise en Vinnie Jones in de gelederen. Tussen 1988 en 1996 verdedigt Hans Segers (1961) het doel van Wimbledon. Maar hij wordt pas echt beroemd als hij in maart 1995 wordt opgepakt op verdenking van betrokkenheid bij een goksyndicaat. Net als collega-voetballers als Bruce Grobbelaar en John Fashanu zou Segers uitslagen beïnvloed hebben. De keeper ontkent in alle toonaarden, maar het kwaad is al geschied. Wat volgt is 'de rechtszaak van de eeuw', zoals de Engelse tabloids het in hun sensatiezucht omschrijven, maar de uitkomst werkt tamelijk ontnuchterend. Wegens gebrek aan bewijs worden alle drie de voetballers twee jaar later vrijgesproken. Segers gaat door een hel, vertelt hij aan *Trouw*. 'Na mijn arrestatie moest ik zeventien maanden wachten op de eerste rechtszaak. Ik deed gewoon m'n werk, maar ik voelde de last. Mijn kinderen werden op school gepest, mijn familie in Nederland maakte zich ernstige zorgen over alle indianenverhalen. Maar gelukkig kreeg ik steun van God. [...] Je stelt je de vraag: waarom moest mij dit gebeuren? Maar uit al het slechts is iets goeds gekomen. Ik heb God leren kennen.'

Seggelen, Theo van
Vakbondsman, sinds jaar en dag. Al meer dan dertig jaar komt de strijdvaardige Leidse jurist op voor de belangen van profvoetballers. Anders dan bijvoorbeeld Rob Jansen, met wie Van Seggelen (1954) samenwerkt bij de Vereniging van Contractspelers (VVCS), kiest hij niet voor het grote geld.
Momenteel is hij secretaris-generaal van de internationale bond, FIFPro. 'Ik vind het leuk om tegen die politieke standbeelden aan te schoppen,' zegt hij over zijn werk. Zijn grootste overwinning boekt de oud-speler van Telstar in zijn privéleven. In mei 1994 wordt bij hem een kwaadaardig weefsel aangetroffen. De ziekte wordt aangevallen met medicijnen en chemokuren. Van Seggelen verliest zijn haar en valt veertien kilo af. Zijn overlevingskansen na vijf jaar worden op grond van statistieken geschat op vijftig procent.

Seumeren, Frans van
Je kunt veel van Frans van Seumeren (1950) beweren, dat hij een duikboot is bijvoorbeeld, zoals Willem van Hanegem hem in een baldadige bui omschrijft, maar zonder de inbreng van de voormalige directeur van bergingsbedrijf Mammoet had FC Utrecht alleen nog in de geschiedenisboeken van het voetbal bestaan. Niet voor niets gaat er af en toe een dundoek met zijn afbeelding erop de tribunes over met als bijschrift FRANS, ONZE HELD!
Meerdere keren neemt Van Seumeren de rode cijfers voor zijn rekening, de laatste keer in januari 2014 als hij de schuld van 27 miljoen euro die de club bij zijn grootaandeelhouder (99%) heeft omzet in eigen vermogen. Het eigen vermogen van Van Seumeren zelf mag er ook zijn, *Quote* schat dat in op 130 miljoen euro.

Shirtreclame
De Vereniging Sportsponsoring Nederland waarschuwt de clubs er in 1982 voor dat ze geen al te hoge verwachtingen moeten hebben van een nieuw verschijnsel in het profvoetbal: reclame op shirts. 'Voor Neder-

land schat ik het hoogst haalbare bedrag op vijf ton,' zegt de voorzitter. Het gaat om guldens. Ter vergelijking: de overeenkomst met Aegon levert Ajax dertig jaar later jaarlijks minimaal tien miljoen euro op.
Jarenlang is er veel weerstand tegen shirtreclame. Tweede Kamerlid Joop Worrell van de PvdA keert zich in het begin van de jaren tachtig uit esthetische overwegingen tegen het plan. Hij vindt dat voetballers geen 'sandwichmannen' moeten zijn. Ook spreekt hij de vrees uit dat het verschil tussen rijke en arme clubs nog groter zal worden – waar hij, zo blijkt achteraf, gelijk in heeft.
Ajax profiteert in 1982 het meest van de extra inkomstenbron. TDK, een bedrijf dat cassettebandjes produceert, betaalt in het eerste seizoen al twee miljoen gulden en siert het shirt negen jaar. Feyenoord start met Gouden Gids als sponsor. PSV is de enige club die al ruim drie decennia dezelfde shirtsponsor heeft: Philips. Andere bekende overeenkomsten zijn Sparta en De Efteling, Haarlem en Mita, Fortuna en Lu en FC Utrecht en Nissan.
Ook de relatie van Excelsior en Akai houdt lang stand. Al in 1975 speelt de club met een 'A' op het shirt. Hoewel dat illegaal is, ontsnapt Excelsior aan een straf. De A staat voor A-elftal, is het verweer. Tot 2000 is het bedrijf van supporter Rob Albers shirtsponsor van Excelsior.

Sigarenzaak

Niet één voetbalploeg telt zo veel voetballers met een sigarenzaak als het Amsterdamse DWS halverwege de jaren zestig. Jan Jongbloed, André Pijlman, Frits Flinkevleugel en Dick Hollander verdienen hun geld achter de toonbank. Het verschijnsel is al

veel ouder: in de jaren twintig heeft Ajacied Jan de Natris een sigarenzaak aan de Ceintuurbaan in Amsterdam. Ook Sjaak Swart verkoopt rookwaar. Diens ploeggenoot Bennie Muller staat samen met zijn vrouw Nellie veertig jaar lang in Sigarenmagazijn Muller in de Haarlemmerstraat.
Overal in Nederland openen voetballers een sigarenzaak. Coen Dillen (Eindhoven), Puck van Heel (Rotterdam) en Harry Vos (Den Haag) zijn bekende winkeliers. De laatste is, vermoedelijk, Chris van der Weerden. Voordat hij van NEC naar PSV verhuist, heeft hij een jaar lang een sigarenzaak in Nijmegen. 'Ik was net 19 en kwam uit dienst. Iedere voetballer had toen een sigarenzaak aan het eind van zijn carrière en mijn ouders wisten een leuk adresje. Toen dacht ik, ik doe het, dan heb ik dát vast gehad.'

Silooy, Sonny

Zijn hoogtepunt: de voorzet waarmee hij op 13 mei 1987 in Athene Marco van Basten in staat stelt het enige doelpunt te maken in de Europacupfinale voor bekerwinnaars tussen Ajax en Lokomotive Leipzig.
Sonny Silooy (1963) is óók de speler die vier grote toernooien op rij mist. Hij is

geblesseerd aan een oogkas (EK 1988), herstellende van een operatie (WK 1990) of niet goed genoeg volgens de bondscoaches Rinus Michels (EK 1992) en Dick Advocaat (WK 1994). 'Het grote werk is aan mijn neus voorbijgegaan. Dat is een rottige conclusie als je 31 jaar bent,' zegt hij later.
Het is niet alleen kommer en kwel. De verdediger van Ajax en Matra Racing Paris komt 25 keer uit voor Oranje. Silooy speelt ruim driehonderd wedstrijden voor Ajax en verovert vijf landstitels en vier nationale en twee Europese bekers. Met Ajax sluit hij in 1989 na terugkeer uit Parijs een lucratief zevenjarig contract af.
Maar toch. 'Ik heb zó veel, zó vaak moeten vechten. Tegen blessures, voor een vaste plek in het elftal. Het is me allemaal niet komen aanwaaien.'
Zijn laatste actie als Ajacied is kenmerkend. Silooy mist in de strafschoppenreeks waarmee de Champions League-finale tussen Ajax en Juventus in 1996 wordt beslist. Hij is een van de weinigen die een penalty durft te nemen. 'Ik schoot en dacht onmiddellijk: nééééé. Hij had 'm. Afgelopen. Gebeurd.'

Simply the Best
De even opzwepende als uitdagende huishymne van PSV die ten gehore wordt gebracht als er is gescoord. In sommige seizoenen klinkt het lied van Tina Turner ook als de spelers in het Philips-stadion het veld op komen.
Onder de titel 'The Best' verschijnt het nummer in 1988 op een cd van Bonnie Tyler. Een jaar later heeft Tina Turner er een wereldwijde hit mee. Het is niet moeilijk te bedenken waarom PSV-supporters het refrein graag meezingen: *You're simply the best, better than all the rest, better than anyone, anyone I've ever met.*

Sittardia
De bezoekjes aan de eredivisie zijn voor Sittardia van korte duur. In het seizoen 1959-1960 degraderen de Limburgers gelijk weer, hetzelfde overkomt ze vijf jaar later. In 1967 eindigt men zowaar als zevende in de eredivisie, maar een jaar later komt er een einde aan het betaaldvoetbalavontuur als Sittardia opgaat in Fortuna SC.
Sterspelers: Frans Körver, Willy Dullens, Gerard Gruisen.

Slag om Beverwijk
Op zondag 23 maart 1997 komen honderden hooligans van Ajax en Feyenoord samen op een stuk land bij Beverwijk, vlak bij de A9 en achter de Beverwijkse Bazaar. Wat in de media tot op de dag van vandaag een 'weiland' wordt genoemd, is niet meer dan een ongebruikt stuk land waar nauwelijks iets groeit en het geluid

van de snelweg overheerst. De massale vechtpartij kost één supporter van Ajax het leven, Carlo Picornie, door klappen met een klauwhamer. De dader, de 21-jarige Leonardo P. uit Rotterdam, wordt veroordeeld tot een gevangenisstraf van vijf jaar.

SLM-ramp

Op 7 juni 1989 stort de Anthony Nesty, een DC8 van de Surinaamse luchtvaartmaatschappij SLM, neer in dichte mist, na een botsing met twee bomen. Het is bijna half vijf 's ochtends.

De ramp met vlucht PY 764 nabij vliegveld Zanderij brengt de voetbalwereld in een shock. Maar liefst 176 mensen komen om het leven, onder wie vijftien leden van het Kleurrijk Elftal, de gelegenheidsploeg van spelers van Surinaamse afkomst in de Nederlandse competitie. Overal in Nederland wordt gerouwd, bij talloze clubs.

Ortwin Linger, Florian Vyent, Radjin de Haan en trainer Nick Stienstra op Schiphol, voor het vertrek van het Kleurrijk Elftal naar Suriname.

De voetballers die de dood vinden zijn Rudy Degenaar, Lloyd Doesburg, Steve van Dorpel, Wendel Fräser, Frits Goodings, Jerry Haatrecht, Virgall Joemankhan, Andro Knel, Ruben Kogeldans, Ortwin Linger, Fred Patrick, Andy Scharmin, Elfried Veldman en Florian Vijent. Ook coach Nick Stienstra sterft in de bossen bij Zanderij. Drie spelers overleven de ramp: Edu Nandlal, Radjin de Haan en Sigi Lens.

De overlevenden worden getekend voor het leven. 'Je kunt toch niet stellen dat ik geluk heb gehad,' zegt Lens tien jaar na de ramp in een interview. 'Daarvoor is wat gebeurd is, veel te dramatisch. Ik heb dierbaren verloren. Ik heb dingen meegemaakt die je niemand toewenst. Moet ik dan zeggen dat ik geluk heb gehad? Nee toch?'

Journalist Iwan Tol schrijft in 2005 een fraai (en schrijnend) boek over de ramp, *Eindbestemming Zanderij*. De ondertitel maakt duidelijk dat de nabestaanden in veel gevallen aan hun lot zijn overgelaten: *Het vergeten verhaal van het Kleurrijk Elftal*.

Smit, Kick
De beste voetballer die HFC Haarlem ooit heeft voortgebracht, beschikt over een mooie bijnaam: de Swerver. Smit (1911-1974) is niet op één positie vast te pinnen, met zijn enorme actieradius bestrijkt hij het hele veld. Hij laat vooral anderen beter spelen, dat zit opgesloten in zijn sociale karakter. Toch weet hij zelf ook wel raad met kansen getuige zijn 26 goals in 29 interlands. Hij is de eerste Nederlandse doelpuntenmaker op een WK-eindronde. Als 'Nederlands voetballer nummer één', wordt hij omschreven door de legendarische sportverslaggever ir. Ad van Emmenes. 'Technisch, tactisch en mentaal was hij lange jaren onze meest volmaakte speler.' Zijn bescheidenheid zit hem ook in zijn carrière in de weg. Menigmaal krijgt hij aanbiedingen van buitenlandse clubs, met name uit Engeland, maar hij blijft Haarlem trouw. Wel speelt hij soms stiekem wat potjes mee op zaterdag bij Wolverhampton Wanderers, terwijl hij op zondag gewoon weer in de basis bij Haarlem staat. Een bestuurslid van de club komt erachter als hij op de schoorsteenmantel een in Engeland gemaakte foto ziet, maar sancties blijven uit. Haarlem en Smit kunnen niet zonder elkaar.
Tot op hoge leeftijd draaft Smit op in het eerste, voor het laatst in het seizoen 1954-1955, hij is dan inmiddels 43 jaar. Later wordt hij trainer, het wekt geen verbazing dat ook Haarlem onder de clubs zit waar hij oefenmeester is.

Kick Smit voert het elftal van HFC Haarlem aan.

Smith, Richard
Van Johan Cruijff tot Diego Maradona, je bent pas een echte topspeler als je ooit op de massagetafel van Richard Smith (1956) bent beland. De Amsterdammer maakt furore in de jaren tachtig als de fysiotherapeut met de gouden handen. Geen blessure zo zwaar of Smith weet er het antwoord op. Hij is de eerste dokter die intensief omgaat met zijn cliënten, desnoods neemt hij ze mee naar huis. Alle grote spelers en voetballanden doen een beroep op hem bij fysieke malheur. Zelfs David Beckham vindt dat er maar één fysio zijn voeten mag beroeren. De ijdele Smith vindt al die aandacht schitterend. In 1986 schrijft hij voor *VI* zelfs een column tijdens het WK. De roem stijgt hem zo naar het hoofd dat hij ook een poging doet om met zijn club Zwarte Schapen de tweede betaaldvoetbalclub van Amsterdam te worden. Een eerste poging in 1992 mislukt, als hij drie jaar later met zijn schapen neerstrijkt in Almere is het hek helemaal van de dam. 'Laat AC Milan

maar komen,' laat hij optekenen. De plannen sterven uiteindelijk in schoonheid.

Smolarek, Wlodi

Heet voluit Wlodzimierz Wojciech Smolarek (1957-2012), maar de Pool wordt in Nederland Wlodi genoemd, of Smollie. Is zestigvoudig international van Polen en eindigt met zijn land als derde op het WK van 1982 in Spanje. Smolarek scoort dat toernooi tegen Peru (5-1).
De snelle en behendige aanvaller krijgt in 1986 toestemming van de Poolse autoriteiten om in het buitenland te gaan voetballen, bij Eintracht Frankfurt. Speelt later voor Feyenoord (anderhalf jaar) en ruim zes seizoenen voor FC Utrecht. Na zijn actieve loopbaan is Smolarek nog enige tijd jeugdtrainer bij Feyenoord, waar zijn zoon Ebi ook ruim vier jaar onder contract staat. Op 7 maart 2012 overlijdt de naar zijn vaderland teruggekeerde Smolarek in zijn slaap. Enkele dagen later, tijdens de wedstrijd Feyenoord-FC Utrecht, herdenken beide clubs hun oud-speler op indrukwekkende wijze.

Snabbel en Babbel

Wim Suurbier en Ruud Krol doen tijdens het WK 1974 als het duo Snabbel en Babbel een paar maal per week geïmproviseerde sketches op de televisie. Maar hun weinig subtiele humor beperkt zich niet tot die paar minuten waarin de twee worden ondervraagd door verslaggever Henk Terlingen. En buiten het beeld van de camera gaan de grollen van de Amsterdamse volksjongens vaak ten koste van een ander, en meestal is die ander spits Ruud Geels, die tegenover Snabbel en Babbel aan tafel zit. Geels: 'Er heerste een sfeer van: wat moet die piepel bij ons aan tafel? Ik werd aan tafel verschrikkelijk vernederd. Kijk, een keertje lullig doen, oké, maar vier weken lang, drie keer per dag, echt waar, drie keer per dag zonder ophouden, dat was niet vol te houden. Het begon al 's ochtends als ik mijn broodje wilde beleggen. Het was te dik, of te dun. Hé Geelsie, één plakkie kaas is toch voldoende? En als ik er eentje nam: hé Geelsie, je ziet zo mager, neem nou twee plakkies. Als ik koffie pakte, was het: hé Geelsie, zou je niet eerst vragen of wij koffie moeten, zou je niet even wachten? En dat gebeurde elke maaltijd, of het nou aardappels waren, het toetje, vreselijk. Ik ging op het laatst met knikkende knieën de trap af als we moesten eten.'

Sneeuwbalincident

De overstap ligt nogal gevoelig. Wim Jansen, geboren en getogen Rotterdammer, Feyenoorder in hart en nieren, zegt zijn club na meer dan vierhonderd wedstrijden vaarwel en besluit eind 1980 te gaan voetballen voor de grote rivaal Ajax. Op 7 december maakt hij zijn debuut in het Ajax-shirt, tégen Feyenoord, in De Kuip. Tot overmaat van ramp ligt er die dag een pak sneeuw in het stadion. Nog tijdens de warming-up wordt Jansen op zijn linkeroog geraakt door een van de tribune geworpen ijsbal. Hij gaat tegen de vlakte, wordt behandeld in de catacomben, maar staat even later toch aan de aftrap. 'Ik wilde per se spelen. Ik zag na die knal van die ijsbal de hele tijd al wazig, maar na een kwartier zag ik niets meer.' Jansen laat zich na zeventien minuten vervangen door Piet Hamberg. Ajax verliest de klassieker met 4-2.

Sneijder, Wesley

'Hij is nog zo jong. Als je hem een racebaan geeft voor zijn verjaardag, gaat-ie er nog mee spelen ook.' Dat zegt vader Barry Sneijder over zijn dan negentienjarige zoon, kort na de cruciale EK-kwalificatiewedstrijd Nederland-Schotland in november 2003. Oranje wint met 6-0 en de kleine Sneijder (1984) geeft drie assists en scoort er zelf één.
De Ajacied verkast nadien voor in totaal 42 miljoen euro twee keer naar een andere topclub. Hij wordt kampioen met Real Madrid en met Internazionale wint hij in 2010 de landstitel en de Champions League. Op het WK in Zuid-Afrika trekt hij de lijn door. Sneijder heeft een kortere draaicirkel dan een eenwieler, weet zelf niet meer of hij van origine nu rechts- of linksbenig is, kan zelfs geblinddoekt een vrijstaande ploeggenoot bereiken en voor zijn schoten en steekpasses is elke defensie bevreesd. Hij schaart zich in dat jaar bij de beste voetballers ter wereld en hij loodst Oranje met vijf doelpunten bijna naar het WK-goud.
Na die piek volgt een diep dal. Sneijder proeft van het goede leven, is vaak geblesseerd en raakt bij Inter op een zijspoor. De club wil van hem af, vanwege het vorstelijke salaris dat hij opstrijkt, maar dat heeft nogal wat voeten in de aarde.
Onder bondscoach Louis van Gaal is Sneijder vanaf augustus 2012 aanvankelijk aanvoerder van Oranje, maar ook in de nationale ploeg is zijn sportieve inbreng gering en hij moet de band na een jaar afstaan aan Robin van Persie. Van Gaal is verre van tevreden over de fitheid van Sneijder, die zijn loopbaan in 2013 voortzet bij Galatasaray.

Sneijder-tapes

Predikant, radiomaker, schrijver en cineast Klaas Vos maakt met Rimko Haanstra voor de VPRO een programma over de jeugdopleiding van Ajax. Zij volgen onder meer de pupil Wesley Sneijder. De beelden worden nooit uitgezonden, maar tien jaar later bekijkt NOS-verslaggever Kees Jongkind de tapes met Sneijder thuis in Milaan. Veelzeggend is het interview dat Vos afneemt met de kleine Wesley en zijn broertje Jeffrey. Ze willen graag profvoetballer worden. Het liefst bij Ajax. Maar als dat niet lukt, is een club in de eerste divisie ook mooi, zegt Jeffrey. En dan dat hoofd van Wesley.

Sobotka, George

Feyenoord-supporters met historisch besef weten wellicht dat de Tsjechoslowaak Jiri

'George' Sobotka (1911-1994) in het seizoen 1960-1961 de eerste trainer is die met de club in één seizoen tweemaal van Ajax wint. Pas veel later slagen ook Wiel Coerver (1974-1975), Ab Fafié (1985-1986), Bert van Marwijk (2000-2001) en Erwin Koeman (2005-2006) daarin.
Sobotka is een oud-speler van Slavia Praag en Hajduk Split die uitkomt op het WK in 1934. Nadat hij voor het seizoen 1959-1960 Piet de Wolf als trainer heeft vervangen, verliest Feyenoord een beslissingswedstrijd tegen Ajax om de landstitel. Een seizoen later wordt Feyenoord wel kampioen, voor de eerste keer in 21 jaar. Het voetbal is wervelend. Feyenoord scoort in de competitie honderdmaal, vooral dankzij Cor van der Gijp (29), Henk Schouten (19) en Coen Moulijn (16).

Spaan, Henk

Alles wat Henk Spaan (1948) doet, getuigt van een grote liefde voor het voetbal en – vindt hij zelf – een grote mate van deskundigheid. Zelfrelativering is niet de sterkste eigenschap van de Amsterdammer die in de tweede ring van het voetbal al vier decennia prominent aanwezig is.
Als radiomaker trekt hij in de jaren zeventig aandacht met het VARA-programma *Tussen Start en Finish*. Het grote publiek ontdekt Spaan en zijn collega, Harry Vermeegen, op televisie, in programma's als *Pisa* en *Die twee: nieuwe koeien*. Zonder Vermeegen – ze krijgen ruzie – bereikt hij zijn hoogtepunt met *Studio Spaan*, niet in de laatste plaats dankzij de cabaretiers Erik van Muiswinkel en Diederik van Vleuten.
Verder is Spaan een van de oprichters van het tijdschrift *Hard gras* en voetbalcolumnist van *Het Parool*. Door een stukje in die krant haalt hij zich in 2003 de woede van bondscoach Dick Advocaat en de spelers van het Nederlands elftal op de hals.
Spaan schrijft in een column dat na een nederlaag tegen Schotland 'een flink deel van de selectie van het Nederlands elftal' 's nachts een feest bezocht in de Amsterdamse Passengers Terminal. Andy van der Meijde wordt met name genoemd. Het ligt gevoelig, want enkele dagen later moet Oranje de tweede play-offwedstrijd voor het EK spelen tegen Schotland. Tal van media nemen het bericht over. Dat hadden ze beter niet kunnen doen, want het blijkt niet te kloppen. Slechts één speler, Patrick Kluivert, is even op het feest. Om zijn vrouw op te halen.

Sparta

Een club van stand, dat is Sparta. Spelend op dat prachtige Spangen, inclusief majestueus Kasteel en ook nog in het bezit van een van de mooiste clubliederen van het land. Ook niet-Spartanen brullen het *SP-AR-TA* uit volle borst mee. De oudste club van het betaalde voetbal, opgericht in 1888, is ook 126 jaar na dato nog steeds springlevend. Oké, een divisie lager dan te doen gebruikelijk, maar nog steeds straalt Sparta een bepaalde klasse uit. Ondersteund door een uitstekende jeugdopleiding waar heel veel clubs in binnen- en buitenland van profiteren. De laatste parel, Kevin Strootman, schittert nu in Oranje en bij AS Roma.
Voor de echte glorietijd van de club moeten we terug naar de jaren vijftig als Sparta zich in 1959 kroont tot landskampioen. Het eigen Spangen blijkt voor andere ploegen een onneembare vesting, Ajax wordt met 4-2 verslagen, PSV met 4-1. In De Kuip wordt

Frank de Boer ontspant zich met een potje footgolf.

Feyenoord eenvoudig met 3-0 opzijgezet. De Engelse trainer Denis Neville wordt uitvoerig bewierookt evenals spelers als Tonny van Ede, Piet de Vries en Tinus Bosselaar. Nadat via een zege op DWS de landstitel veilig wordt gesteld, kent de feestvreugde geen grenzen. Met een paardenkoets rijdt men het elftal over de Coolsingel naar de Rivièrahal waar een groot feest plaatsvindt met de Rotterdamse entertainer Theo Moens in de rol van gastheer.
Ook in de volgende decennia levert Sparta goede elftallen af die in de top van de eredivisie meedraaien. Af en toe levert dat ook Europees voetbal op, met als hoogtepunt de uitschakeling via penalty's van Hamburger SV in 1985. De beroemdste supporter is Jules Deelder, tevens nachtburgemeester van Rotterdam.
Sterspelers: Tonny van Ede, Rinus Terlouw, Tinus Bosselaar, Pim Doesburg, Hans Eijkenbroek, Danny Blind, Dennis de Nooijer.

Het Speulderbos

Je ziet het José Mourinho niet snel doen, of Vicente del Bosque. Om van Alex Ferguson nog maar te zwijgen. Maar Ajax-trainer Frank de Boer mag zijn vrije tijd graag doorbrengen op de camping. Hij komt al bijna veertig jaar op Het Speulderbos, in het Gelderse dorpje Garderen. Tenten staan er overigens niet (meer) op deze camping. Stacaravans zijn de kleinste onderkomens. In 1974 komt de familie De Boer, met de tweeling Frank en Ronald en dochter Anja, voor het eerst op Het Speulderbos. Met een tent. Het is een eldorado voor kinderen. Ze doen mee aan droppings, zeskampen en voetbaltoernooien tegen andere campings. De winnende ploeg wordt met een platte kar over het terrein gereden. Op enig moment zijn Frank en Ronald te goed. Ze mogen niet meer bij elkaar in het team, alleen nog tegen elkaar.
Frank leert op Het Speulderbos ook Helen,

zijn huidige vrouw, kennen. Zijn schoonouders en ouders komen nog steeds naar de camping. De huisjes van de drie families staan vlak bij elkaar.
Ook tijdens het seizoen komt hij geregeld op Het Speulderbos, want het is minder dan een uur rijden van de Arena. Wat hij er doet? Niet zoveel. Lekker wandelen met de hond, beetje barbecuen, beetje kaarten en een beetje ouwehoeren.

Spooren, Fons

Winst van PSV, daar hopen de Marokkaanse schandknaapjes op die zich na wedstrijden van PSV verzamelen in het Eindhovense Anne Frankplantsoen. Want dan verkeert financieel directeur Fons Spooren (1962) in een extra gulle bui en wordt er een flinke prijs betaald in ruil voor seksuele diensten. Dat daar af en toe minderjarigen tussen zitten, ach, daar maakt Spooren zich niet druk om. Wat het nog erger maakt, is dat hij het hiv-virus onder de leden heeft. Pas veel later komen de walgelijke praktijken aan het licht, in mei 2003 wordt hij opgepakt. Vijftien maanden cel, waarvan vijf maanden voorwaardelijk, dat is de straf die het gerechtshof in Den Bosch hem oplegt. Een zwarte vlek in de historie van PSV.

Sport en Sportwereld

De naoorlogse sportjournalistiek is onlosmakelijk verbonden met een man die als voetballer actief is voor Blauw-Wit, Ajax, PSV en Xerxes en schrijft voor het illegale *Het Parool*: Kick Geudeker (1901-1977). Bij alle gezaghebbende – en destijds zéér invloedrijke – sporttijdschriften is hij betrokken. Tot 1970 is Geudeker eigenaar en hoofdredacteur van *Sport en Sportwereld* dat in dat jaar opgaat in het *Algemeen Dagblad*.
Het begint, ook voor hem, met *Sportief*, een weekblad dat in 1945 voor de eerste keer verschijnt. In de jaren vijftig wordt de redactie gevormd door de fine fleur van de sportjournalistiek. Behalve Geudeker worden de bijdragen geleverd door ir. Ad van Emmenes, Martin Bremer en Wil van Beveren.
Bij *Sport en Sportwereld* vestigt hij zijn naam definitief als goedgeïnformeerde, kritische verslaggever. Het blad ligt elke week voor dertig cent in de kiosk. Geudeker is lange tijd een van de weinige sportjournalisten die de KNVB kritisch benadert. Volgzaamheid is geen kenmerk van hem. Als journalist van het socialistische dagblad *Het Volk* dringt hij in 1933 aan op een officieel protest tegen de uitsluiting van Joden uit het Duitse sportleven.
Geudeker levert ook aan de ontwikkeling van het schaatsen een royale bijdrage. Hij geeft de aanzet tot de aanleg van de eerste kunstijsbaan in Nederland, de Jaap Edenbaan.

Sprengers, Jeu

Charismatisch, flamboyant, humoristisch en kundig bovendien: de KNVB kan zich nauwelijks een betere voorzitter wensen dan de Limburger die in 1993 Jo van Marle opvolgt. Voordien is Sprengers (1938-2008) voorzitter van VVV. In die tijd doet hij een uitspraak die de rest van zijn leven met grote regelmaat wordt geciteerd: 'Bij VVV is pas paniek als het bier op is.'

Staafincident

'De zwartste bladzijde uit de historie van de club,' noemt Michael van Praag het. Hij is nog geen half jaar voorzitter van Ajax als tijdens een UEFA Cup-wedstrijd tegen Austria Wien de Oostenrijkse doelman

Franz Wohlfahrt wordt getroffen door een ijzeren staaf.
De stemming in stadion De Meer slaat op 27 september 1989 om als Austria in de verlenging 1-1 maakt en uitschakeling zo goed als zeker is. Honderden supporters scanderen 'nazi's, nazi's'. Delen van de hekken worden vernield.
In de media wordt een verband gesuggereerd tussen de agressiviteit van de supporters – en het gooien van de staaf door een zeventienjarige jongen – en een opmerking van de gastspeaker, cabaretier Freek de Jonge. Met een grap verwijst hij naar een affaire over het oorlogsverleden van de Oostenrijkse president. De Jonge roept om dat er telefoon is voor 'Herr Waldheim'. Die moet zo snel mogelijk 'Herr Wiesenthal anrufen'. De algemene opinie is echter dat het voetbalvandalisme ook zonder de opmerking van De Jonge zou zijn losgebarsten. Vanaf het begin is de stemming in het stadion zeer agressief.
Ajax verliest de wedstrijd reglementair met 3-0, wordt een jaar geschorst en moet de eerstvolgende drie thuiswedstrijden op tweehonderd kilometer afstand van Amsterdam spelen. Drie jaar na het staafincident wint Ajax de UEFA Cup, zes jaar later de Champions League. 'Er moet eerst altijd iets verschrikkelijks gebeuren voordat het succes zich aandient,' is het commentaar van De Jonge. 'Het publiek ging meer dan ooit achter Ajax staan.'

Top-10: Spelers met standbeeld

1 Coen Moulijn (Feyenoord)
2 Abe Lenstra (Heerenveen)
3 Dennis Bergkamp (Arsenal)
4 Coen Dillen (PSV)
5 Blaise Nkufo (FC Twente)
6 David di Tommaso (FC Utrecht)
7 Jan Klaassens (VVV)
8 Jari Litmanen (Reipas Lahti)
9 Bok de Korver (Sparta)
10 Pierre Massy (FC Roermond)

Stam, Jaap

Voorstopper die in zijn loopbaan het pad der geleidelijkheid bewandelt: via de amateurs van DOS Kampen en de eerste divisie (FC Zwolle, Cambuur) naar de subtop in Nederland: Willem II. Daarna volgt een imposant rijtje topclubs, met PSV, Manchester United, Lazio Roma, AC Milan en Ajax. Stam (1972) is van origine middenvelder, maar hij weet al op zijn achttiende dat hij alleen als verdediger de top kan halen. Hij heeft de bezetenheid die daarvoor nodig is, een bijna maniakaal streven om tegenstanders de baas te zijn en doelpunten te voorkomen.
In 2006 is Stam het monotone leven van een profvoetballer in den vreemde zat. Hij wil naar huis, naar Kampen, hij heeft zin in boerenkool met worst. De 67-voudig international voetbalt zijn laatste jaren in Nederland. Niet bij PSV, maar bij Ajax.
Op 29 oktober 2007 stopt Stam met voetballen, van de ene op de andere dag. Hij mist de motivatie. Na de persconferentie waarop hij zijn afscheid aankondigt, krijgt hij applaus van journalisten.
Een groot compliment krijgt Stam na zijn carrière nog van Alex Ferguson, zijn manager bij Manchester United, die hem in 2001 naar Lazio Roma had laten vertrekken. 'Ik was niet geïnteresseerd in de verkoop van Jaap, totdat Lazio 16,5 miljoen pond bood. Jaap was 30 en we waren bezorgd over het herstel van de blessure aan zijn achilles-

pees. Het was een totale misvatting van mijn kant, hij speelde op 36-jarige leeftijd nog tegen ons in de kwartfinale van de Champions League.'
Bizar is overigens de plek waarop Stam van Ferguson te horen krijgt dat hij Manchester United moet verlaten: bij een benzinestation. Ferguson: 'Ik had Jaap op de club willen spreken, maar hij was al op weg naar huis. We hadden contact via de telefoon. Het benzinestation was voor ons allebei het dichtstbij.'

Stekelenburg, Maarten
De keeper heeft een hobby die hij niet met veel andere profvoetballers deelt. Maarten Stekelenburg (1982) mag graag koken. Hoewel 'hobby' misschien een groot woord is. Maar als zijn vrouw Kim wat later thuis is, zijn de aardappeltjes geschild en is de groente klaargemaakt. 'Kim belt altijd als ze er bijna is, dan weet ik wanneer ik de aardappels kan afgieten.'
De Haarlemmer is gediplomeerd kok, dat verklaart wellicht een hoop. Maar keepen ligt hem toch beter. Stekelenburg doorloopt de jeugdopleiding bij Ajax en wordt, met horten en stoten, eerste keus in het eerste elftal. In het Nederlands elftal volgt hij Edwin van der Sar op na het EK 2008. Stekelenburg keept een sterk WK in Zuid-Afrika, maar wordt in de finale tegen Spanje geklopt door een treffer van Andrés Iniesta. Onder bondscoach Louis van Gaal raakt hij zijn basisplaats kwijt, ook omdat hij bij AS Roma en Fulham niet altijd speelt. Is doof aan één oor.

Stevens, Huub
Zijn rechtlijnige aanpak bevalt de Duitsers wel. En dus heeft Huub Stevens (1953) meer succes als trainer bij onze oosterburen dan in Nederland zelf. Met name bij Schalke 04 spreken ze de naam van de mijnwerkerszoon met respect uit, zeker als hij in 1997 de UEFA Cup naar het Ruhrgebied brengt. Ook wint hij twee keer de DFB-Pokal. Een landstitel zit er niet in, hoewel Schalke in 2001 heel dichtbij komt. Zelf verslaat het Unterhaching met 5-3, concurrent Bayern, dat aan een punt genoeg heeft, komt in de slotminuut met 1-0 achter tegen HSV. Een kleine vijf minuten is Schalke virtueel kampioen, dan komt Bayern toch nog langszij. En is de grootste deceptie uit de trainersloopbaan van Stevens een feit.
In 2008 komt hij terug bij oude liefde PSV, de club die hij tussen 1985 en 1996 als speler dient, maar nu springt de vonk niet over. Stevens verwijt zijn spelers een grote mate van 'respectlozigheid' en meldt zich een jaar later alweer in het buitenland. In maart 2014 wordt hij ontslagen door PAOK Saloniki.

Stoffelen, Joop
Zijn sportbrilletje en zijn rappe tong maken van de Ajacied en twaalfvoudig international een herkenbare voetballer. Stoffelen (1921-2005) wordt na zijn actieve loopbaan coach van de oud-internationals, die jaarlijks de Nieuwjaarswedstrijd spelen tegen Koninklijke HFC.
Volgens de overlevering is Stoffelen tevens verantwoordelijk voor de spectaculaire inhaalrace van Heerenveen tegen Ajax, op 7 mei 1950. De Friezen staan een half uur voor tijd met 5-1 achter tegen Ajax, maar winnen met 6-5, omdat Stoffelen beledigende opmerkingen maakt tegen Abe Lenstra. 'Boer!' schreeuwt hij, waarna Lenstra in woede ontsteekt. En zijn ploeg

No. 9. Stoffelen (Ajax)

de inspiratie geeft om nog te winnen. Sportgeschiedschrijver Jurryt van de Vooren spreekt in 1997 met Stoffelen over deze wedstrijd. Over Heerenveen bluft Stoffelen: 'Jullie keken zo zielig, zei ik na de wedstrijd, en daarom hebben we jullie maar laten winnen. Aan het eind van de wedstrijd heb ik Abe nog wel uitgescholden voor stinkende boer, maar ik kon alles tegen hem zeggen. Toen zijn we gaan drinken met die boeren. Abe en ik zaten gewoon weer naast elkaar.'
Stoffelens vrouw Woutrina, die ook bij het gesprek aanwezig is, nuanceert de woorden van haar man. 'Wat nou boeren? Ach wat, er was een begrafenisstemming in de bus terug naar Amsterdam. Niemand zei wat.'

Stom, Ben

Nomen est omen in dit geval. Want wat produceert Ben Stom (1886-1965) als eerste international tijdens de allereerste interland van Oranje op 30 april 1905? Jawel, de eerste eigen goal uit de historie. Erg kwalijk wordt het hem niet genomen, Oranje wint met 4-1. Ben Stom eindigt zijn interlandloopbaan zelfs als aanvoerder van Oranje.

Stoop, Dé

Dé (Dingeman) Stoop (1919-2007) is een even gewiekste als harde ondernemer en een revolutionair bestuurder. De Amsterdammer staat in de jaren vijftig als bestuurslid van de Nederlandse Beroeps Voetbalbond mede aan de basis van de officiële invoering van het profvoetbal in Nederland.
De eigenzinnige Stoop is in alles ambitieus en hij durft groot te denken. Als hij bij papiergroothandel Proost & Brandt geen directeur kan worden, investeert hij in 1959 twee ton in de bijna failliete liftenfabriek Starlift. Bijna dertig jaar later verkoopt hij het bedrijf, dat op dat moment een jaaromzet heeft van 130 miljoen gulden.
De bestuurder Stoop is ook omstreden. Als voorzitter van BVC Amsterdam 'ronselt' hij in 1957 de Joegoslavische voetballer Bobo Sal, die al een voorcontract heeft getekend bij Ajax. Sal verzint een ontvoering door het bestuur van Ajax, dat hem gedwongen zou hebben in een auto te stappen en in Hotel Americain op het Leidseplein zijn handtekening te zetten onder een verbintenis.
De aanvankelijke straffen voor de Ajax-bestuurders Volkers, Elzenga en Dukker (een schorsing van twee jaar) worden later herroepen als Sal zijn verzonnen ontvoering opbiecht en naar Duitsland vlucht. Stoop mag jarenlang geen functie uitoefenen in het betaalde voetbal, maar de affaire laat diepe sporen na bij de direct betrokkenen in het Ajax-kamp.

Vanaf 1972 wordt Stoop voorzitter van fusieclub FC Amsterdam, dat het best als een rebellenclub kan worden omschreven. Het grote publiek omarmt de club, die de eerste periode zeer succesvol is, echter nooit. In 1982 trekt Stoop zelf de stekker eruit. Een jaar later krijgt zijn voorzitterschap nog een staartje. Stoop brengt twaalf dagen in de cel door op verdenking van het zwart betalen van de spelers. Hij wordt hiervoor echter nooit veroordeeld.
Naast zijn activiteiten in het voetbal is Stoop ook betrokken bij de volleybalclub Starlift-Blokkeer, dat jarenlang succesvol is.

Striphelden
FC Knudde. In de jaren zeventig ontsproten aan het brein van John le Noble, sportjournalist en columnist van het *Algemeen Dagblad*, en tekenaar Toon van Driel. Hoofdrolspelers zijn de sullige Jaap en Dirk. Eén kreet van Dirk uit de strip – die al veertig jaar meegaat – is geregeld terug te horen op de Nederlandse voetbalvelden: 'Tikkie terug, Jaap!'
Rob van de Rovers. Van Britse origine. Rob Ridder, speler/manager van Randstad Rovers, beschikt over een fabelachtige traptechniek en beleeft zowel op als naast het veld spannende avonturen. Er verschijnen 23 albums, met titels als *Kogels voor Rob*, *De Overloper*, *Busramp in Basran* en *Volhouden, Rob!*
Appie Happie. Bedenker, schrijver en tekenaar: Dik Bruynesteyn. De strip verschijnt vanaf 1971 in diverse kranten en later ook in boekvorm. Hoofdpersoon is de dikke, op bananen verzotte spits van de Taaie Tijgers, Appie Happie. Sponsor van de club is Simon S. Smakeloos, handelaar in tuinkabouters. Teamgenoten heten Pietje Pele en Sjakie Strijkijzer. De (melige) grap in de strip is nooit ver weg. Op reclameborden langs het veld staan teksten als: Firma Liszt & Bedroch – niet goed geld weg.

Roel Dijkstra. Van Nederlandse makelij. De tekenaar is Jan Steeman, de scenarist Andries Brandt. Hoofdpersoon Roel Dijkstra is een Nederlandse voetballer die uitgroeit tot een internationale ster. Hij begint bij de plaatselijke club FC Leidrecht, maar hij maakt een transfer naar het Engelse FC Hadfort.

Kick Wilstra. Eerste bekende voetbalstrip in Nederland (1949) die onder meer verschijnt in de Rotterdamse *Ketelbinkiekrant*. Kick Wilstra (geestelijk vader: Henk Sprenger) wordt echt bekend als *Het Parool* tussen 1955 en 1960 achttien boekjes van de strip uitgeeft. De naam Kick Wilstra is een combinatie van drie bekende voetballers: Kick Smit, Faas Wilkes en Abe Lenstra.

De Wondersloffen van Sjakie. Verschijnt in Engeland onder de naam *Billy's Boots* en in Nederland in de jaren zeventig in het stripblad *Sjors*. De jonge Sjakie Meulemans is een beperkte voetballer die op een dag van zijn oma de wondersloffen van zijn idool Voltreffer Vick in handen krijgt. De afgetrapte schoenen lijken een eigen leven te leiden en zorgen ervoor dat Sjakie op het veld altijd op de juiste plaats staat. Er verschijnen 33 albums van *De Wondersloffen van Sjakie* in Nederland.

Strootman, Kevin

Het is vooral het ogenschijnlijke gemak en de snelheid waarmee Kevin Strootman (1990) zich aanpast aan een hoger niveau dat tot de verbeelding spreekt. Van Sparta naar FC Utrecht, van FC Utrecht naar PSV en van PSV naar AS Roma; het lijkt de middenvelder nauwelijks moeite te kosten om meteen een basisplaats af te dwingen. 'Misschien heb ik zulke prikkels wel nodig om steeds die paar procentjes meer uit mezelf te halen,' zegt hij. Ook bij het Nederlands elftal is zijn ster rijzende. Tijdens de kwalificatiereeks voor het WK 2014 in Brazilië benoemt bondscoach Louis van Gaal Strootman na Robin van Persie en Arjen Robben tot derde aanvoerder van Oranje. Zijn sprint naar de top wordt begin maart 2014 in de competitiewedstrijd tegen Napoli ruw onderbroken. Strootman scheurt de kruisbanden in zijn linkerknie en wordt huilend afgevoerd, in het besef dat hij niet zal deelnemen aan het WK in Brazilië.

Stuy, Heinz

Keeper van Ajax die in drie opeenvolgende finales van de Europacup I de nul houdt. In 1971 tegen Panathinaikos (2-0), in 1972 tegen Internazionale (2-0) en in 1973 tegen Juventus (1-0). In de eredivisie is Stuy (geboren in 1945 in het Duitse Wanne-Eickel) al jaren individueel recordhouder van de meeste minuten zonder tegendoel-

punt: 1082. De bijnaam die hij onder Ajax-supporters krijgt, Heinz Kroket, is uit een grap geboren. Stuy heeft er een handje van om hoge ballen even los te laten alsof het een hete kroket betreft, om ze vervolgens in tweede instantie klemvast te pakken.
In de strijd om de Wereldbeker in 1972, tegen het Argentijnse Independiente, krijgt Stuy voor de uitwedstrijd een opmerkelijke opdracht van trainer Stefan Kovács: hij moet een paar dagen als een soort bodyguard optreden voor de met ontvoering bedreigde Johan Cruijff. Dat gaat hem goed af. Ajax wint ook de Wereldbeker, na het gelijkspel (1-1) in Argentinië wordt thuis met 3-0 gewonnen.
Stuy bestiert lange tijd een bistro in zijn woonplaats Driehuis, waar 'een sateetje van Heinz' een begrip wordt.

Subbuteo
Op Marktplaats kom je nog weleens zo'n oude doos tegen. Met van die kantelpoppetjes, een zwart-wit balletje en een groene vilten ondergrond als grasmat. Dan kun je net als vroeger weer Subbuteo spelen, een van oorsprong Engels spel, dat in 1946 wordt uitgevonden door Peter Adolph. Met name in de jaren zestig en zeventig stijgt het spel in populariteit, in augustus 1970 vindt zelfs het eerste internationale Subbuteo-toernooi plaats in het Londense Savoy-hotel met deelname van teams uit onder meer Nederland en België. West-Duitsland gaat er met de hoofdprijs, de John Waddington World Cup Trophy, vandoor. In 1974 wint Nederland de zogenoemde München World Series. Inmiddels is Subbuteo uitgegroeid tot een cultspel zonder weerga.

Top-10: Nieuw beroep

1. Dolf Kessler (president-directeur Koninklijke Hoogovens)
2. Bram Peper (politicus)
3. Berry van Aerle (postbode)
4. Herman Verrips (vuilnisman)
5. Michel van de Korput (heftruckchauffeur)
6. Edwin Godee (antiekhandelaar)
7. Hugo Hovenkamp (campingeigenaar)
8. Wim Hofkens (conciërge)
9. Ronald Hamming (rijinstructeur)
10. Kees Kist (marktkoopman)

Suppoost Crooswijk
Ton van Duinhoven heeft een verleden als sportredacteur van *Het Parool*, die kennis gebruikt hij in zijn creatie van suppoost Crooswijk, de immer chagrijnige medewerker in De Kuip. Hele volksstammen rollen lachend van de bank als Crooswijk van onder pet nr. 169 met Stadion erop zijn gal spuwt. Zeker op het moment dat Ajax in zijn Kuip de Europacup-I-finale speelt tegen Internazionale is het geklaag niet van de lucht. 'Ik hoef natuurlijk niet te kijken. Ik kan ook met m'n reet naar het veld gaan staan. Als Ajax wint, merk ik het toch wel.'

Suriprofs
Profs met Surinaamse roots, die vormen sinds begin jaren negentig de Suriprofs. Opgericht om het Surinaamse voetbalerfgoed levend te houden. Het is de bedoeling dat het elftal jaarlijks na afloop van de competitie aantreedt tegen de kampioen van de eerste divisie, maar dat lukt niet altijd. Ook de locatie van het eerste uur, het Olympisch Stadion, is niet heilig meer. Bij

de edities van 2011 en 2012 vormt Spangen het decor. In de laatste editie is ook Clarence Seedorf van de partij. In 2013 moet voorzitter Stanley Menzo van de Stichting Suriprofs met pijn in het hart een streep zetten door het evenement vanwege een gebrek aan financiële garanties.

Suurbier, Wim

Afgekeurd als linkerspits van DWS, maar een bruikbare rechtsback voor Ajax. Wim Suurbier (1945) houdt het vooral vanwege zijn snelheid en verbetenheid bijna vijftien jaar vol op het hoogste niveau. De olijke Amsterdammer maakt de roemrijke periode onder trainer Rinus Michels mee en is basisspeler van Oranje op de WK's van 1974 en 1978. Na zijn voetbaljaren bij Ajax komt hij ook nog in Duitsland, Frankrijk, de Verenigde Staten en Hongkong terecht. 'Je wordt geboren om lol te maken,' is zijn levensmotto. Maar Suurbier is niet van de fijnzinnige humor. Niet iedereen kan lachen als hij zijn geslachtsdeel in de soep hangt.

SVV

De Schiedamse Voetbal Vereniging kent haar meest roemrijke jaren voor de invoering van het betaalde voetbal. Het wordt landskampioen in 1949 en wint ook de Super Cup. Op het beslissende duel om de landstitel tegen Heerenveen komen in De Kuip 69.000 supporters af. Na de invoering van het betaalde voetbal wordt het rustiger op Sportpark Harga. Twee keer promoveert SVV naar de eredivisie, in 1969 en 1990. De laatste titel is volledig te danken aan autohandelaar John van Dijk die in 1988 de club behoedt voor een faillissement. Omdat de eigen behuizing niet toereikend is, speelt SVV haar thuisduels in De Kuip. Als nieuwbouw onhaalbaar blijkt, stuurt Van Dijk aan op een fusie met Dordrecht. Onder de naam SVV/Dordrecht '90 gaat de club verder, maar de samenwerking wordt geen groot succes. Als Van Dijk zich in 1993 terugtrekt uit de onderneming, verwijdert voorzitter Cees den Braven gelijk de toevoeging SVV uit de naam.
Sterspelers: Jan van Schijndel, Henk Könemann, Aad Koudijzer.

Swart, Sjaak

Misschien is Sjaak Swart (1938) wel nooit trainer geworden omdat hij in zijn hart altijd voetballer is gebleven. De sierlijke rechtsbuiten heeft een mooie voorzet, vloeiende passeerbewegingen en een vlammend schot. Hij maakt deel uit van het gouden Ajax dat in 1971, 1972 en 1973 de Europacup I wint en de Wereldbeker in 1972. Hij blijft de club zijn leven lang

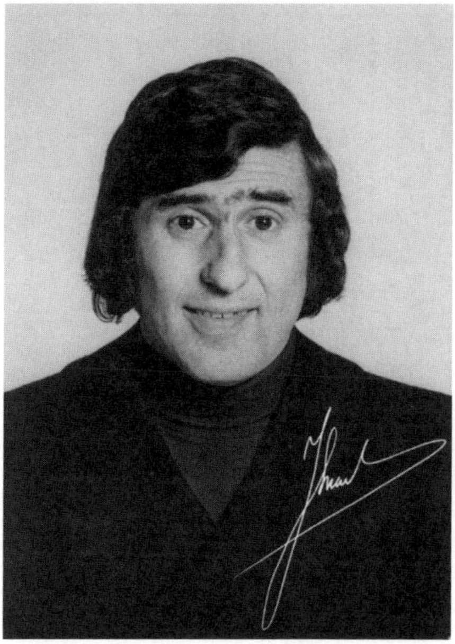

trouw en dat levert hem de officieuze titel Mister Ajax op.
Meteen na zijn afscheid in 1973 begint Swart – Paco voor vrienden – met een spelletje 'voetbalrondo' op het veld van de Amsterdamse voetbalclub Zeeburgia. Swart wil slank en fit blijven. Tal van prominenten werken zich twee keer per week twee uur lang in het zweet, onder wie Freek de Jonge en Guus Hiddink. De keren dat Swart zich moet afmelden zijn volgens hem op de vingers van één hand te tellen. 'Zelfs als er sneeuw ligt gaat het door. Nemen we gewoon met zijn allen de schep ter hand en maken we het veld sneeuwvrij. We blijven liefhebbers.'
In 2010 wordt Swart benoemd tot erelid van Ajax. Hij is drijvende kracht achter – en speler van – Lucky Ajax, een team van oud-Ajacieden dat nog geregeld wedstrijdjes speelt.
Kritiek op Swart is er ook, en wel op het feit dat Mister Ajax ondertussen ook zaakwaarnemer is van voetballers van de club. Co Adriaanse: 'Die twee uitgangspunten: Mister Ajax die tegelijkertijd probeert spelers van Ajax te verkopen om er zelf beter van te worden, dat is toch niet te verenigen?'

Swieten, Ignace van
Kundig, klein van postuur, gewetensvol én openlijk homoseksueel: Ignace van Swieten (1943-2005) trekt als scheidsrechter in de jaren tachtig veel aandacht in de stadions, en daarbuiten. In 1976 maakt hij zijn debuut in het betaald voetbal, in 1990 moet hij zich terugtrekken nadat een cliënt – Van Swieten werkt bij de reclassering – hem in zijn woning heeft gemolesteerd.
Van Swieten, geboren in een Japans interneringskamp in Indonesië, is pas 62 jaar als hij overlijdt aan een longziekte. Hij maakt nog mee dat drie cabaretiers – Viggo Waas, Peter Heerschop en Raoul Heertje – een televisieserie maken met de naam *De Vrienden van Van Swieten*. Het is een verwijzing naar een lied dat in de jaren negentig regelmatig in de stadions klinkt als supporters een tegenstander of scheidsrechter willen kleineren: *Vriend van Van Swieten, hij is een vriend van Van Swieten.*

Tahamata, Simon

Bij alle clubs waar hij speelt (Theole, Ajax, Standard Luik, Feyenoord, Beerschot en Germinal Ekeren), groeit de kleine dribbelaar uit tot een publiekslieveling. Zijn vertrek bij Ajax in 1980 komt onverwacht. Tonny van der Mee schrijft in *Simon Tahamata; en de andere Molukse voetbalhelden in dienst van Oranje* onder meer: 'Van Ajax heeft Tahamata nooit gehoord wat de reden is. Maar iedereen voelt dat de plotselinge transfer met raadsels omhangen is. In de wandelgangen weet iedereen dat het bestuur hem kwijt wil. Niet vanwege zijn voetbalkwaliteiten, maar vanwege zijn afkomst. Verschillende bronnen zeggen dat één bestuurslid in het bijzonder de pik heeft op de kleine Molukker: secretaris Jan Westrik. Een "racist", zeggen ze.'
Tahamata (1956) is het boegbeeld en het lichtend voorbeeld van de Molukse gemeenschap in de donkere jaren na de gijzelingsacties en treinkapingen. Door het Ajax-publiek wordt hij op handen gedragen. Toch krijgt de vleugelspeler in de zomer van 1980 via een telefoontje van zijn zaakwaarnemer Maarten de Vos te horen dat hij is verkocht aan het Belgische Standard Luik. 'Dat was schrikken,' zegt Tahamata in het boek van Van der Mee. Clubman David Endt is ervan overtuigd dat Tahamata slachtoffer is van een schimmig spel van zakendoen en vooroordeel. 'De transfer van Simon naar Standard was er eentje tegen zijn hart in,' zegt Endt.

Tap, Wim

Trap, Tap, trap dan toch, Tap
Trap dan het doel niet voorbij.

Toegegeven, het is niet het meest ingenieuze liedje ooit dat over een voetballer is gemaakt, en nog op de melodie van 'Trink, trink, Brüderlein trink' ook, maar het feit dat Wim Tap (1903-1979) zo toegezongen wordt, bewijst wel dat de Hagenaar geen doorsnee speler is. Zijn interlandconto bedraagt 33 stuks, waarin hij zeventien keer scoort. Tussen 1925 en 1931 is hij de vaste midvoor van Oranje behalve in de meest cruciale wedstrijd: Nederland-Uruguay op de Olympische Spelen van 1928 in Amsterdam. Tap denkt dat aanvoerder Harry Dénis achter dit geintje zit, het heeft tussen de stadsgenoten nooit geboterd.
Al op 27-jarige leeftijd verdwijnt Tap uit Oranje, in weekblad *Sportief* legt hij uit hoe dat zit: 'In m'n laatste wedstrijd speelde ik zo bedroevend slecht, dat ze volkomen gelijk hadden me aan de kant te zetten. Ik had die wedstrijd echter niet moeten spelen, want enkele dagen daarvóór had ik in een spijker getrapt, waardoor ik een lelijke verwonding had opgelopen.'
Na zijn actieve carrière probeert hij het eerst als trainer, eind jaren veertig begint Tap, hoe kan het ook anders, een café.

Top-10: Klein in Oranje

1	Manus Vrauwdeunt	1,59
2	Frank Wels	1,63
3	Simon Tahamata	1,64
4	Wim Jansen	1,65
5	Kees Rijvers	1,65
6	Edgar Davids	1,68
7	Frits Flinkevleugel	1,68
8	Jordy Clasie	1,69
9	Nicky Hofs	1,70
10	Wesley Sneijder	1,70

Tatoeages
Vermoedelijk is het David Beckham die talloze voetballers in de jaren na de eeuwwisseling inspireert tot het laten zetten van tatoeages. Tegenwoordig wemelt het ervan op de velden, en niet tot ieders genoegen. In Nederland vormen Gregory van der Wiel, Theo Janssen en Wesley Sneijder de voorhoede, met volgetatoeëerde lijven. Wie eraan begint, kan vaak niet meer stoppen. 'Toen ik 18, 19 jaar was, heb ik in een opwelling besloten een tatoeage te laten zetten,' zegt Janssen. 'Ik vind het mooi. Daarom ga ik er ook steeds mee door en ben ik er nog niet klaar mee.'
Op Sneijder is bijvoorbeeld de volgende tekst uit Psalm 23 te lezen: *Even though I walk through the valley of the shadow of death I will fear no evil*. Verder heeft hij, op zijn buik, het gezicht van zijn vrouw Yolanthe laten zetten – het lijkt niet erg goed – en het hoofd van Jezus met een doornenkrans op zijn hoofd.
Van der Wiel (twee armen vol, onder meer met de aartsengel Gabriël) ziet zichzelf tot zijn verbazing zonder tatoeages terug in de voetbalgame FIFA 14. 'Geen tattoos?' twittert hij vol ongeloof.

Taument, Gaston
17 november 1991 is de grote dag van Gaston Taument (1970). Dan brengt hij bijna *eigenvoetig* Ajax ten val. Feyenoord verslaat de aartsvijand met 2-0 en de tweede treffer is van een prachtige schoonheid waar Taument zijn handtekening onder zet. Vanaf dat moment is de rechtsbuiten een superster, zeker in De Kuip. De verering staat haaks op het ingetogen karakter van de Hagenaar, zoon van een Indonesische moeder en een Surinaamse vader, die maar moeilijk aan de hooggespannen verwachtingen kan voldoen. Pas in 1994 vindt het volgende hoogtepunt plaats als hij Oranje op het WK langs Saoedi-Arabië kopt, met zijn ogen dicht, zoals hij het zelf omschrijft. Na tien jaar Rotterdam-Zuid probeert hij het in het buitenland, maar zowel bij Benfica als Anderlecht zakt de vijftienvoudige international weg in de vergetelheid, later versterkt door transfers naar OFI Kreta en Rapid Wien. Hij is nu terug op Varkenoord als jeugdtrainer.

Telstar
Voordat Telstar in 1978 degradeert naar de eerste divisie en niet meer terugkomt, hebben de Witte Leeuwen er veertien prachtige jaren op zitten op het hoogste niveau. Met de zesde en zevende plaats (in 1974 en 1975) als absolute uitschieters. Op het knusse sportpark Schoonenberg is het lastig win-

nen, bemerkt ook Ajax als het op 10 mei 1970 de landstitel kan pakken in Velsen-Zuid, maar na de 1-1 het kampioensfeest een week moet uitstellen.
Sterspelers: Fred Bischot, Fred André, Frans van Essen, Paul van Egmond, Co Stout, Paul van der Meeren.

Terlouw, Rinus
Wie Rinus de Rots als bijnaam heeft, weet één ding zeker: voor fijngevoeligheden is er geen plaats in je oeuvre. In het geval van Rinus Terlouw (1922-1992) klopt dat ook. Een voorstopper van graniet, als het nodig is kopt hij een gaskachel uit de lucht. Maar het scheelt weinig of Terlouw was nooit voetballer geworden. Dominee Vlot van de Hervormde Kerk is een groot fan van de zondagsheiliging en vindt voetbal een heidense bezigheid. Tot teleurstelling van zijn ouders en met hulp van de buren die zijn kleren wassen, meldt Terlouw zich toch aan bij De Zwervers in Capelle en later bij DCV in Krimpen aan den IJssel. Bij die laatste club, op dat moment tweedeklasser, haalt hij Oranje. De mythe wil dat Terlouw een onpasseerbare voorstopper is, de praktijk vertelt een ander verhaal. In de 34 interlands dat Terlouw staat opgesteld, krijgt Oranje liefst 94 goals tegen. Desalniettemin krijgt hij bij zijn afscheid als eerste Nederlandse voetballer een benefietduel aangeboden, tegen Blackburn Rovers.

Tetzner, Hans
Groninger Hans Tetzner (1898-1987) is een huisvriend van de familie Heineken en de familie Cruijff, zoon van een Duitse vader

Rinus Terlouw (staand, geheel rechts) in 1954 met het Nederlands elftal voor de wedstrijd tegen de amateurs van Engeland. Achterste rij: Odenthal, Steiger, Klaassens, Tebak, Biesbrouck en Terlouw. Voorste rij: Overbeeke, Van Beurden, Cor van der Gijp, Bennaars, Gruisen.

en hij zit in Amsterdam in het verzet. Hij rijdt mee in de Elfstedentocht van 1929, is de eerste voorzitter van Jumping Amsterdam en achtvoudig international namens Be Quick, maar hij wordt vooral bekend als kniespecialist. Dankzij hem betekent een meniscusblessure niet meer het einde van een loopbaan, zoals onder meer Johan Cruijff ondervindt.
Orthopeed Tetzner opereert tientallen voetballers en leden van het koninklijk huis en is lange tijd clubarts van Ajax. Ook staat hij te boek als de uitvinder van de buitenspelval. Linksback Tetzner, wiens broer Max drie interlands speelt, introduceert de truc in de jaren twintig ook bij het Nederlands elftal, om precies te zijn op 21 april 1924 in een wedstrijd tegen Duitsland. Tientallen malen trappen de Duitsers in de val.

Thie, Ton

Dertien seizoenen is Ton Thie (1944) doelman van ADO en later FC Den Haag en nog steeds is hij regelmatig te zien op televisie. Dat dankt hij aan een van de mooiste doelpunten die Johan Cruijff in Nederland maakt. Op 2 januari 1972 wordt Thie in de wedstrijd FC Den Haag-Ajax bij een 1-0 stand gepasseerd door een even fenomenale als effectvolle boogbal. In zijn hand heeft Cruijff een lintje, bedoeld om zijn sok op te houden. Het is hem even eerder aangereikt vanuit de dug-out.
Thie woont tegenwoordig in Gambia. Nog steeds wordt hij soms herkend, zelfs daar. 'De mensen zorgen er wel voor dat ik dat doelpunt niet vergeet. Ik vind het niet erg. Ik had die bal liever tegengehouden, maar ik hoef me er niet voor te schamen.'

Thijssen, Frans

Kappen en draaien, tot je er tureluurs van wordt. Als geen ander brengt Frans Thijssen (1952) de oefenstof van de vermaarde Wiel Coerver in de praktijk. Bij NEC komen ze elkaar begin jaren zeventig tegen, daarna zullen ze onlosmakelijk met elkaar verbonden blijven. Thijssen ís kappen en draaien, ook bij elke club waar hij na NEC onder contract staat. En hij kapt het ver. Met als hoogtepunt zijn tijd bij Ipswich Town waarmee hij de UEFA Cup wint in 1981. In hetzelfde jaar wordt hij als eerste niet-Brit ooit uitgeroepen tot Speler van het Jaar. Kijken naar Thijssen is een lust voor het oog, twintig jaar houdt hij het op het hoogste niveau vol. En ook nu baant hij zich kappend en draaiend een weg bij oud-Vitesse.

Thoresen, Hallvar

Hij is niet de eerste Noor in de eredivisie, wel de succesvolste. In de twaalf jaar dat de aanvaller uit Larvik in de eredivisie speelt – vijf jaar voor FC Twente, zeven voor PSV – schiet Thoresen (1957) ongenadig met scherp. Op de lijst van eredivisietopscorers aller tijden neemt hij als eerste buitenlander de twaalfde positie in met 152 treffers. Niet slecht voor een spits die uit eigen beweging een brief stuurt naar FC Twente met de vraag of er interesse is in een snelle aanvaller met een goed ontwikkeld linkerbeen.

Tiggelen, Adri van

Dient achtereenvolgens Sparta, FC Groningen, Anderlecht, PSV en Dordrecht '90. Knokige, harde verdediger uit Oud-Beijerland (1957) die als bijnaam de Spijker krijgt. Linksback van Oranje op het gewonnen EK van 1988. Is in de finale een van de vijf snordragers aan Nederlandse kant.

Tomasson, Jon Dahl

Dat Heerenveen een neus heeft voor aanvallend talent uit Scandinavië is wijd en zijd bekend. In 1994 komt er een stoere Deen het Abe Lenstra Stadion ingewandeld. Jon Dahl Tomasson (1976) past zich ondanks zijn zeventien jaar razendsnel aan de Friese omstandigheden aan. In 1996 wordt hij uitgeroepen tot Talent van het Jaar. De prelude van een mooie loopbaan die hem langs Newcastle United, Feyenoord, AC Milan, VfB Stuttgart en Villarreal voert. Tomasson sluit zijn loopbaan passend af in De Kuip. Hij gunt zich geen tijd voor het zwarte gat, als trainer gaat hij in één ruk verder. Na Excelsior belandt hij bij Roda JC waar hij begin januari 2014 wordt gepresenteerd als opvolger van de ontslagen Ruud Brood.

Tommaso, David di

Franse voetballer van FC Utrecht die op 29 november 2005 op 26-jarige leeftijd overlijdt aan een acute hartstilstand. Speelt twee dagen daarvoor zijn laatste wedstrijd, tegen Ajax (1-0 winst). Zijn rugnummer 4 wordt bij FC Utrecht niet meer gedragen uit eerbetoon aan de verdediger. Op 12 mei 2013 wordt Di Tommaso (1979) vereeuwigd met een borstbeeld op de Bunnikzijde, waar de meeste fanatieke supporters een plek hebben.

Toorn, Dick van

Dick van Toorn (1932-2013) is in 2010 groot nieuws, omdat de fysiotherapeut er met zijn onorthodoxe behandelmethode voor zorgt dat de geblesseerde Arjen Robben speelklaar is voor het WK in Zuid-Afrika. Robben raakt in de laatste oefenwedstrijd voor het WK tegen Hongarije geblesseerd aan zijn hamstring. De buitenspeler dreigt het toernooi te moeten missen, maar kan na een aantal dagen van intensieve behandeling bij de Rotterdammer alsnog mee. De behandeltechnieken die Van Toorn hanteert zijn in de medische wereld echter omstreden. Zo maakt hij gebruik van de zelfontworpen 'Frankenstein-stretcher', een apparaat dat als een bankschroef werkt. Het extreem oprekken van spieren wordt door de patiënten (onder wie Rafael van der Vaart en eerder ook Ronald Koeman en Johan Cruijff) als zeer pijnlijk ervaren. Na het WK stelt Robbens club Bayern München dat de buitenspeler verkeerd is behandeld en de blessure tijdens het WK is verergerd. De aanvaller staat nadien nog een half jaar aan de kant.

De strateeg van het totaalvoetbal, Rinus Michels, en een van de uitvoerders, Arie Haan, ontmoeten elkaar als trainers in Duitsland in 1989.

Totaalvoetbal

In het Engels klinkt het nog indrukwekkender. Oranje trakteert de voetbalwereld tijdens het WK van 1974 op *Total Football* en maakt zo veel indruk dat de term ook veertig jaar na dato nog in zwang is. Dat bedoelt Johan Cruijff als hij zegt dat 'West-Duitsland weliswaar de wereldtitel won, maar Oranje de meeste indruk maakte'. Volgens een andere betrokkene komt het totaalvoetbal van Michels en Cruijff, waarbij spelers continu van positie wisselen, bij toeval tot stand. 'Michels was eerst van plan om Mansveld, Israel of Hulshoff op te stellen in het hart van de defensie,' aldus Willem van Hanegem, 'genoodzaakt door blessures zette hij daar Arie Haan en Wim Rijsbergen neer. Toevalliger kan bijna niet.'

Treijtel, Eddy

Je zou het een hoogtepunt in letterlijke zin kunnen noemen, tijdens Sparta-Feyenoord eind 1970 schiet Eddy Treijtel (1946) een meeuw uit de lucht. De vogel is in opgezette toestand te bewonderen in Feyenoords Home of History. Een half jaar eerder vindt het dieptepunt in de carrière van de keeper plaats. Omdat hij tien dagen voor de EC I-finale tegen Celtic een paar keer klungelt tegen Ajax besluit coach Ernst Happel op het laatste moment zijn vaste doelman te vervangen door oudgediende Eddy Pieters Graafland.

Trek Cruijff over de streep

Hoewel Johan Cruijff herhaaldelijk en met grote stelligheid heeft laten weten niet beschikbaar te zijn voor de eindronde van het WK in 1978, begint omroep TROS in het najaar van 1977 met de actie Trek Cruijff over de streep.
Trek Cruijff over de streep. Met Johan winnen wij de Wereld Cup, zingt Vader Abraham uit volle borst. Mogelijk ook omdat er stickers kunnen worden gewonnen, sturen ruim veertienduizend mensen een briefkaart naar de TROS. Ook zijn er speciale T-shirts vervaardigd. 'De lulligheid droop er vanaf,' constateert *Voetbal International* in een bijtend commentaar.
Onmiddellijk na de laatste kwalificatiewedstrijd tegen België zijn ook een andere omroep, de AVRO, en *De Telegraaf* een actie gestart. Op een feest in het Amsterdamse Hilton Hotel vindt de aftrap plaats, in aanwezigheid van BN'ers als Nico Haak en Patricia Paay. Hoogtepunt is het lied dat Albert Mol zingt op de melodie van 'Oh Johnny' van Tante Leen, 'Oh Johan', met de onvergetelijke zin *Heel het land is van streek, als jij straks ontbreekt.*
Als de TROS met de actie begint, stoppen de AVRO en *De Telegraaf* met hun actie. Cruijff trekt zich overigens nergens iets van aan. 'Ik heb een beslissing genomen en daar blijf ik bij.'

Troost, Ted
Fysiotherapeut die zich toelegt op haptonomie, de leer van het menselijk gevoel en gevoelsleven. Hij behandelt schaatser Hein Vergeer en later ook veel voetballers, onder wie Ruud Gullit en Marco van Basten. Tijdens het succesvolle EK 1988 staat bondscoach Rinus Michels oogluikend toe dat Troost (1936) een groot aantal van zijn internationals behandelt. Dit tot woede van bondsarts Frits Kessel. Velen in de voetballerij zien Troost als een indringer. Een kruising tussen Raspoetin en Onze-Lieve-Heer wordt hij genoemd. Hij publiceert eind jaren tachtig een boek onder de titel *Het lichaam liegt nooit*. Haptonomie leert mensen (weer) voelen, stelt hij. 'Zonder aanraking sterft een mens, de aanraking is het voedsel voor de ziel.'

Tuanakotta, Rocky
Velen trappen erin, waaronder een hoop journalisten. In *VI* wordt in 2001 groot uitgepakt met een verhaal over Rocky Tuanakotta (1970), de redder van Vitesse. Hij zou de Amerikaanse grootgrutter Walmart hebben gestrikt om de club over te nemen. Karel Aalbers weet ervan, hoofdsponsor Nuon ook, een dag na het verschijnen van het artikel zullen de grote bazen naar Nederland reizen om de contracten te tekenen. De afloop van het verhaal is bekend. Ze komen niet. Tuanakotta is zelf wel aanwezig in het Sheraton Hotel op Schiphol. Zijn eerste mededeling is een teleurstellende, de Amerikanen zijn niet rechtstreeks naar Amsterdam gevlogen maar naar Madrid. De eerste wenkbrauwen gaan in de fronsstand, verhalen als zou hij dezelfde sponsor eerder al hebben aangeboden bij AFC en AGOVV komen bovendrijven. Als Tuanakotta zich even afzondert om wat telefoontjes te plegen, voelt iedereen nattigheid. Even later is de vogel gevlogen. Navraag bij Walmart leert dat niemand in het bedrijf ooit van Rocky Tuanakotta heeft gehoord. Het programma *Opgelicht* ontmaskert de Molukker later als een beroepsfantast die nog veel meer slachtoffers heeft gemaakt.

Turenhout, Frits van
Bijna een halve eeuw lang werkt hij voor de KRO en onder de naam Fred Starewood is hij zanger bij een paar bekende dansorkesten. Een klein succesje boekt hij met het lied 'Zij had een wipneus en een kersenmond'. Nederland kent Frits van Turenhout (1913-2004) echter als de man die op zondagmiddag op de radio twee decennia lang de uitslagen voorleest van de wedstrijden in de eredivisie, eerste divisie en tweede divisie.
Om klokslag half vijf wordt gezwegen in huiskamers en sportkantines. 'U noteert een drie op uw totoformulier.' Vooral zijn null-null is befaamd, en hij weet het. 'Vandaag helaas geen null-null,' zegt hij soms in de uitzending.
Al in 1957 leest hij de uitslagen voor de eerste keer voor, in een programma van de KRO. Hij stopt er 21 jaar later mee, bij *Langs de Lijn*. 'Een fenomeen,' noemt Koos Postema hem. Postema is presentator van *Langs de Lijn* als hij Van Turenhout leert kennen. 'Hij liep een minuut van tevoren de studio in, deed de uitslagen, stond op, zei goedemiddag en vertrok weer.'

FC Twente

Eenmaal zullen wij de kampioenen zijn,
FC Twente, FC Twente.
Eenmaal zullen wij de kampioenen zijn,
En daar kan niemand in de wereld iets aan doen.

Deze tekst zingt Eddy Achterberg al in 1974, als FC Twente tot het eind aan toe in een kampioensrace verwikkeld is met Feyenoord. Uiteindelijk moet de Keu nog 36 jaar geduld hebben, voor het echt zover is. In mei 2010 worden de tukkers eindelijk landskampioen.
Dat had inderdaad eerder gekund en niet alleen midden jaren zeventig. Al een paar jaar na de oprichting, Twente ontstaat in 1965 uit een fusie van Sportclub Enschede en Enschedese Boys, mengt de club zich in de strijd om het kampioenschap, maar tot een greep naar de macht komt het niet. In Europees verband gaat het ook op de valreep mis. Borussia Mönchengladbach blijkt in de finale van de UEFA Cup van 1975 een paar maatjes te groot.
Na een kleine dip in de jaren tachtig, inclusief degradatie, richt Twente zich jaren negentig weer op. Totdat in 2003 de Belastingdienst met een vordering van drie miljoen euro bijna een faillissement inleidt. Onder de nieuwe voorzitter Joop Munsterman wordt er flink gesaneerd en een plan opgesteld om Twente langzaam terug te brengen naar de top van de eredivisie. Eerder dan verwacht slaagt men daarin.
Sterspelers: Epi Drost, Dick van Dijk, Piet Schrijvers, Eddy Achterberg, Theo Pahlplatz, Frans Thijssen, Fred Rutten, Blaise Nkufo, Bryan Ruiz, Dusan Tadic.

Uitzwaaiwedstrijd

Op 5 juni 2004 speelt het Nederlands elftal zijn laatste oefenwedstrijd op weg naar het EK in Portugal. Het moet een feestje worden in de Arena tegen Ierland, omlijst met optredens van verschillende artiesten. De KNVB noemt het een 'uitzwaaiwedstrijd'. Maar het wordt een van de meest trieste bijeenkomsten van Oranje aller tijden. Nederland voetbalt dramatisch en verliest met 1-0 door een doelpunt van Robbie Keane. Na afloop worden de spelers geacht in de middencirkel een kleine ceremonie te ondergaan, met een bosje bloemen in hun hand. De ploeg wordt bedolven onder helse fluitconcerten, terwijl door het stadion 'Heb je even voor mij' van Frans Bauer schalt. KNVB-directeur Henk Kesler: 'Frans Bauer blééf maar zingen. We moesten hem bijna laten verwijderen, want hij wist van geen ophouden.'
Het is een pijnlijk tafereel, daar in die middencirkel. Jaap Stam is zo woest dat hij alle afspraken aan zijn laars lapt en met een fenomenale sprint het veld verlaat.

Top-10: Bijnamen (dierlijk)

1 Beer van de Meer – Piet Schrijvers
2 De Zwarte Panter – Frans de Munck
3 De Leeuw van Deventer – Leo Halle
4 Goudhaantje – John Rep
5 De Pitbull – Edgar Davids
6 De Eend – Willy Lippens
7 Het Slangenmens – Rob Rensenbrink
8 De Terriër – Maarten de Jong
9 De Vlo – Jesper Olsen
10 Beertje – Reinier Kreijermaat

Underjeans

Ook na zijn loopbaan wint Frank Rijkaard nog prijzen. In 1996 wordt hij als opvolger van Marlies Dekkers gekozen tot 'Lingeriedrager van het jaar'. Dat dankt hij aan het ondergoedmerk dat hij in 1995 na het beëindigen van zijn loopbaan met een vriend, Benny Garcia, op de markt brengt. Hij heeft erover nagedacht. 'Je draagt het onder je jeans, maar het is geen ondergoed zoals dat altijd al bestaan heeft. Het is eigenlijk een verlengde van jeans, zodat je er, als je je spijkerbroek uittrekt, nog steeds goed uitziet.'
Underjeans 'by Frank Rijkaard' biedt ook badmode te koop aan, onder de naam Underwaterjeans. De zomercollectie combineert 'opvallende accenten met vrolijke kleuren'. Rijkaard is geen geboren onderbroekenverkoper: in 1997 wordt het bedrijf verkocht aan het beursgenoteerde Van Heek-Tweka. Winst is nooit gemaakt.

Utrecht, FC

FC Utrecht is een van de vijf clubs (Ajax, Feyenoord, PSV en Roda JC zijn de andere) die altijd in de eredivisie hebben gespeeld. Toegegeven, als de eredivisie van start gaat in 1956 is FC Utrecht nog niet geboren. De club uit de Domstad ziet het levenslicht pas veertien jaar later na de fusie van DOS, Elinkwijk en Velox. De nieuwe volksclub maakt onder het coachende duo Bert Jacobs/Fritz Korbach meteen naam met fel, aanvallend voetbal, daarbij hartstochtelijk ondersteund door de supporters. Een deel van de fans op de Bunnikside krijgt later een kwalijke reputatie als het verschillende duels verstoort en gebruikt om te vechten met rivaliserende supportersgroepen als de F-Side (Ajax), Vak S (Feyenoord) en Midden-Noord (FC Den Haag). In het eigen

Galgenwaard kan het flink spoken; zeker als Ajax op bezoek komt, kent de hysterie geen grenzen. Als de club het stadion in 2001 bijna volledig renoveert, komt FC Utrecht op dat vlak in rustiger vaarwater. De inmenging van suikeroom Frans van Seumeren voorkomt daarna dat de club ten onder gaat aan financieel wanbeleid.
Twee menselijke drama's vinden ook plaats bij de club. David di Tommaso overlijdt in 2005 in zijn slaap aan een hartstilstand en Misa Nesu houdt in 2011 aan een ongelukkige val op het trainingsveld een dwarslaesie over.
Sterspelers: Leo van Veen, Willy Carbo, Jan Wouters, Gert Kruys, Frans Adelaar, Hans van Breukelen, John van Loen, Jean-Paul de Jong, Michael Mols, Dirk Kuijt, Ricky van Wolfswinkel.

Uyl, Joop den
Van de socialistische regeringsleider Joop den Uyl (1919-1987) is bekend dat hij in de pauze van kabinetsvergaderingen graag voetbalt. 'Als je ergens een stofwolk zag, dan was Joop daar en dan was de bal daar. Een onvoorstelbare energie,' aldus minister van Sociale Zaken Jaap Boersma.
Het enthousiasme waarmee Den Uyl de dag na de verloren WK-finale in 1974 het Nederlands elftal ontvangt in de tuin van het Catshuis, is niet gespeeld. Legendarisch wordt de polonaise. Met een politiepet op zijn hoofd – geintje van reservekeeper Piet Schrijvers – doet de minister-president gepassioneerd mee. Voor hem loopt de vrouw van Rinus Michels, Wil, achter hem Schrijvers.
De polonaise wordt begeleid door de Koninklijke Militaire Kapel, met de mars 'Koning Voetbal'. De stemming is melig. Rechtsback Wim Suurbier slaat op de bekkens van de KMK, linksback Ruud Krol pakt een klarinet van een van de muzikanten af. Den Uyl transpireert zwaar. 'Nu weet ik pas wat echte conditie is,' zegt hij.

Vaart, Rafael van der

Het is niet denkbeeldig dat Rafael van der Vaart (1983) Nederlands recordinternational wordt. Op 1 mei 2014 staat de teller voor hem op 109 interlands, slechts drie minder dan Frank de Boer. En Van der Vaart heeft ook lijstaanvoerder Edwin van der Sar (130 caps) nog in het vizier.

Opmerkelijk is wel dat Van der Vaart ook de meest gewisselde international is. Geen enkele Oranje-speler is zo vaak tijdens een duel in het veld gebracht of uit het veld gehaald als hij: 77 keer in 109 interlands. Van der Vaart is altijd een momentenvoetballer gebleven, niet de atleet die een elftal negentig minuten op sleeptouw neemt. Hij speelt op intuïtie, avontuurlijk, begeesterd. Hij leeft van zijn soms briljante invallen en van zijn even sierlijke als dodelijke linkerbeen. Maar als hij niet aan de bal kan komen, is zijn waarde voor een elftal nihil. Kortom, hij is een voetballer die elke (bonds) coach graag tot zijn beschikking heeft, maar die niet altijd het vertrouwen krijgt.

Louis van Gaal laat Van der Vaart, zoon van een Beverwijkse woonwagenbewoner, op 6 oktober 2001 in het Nederlands elftal debuteren tegen Andorra. Hij is met zijn 18 jaar en 237 dagen de op drie na jongste speler die sinds de Tweede Wereldoorlog zijn opwachting maakt in Oranje.

Het gaat snel met de carrière van zijn zoon, zegt Ramon van der Vaart na afloop. Vanaf zijn derde jaar heeft hij Rafael meegenomen naar het voetbalveld van De Kennemers. De jaren daarna staat hun gezinsleven voor een groot deel in het teken van de voetbalopleiding van hun oudste zoon bij Ajax. 'Maar weet je,' zegt Van der Vaart senior, 'als mensen tegen me zeggen dat ze Rafael een aardige, bescheiden jongen vinden die met beide benen op de grond staat, vind ik dat net zo'n mooi compliment als wanneer ze zeggen dat hij zo'n goeie voetballer is.'

Valckx, Stan

Een vrije vogel, zo gedraagt Stan Valckx (1963) zich in ieder geval buiten de lijnen. De enige die vat op hem krijgt, is het biervat. De man uit Arcen lust graag een biertje en doet daar niet geheimzinnig over. Hoe laat het op een avond ook wordt, de verdediger weet toch wel dat hij de volgende ochtend als eerste op het trainingsveld staat en vooroploopt bij elke duurloop. Want zo zit Stanislaus Valckx in elkaar. Hij is hard en meedogenloos in het veld, daarbuiten zeer sociaal. Tijdens het WK van 1994 ontvlucht hij meermalen het trainingskamp van Oranje om in Orlando gezellig een pilsje te drinken met de fans. Hij zweet het er een paar dagen later tegen België, Marokko of Ierland in de bloedhitte wel weer uit. Voor een cafévoetballer die goed is voor twintig interlands en bij clubs speelt als PSV en Sporting Clube de Portugal, maken we een diepe buiging.

Vanenburg, Gerald

Van straat tot stadion heet de videoband met daarop alle trucs, dribbels en bewegingen van de jonge Ajacied Gerald Vanenburg (1964). Een veelbelovende carrière ligt voor de dan twintigjarige Utrechter in het verschiet, maar hij raakt in 1985 in onmin met trainer Johan Cruijff.
In 1986 vertrekt hij naar PSV. De balgoochelaar van weleer wordt een dienstbare middenvelder. Een rol die hij ook vertolkt in het Nederlands elftal, dat in 1988 de Europese titel wint. In datzelfde jaar geeft Cruijff een interview aan *Voetbal International* waarin hij zegt: 'Vanenburg is geen leider, daar heeft hij de stem niet voor.' Het achtervolgt hem sindsdien. Hij verbindt zich voor lange tijd aan PSV, maar in de Nederlandse stadions wordt hij overal begeleid met 'piepgeluiden'.
Vele jaren later betuigt Cruijff spijt van zijn opmerking over Vanenburg. 'Achteraf heb je daar, zeg maar, spijt van. Daar doe je iemand tekort mee.' Vanenburg, een bescheiden jongen die beschermd is opgevoed, heeft er niets meer aan. Hij heeft lang niet alles uit zijn loopbaan gehaald. Misschien dertig procent, concludeert hij bitter.

Vasovic, Velibor

In 2000, rond de EK-kwartfinale Nederland-Joegoslavië, is Velibor Vasovic (1939-2002) even terug in Nederland. Ja, als supporter van Joegoslavië ('Ik ben toch Joegoslaaf'), maar ook om zijn oude maten uit zijn Ajax-tijd te begroeten. De club die hij als aanvoerder naar de eerste gewonnen Europacup I leidt, in 1971 op Wembley tegen Panathinaikos. Dat is dan al zijn derde Europacupfinale, hij is in 1966 van de partij als zijn Partizan van Real Madrid verliest (2-1, doelpunt Vasovic) en ook tijdens de eerste Europese finale van Ajax (tegen AC Milan 4-1 nederlaag) in 1969 staat zijn naam tussen de schutters. Maar in 1971 mag hij de Cup eindelijk zelf in ontvangst nemen. Het is zijn laatste daad in naam van Ajax, nog dezelfde zomer is hij trainer van Partizan Belgrado. Na nog een rits clubs, waaronder Paris Saint-Germain, opent hij een advocatenkantoor in Belgrado. Ook de plaats waar hij in 2002 door een fatale hartaanval wordt getroffen.

Veen, Jany van der

Binnen Ajax wordt Jany van der Veen (1917-2001) als voormalig jeugdtrainer algemeen erkend als de grondlegger van de successen eind jaren zestig, begin jaren zeventig. De jonge voetballers met wie Rinus Michels vanaf januari 1965 bouwt aan een Europese topploeg, zijn volgens oud-speler Ton Pronk allemaal door de handen van Van der Veen gegaan.
Een van die voetballers is Johan Cruijff, die op tienjarige leeftijd wordt aangenomen als lid van Ajax op voorspraak van Van der Veen. Een proefwedstrijd is niet nodig. Van der Veen heeft genoeg gezien van het kereltje dat al twee jaar lang meetraint op de woensdagmiddagen. Welbeschouwd is Van der Veen dus de 'ontdekker' van Cruijff, maar dat heeft hij altijd weersproken. 'Cruijff had geen ontdekker nodig.' Van der Veen laat het grote talent al op zestienjarige leeftijd één helft meespelen met het A-elftal in een oefenwedstrijd tegen Helmondia. En ziet er verder streng op toe

dat de spichtige Cruijff genoeg eet en met links leert schieten.

Veendam

Al *broezende* probeert Henk de Haan de club nog te reanimeren, maar elke hulp komt te laat. Patiënt Veendam is al overleden. In het cultstadion De Langeleegte vindt vanaf 2013 geen betaald voetbal meer plaats. Wat blijft zijn de herinneringen. Aan die mooie dag waarop de Veenkolonialen Feyenoord uit het bekertoernooi kegelen (2-1) en aan die twee seizoenen eredivisie (1986-1987 en 1988-1989) waarin het tot twee keer toe FC Groningen in bedwang houdt in het eigen Oosterpark.
Sterspelers: Henk de Haan, Gerard Wiekens, Joop Gall, Marnix Kolder, Ronald Hamming.

Velde, Riemer van der

Op het erf van de Van der Veldes in het Friese Langweer staat een huisje waarin Riemer (1940) visjes bakt voor vrienden en bekenden. In het vishuisje staat een eettafel en een koelkast met bier, wijn en fris. Hij mag graag een consumptie drinken bij de vis. En trouwens, ook als er geen vis is. Aan de muur in het vishuisje hangt een bordje met een oude spreuk: WEES ALTIJD NETJES OP UW KLEEREN, DEN VOGEL HERKENT MEN AAN ZIJN VEEREN. Het is min of meer de leidraad voor het beleid dat Van der Velde tussen 1983 en 2006 als voorzitter voert bij Heerenveen.
Je moet een fatsoenlijke club zijn, stelt Van der Velde. Een fatsoenlijke club heeft fatsoenlijke supporters. Met fatsoenlijke supporters krijg je fatsoenlijke sponsors. Met fatsoenlijke sponsors krijg je geld, en als je een aardige neus voor spelers hebt, krijg je een goede selectie. Als je een goede trainer voor die selectie zet, kun je aardig gaan voetballen. En als je aardig voetbalt, komen er weer nieuwe supporters bij. Zo groeit Heerenveen van een eerstedivisieclub met 880 toeschouwers naar een eredivisieclub met 27.000 toeschouwers.
Na zijn voorzitterschap blijft Van der Velde nauw betrokken bij zijn club als scout en als adviseur van de directie. In 2013 eindigt de samenwerking tijdelijk omdat de erevoorzitter meent dat door de clubleiding angst en wantrouwen wordt gecreëerd op de werkvloer. Na het vertrek van directeur Robert Veenstra wordt Van der Velde weer adviseur.

Velten, Folkert

Elf seizoenen is hij spits van Heracles in de eerste divisie. Hij maakt 156 goals voor de club in 264 wedstrijden. Pas op 24-jarige leeftijd laat de uitbener zich overhalen om van de amateurs van Enter Vooruit over te stappen naar Heracles. Maar op zondag zien ze Folkert Velten (1964) daar nooit. 'Zondag is voor God en mijn gezin.' In Almelo hebben ze er begrip voor. De club gaat zelfs op zaterdagavond voetballen om maximaal van zijn loeisterke spits te kunnen profiteren. Na zijn loopbaan maakt hij nog een paar jaar deel uit van de technische staf van Heracles. Daarna wordt hij medewerker op landgoed Het Rheins in Enter, waar hij onder meer de dieren van de kinderboerderij verzorgt. In het nieuwe Polman Stadion in Almelo is een tribune naar Velten vernoemd.

Veltman, Joël

Je moet als talent soms het geluk hebben de juiste trainer tegen te komen. Dat geldt voor Joël Veltman, die in de jeugd van Ajax dreigt af te vallen, maar door Frank de Boer op het goede spoor wordt gezet. Later wordt De Boer hoofdtrainer en krijgt Veltman (1992) zijn kans, die hij met twee handen aangrijpt. De centrale verdediger wordt vrij snel opgeroepen voor het Nederlands elftal, en in een persoonlijk gesprek raakt hij de juiste snaar bij bondscoach Louis van Gaal. Veltman: 'Ik moest iets over mezelf vertellen. Ik zei dat we thuis kippen hebben en dat er elke dag een vers eitje op mijn bord ligt. "Heerlijk hoor," zei Van Gaal.'

Vente, Leen

De maker van het allereerste doelpunt in De Kuip, op 27 maart 1937 (Feyenoord-Beerschot), is ook de eerste international die scoort in het stadion, in een wedstrijd tegen België. Als doelpuntenmaker kan in de laatste jaren voor de oorlog niemand in de schaduw staan van de Rotterdamse kastelein Leen Vente (1911-1989).

Zowel bij Feyenoord (65 doelpunten in 82 competitiewedstrijden) als het Nederlands elftal (19 in 21) haalt Vente een formidabel gemiddelde. Niet iedere medespeler is een bewonderaar. Nadat Lenstra door Vente voor 'Friese boer' is uitgescholden, reist Abe Lenstra na een interland in Amsterdam meteen naar Friesland terug, zonder het gebruikelijke banket bij te wonen.

Als uitbater van Sportcafé Leen Vente aan de Rotterdamse Diergaardesingel komt Vente na de oorlog in opspraak. Hij zou zich schuldig hebben gemaakt aan 'ronselarij' van arbeidskrachten voor Duitsland. Onderzoek brengt het tegendeel aan het licht. Vente blijkt in Rotterdam juist te hebben deelgenomen aan het verzet. Hij

zorgt voor onderduikadressen en helpt Joden te vluchten naar Frankrijk.

Zijn zoon Rob is een bekende Rotterdamse sportjournalist van het *Rotterdamsch Nieuwsblad*. In 2012 publiceert hij zijn eerste thriller, *Moord op de voetballer van het jaar*. Daarin wordt voor een wedstrijd tegen Feyenoord een beroemde voetballer van Manchester United vermoord, Wayne Best.

Verbeek, Gertjan

De voetbaltrainer is een doe-het-zelver. Hij bouwt in zijn uppie een blokhut in het Sallandse bos, zoals hij ook zijn boerderij in Jubbega eigenhandig verbouwt. Het zijn langlopende projecten. Of hij zijn plannen toetst bij een architect? Nee. Verbeek (1962) bedenkt en voert uit. Hij timmert, zaagt, boort en metselt, rijdt behendig met een shovel in het rond en verplaatst met het grootste gemak, en zonder handschoenen, enorme blokken zandsteen.

De voetbaltrainer is een krachtpatser. In zijn jonge jaren is Verbeek een verdienstelijk amateurbokser. 'Die sport heeft mij belangrijke levenslessen geleerd. Het heeft mij bijvoorbeeld discipline en een gevoel van verantwoordelijkheid bijgebracht.'

De voetbaltrainer is een vernieuwer. Hij

staat open voor mentale en fysieke training en begeleiding van zijn spelers, en voor de wijze waarop zware inspanningen en voeding hand in hand kunnen gaan. Verbeek volgt de ontwikkelingen die in zijn vakgebied van pas kunnen komen op de voet en leest alles wat hem vooruit zou kunnen helpen.
Maar het is de doe-het-zelver in Verbeek die hem als voetbaltrainer parten speelt. Zowel bij Feyenoord als bij AZ, clubs waar hij vroeg of laat moet opstappen, is het de voornaamste kritiek op zijn functioneren. Gertjan Verbeek bouwt zijn huizen eigenlijk het liefst alleen.

Verhuisdoos 13

Als Leo Beenhakker zegt dat van het mislukte WK (uitschakeling in de tweede ronde door West-Duitsland) in 1990 '75 procent van de gebeurtenissen' niet naar buiten is gekomen, roept hij talloze vragen op. In 2003 geeft hij de nieuwsgierigheid nogmaals een impuls.
Beenhakker zegt in interviews dat bij hem in de kelder – in sommige verhalen is het de zolder – een doos staat met dagboekaantekeningen die hij als interim-coach voor en tijdens het WK in Italië heeft gemaakt. Zijn WK-archief zit volgens Beenhakker in 'verhuisdoos 13'. Na zijn dood zal de doos in bezit komen van zijn zoon, Erwin. Beenhakker in het tijdschrift *Johan*: 'Die moet dan maar bepalen wat hij ermee doet.'
Over een tot dan toe onopgehelderd incident komt al eerder duidelijkheid. Op Sicilië verschijnt Beenhakker tijdens het WK plotseling zwaar toegetakeld op een persconferentie. Het stimuleert tal van geruchten. Hij zou in beschonken staat van de trap zijn gevallen of hebben gevochten met zijn assistent Nol de Ruiter.

Leo Beenhakker en Jack Charlton zijn tevreden met de uitslag van Nederland-Ierland (1-1) op het WK van 1990. Beide landen gaan door naar de achtste finales.

Het gerucht gaat ook dat iemand (Ruud Gullit?) een asbak naar zijn hoofd heeft gesmeten.
Met een opmerking tijdens een persconferentie wakkert hij de geruchtenstroom aan. 'Gisteren had ik een werelddag. Eerst dertig gulden met kaarten verloren, vervolgens nog even gevochten.'
De waarheid is minder spectaculair. In een balorige bui gooit Beenhakker een bloempot(je) naar Piet Lagarde van sponsor adidas. Lagarde gooit het terug, maar Beenhakker let niet op. 'Ik kreeg dat potje vol op mijn aangezicht. Het deed best zeer. Eigen schuld natuurlijk. Als je niet naar de bal kijkt, gaat het fout. Dat bleek ook toen weer.'

Vink, Marciano
Ook Marciano Vink (1970) is coach, van FC Diemen F9. Daarmee houdt de bemoeienis van de oud-speler van Ajax, Genoa en PSV met voetbal wel op. Als de Arena al acht jaar bestaat, neemt hij er pas een kijkje, hij verdwaalt in de parkeergarage. Vink heeft andere zorgen aan zijn hoofd na zijn actieve carrière. De kilo's vliegen eraan, een baan als zaakwaarnemer loopt op niets uit, met zijn programmaformats maken anderen goede sier en in 2010 legt de Belastingdienst beslag op zijn bezittingen omdat Vink erg slordig omgaat met de blauwe brieven die geregeld op de deurmat vallen. Hij is dan al verzeild geraakt in het wereldje van het poker en is in de overtuiging dat hij over gewonnen gelden geen belasting hoeft te betalen.
Als de problemen zijn opgelost, lacht het geluk hem opeens toe. In januari 2011 wint hij achter een gokkast in het casino van Amsterdam de jackpot van 1,4 miljoen euro en zijn alle zorgen voorbij. 'Het is onwerkelijk, heel raar,' vertelt Vink in *NUsport magazine*. 'Een *rush*, vervolgens kalmte, dan weer een rush. Ik heb twee dagen niet geslapen.'

Visser, Gerrit
Heel lang wordt aangenomen dat Beb Bakhuys de eerste Nederlandse professional in het buitenland is. Bakhuys tekent in 1937 een contract bij het Franse Metz. De laatste jaren komen er namen bovendrijven van spelers die al eerder worden beloond voor hun inspanningen. Eerst is daar Gerrit Keizer die al in 1930 het doel bewaakt van Arsenal. Maar volgens sportgeschiedenis.nl is de allereerste prof toch echt vishandelaar Gerrit Visser (1903-1984) uit Nieuwendam die eind januari 1926 op de boot stapt naar Amerika. Tot verdriet van zijn oude club Stormvogels waar de linksbenige aanvaller een van de smaakmakers is. Een maand later maakt hij al zijn debuut voor zijn nieuwe club Bethlehem Steel Soccer Club, uitkomend in de ASL (American Soccer League).

Visser, Piet de
Voetbaldier, voetbalmissionaris, meesterscout. Piet de Visser (1934) kan niet zonder zijn geliefde sport. Hij is trainer van onder meer AZ, RWDM, De Graafschap, Telstar, Willem II, NAC en Roda JC, maar na zijn hartoperatie (vijf bypasses) begin jaren negentig kan hij dat vak niet meer uitoefenen. Hij is daarna even adviseur, later scout, en specialiseert zich in Brazilië en Afrika. In Brazilië zet hij twee voetbalscholen op voor arme jongens. Als hij de jonge Leonardo Vitor Santiago op elfjarige leeftijd naar Feyenoord dirigeert, omschrijven

sommige media hem als een soort kinderlokker. Zandbakscout wordt hij genoemd. De Visser wordt neergesabeld door 'een stelletje betweters' en dat doet hem heel veel pijn.
In 2005 krijgt Piet de Visser alsnog erkenning voor zijn werk, als hij de Rinus Michels Award ontvangt, een oeuvreprijs. Hij is dan 71 jaar, maar stoppen met werken is geen optie voor hem. De Visser heeft een broze gezondheid, maar zelfs op zijn moeilijkste momenten (ook slokdarmkanker krijgt hem er niet onder) weigert hij het voetbal vaarwel te zeggen. 'Ik zou van de daken willen schreeuwen: mensen, laat je niet afserveren. Probeer te blijven doen wat je graag wilt doen. Ik ben begonnen met voetbal, mijn liefde, en ik wil ermee eindigen.'
Voor PSV ontdekt hij onder anderen doelman Heurelho Gomes, verdediger Alex en spits Mateja Kezman. In 2008 stapt De Visser op bij de club na een vertrouwensbreuk met directeur Jan Reker. Maar de Zeeuw is dan, met medeweten van PSV, ook al een paar jaar in dienst als scout en adviseur bij de Engelse topclub Chelsea. Hij wordt in Londen een vertrouwenspersoon van de steenrijke eigenaar Roman Abramovich.

Vitesse

Nog niet zo heel lang geleden is Vitesse een doodnormaal provincieclubje dat in een doodnormale omgeving (Nieuw-Monnikenhuize) zijn wedstrijdjes afwerkt. Soms is er wat tumult als de tegenstander aartsrivaal NEC heet bijvoorbeeld, of als er gepromoveerd wordt naar (in 1971, 1977 en 1989) of gedegradeerd wordt uit (in 1972 en 1980) de eredivisie.
Gedurende de jaren negentig verandert er echter van alles in Arnhem. Dan wil Karel Aalbers van Vitesse een Europese topclub maken en moet alles wijken voor de megalomane plannen van de voorzitter. Dan komt er een Gelredome met schuifdak en -veld, dan komen er dure spelers en dito trainers op de loonlijst te staan en gaat het in vliegende vaart richting afgrond in plaats van de top. Het ene na het andere schandaal komt naar boven, een nieuwe bijnaam (Hollywood aan de Rijn) is snel gevonden. De schuldenberg torent boven het Gelredome uit. Pas met de entree van een vermogende Georgiër (Merab Jordania) zijn de financiële zorgen achter de rug. Vanaf dat moment wordt Vitesse een handelshuis voor talenten die door Chelsea eerst in Arnhem worden gestald voor ze elders in Europa de show gaan stelen.
Sterspelers: Henk 'Charly' Bosveld, Theo Bos, John van den Brom, Edward Sturing, Nikos Machlas, Roy Makaay, Theo Janssen, Wilfried Bony.

Vlaar, Ron

'Dit was niet het podium om te leren.' Lang na de memorabele novemberavond in 2005, die voor hem pijnlijk verloopt, vat Ron Vlaar (1985) zijn mislukte vuurdoop in de nationale ploeg bondig samen. De verdediger van AZ is door bondscoach Marco van Basten in een vriendschappelijke interland voor de leeuwen gegooid en gaat met zijn negentien jaar volledig kopje-onder. De tegenstander: Italië. Zijn beul: Luca Toni.
Oranje verliest met 3-1 en op kritische vragen over zijn spel reageert Vlaar op een ontwapenende manier. 'Ik doe het niet expres.'
Pas veel later noemt Vlaar die interland het dieptepunt in zijn carrière. Hij is

mentaal geknakt. Bij Feyenoord en Aston Villa krabbelt hij langzaam op. Vijf jaar na zijn debuut komt hij pas weer serieus in beeld bij Oranje. Onder bondscoach Louis van Gaal wordt Vlaar vanaf 2012 een min of meer vaste waarde in de selectie.

Voetbal International

Opiniërend en invloedrijk voetbalweekblad dat in augustus 1965 wordt opgericht. Op het eerste nummer (55 cent) siert Piet Kruiver de cover. In oktober 2013 verschijnt het 2500e nummer. Het jaar ook waarin de controversiële hoofdredacteur Johan Derksen afscheid neemt. Derksen blijft wel verbonden aan het succesvolle tv-programma *Voetbal International*. Ook de website van *VI* en de boekentak van WPG Uitgevers beleven in 2013 een uitstekend jaar. Boeken over René van der Gijp en Andy van der Meijde vliegen als warme broodjes over de toonbank. Het blad zelf heeft echter met teruglopende lezersaantallen te kampen.

Voetbal is oorlog

De bekendste (en meest beruchte) uitspraak van Rinus Michels, ontelbare malen geciteerd en door velen geïnterpreteerd. Maar heeft Michels het wel gezegd? En wanneer dan, en waar, en tegen wie? Taaldeskundige en journalist Ewoud Sanders lijkt in 2005 in NRC *Handelsblad* eindelijk het bewijs te leveren dat Michels de geestelijke vader is van de uitspraak. Hij citeert uit een interview van verslaggever John le Noble met Michels in het *Algemeen Dagblad* van 10 maart 1971.
Michels zegt over voetballers: 'Hij moet zich kunnen omschakelen tot een primitief wezen. Een frontsoldaat kan zich ook niet permitteren om als een normaal denkend mens te handelen. Hij moet zijn persoonlijkheid los kunnen laten en hij moet vergeten wie hij is en wat hij doet. Anders wordt hij mesjokke. Topvoetbal is net zoiets als oorlog. Wie te netjes blijft, is verloren.'
Later ontstaat toch weer twijfel. Sportjournalist Ed van Opzeeland claimt in het *Brabants Dagblad* dat hij de kreet in 1966 bedenkt, tijdens het uitwerken van een interview met Michels voor de *Revue*. 'Ik zocht nog een mooi slot. Toen bedacht ik dat. Nee, Michels heeft dat nooit gezegd, hij had het wel kúnnen zeggen.'

Voetbalhumor

Bepaalt in grote mate en van hoog tot laag de sfeer in voetbalteams. Meestal flauw (plassen in de shampoofles van een ploeggenoot), soms heel erg grappig. Een voorbeeld. De spelers van Ajax zijn het gewoon om na een training, in de kleedkamer, hun handtekening te zetten op tal van attributen die klaarliggen op de massagetafel.

Ballen, shirts, posters, stickers. Op een dag ligt daar ook een spijkerbroek tussen. Alle voetballers zetten keurig met een zwarte stift hun krabbel op de broek. Ook Jesper Grønkjær, die pas na het douchen ontdekt dat het zijn broek is die daar ligt.

Voetbalplaatjes

Lang voordat supermarkten (Albert Heijn, C1000, Plus) ze beginnen te gebruiken om klanten te lokken, heeft het bedrijfsleven de kracht van voetbalplaatjes al ontdekt. Ze worden cadeau gedaan bij de aankoop van allerhande producten, van sigaretten tot margarine en van koffie tot lucifers. Verzamelaars zijn er gek op.

Naar schatting tachtig Nederlandse bedrijven proberen de verkoop de afgelopen 75 jaar te stimuleren met afbeeldingen van voetballers. Het Leidse bedrijf Monty ziet in de jaren vijftig in dat voetbalplaatjes niet alleen aantrekkelijk zijn als ze bij een product worden weggegeven. Er moet nog wel iets worden gekocht, kauwgom, maar daar gaat het de meeste kopers niet om. In 1968 is de Utrechtse uitgever Vanderhout

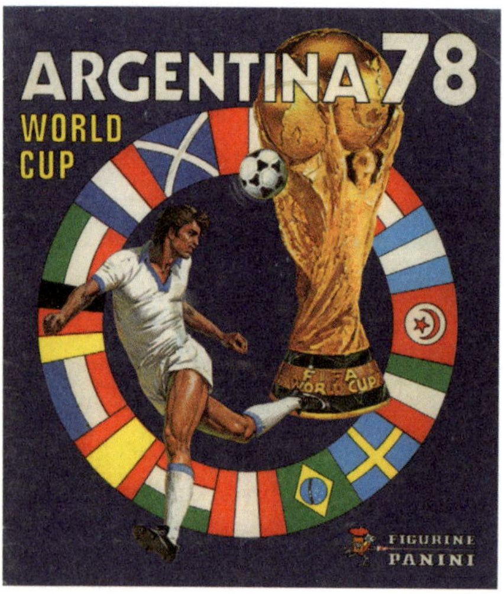

de eerste die de plaatjes zelfstandig gaat uitgeven.

De voorbeelden komen uit het buitenland. Al in de negentiende eeuw stoppen Amerikaanse fabrieken een kartonnen sportplaatje bij pakjes sigaretten. In Europa is, nog steeds, het Italiaanse Panini toonaangevend. Eind 2013 overlijdt de laatste van de vier broers Panini, Umberto. Met zijn broers Giuseppe, Benito en Franco begint hij in 1961 met het verspreiden van voetbalplaatjes. Het eerste Nederlandse eredivisiealbum van Panini verschijnt in 1978.

Jaarlijks worden door Panini meer dan een miljard pakjes voetbalplaatjes verspreid. Veel verzamelaars hebben de indruk dat van sommige voetballers meer plaatjes worden verkocht dan van andere; dat er een overschot bestaat aan Aad Koudijzer, en een tekort aan Johan Cruijff. Volgens Umberto Panini is dat een misvatting en worden van alle voetballers evenveel plaatjes gedrukt. 'We willen de kinderen niet belazeren.'

De plaatjes brengen de familie Panini veel voorspoed. De nabestaanden van Umberto kunnen onder meer twintig Maserati's verdelen.

Voetbaltoto

Ome Thijs de glazenwasser had met
eindeloos geduld
Al een paar jaar elke week 't formuliertje
ingevuld
Waarop hij zijn sportprognose voor de
voetbal had onthuld
Met een eentje of een tweetje of een drietje

In *Oom Thijs – de voetbalpool* (1963) van cabaretier Wim Sonneveld en componist Jacques van Tol heeft een glazenwasser 'alle dertien goed', oftewel alle resultaten in de voetbaltoto juist voorspeld. Een 'eentje' is een zege voor de thuisploeg, een 'tweetje' een zege voor de uitspelende club en een 'drietje' een gelijkspel. De formulieren kunnen worden ingeleverd bij de sigarenboer om de hoek.

Na jarenlang politiek en juridisch gesteggel start de KNVB in 1957 met een voetbaltoto. Alleen leden van de bond mogen meespelen. In 1960 neemt de Stichting De Nationale Sporttotalisator de organisatie over. Vooral in de jaren zestig en zeventig is de 'voetbalpool' populair en zitten honderdduizenden mensen aan de radio gekluisterd als Frits van Turenhout in het radioprogramma *Langs de Lijn* de uitslagen voorleest. Mede door de komst van de Lotto (sinds 1974) neemt in de jaren tachtig de belangstelling voor de toto snel af.

Ome Thijs uit het lied van Sonneveld blijkt zich overigens iets te snel rijk te hebben

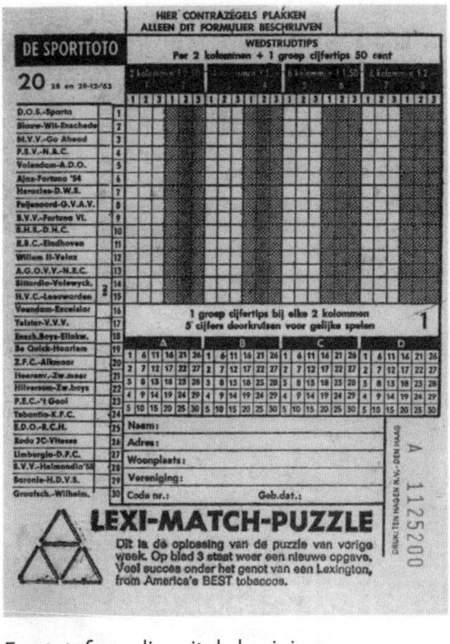
HIER CONTRAZEGELS PLAKKEN
ALLEEN DIT FORMULIER BESCHRIJVEN
DE SPORTTOTO
WEDSTRIJDTIPS
Per 2 kolommen + 1 groep cijfertips 50 cent
20 28 en 29-12-'63
D.O.S.-Sparta 1
Blauw-Wit-Enschede 2
M.V.V.-Go Ahead 3
P.S.V.-N.A.C. 4
Volendam-A.D.O. 5
Ajax-Fortuna '54 6
Heracles-D.W.S. 7
Feijenoord-G.V.A.V. 8
B.V.V.-Fortuna Vl. 9
E.H.S.-D.H.C. 10
R.B.C.-Eindhoven 11
Willem II-Velox 12
A.G.O.V.V.-N.E.C. 13
Sittardia-Volewyck. 14
H.V.C.-Leeuwarden 15
Veendam-Excelsior 16
Telstar-V.V.V. 17
Ensch.Boys-Elinkw. 18
Be Quick-Haarlem 19
Z.F.C.-Alkmaar 20
Heerenv.-Zw.meer 21
Hilversum-Zw.boys 22
P.E.C.-'t Gooi 23
Tubantia-K.F.C. 24
E.D.O.-R.C.H. 25
Roda JC-Vitesse 26
Limburgia-D.F.C. 27
B.V.V.-Helmondia'55 28
Baronie-H.D.V.S. 29
Graafsch.-Wilhelm. 30
1 groep cijfertips bij elke 2 kolommen
5 cijfers doorkruisen voor gelijke spelen
A B C D
Naam:
Adres:
Woonplaats:
Vereniging:
Code nr.: Geb.dat.:
LEXI-MATCH-PUZZLE
Dit is de oplossing van de puzzle van vorige week. Op blad 3 staat weer een nieuwe opgave. Veel succes onder het genot van een Lexington, from America's BEST tobaccos.
DRUKKERIJ TEN HAGEN N.V. - DEN HAAG
A 1125200

Een totoformulier uit de beginjaren.

gerekend. Na een uitzinnig feest komt hij erachter dat zijn vrouw, Tante Mietje, is vergeten het formulier in te leveren.

Toen de ochtendzon al scheen en iedereen
vertrokken was
En Ome Thijs een beetje misselijk zijn
ochtendkrantje las
Haalde Tante Mietje plots het formuliertje
uit haar tas
Dat ze blijkbaar was vergeten af te geven
Even zag 't ernaar uit dat Ome Thijs het
leven liet
Maar toen hij haar zo zag janken zei ie:
'Ouwe, huil maar niet
Want ik heb nog steeds twee handen aan
mijn lijf zoals je ziet
En daar hebben we altijd van kennen leven.'

Volendam

Negen keer promotie, negen keer degradatie, je zou er het heen en weer van krijgen. Volendam is net zo onvoorspelbaar als de zee, het neemt en het geeft (punten in dit geval). Aan 'jassen' (buitenstaanders in Volendams jargon) beginnen ze niet, hooguit als trainer. Binnen het veld moet er een afspiegeling staan van jeugdige, technisch begaafde spelers waar Volendam al zo lang het patent op heeft. De Tollen, Jonken en Mührens die doorbreken in het betaalde voetbal zijn niet aan te slepen. Of neem Wim Kras, met zijn vijftien jaar en 290 dagen nog steeds de jongste speler die aan de aftrap staat van een eredivisieduel (op 22 november 1959 tegen Ajax).

Maar tot een stabiele eredivisieclub leidt het allemaal niet. Elf jaar duurt de langst aaneengesloten periode op het hoogste niveau, met twee zesde plaatsen als uitschieters. Seizoen 2013-2014 is alweer het

vijfde op rij in de eerste divisie. Dat vinden ze lang zat aan De Dijk.
Sterspelers: Dick Tol, Wim Jonk, Arnold Mühren, Gerrie Mühren, Johan Steur, Jack Tuyp.

Volewijckers, De
Kort en hevig is het verblijf van De Volewijckers in de eredivisie. Twee seizoenen houden de Mosveld-baby's stand, dan valt het doek. De aanleiding voor het verval is een tragische: na zes wedstrijden in het seizoen 1963-1964 overlijdt de geliefde trainer Daan de Jongh achter in de spelersbus aan een hartaanval. Deze klap komen de spelers niet meer te boven.
Sterspelers: Frits Soetekouw, Cees Kick, Hassie van Wijk, Co Adriaanse.

Het Volksparkstadion is van Oranje
Het Volksparkstadion in Hamburg verrijst begin jaren vijftig op de puinhopen van de door de geallieerden gebombardeerde wijk Elmsbüttel. Hamburger SV neemt er in 1963 zijn intrek. Een kwarteeuw later, op 21 juni 1988, wordt het Volksparkstadion van Nederland, dankzij de 2-1 zege op West-Duitsland in de halve finale van het EK. Tv-commentator Evert ten Napel voelt de stemming na het (winnende) doelpunt van Marco van Basten in de 89e minuut goed aan. Zijn uitroep *Het Volksparkstadion is van Oranje* wordt een klassieker.

Vos, Maarten de
Het is in meerdere opzichten een memorabel boek. *De Ajacieden* van Maarten de Vos (1941-2012) uit 1971 geeft een uniek inkijkje in de levens van de spelers van Ajax. Een voor die tijd uniek fenomeen. Journalist De Vos is ook de eerste scribent die de spelersquote introduceert in dagblad *De Tijd*. Tegenwoordig gaan daarvan dertien in een dozijn, maar eind jaren zestig is het uniek omdat daarvóór alleen de clubbestuurders naar hun mening wordt gevraagd. De Vos stelt de spelers centraal en zet daarmee hun emancipatie in gang, hoewel het nog een tijd duurt voordat ze echt verlost worden van de ketenen van hun contract. De Vos is een visionair, schrijft prachtige artikelen en boeken, maakt een fenomenale

film over Johan Cruijff en richt later Inter Football op, samen met Cor Coster en Piet Keizer. Het eerste sportmarketingbureau dat ook aan spelersbegeleiding doet. Na zijn dood volgen er lovende woorden aan zijn adres, onder anderen van Mart Smeets. 'De Nederlandse voetbalfan zal het totaal ontgaan zijn, maar de gemiddelde voetbaljournalist weet dat hij of zij schatplichtig is aan Maarten de Vos. Wegbereider, voorbeeld, avonturier, rock & roller, liefhebber van alle topsport. Hij creëerde de eerste denktank waar over topsport in Nederland werd gesproken en nagedacht.'

Vos, Sierd de

Commentator met cultstatus die op abonneezender Sport 1 een grote schare fans heeft. De Vos (1959) heeft gebroken met de traditie dat voetbalcommentaar ernstig en afstandelijk is. Hij beschouwt zichzelf als een verhalenverteller. Als hij wordt verrast of als op het veld iets bijzonders gebeurt, roept hij bijvoorbeeld 'koekoek'.

Tijdens elke wedstrijd heeft hij een groot reservoir anekdotes paraat. Vaak geeft hij ook een restauranttip, inclusief een uitgebreide omschrijving van de menukaart. Zoals hij zegt: 'Ik bied als commentator een totaalpakket aan.'

De Vos is al bijna 35 jaar actief op televisie. In 2013 kiezen bezoekers van de site van *Voetbal International* hem tot beste voetbalcommentator van Nederland. Zijn reactie: 'Ik ben een hype geworden, maar ik heb er part noch deel aan.'

Vossen, Peter van

Voetballer uit een gereformeerde Zeeuwse familie met zestien kinderen. Van Vossen (1968) gaat op vijftienjarige leeftijd uit huis. 'Er was een geloofsprobleem tussen mij en mijn vader gerezen. Ik wilde niet meer naar de kerk. Daarop zei vader: "Dan neem je verantwoording voor jezelf."' Hij werkt in de hondenkennel van zijn broer, poot helmgras op de Zeeuwse dijken, maar wordt uiteindelijk profvoetballer. Op zijn zwerftocht doet de druistige aanvaller met de gortdroge humor een onvoorstelbare hoeveelheid clubs aan, waaronder Anderlecht, Ajax en Feyenoord.

Zijn werklust en dynamiek maken hem tot een onvoorspelbare voetballer en vooral zeer geschikt als invaller. Legendarisch is zijn invalbeurt (28 april 1993) in het Nederlands elftal, in de belangrijke WK-kwalificatiewedstrijd tegen Engeland op Wembley. Oranje staat met 2-1 achter en krijgt een penalty. Van Vossen, koud in het veld, dringt zich op, gaat achter de bal staan en scoort. 'Ik heb geen moment getwijfeld, ik was volkomen overtuigd van mezelf. Maar nou komt het gekke. De dag erna ben ik de beelden gaan bekijken. En toen het zover was, zat ik echt op het puntje van de stoel. Van de spanning.'

Vreken, Gerrit

In de tuin van zijn huis in het Franse Villefagnan staat een molen en heeft zijn vrouw Rose blauwe druifjes en hyacinten geplant, volgens een vast patroon en in de kleuren van de Nederlandse en Franse vlaggen. Gerrit (of Gerrie) Vreken (1923-2013) verloochent zijn afkomst niet.

Hij speelt in 1953 mee in de beroemde Watersnoodwedstrijd, het duel tussen Frankrijk en een ploeg Nederlandse profvoetballers die voor Franse clubs uitkomen. Hagenaar Vreken, die in 1942 en 1943 met ADO kampioen van Nederland is geworden,

staat onder contract bij tweededivisieclub Nantes.
Zijn verleden bevat een opmerkelijk hoofdstuk. Vreken is sympathiserend lid van de NSB, naar eigen zeggen om te voorkomen dat hij in Duitsland te werk zou worden gesteld. Na de oorlog wordt hij, samen met andere collaborateurs, vastgezet in een school in Den Haag.
'De mensen oordelen allemaal zo makkelijk,' zegt hij er later over. 'Als ze zelf in nood zouden zitten... Had ik dan voor de Duitsers moeten gaan werken? Het voetbal was voor mij een bevrijding. Ik wilde niet naar Duitsland.'

Vreven, Stijn
Het zijn niet de meest vrolijke deuntjes die Stijn Vreven (1973) naar zijn hoofd geslingerd krijgt als hij zich met FC Utrecht in een vijandelijk stadion meldt. Zeker niet op momenten dat hij zijn haar in een staart draagt. Dan is 'Vreven, laat je tieten zien' nog een van de meest onschuldige liedjes. De Belg zelf maalt er niet om. Bij FC Utrecht, de club waar hij vier seizoenen voor speelt, heffen ze 'Gooi je haar los, maak ons gek' aan als hij opstoomt langs de flanken. Binnen de kortste keren krijgt hij er de cultstatus aangemeten ook omdat hij er een niet-alledaagse hobby op na houdt: de verdediger is gek op indianen. Meermalen wordt Stijn 'Geronimo' Vreven afgebeeld als of met indiaan. 'Soms denk ik weleens: ik ben in een verkeerde wereld geboren,' zegt hij in *VI*. 'Het liefst leefde ik tussen de indianen.'

Vrienden van Feyenoord
Zonder deze stichting had Feyenoord nu waarschijnlijk onder in de eredivisie gebungeld of een nog noodlijdender bestaan gevoerd. Deze groep van even invloedrijke als kapitaalkrachtige personen slaan in 2009 de handen en de portefeuilles ineen (goed voor een donatie van zestig miljoen euro) en verlossen Feyenoord van een enorme schuld opgebouwd in de jaren dat Jorien van den Herik de scepter zwaait in Rotterdam-Zuid. Pim Blokland, tevens lid van de Raad van Commissarissen van de club, is de grote animator van het geheel, door zijn enthousiasme schuiven meerdere zakenlui aan, zoals Willem van 't Wout en Michel Perridon. Blokland vindt dat Feyenoord gemiddeld twee keer in de vijf jaar kampioen moet worden en dat er hoognodig een nieuwe behuizing moet komen voor zijn club.

Top-10: Bijnamen (stevig)

1 Rinus de Rots – Rinus Terlouw
2 De Tank – Theo Laseroms
3 IJzeren Rinus – Rinus Israel
4 Rambo – John de Wolf
5 De Rots van Kampen – Jaap Stam
6 De Kannibaal – Khalid Boulahrouz
7 De Spijker – Adri van Tiggelen
8 De Knoest – Dick Tol
9 D'n Beitel – John Feskens
10 Het Kanon – Coen Dillen

Vries, Renze de
Varkenshandelaar die als voorzitter van FC Groningen bekendheid geniet. De Vries (1930-2012) leidt de club in de jaren tachtig naar de (sub)top van de eredivisie en naar Europees voetbal. Hij haalt met Johan Neeskens, Ahmad Fandi en Peter Houtman aansprekende voetballers naar

het Oosterpark. In 1989 doet de FIOD een inval op de burelen van FC Groningen en brengt een zwartgeldaffaire aan het licht. De Vries ontkent niet dat hij met zwart geld heeft gehandeld, maar bezweert dat hij zichzelf niet heeft verrijkt. Hij krijgt een gevangenisstraf, maar na vijf dagen in een cel in Heerhugowaard wordt De Vries om medische redenen naar huis gestuurd. Later wordt hem gratie verleend.

Vuurwerkbom

Op 28 oktober 1987 ontploft in de derde minuut van de interland tussen Nederland en Cyprus een vuurwerkbom in de Rotterdamse Kuip, vlak bij de Cypriotische doelman Charitou. Jarenlang wordt gedacht dat de dader, een 21-jarige man uit Oss, de explosieven in een sinaasappel heeft samengeperst.
De 'sinaasappelbom' zet de deelname van Nederland aan het EK in 1988 op het spel. De wedstrijd wordt uitgespeeld (8-0, met vijf doelpunten van John Bosman), maar gevreesd wordt voor zware sancties. Die blijven echter uit. Wel moet de wedstrijd worden overgespeeld. Dat gebeurt in stadion De Meer, zonder publiek. Oranje wint deze keer met 4-0. Bosman scoort drie keer. Het tv-programma *Andere Tijden Sport* brengt ruim twintig jaar later talloze nieuwe feiten aan het licht. De dader vertelt dat hij het kruit niet in een sinaasappel had gestopt, maar in een tennisbal die met oranje tape was omwikkeld. 'Mijn vriendin zei dat ik dat ding niet mee moest nemen, maar ik luisterde niet. We gingen met een groepje vrienden vaker naar het stadion en we gooiden weleens vuurwerk op het veld. Gewoon voor de lol, voor de wedstrijd, weet je wel.' De Ossenaar geeft zichzelf aan en krijgt een gevangenisstraf van drie maanden.

VVCS

Onder de bezielende leiding van Karel Jansen wordt op 1 januari 1961 de VVCS opgericht, de Vereniging van Contractspelers. Bedoeld om ook de spelers een stem te geven binnen het betaalde voetbal en ze bij te staan bij cao-onderhandelingen en contractbesprekingen. Bekende actieve voetballers die namens de VVCS de barricaden bespringen, zijn Hans van Breukelen en Louis van Gaal. Hoewel de VVCS-invloed binnen het voetbal danig is afgezwakt, is de vakbond nog steeds springlevend. Elke zomer vaardigt de bond een Team VVCS af richting oefenduels, gevuld met werkloze profs.

VVV

'We raken hier pas in paniek als het bier op is,' is een gevleugelde uitspraak van Jeu Sprengers in zijn rol als voorzitter van FC VVV. Bij de Venlose Voetbal Vereniging haalt men hooguit de schouders op als de prestaties weer eens tegenvallen. Zoals in 2013 als de club na vier jaar eredivisie weer eens degradeert. Het is de Limburgers vaker overkomen, zolang er bier stroomt door de tappen komt alles goed. En dat de glorietijden uit de jaren zestig (derde in 1961) en jaren zeventig (vijfde in 1987 en 1988) nooit meer terug zullen keren, het zij zo.
Sterspelers: Jan Klaassens, Faas Wilkes, Stefan Kurcinac, Stan Valckx, Maurice Graef, Remy Reynierse, Keisuke Honda.

Wageningen

De Berg is er nog, de club helaas niet meer. FC Wageningen gaat in 1992 failliet, de schulden lopen te hoog op. In de laatste jaren leidt de club een kwijnend bestaan in de eerste divisie daar waar in de jaren zeventig nog veelvuldig een gooi wordt gedaan naar promotie. Hoewel Wageningen maar twee seizoenen eredivisie (1974-1975 en 1980-1981) speelt waarbij het telkens degradeert, staat de Berg toch bekend als een roemrucht bastion waar het moeilijk winnen is. Gek genoeg komen de twee meest memorabele zeges op verplaatsing tot stand. In december 1977 wordt PSV in eigen huis met liefst 1-6 verslagen, een kleine drie jaar later krijgt Ajax een draai om de oren in De Meer (2-4).
Sterspelers: Charley van de Weerd, Ton van de Weerd, Gerdo Hazelhekke, Bert van Geffen, Jan Menting.

Walder, Chris

De man die jarenlang de oudste nog levende international is, Chris Walder (1900-1997), neemt genoegen met één interland, Denemarken-Nederland in 1921. Voetbal is alles voor hem, maar als hij in 1922 door Kwatta van Breda naar Amsterdam wordt overgeplaatst, NAC vaarwel zegt en voor UVV gaat spelen, ontmoet hij op kantoor een meisje, Lena. Ze is lid van de Apostolische Gemeenschap, een kerkgenootschap dat de buitenwereld het liefst buitensluit en voetbal als vergif beschouwt. Walder, 24 jaar pas, kiest voor de liefde. Als broeder en later voorganger van de Apostolische Gemeenschap dient hij in 43 verschillende gemeentes. 'Dat werk was beter dan voetbal,' zegt hij in 1997. 'Niet leuker, maar béter.'

Warburton, Fred

In 21 interlands, gespeeld in 1912 en tussen 1919 en 1923, laat de Brit Fred Warburton (1880-1948) maar liefst 46 spelers debuteren in het Nederlands elftal. Zijn hoogtepunt beleeft hij op de Olympische Spelen in Antwerpen in 1920 met het behalen van de derde plaats. Warburton is een klassieke Engelse voetbalzendeling. Hij is ook trainer van drie van de pioniers van het Nederlandse voetbal: AFC, Hercules (Utrecht) en HVV.

Wastora

Wasmachines, stofzuigers en radio's, met de beginletters van deze artikelen creëren de gebroeders Klaas en Cees Molenaar in 1953 Wastora. Het Zaanse bedrijf krijgt landelijke bekendheid wanneer het als geldschieter gaat fungeren van AZ '67. Met de tientallen miljoenen guldens die daarmee gemoeid zijn, wordt een succesvol team gesmeed dat in 1981 de dubbel wint en in de finale staat van de UEFA Cup. Een jaar later gaat de geldkraan echter abrupt dicht, in 1986 worden de banden tussen club en warenhuis helemaal verbroken.

Waterreus, Ronald

Is tien jaar keeper van PSV, net zo lang als zijn illustere voorgangers Jan van Beveren en Hans van Breukelen. Maar Waterreus (1970) is niet van hetzelfde niveau. Noemt zichzelf soms spottend 'de beste redelijke keeper ter wereld'. Heeft de mentaliteit van een overlever. In die tien jaar bij PSV bijten al zijn concurrenten zich daarop stuk.
De geboren Limburger (Lemiers) haalt wel het Nederlands elftal, maar moet Edwin van der Sar voor zich dulden. Na zijn carrière wordt hij onder meer analist bij *Studio*

Voetbal. Lezers van NU*sport magazine* roepen Waterreus in 2012 en 2013 uit tot slechtste voetbalanalyticus van Nederland.

Watersnoodwedstrijd

De aanzet tot de introductie in Nederland van wat destijds nog 'beroepsvoetbal' wordt genoemd, wordt in 1953 gegeven in Parijs. Om de slachtoffers van de watersnood te helpen, is een benefietwedstrijd georganiseerd.

Veertig jaar later kijkt journalist/tv-commentator Herman Kuiphof er in zijn column in NRC *Handelsblad* uitgebreid op terug. 'In Zuid-Frankrijk, bij Nimes Olympique, voetbalde Theo Timmermans, een soort oer-Hagenaar, maar in 1949 prof geworden nadat hij in een interland Nederland-Frankrijk drie van de vier doelpunten had gemaakt. Hij wilde iets voor de slachtoffers van de watersnood doen, belde wat collega's, schakelde de brutale Bram Appel in (Hagenaars onder elkaar), Appel belde Lo Brunt en zie daar: op 12 maart 1953 stroomde een duizendkoppige menigte uit Nederland het oude Prinsenpark in Parijs binnen om de interland Frankrijk-Nederland te zien.'

Bestuurders van de KNVB zien het met lede ogen aan. Kuiphof: 'Spelers die naar het buitenland verkasten waren huns inziens verraders van de goede zaak, overgeleverd aan vuige geldzucht. Van hun kant wilden de profs in den vreemde graag voor het thuisfront aantonen, hoe zij betere voetballers waren geworden.'

Kuiphof noteert keurig de opstelling. Doel: Frans de Munck; achter: Gerrie Vreken en

De befaamde watersnoodwedstrijd uit 1953 met staand (v.l.n.r): Vreken, Schaap, Van der Hart, De Munck, De Kubber, De Vroet, Delfour. Zittend (v.l.n.r.): Appel, Rijvers, Van Geen, Timmermans, De Harder.

Arie de Vroet; midden: Rinus Schaap, Cor van der Hart en Joop de Kubber; voor: Bram Appel, Theo Timmermans, Jan van Geen, Kees Rijvers en Bertus de Harder. Dankzij doelpunten van De Harder en Appel wordt een sensationele overwinning geboekt. 'Na afloop leek iedereen door een vlaag van krankzinnigheid aangetast. Spelers gingen de lucht in, journalisten lieten hun schrijfgerei in de steek en Dik Bruynesteyn, de illustrator, danste met Frans de Munck door diens doelgebied. Het was een tomeloos feest dat zich in wat geordender vorm in Den Haag en elders voortzette.'

We are the champions
Het nummer van de Britse rockgroep Queen wordt in de jaren negentig geadopteerd door de supporters van Ajax, de club die dan de ene na de andere prijs in de wacht sleept. Het lied is geschreven door zanger Freddie Mercury en afkomstig van het album *News of the World*. De originele uitvoering stamt uit 1977 en wordt ter gelegenheid van het WK 1994 in de Verenigde Staten opnieuw uitgebracht. Vanaf de zomer van 2008, in de periode dat het Ajax een stuk minder vergaat, wordt op de tribune 'Three Little Birds' van Bob Marley gezongen: *Don't worry about a thing, cause every little thing gonna be all right.*

We gaan iets nieuws doen
Misschien is hij wel de minst populaire voetbalbestuurder uit de geschiedenis, Jos Staatsen (1943-2006). Staatsen is voorzitter van de Sectie Betaald Voetbal van de KNVB als de televisierechten worden verkocht aan een nieuwe zender, Sport 7. Zijn openingswoorden op de persconferentie in Zeist op 10 februari 1996 zullen nog vaak worden geciteerd, en vooral het eerste deel: 'We gaan iets nieuws doen, iets wat nog niet eerder in Nederland is vertoond. We gaan een sportkanaal beginnen.'
De rechten worden voor de neus van de vaste partner NOS weggekaapt door een consortium van Endemol, ING, KPN, kabelexploitant Nuon en de Stichting Kabelbelangen, verenigd in Sport 7. De clubs, op Feyenoord en Ajax na, zwichten voor het astronomische bedrag van bijna een half miljard gulden in zeven jaar.
De consument moet twee gulden per maand gaan betalen voor Sport 7. Onder 'politieke druk', aldus Sport 7, krijgt *Studio Sport* van de NOS een royale sublicentie. Daarmee gaat de exclusiviteit van de beelden verloren.
Het verzet tegen Sport 7, gevoed door de media en vooral de NOS, is groot. Het einde komt al na vier maanden. 'De BV Nederland wilde een sportzender. Maar Nederland niet,' stelt Peter Vogelzang, directeur betaald voetbal van de KNVB, vast.
Staatsen wordt verketterd. Ten onrechte: de oud-burgemeester van Groningen is een integere bestuurder die de clubs tevreden wil stellen. 'Ik werd neergezet als een man uit Wassenaar die de arme voetballiefhebber twee gulden uit de zak wilde kloppen. Het raakte me pas toen het mijn vrouw raakte. Ik besloot gewoon zulke dingen niet meer te doen.'
De bestuurlijke loopbaan van Staatsen in het voetbal kent nog een mislukking. Hij staat ook te boek als de voorzitter die er niet in slaagt Johan Cruijff te contracteren voor het WK 1994 in de Verenigde Staten. Nadat een KNVB-delegatie, in Las Vegas aanwezig bij de loting van het WK, in mei 1993 telefonisch of per fax geen contact

krijgt met Cruijff, worden de onderhandelingen gestaakt. Besloten wordt dat bondscoach Dick Advocaat het Nederlands elftal ook op de eindronde zal leiden. Het komt Staatsen op veel kritiek te staan. 'Schuldig aan de afloop van de kwestie-Cruijff voel ik me niet, dat is te zwaar,' zegt hij erover. 'We waren blij geweest als het was gelukt, maar toen het niet lukte, hebben we geconcludeerd dat we moesten stoppen.'

We gaan naar Rome

Een lied populairder dan het Wilhelmus, als we de verhalen mogen geloven. In 1934 plaatst Oranje zich voor het eerst voor een WK en een hele natie zingt mee met Willy Derby. En nu allemaal:

We gaan naar Rome, we gaan naar Rome
Beb Bakhuys doelpunt daar voor twee
We gaan naar Rome, we gaan naar Rome
En Vente neemt zijn kanjers mee
En Mijnders, Wels zóó goed als Smit
Die juichen om de beurt: Hij zit
Als echte jongens, als ferme jongens
Hollandsche jongens van Jan de Witt

Rome wordt echter niet gehaald, de eerste stop in Milaan is meteen het eindstation. Een remake van Simon Tahamata ter ere van het EK van 1980 haalt de hitlijsten niet.

Weijers, John

De Haarlemmer rijdt op 21 februari 1985 de Elfstedentocht, tegen de zin van zijn trainer bij Telstar, Fred André. De avond voor

Onderweg naar het WK van 1934 in Italië strekken de Oranje-spelers even de benen op het station van Mannheim. V.l.n.r. Leo Halle, Sjef van Run, Puck van Heel, accordeonist Jaap Mol, (daarachter) Adri van Male, Kees Mijnders, Beb Bakhuys, Wim Lagendaal, (op zijn rug) Frank Wels, (met camera) Gejus van der Meulen, Kick Smit, Karel Lotsy en Leen Vente.

de tocht gaat Weijers (1953) naar Friesland. Hij slaapt bij Gerrie Schouwenaar, een collega van Cambuur. Weijers doet geen oog dicht. Hij zit vol adrenaline en heeft geen idee wat hem te wachten staat.
Weijers forceert niets tijdens de tocht. Hij schaatst puur op techniek, en op sigaretten. Bij Dokkum is zijn pakje leeg en laat hij een toeschouwer in een café een nieuw pakje halen. Een triomfantelijk gevoel bekruipt hem als hij Oudkerk binnenrijdt, op pakweg tien kilometer van de finish. Die laatste kilometers staan overal in de weilanden tractoren met hun lichten aan om de bruggetjes bij te schijnen. Het ontroert de voetballer.
Een dag later meldt Weijers zich op de training van Telstar. Het Elfstedenkruisje in zijn hand. Maar in plaats van felicitaties krijgt hij een week schorsing aan zijn broek. Terwijl hij speciaal voor de sponsor nog zijn Telstar-shirt had gedragen.
Niet lang daarna vraagt Telstar ontslag voor Weijers aan. De verhoudingen zijn dusdanig bekoeld geraakt dat ze van de middenvelder af willen. Het spijt Weijers geen moment. Het voltooien van de Elfstedentocht is het sportieve hoogtepunt van zijn leven.

Wels, Frank

Veel, zo niet alles heeft 36-voudig international Frank Wels (1909-1982) te danken aan een slager uit Gorinchem, Brobbel Dorsman. Opgroeiend in een streng gereformeerd gezin in Gorinchem wordt het Wels verboden lid te worden van een voetbalclub. De slager, een supporter van Unitas, verzint een list om hem bij zijn club onder te kunnen brengen. Hij dreigt Adriaan Wels, de vader van Frank die werkt in zijn slagerij in de Molenstraat, met ontslag als hij het lidmaatschap blijft verbieden.
Zes jaar later, in 1931, maakt Wels zijn debuut voor het Nederlands elftal.
Ondanks zijn geringe postuur (1,63 meter) en het feit dat hij bij een tweedeklasser speelt, is hij als rechtsbuiten jarenlang zeker van zijn plaats. Wels is actief op de WK's van 1934 en 1938 en geeft de voorzet die leidt tot de beroemde 'duikkopbal' van Beb Bakhuys.

Wiel, Gregory van der

Is basisspeler van het Nederlands elftal op het WK 2010 en het EK 2012, maar verliest daarna zijn plaats in de selectie als hij van Ajax naar Paris Saint-Germain verkast. Hij speelt in Frankrijk niet veel in zijn eerste seizoen. Van der Wiel (1988) is een liefhebber van rapmuziek. Hij figureert in een videoclip van Kleine Viezerik en in het nummer 'Dancing' van Delivio Reavon & Aaron Gill ft. Phatt.

Wiersma, Roel
Een omnitalent, dat is Roel Wiersma (1932-1995). Niet alleen voetballen gaat hem goed af, hij is ook bedreven in tennis, cricket, tafeltennis, honkbal, basketbal en atletiek. Spelend bij derdeklasser(!) Donar wordt hij al geselecteerd voor Oranje, een unicum. Een jaar later in 1955 speelt Wiersma bij PSV, de club die hij elf jaar trouw zal blijven totdat trainer Bram Appel het de hoogste tijd vindt voor verjonging. Wiersma stapt getergd over naar buurman Eindhoven, waar een beenbreuk een einde maakt aan zijn actieve loopbaan. Wiersma reikt tot 53 interlands, waaronder de fameuze zege op wereldkampioen West-Duitsland in 1956, maar blijft er zeer bescheiden onder. 'Ik ben een speler met zeer middelmatige technische kwaliteiten. Ik heb me alleen zo lang kunnen handhaven dankzij mijn vechtlust en doordat er blijkbaar en toevallig geen betere backs waren.'
Ook na zijn actieve loopbaan blijft hij zich inzetten voor het voetbal. Hij is betrokken bij de oprichting van de VVCS waarvan hij later ook voorzitter is, tussen 1979 en 1982 is hij bestuurslid technische zaken van de KNVB. In 1995 overlijdt hij tijdens een partijtje tennis aan een hartstilstand.

Wij houden van Oranje

Samen zijn we sterk
Eendracht maakt machtig
Hoe een klein land groot kan zijn
Is dat niet prachtig

Voor de campagne 'Nederland houdt van Oranje' in 1988 is een half miljoen gulden beschikbaar. Eef Kamerbeek, een voormalige tienkamper die in 1960 vijfde was geworden bij de Olympische Spelen in Rome, werkt bij Philips en is de woordvoerder. Op een dag krijgt hij bezoek van Joop Oonk, manager en muziekproducent. Oonk is ook de ex-man van Willeke Alberti. Hun dochter Daniëlle en international John van 't Schip zijn verliefd.
Oonk stelt voor om een EK-lied te maken, gezongen door Willeke Alberti en het Nederlands elftal. Uit een reconstructie in *de Volkskrant*: 'Hoeveel geld heb je nodig, vraagt Kamerbeek. Vijftienduizend gulden, zegt Oonk. Kamerbeek pakt de telefoon, belt zijn secretaresse en vijf minuten later ligt er een cheque op het bureau.'
Oonk vraagt een vriend, componist Hans van Hemert, een lied te schrijven. Voor de muziek van het refrein kiest Hans van Hemert voor 'Auld Lang Syne', een lied uit het begin van de achttiende eeuw van

de Schotse dichter Robert Burns. De tekst volgt als vanzelf.
Voor de zang heeft Oonk zijn ex op het oog, maar Willeke Alberti haakt af. Ze is op dat moment getrouwd met een Deense voetballer die ook aan het EK zal deelnemen, Søren Lerby. André Hazes, een Oranjesupporter wiens loopbaan in het slop zit, reageert wel enthousiast.
Na de zege van het Nederlands elftal in de halve finale op West-Duitsland stijgt de verkoop van de single explosief. 'Wij houden van Oranje' komt na het EK, in de eerste week van juli, in de Top-40 binnen op de vijftiende plaats. De hoogste positie is de derde, achter 'Push it' van Salt-n-Pepa en 'Fast Car' van Tracy Chapman. Na zeven weken verdwijnt het uit de Top-40, het voorlopige einde van een onverwoestbare klassieker.

Nederland Oh Nederland
Jij bent een kampioen
Wij houden van Oranje
Om zijn daden en zijn doen

Wijk, Hassie van

Op 29 januari 1984 wordt Hassie van Wijk (1939), assistent-trainer bij Ajax, getroffen door brokken beton. Tijdens een oefenwedstrijd van Ajax tegen HMSH aan de Vrederustlaan in Den Haag bezwijkt de dug-out onder het gewicht van vijftien jongens. Van Wijk en penningmeester Lou Bartels zijn er het ergst aan toe. Bij Van Wijk moeten vijf tenen worden geamputeerd, bij Bartels twee. Vanwege vorst zou de wedstrijd op kunstgras worden gespeeld. Ajax-trainer Aad de Mos en Van Wijk houden met succes een pleidooi om uit te wijken naar veld 1, waar dug-outs staan.
Van Wijk heeft ook een beschadigde rugwervel. Hij wordt afgekeurd en krijgt een WAO-uitkering. Op voorspraak van Louis van Gaal wordt Van Wijk in 1992 scout bij Ajax. Zijn zoon Dennis (1962) is speler van onder meer Ajax, Norwich City en Club Brugge. Na zijn loopbaan is hij trainer van diverse Belgische clubs.

Wijnstekers, Ben

Er zijn maar vier spelers die vaker in het eerste van Feyenoord hebben gespeeld dan Ben Wijnstekers (1955). De verdediger wordt op zijn twaalfde lid en vertrekt pas op zijn 33e naar België. Onverzettelijke back, soms op links, meestal op rechts. Is lange tijd aanvoerder van de club. Wijnstekers komt 36 keer uit voor Oranje, van 1982 tot 1985 ook als aanvoerder. Feyenoorders dragen wel incidenteel de aanvoerdersband van het Nederlands elftal, maar Wijnstekers is de eerste (en enige) Feyenoorder sinds Puck van Heel die het tot vaste captain van Oranje brengt. Het is zijn tragiek dat zowel Feyenoord als het Nederlands elftal in zijn bloeiperiode een magere periode doormaakt. Hij wordt één keer kampioen met Feyenoord (1984) en wint twee keer de KNVB-beker.

Wilkes, Faas

Idool van Johan Cruijff. Tweebenige midvoor van Xerxes, sterk aan de bal, een raspingelaar. Is een van de eerste Nederlandse voetballers die voor een buitenlandse (prof) club gaan spelen. Hij kiest in 1949 voor Internazionale. Geen gemakkelijke keuze voor Wilkes (1923-2006) die zijn verhaal laat optekenen door Jan Liber in het boek *Het voetballeven van Faas Wilkes.*
Wilkes en zijn begeleiders, onder wie tolk

te gaan vliegen. Als hij met het vliegtuig naar Denemarken moest, bleef hij thuis. Hij wou met de trein. Moest hij weten. Wat een verhalen allemaal. Ik dacht aan Italië, maar dat vertelde ik niemand. Dat was mijn geheim.
Het gonsde in mijn hoofd. Italië, Internazionale, beroepsvoetballer... Het zou weleens kunnen gebeuren, dat ik voor het laatst bij de centrale training was, dat ik mijn laatste wedstrijden in het Nederlands elftal tegemoet ging.'
De KNVB sluit Wilkes inderdaad een aantal jaar uit van het Nederlands elftal als hij voor Inter een contract tekent voor 60.000 gulden per jaar. Bij de begrafenis van Wilkes betuigt KNVB-voorzitter Jeu Sprengers hierover zijn spijt.

en journalist Wil van Beveren, ontmoeten een delegatie van Inter in het Haarlemse restaurant Brinkmann. Een dag later worden de onderhandelingen voortgezet op het kantoor van advocaat mr. Schuur in Rotterdam. Uit het boek: 'Ik moest nu gauw naar het Olympisch Stadion voor de training met het Nederlands elftal. Ik schrok toen ik eraan dacht: ik had al mijn voetbalspullen in Rotterdam laten liggen. Mijn kop liep ook om.
Enfin, ik kon in het stadion wel een paar schoenen, een broekje en een shirtje lenen. Automatisch volgde ik de training. Geen woord van wat Jaap van der Leck zei, drong tot me door.
Wel hoorde ik een heel verhaal van Frans de Munck, die overschrijving had gevraagd op korte termijn van Sittardse Boys naar Ajax. Hij zou daar een broodjeswinkel krijgen. Ik luisterde maar half. Abe Lenstra vertelde dat hij helemaal geen zin had om

Willaarts, Erik
Neemt van alle eendagsvliegen in het Nederlandse voetbal de eerste plaats in. Komt als amateurspeler van Woudenberg op 25-jarige leeftijd bij FC Utrecht terecht. Schiet de club in het seizoen 1986-1987 de nacompetitie in met 25 treffers (tweede plaats achter eredivisietopscorer Marco van Basten) en helpt Utrecht in die nacompetitie met acht treffers in zes duels aan Europees voetbal. Willaarts (1961), de oom van Norwich-spits Ricky van Wolfswinkel, verdient daar een transfer mee naar Borussia Mönchengladbach waar hij meteen in de vergetelheid raakt.

Wille, Joop
De minste speelminuten in Oranje is een record dat regelmatig van eigenaar wisselt, maar toch vaak in dezelfde handen terechtkomt. Dat komt door Joop Wille (1920-2009). De keeper van EDO komt als

invaller het veld in gedurende de laatste vooroorlogse interland van Oranje. Acht minuten duurt zijn optreden slechts, maar hij krijgt van bondscoach Bob Glendenning de toezegging dat hij in de volgende interland vanaf het begin van de partij zal zijn. De oorlog gooit echter roet in het eten, na 1945 komt Wille niet meer in aanmerking voor Oranje. Daarna raakt hij zijn record vaak kwijt, maar altijd tijdelijk. Aan Jan Jongbloed bijvoorbeeld, maar ook aan Peter Bosz, Fernando Ricksen en Theo Janssen. Gelukkig voor Wille worden al deze spelers minimaal nog een keer opgeroepen voor Oranje. Nu is de situatie een stuk lastiger geworden. Want inmiddels hebben twee spelers minder Oranje-minuten achter hun naam staan. Patrick van Aanholt (1 minuut) zien we nog weleens speeltijd krijgen in Oranje, maar of de zes minuten van Otman Bakkal ooit nog aangevuld worden...

Willem II

Omdat koning Willem II er overlijdt, besluit een groep mannen in Tilburg de club in 1896 naar hem te vernoemen. Honderdachttien jaar later staan de Tricolores nog steeds fier overeind en luistert nu zelfs het hele stadion naar de naam van de betovergrootvader van de huidige koning. In Tilburg is het nooit saai, zo kroont Willem II zich tot eerste kampioen van het (semi) professionele tijdperk in 1955, maar komt het ook negatief in het nieuws als in 1981 de FIOD binnenvalt en de club surseance van betaling oplegt. De aanstelling van Co Adriaanse als hoofdtrainer in 1997 blijkt een gouden zet, de Amsterdammer leidt Willem II zelfs naar de Champions League, het hoogtepunt uit het bestaan. De laatste

WILLEM II (Kampioen van Nederland 1954-'55)

jaren zit Willem II weer midden in de financiële en degradatieperikelen. Sterspelers: Jan van Roessel, John Feskens, Sami Hyypiä, Joris Mathijsen, Bud Brocken.

Wilmink, Willem

De 'voetbaldichter des vaderlands' wordt hij door *de Volkskrant* ooit genoemd, Willem Wilmink (1936-2003). 'Hij ging door waar Annie M.G. Schmidt ophield. Alledaagse verzen voor volwassenen.'
Een fraai voorbeeld is 'De heilige Johan':

Eens toen ik in floodlight
voetballers een doelpunt
zag spinnen zich bewegend
als elven over het gras,
wist ik dat uit deze hoek
de verlosser ophanden was.
En zie: Johan Cruijff de danser
de faun de adelaar
der dalen
maar toen we zijn bergrede kwamen
halen
had hij het over belasting betalen.

Voetbal is een terugkerend thema in het werk van de Twentse dichter, schrijver en

zanger. Het hart van Wilmink klopt voor FC Twente. Zelf speelt hij in de jeugd van SC Enschede, een van de bouwstenen van FC Twente.
De liefde voor de club wordt beantwoord, in 2008 bijvoorbeeld. In Vak P tonen Twente-supporters voor een wedstrijd tegen Ajax een spandoek met een gedicht van Wilmink, 'Textielstad': 'Het is het eindpunt van de trein, bijna geen mens hoeft er te zijn, bijna geen hond gaat zover mee. Enschede.' Twente wint met 2-1.

Winsemius, Pieter

Je gaat het pas zien als je het doorhebt heet het boek en het wordt in 2004 een bestseller. 'Over Cruijff en leiderschap', is de ondertitel. De auteur is voormalig minister Pieter Winsemius (1942), lid van de Wetenschappelijke Raad voor het Regeringsbeleid en een van de grootste bewonderaars van Cruijff.
Cruijff denkt revolutionair, legt organisatiedeskundige Winsemius uit. Zijn oplossingen zijn verrassend maar simpel. 'Cruijff is, in tegenstelling tot vele anderen, geloofwaardig. Je wilt hem geloven. Hij heeft weinig kapsones en zit niet vastgeroest in voorspelbare structuren. Je moet sterven met je ideeën, heeft Johan eens gezegd.'
Zijn bewondering voor Cruijff is al in 1988 aan het licht gekomen. Samen met Eric Vilé en de toenmalige voorzitter Theo Aalbers wordt in dat jaar het plan opgevat om FC Utrecht over te nemen. Mede door tijdsdruk gaat het niet door. Cruijff slaagt er niet in twaalf topspelers te strikken en wordt trainer van Barcelona. Eén investeerder, de Engelse krantenmagnaat Robert Maxwell, is al gevonden, voor vijf miljoen gulden. Ook KLM, Philips en de Limburgse zakenman Léon Melchior zijn bereid in de club van Winsemius en Cruijff te investeren.

Winter, Aron

Zijn debuut gaat niet onopgemerkt voorbij. Op 6 april 1986 valt Aron Winter (1967) tijdens Ajax-FC Utrecht in voor Frank Rijkaard, maar omdat de speaker zijn naam niet goed uitspreekt, denken velen dat ze met Arie Winter te maken hebben. Met als gevolg dat spontaan het *Arie, Arie* wordt aangeheven.
Binnen korte tijd weet iedereen zijn juiste naam, al in 1988 zit hij bij de Oranje-selectie voor het EK, hoewel hij geen speeltijd krijgt. Na negen jaar Ajax vertrekt hij in 1992 naar Lazio Roma, vier jaar later wordt hij ingelijfd door Internazionale. In Italië zijn de lovende kritieken niet van de lucht. Iedereen roemt zijn inzicht en technische capaciteiten. Het leidt allemaal niet tot een vaste plek in Oranje, Winter staat vaker reserve dan hem lief is. Toch is hij vanaf

1988 bij elke eindronde van de partij tot en met het EK van 2000; de halve finale tegen Italië wordt zijn 84e en laatste interland, als invaller uiteraard.
Een zomer eerder is hij teruggekeerd bij oude liefde Ajax, maar dat wordt geen succes. Zeker als hij te maken krijgt met Co Adriaanse dooft zijn loopbaan snel uit.

De Wissel
Arjen Robben eruit, Paul Bosvelt erin. Het is een wissel, dé wissel, die Dick Advocaat zijn leven lang zal achtervolgen. Een wissel van een behoudende coach, die bij een 2-1 voorsprong (Nederland-Tsjechië, EK 2004) een aanvaller naar de kant haalt en een middenvelder inbrengt. Een aanvaller die bovendien in die wedstrijd twee assists heeft gegeven. Oranje verliest uiteindelijk met 3-2 en Advocaat krijgt een storm van kritiek over zich heen. Die kritiek neemt op tv en radio en in de kranten ongekende proporties aan en is behalve beledigend ook opruiend. Er ontstaat een volkswoede en de bondscoach moet min of meer aan de hoogste boom worden opgeknoopt. Advocaat is behoorlijk van zijn stuk en zegt meteen na de uitschakeling in de halve finales tegen Portugal: 'Men realiseert zich niet wat de consequenties van die woorden kunnen zijn bij terugkeer in Nederland.'

Wissen, Fons van
Hij schrijft het sectiebestuur betaald voetbal van de KNVB in 1964 een brief waarin hij zijn afscheid als international aankondigt. Het is tijd voor een nieuwe generatie, stelt Van Wissen (1933). Wat ook meespeelt: zijn dertigste en laatste interland speelt hij in Albanië en de armoede die hij daar aantreft, stemt hem droevig. Van Wissen,

Fons van Wissen PSV

geboren in het Limburgse Margraten, geeft veel van zijn tijd aan PSV – eerst als aanvaller, later als middenvelder – en aan Philips. In 1967 begint hij een sportzaak in de Eindhovense wijk Woensel. Hij houdt het tot 2011 vol. Van Wissen is dan 77 jaar.

Wit, Ab
Is voorzitter en clubarts van Wageningen, maar is met name bekend vanwege zijn uitvinding die de eerste divisie weer tot leven brengt: de nacompetitie. Wit presenteert in 1972 deze uitsmijter en het wordt meteen een grote hit. De allereerste periodetitel in het seizoen 1972-1973 gaat naar Wageningen en een jaar later promoveert Wageningen zelfs via de nacompetitie naar de eredivisie. Dat overkomt de club ook in 1980. Inmiddels is de nacompetitie vervangen door de play-offs.

Wit, Rob de
Beroepspingelaar en stilist. De linksbuiten van FC Utrecht volgt in 1984 Jesper Olsen op bij Ajax. Maakt in zijn tweede interland, uit tegen Hongarije, met een fraai stiftje het winnende doelpunt. Een jaar later slaat het noodlot toe. Tijdens de zomervakantie in Spanje krijgt De Wit (1963) een hersenbloeding. Na een laserbehandeling in Zweden koestert hij nog even de hoop terug te kunnen keren bij Ajax, maar die hoop blijkt ijdel.
Bij zijn afscheidswedstrijd, op 28 mei 1988, in de aanloop naar het voor Nederland zo succesvolle EK, spreekt Marco van Basten zijn voetbalvriend toe. Hij heeft het over 'twee Utrechtse jongens, van wie de een wat meer mazzel heeft gehad dan de ander'.
De Wit, die in 1993 en 2005 nogmaals wordt getroffen door een hersenbloeding, stort zich later onder meer op de damsport. Hij wordt lid van NDG. 'Het gaat mij vooral om het plezier dat ik eraan beleef. Het is tenslotte ook een clubje waar je elkaar vraagt hoe het met de ander gaat. Het sociale aspect daaraan geeft me voldoening.'

Witschge, Richard
De voetbalhumor is bij hem nooit ver weg. Wie in een kleedkamer met Richard Witschge (1969) bivakkeert, moet voorbereid zijn op de gekste dingen. Zijn meest favoriete staaltje voetbalhumor vindt plaats op de dag dat hij zogenaamd namens Sony een lijstje ophangt waarop elke speler en trainer zijn naam kan zetten voor een grote of kleine tv met flinke korting. 'Iedereen trapte erin,' vertelt Witschge aan *Sportweek*. 'Ook Louis van Gaal. Die had eerst zijn naam bij de grote tv's gezet, later bij de kleine. Hij had bij zijn moeder het tv-kastje opgemeten en dat bleek te klein voor de grote tv. Ze zouden afgeleverd worden bij Soccer World, daar stond iedereen dus flink voor lul. Dat zijn leuke dingen. Zo heb ik bij een teamgenoot ook weleens een dampende drol in zijn voetbalschoen gedeponeerd.'
Maar het is niet altijd lachen met Witschge. Als hij in mei 2001 gepasseerd wordt voor een wedstrijd tegen FC Twente, zegt hij ook in *Sportweek* dat 'Co Adriaanse in de stront kan zakken'. Zijn meest opvallende handeling, het hooghouden van de bal tijdens Ajax-Feyenoord van 26 oktober 1997, is bedoeld als sneer richting Feyenoord-coach Arie Haan die eerder dat jaar in conflict is gekomen met broer Rob.

Witschge, Rob
Hij heeft een gezicht dat gemaakt is om te lachen, een prethoofd als dat van Rob Witschge (1966) is nooit meer binnen het voetbal aangetroffen. Misschien dat hij daarom wat minder serieus wordt genomen, maar daar is geen enkele reden voor. De waardering bij Ajax voor de linksbenige aanvallende middenvelder is groot, maar de Amsterdammer redt het ook bij Feyenoord. Totdat hij in conflict komt met coach Arie Haan, die hem en Regi Blinker begin 1996 verbant naar een bijveld op Varkenoord. Witschge spant met succes een arbitragezaak aan en traint een maand later weer met de A-selectie mee. In de zomer tekent hij bij FC Utrecht.
Na een paar coachklussen (onder meer als assistent van Marco van Basten bij Oranje) voert hij momenteel samen met Guido Albers het management van Players United dat onder anderen de zaken behartigt van

Wesley Sneijder, Frank de Boer, Ronald Koeman en Graziano Pellè.

Wolf, John de

Schreeuwerige overhemden, verband om het hoofd, een flinke mat in de nek, de veldslagen die hij uitvecht met vijandelijke spitsen, als geen ander draagt John de Wolf (1962) het Feyenoord-adagium 'Geen woorden, maar daden' uit. Wie De Wolf tegenkomt op het veld, heeft een zware dag. Als aan het einde van de wedstrijd je ledematen nog in de juiste volgorde zitten, heb je geluk gehad.

Na zijn entree in 1989 groeit de spijkerharde verdediger binnen de kortste keren uit tot een Feyenoord-idool. Zijn naam wordt gescandeerd, zijn hoofd komt in getatoeeerde vorm zelfs op de rug van een fan terecht. Waar John de Wolf verschijnt, raken vrouwen én mannen in vervoering. Na zijn vertrek uit De Kuip raakt zijn carrière in het slop. Zijn overstap naar de Wolves is alleen qua woordgrap een succes, hij bouwt verder af bij VVV en in Israël. Een doorstart als trainer is ook al weinig succesvol.

Toch maakt De Wolf regelmatig zijn opwachting op tv. Als deelnemer van *Dancing with the Stars* en *Fighting with the Stars* (waarin hij knock-out wordt geslagen door Tscheu La Ling) en in commercials van een verzekeraar waarin hij tot zijn grote ergernis als patiënt afwisselend uitzicht heeft op de Arena en op Sjaak Swart.

Wolkers, Jan

De grote schrijver Jan Wolkers (1925-2007) in 2003 in de Belgische krant *De Morgen*: 'Onze voetballers zijn verwende jongetjes geworden. Zo'n Kluivert heeft wel heel veel talent, maar het is een slappeling. Hij zit te veel achter de meiden aan.'

Wolkers is een gepassioneerde voetballiefhebber. Als jongen voetbalt hij op straat met een tennisbal, stiekem, want het geloof staat het niet toe. Begin jaren zeventig bekeert hij zich tot het Ajax van Johan Cruijff en Piet Keizer en met zijn vrouw Karina kijkt hij op Texel op televisie vaak naar wedstrijden.

Ze zijn liefhebbers van technische voetballers. 'Voetbal is net theater,' zegt Karina in de *VARAgids*. 'Als je Bergkamp ziet of Zinedine Zidane, dat is niet van deze wereld. Dat zijn een soort kunstenaars die een cirkel om zich heen hebben waar niemand in kan komen.' Jan: 'Bergkamp is zo'n gewone Hollandse jongen gebleven hè, maar na de wedstrijd zie je die blosjes van opwinding. Hij heeft een mooi soort sterdom.'

Wonder van Hamburg

Bas van Noortwijk beleeft zijn finest hour op 2 oktober 1985 in het UEFA Cup-toernooi. Met Sparta verslaat hij HSV in het Volksparkstadion in Hamburg na strafschoppen. Keeper Van Noortwijk stopt drie penalty's. De volledige strafschoppenserie: Lengkeek gestopt, Kaltz 1-0, Wijnberg 1-1, Kroth 2-1, Blind 2-2, Rolff gestopt, Olde Riekerink gestopt, Von Heesen 3-2, Van Gaal 3-3, McGhee gestopt, Andriessen 3-4, Schröder gestopt.

Wouters, Jan

Jan Wouters (1960) komt uit een katholiek gezin uit Eindhoven met negen kinderen, waarvan hij de jongste is. En dus verwend. Geen prater. Ook niet als trainer. Jan houdt het liever kort.

Wouters wordt door Johan Cruijff naar Ajax gehaald en groeit daar uit tot de voetballer die de balans bewaakt tussen aanvallen en verdedigen. Sleurt, stuwt, schoffelt, praat, scheldt en pakt ballen af. Dat type middenvelder heet voortaan een 'type-Wouters'. En daar is hij trots op.

Hij is niet trots op al die rare overtredingen die hij maakt. Een elleboogstoot op het hoofd van Alex Pastoor van Volendam. En in een interland tegen Engeland slaat hij Paul Gascoigne een gebroken jukbeen. Nederland wordt weggespeeld, Jan raakt geïrriteerd. Het heeft niets met Gascoigne te maken. Het is puur frustratie.

Zelf schrikt hij er weleens van, van dat ongeremde gedrag. Als hij thuiskomt bij zijn ouders, weet hij wat hem boven het hoofd hangt. Krijgt hij op zijn falie. Zijn vader is onverbiddelijk. 'Ik schaam me kapot voor je.'

Hij probeert er iets aan te doen, met acupunctuur, om minder agressief te worden. Maar het helpt niet. Hij gaat minder presteren, omdat hij ingehouden voetbalt. Zijn winnaarsmentaliteit brengt hem ver: Ajax, Bayern München, PSV, het Nederlands elftal, Europees kampioen in 1988. Als trainer moet hij zichzelf opnieuw uitvinden. Wouters wordt bij Ajax voor de leeuwen gegooid. Hij weet van toeten noch blazen. Omgang met pers? Geen idee. Als iemand een vraag stelt, denkt hij: heb je hem weer met zijn vragen. Altijd in het defensief.

Bij FC Utrecht gaat dat een stuk beter. Al kan hij nog steeds niet tegen zijn verlies. Een beuk uitdelen aan een tegenstander, even afreageren, kan niet meer. Gaat hij na een nederlaag maar een stuk met de hond wandelen.

Wuppies

Autoruiten worden ingeslagen, kinderen bedelen bij de uitgangen van Albert Heijn en op Marktplaats tiert de handel welig: Nederland valt in 2006 in de aanloop naar het WK in Duitsland massaal voor de wuppie. In mei worden vanuit China vijftien miljoen pluizige beestjes, *World Unique Promotional Products*, naar Nederland verscheept.

De wuppies-manie wordt het symbool voor de Oranje-gekte. Twee jaar later probeert Albert Heijn het nog een keer, met welpies, maar zo populair als de wuppies worden de gekleurde leeuwtjes niet.

Xerxes
Rotterdamse club die in 1966 promoveert naar de eredivisie. Maar ondanks het succes loopt het publiek niet warm voor Xerxes. In 1967 fuseert het met DHC uit Delft, een jaar later verdwijnt Xerxes/DHC al uit het betaalde voetbal ondanks een zevende plek in de eredivisie. Een faillissement is niet te voorkomen.
Sterspelers: Willem van Hanegem, Rob Jacobs, Jan Klijnjan, Ab Fafié.

Top-10: Bijnamen (trainers)

1 De Generaal – Rinus Michels
2 De Kleine Generaal – Dick Advocaat
3 Aad Afkoopsom – Aad de Mos
4 Don Ballon – Leo Beenhakker
5 Nol de Nul – Nol de Ruiter
6 Harter Hund – Huub Stevens
7 Guus Geluk – Guus Hiddink
8 Co Kerstboom – Co Adriaanse
9 Oom Elek – Elek Schwarz
10 De Kist – Simon Kistemaker

Y (of IJ)

Y of IJ, dat is vaak de vraag. Omdat de combinatie van de I en de J, de IJ, buiten Nederland niet wordt gebruikt, kiezen voetballers die hun loopbaan elders vervolgen, er vaak voor om hun naam aan te passen. Zo wordt Van Nistelrooij Van Nistelrooy, Cruijff Cruyff en Kuijt Kuyt - en Feijenoord Feyenoord. Een tikje verwarrend is het wel. Johan Cruijff bijvoorbeeld geeft leiding aan de Johan Cruyff Foundation.
De spelling van de naam van Cruijff zorgt jarenlang voor verwarring. *De Volkskrant* en *De Telegraaf* schrijven in de jaren zeventig bijvoorbeeld Cruyff, *De Tijd* en *Het Parool* kiezen voor Cruijff. In zijn boek *Cruijff, Hendrik Johannes, Fenomeen* uit 1972 wijdt Nico Scheepmaker zelfs een heel hoofdstuk aan de ij-y-kwestie. Hij laat het zelfs nakijken in het geboorteregister van Amsterdam. 'Hendrik Johannes, geboren op 25 april 1947, staat ingeschreven als Cornelis, Rudolf, Utrecht, IJsbrandt, Ferdinand, Ferdinand. Cruijff dus. Met een lange ij. Een ij met puntjes.'

Dirk Kuijt – met ij.

Top-10: Bijnamen (legendarisch)

1. De Kromme – Willem van Hanegem
2. Nummer 14 – Johan Cruijff
3. De Zwarte Tulp – Ruud Gullit
4. De Goddelijke Kale – Bertus de Harder
5. Skiete Willy – Willy van der Kuijlen
6. San Marco – Marco van Basten
7. De Keu – Eddy Achterberg
8. De Swerver – Kick Smit
9. Heinz Kroket – Heinz Stuy
10. Sneeuwvlokje – Ronald Koeman

Yildirim, Ugur

Voor Ugur Yildirim (1982) is 2004-2005 het seizoen waarin alles anders wordt. Als rechtsbuiten van Heerenveen bereidt hij negentien doelpunten voor, hij eindigt in Marbella op het WK vrije trappen nemen als eerste, voor onder anderen Zinedine Zidane, en hij maakt als invaller zijn debuut in het Nederlands elftal, in een vriendschappelijke wedstrijd tegen Engeland.
Zo mooi zal het nooit meer worden. Bondscoach Marco van Basten roept hem niet meer op en in Turkije, het land van zijn ouders, speelt hij zonder succes voor drie clubs, Gaziantepspor, Sivasspor en Kasımpaşa. 'Zowel sportief als financieel leek de Turkse competitie heel aantrekkelijk,' zegt hij in 2010 in NRC *Handelsblad*. 'Maar alles wat fout kon gaan, ging fout. Spijt heb ik niet gehad. Als voetballer was het vreselijk, maar qua leven was het heel mooi om mee te maken. Anders hadden mijn kinderen nooit Turks gesproken.'

Hij is pas dertig als hij zijn professionele loopbaan afsluit, voor CSV Apeldoorn gaat spelen en zijn heil in de horeca zoekt, als eigenaar van barbecue- en tapas-restaurant Que Pasa? in Deventer.

You'll never walk alone

Het lied is geschreven door Richard Rogers en Oscar Hammerstein II voor de musical *Carousel* in 1945. Bij Liverpool FC groeit het uit tot clublied, nadat een versie van de band Gerry & the Pacemakers wekenlang op 1 had gestaan in de Britse hitlijst. De woorden *You'll never walk alone* zijn tegenwoordig opgenomen in het clublogo. Ook de fans van Feyenoord adopteren het lied. Live wordt het in De Kuip meestal vertolkt door Lee Towers, ofwel Leen Huijzer (1946) uit Ridderkerk.

When you walk through a storm,
Hold your head up high,
And don't be afraid of the dark,
At the end of the storm,
Is a golden sky,
And the sweet silver song of the lark,
Walk on through the wind,
Walk on through the rain,
Though your dreams be tossed and blown,
Walk on, walk on,
With hope in your hearts,
And you'll never walk alone,
You'll never walk alone.

Zeeuw, Arjan de
Het zal je maar gebeuren. In Nederland niet verder komen dan Telstar en in Engeland opeens uitgeroepen worden tot favoriete speler van de premier. Het overkomt Arjan de Zeeuw (1970) in zijn periode bij Wigan Athletic, de club waar hij ook nog eens door de fans als Speler van de Eeuw wordt uitgeroepen. Maar de verrassing is nog groter als Tony Blair hem rekent tot zijn groepje van favoriete voetballers. 'Hij is het type speler waar ik echt van houd,' aldus Blair. 'Groot en sterk, geeft nooit op. Ik zou hem zo bij de Labour Party willen hebben als bewaker van de partijdiscipline.'
De ideale prof, die ook nog voor Barnsley, Portsmouth en Coventry City uitkomt, ontwikkelt zich ook buiten het veld. Hij studeert geneeskunde aan de Universiteit van Amsterdam, haalt zijn doctoraal in Engeland en werkt bij de politie op de afdeling Forensische Opsporing.

Zenden, Boudewijn
Zoon van de Maastrichtse oud-judoka, sportschoolhouder en NOS-commentator Pierre Zenden. Broer van Charlotte Sophie, die weer getrouwd is met John Heitinga. Kleine, snelle en sterke aanvaller (dankzij het judo) van onder meer PSV en Barcelona. Later ook linksback. Zenden (1976) scoort op het WK 1998 in de wedstrijd om de derde plaats het enige doelpunt tegen Kroatië (2-1 nederlaag) en viert dat met een mislukte salto.

Zijn we d'r toch ingetuind
Commentator Herman Kuiphof, op 7 juli 1974 bij het begin van de WK-finale in München: 'Nederland speelt in de bekende oranje shirts en witte broeken van links naar rechts. En dat was de aftrap.'
Later: 'Daar komt de penalty van Neeskens... 1-0! We leiden!' Eveneens uit een strafschop neemt Paul Breitner de gelijkmaker voor zijn rekening.
Dan, in de 43e minuut: 'En daar is de voorzet, daar Müller, Müller heeft een schietkans, Müller scoort, 2-1, zijn we d'r toch ingetuind, zijn we d'r toch ingetuind.'
Verbijsterd door de nederlaag grijpt Nederland de uitspraak van Kuiphof aan als troost. Maar waar zijn we precies ingetuind?

Zilvervloot
Piet Hein verovert in 1628 tijdens de Tachtigjarige Oorlog met Spanje de zilvervloot van de Spanjaarden. Het is niet alleen een financiële, maar vooral ook een morele overwinning van de Republiek der Zeven Verenigde Nederlanden. Het refrein van het lied wordt halverwege de 20e eeuw in veel stadions (voetbal, schaatsen) gezongen bij Nederlands succes in internationale wedstrijden.
Eerste couplet:

Heb je van de zilveren vloot wel gehoord
de zilveren vloot van Spanje?
Die had er veel Spaanse matten aan boord
En appeltjes van Oranje!

Refrein:

Piet Hein! Piet Hein! Piet Hein!
zijn naam is klein,
Zijn daden bennen groot,
zijn daden bennen groot
Hij heeft gewonnen de zilveren vloot,
Die heeft gewonnen, gewónnen
de Zil-ver-vlóóóóót.

Zon, Henk

Wie Excelsior zegt, zegt Henk Zon (1916-1994). De legendarische voorzitter drukt een zwaar stempel op de oudpapierclub in Kralingen. Groot hoofd, grote glimlach, grote sigaar, zo kennen ze hem op het kneuterige Woudestein, de thuishaven van Excelsior. Al in de oorlog neemt hij zitting in het bestuur, vanaf 1952 is hij voorzitter. Een functie die hij tot 1977 bekleedt. In 1954 is hij direct betrokken bij de invoering van het betaalde voetbal. Als antwoord op de plannen van Egidius Joosten in het zuiden roept Zon in het westen een aantal clubs bijeen. Eind juni 1954 is betaald voetbal een feit.

Maar bovenal is Henk Zon Mister Excelsior die meermalen zelf met vrijwilligers op stap gaat om oud papier op te halen. Beroemd is het moment dat hij op de Noorderhavenkade op een loods stuit die tot de rand toe gevuld is met kranten. Zon draait zich om naar de rest van de ploeg en zegt: 'Gaan jullie Jaap Bontenbal eens bellen, we kunnen Cruijff kopen.'

De Zwarte Meteoor

De slaperige provinciestad Almelo wordt in 1957 tot leven gewekt door de komst van de Zuid-Afrikaanse voetballer Steve Mokone (1932). Hij maakt Heracles kampioen, maar is snel daarna weer vertrokken.

In 1995 tekent sportjournalist Tom Egbers het verhaal van Mokone op in het boek *De Zwarte Meteoor*, dat ook wordt verfilmd. In 2002 volgt *Twaalf gestolen jaren*, waarvoor Egbers opnieuw op zoek gaat naar Mokone en hem terugvindt in New York. Egbers weet dan pas dat Mokone in de VS jarenlang achter de tralies heeft gezeten vanwege een vermeende aanslag op zijn vrouw (van wie hij aan het scheiden was), en haar advocate, waarbij die laatste ernstig wordt verminkt. Egbers is zeer teleurgesteld dat Mokone dit altijd voor hem verzwegen heeft. Hij reist naar Amerika voor een reconstructie.

Zwartkruis, Jan

Als assistent van bondscoach Ernst Happel op het WK 1978 speelt Jan Zwartkruis (1926-2013) een cruciale rol binnen Oranje. Hij tart zijn horkerige en quasi-ongeïnteresseerde baas en schuift de jonge spelers naar voren.

Zwartkruis is een buitenbeentje in de voetbalwereld. De beleefde, welbespraakte legerkapitein detoneert nogal met Happel, de zwijgzame succescoach in de bontjas, die zijn assistent regelmatig kleineert. Maar als een verouderd Nederlands elftal slecht speelt op het WK, en de jonge wisselspelers door Zwartkruis tijdens pittige trainingen zijn klaargestoomd, buigt Hap-

pel eindelijk het hoofd. 'Tot hier en niet verder, Ernst,' laat Zwartkruis zich op enig moment ontvallen.
Oranje gaat beter spelen. De jongens van Zwartkruis - Piet Wildschut, Ernie Brandts en Jan Poortvliet - leiden het elftal naar de WK-finale. Een finale die voor Oranje eindigt met het schot op de paal van Rob Rensenbrink. Argentinië slaat toe in de verlenging.
Tussen Happel en Zwartkruis, die na het WK ook nog drie jaar op eigen houtje Oranje leidt, komt het niet meer goed. Vlak voor Happels dood, in 1992, zoekt Zwartkruis zijn voormalige kwelgeest nog op. Zelfs bij die visite wil het maar niet klikken tussen de twee. Happel is wel beleefd, en dat vindt Zwartkruis al heel wat.

Zwembadaffaire

De moeder aller voetbalrellen en al decennialang een schier onuitputtelijke bron van inspiratie voor columnisten, complotdenkers en verslaggevers. Een nachtelijke zwempartij van een aantal spelers van het Nederlands elftal in het gezelschap van (onbekende) vrouwen zou de voorbereiding van Oranje op de WK-finale in 1974 ernstig hebben verstoord.
Nadat Nederland Oost-Duitsland heeft verslagen, biedt het *Algemeen Dagblad* de ploeg op 30 juni een 'knalfuif' aan. Er is onder meer een optreden van The Cats.
Een aantal spelers zoekt 's nachts vertier in het zwembad van Waldhotel Krautkrämer in Hiltrup. Het feest zou tot vier, vijf uur 's ochtends hebben geduurd.
Guido Frick, een verslaggever van de

Ter voorbereiding op de interland van 9 februari 1977 tegen Engeland komt Oranje bijeen op het trainingscentrum in Zeist. Met v.l.n.r. Hugo Hovenkamp, Jan van Beveren, Johnny Dusbaba, bondscoach Jan Zwartkruis, Willy van de Kerkhof en Willy van der Kuijlen.

Stuttgarter Nachrichten, is getuige. Om een kamer in het hotel te kunnen betrekken, heeft hij gezegd dat hij een vertegenwoordiger in *Spätzle* was, Duitse pasta.
Naar eigen zeggen verkoopt hij zijn verhaal voor 500 mark aan *Bild Zeitung*. CRUYFF, SEKT, NACKTE MÄDCHEN UND EIN KÜHLES BAD is de kop boven een stuk in de krant van 2 juli dat in het kamp van Oranje – en dat van de vrouwen van de spelers – inslaat als een bom.
Vooral aanvoerder Johan Cruijff moet zich verantwoorden. Diverse spelers verklaren naderhand dat hij in de twee avonden en nachten voor de finale urenlange telefoongesprekken voert met zijn woedende vrouw Danny. 'Hij heeft inderdaad een paar nachten aan de telefoon gehangen,' zegt reservedoelman Piet Schrijvers. Ernstige vermoeidheid zou Cruijff daardoor in de finale parten hebben gespeeld – en zelfs zou het een van de redenen geweest kunnen zijn dat hij vier jaar later geen deel uit wil maken van de selectie voor het WK in Argentinië.
In de omvangrijke biografie *Johan Cruijff*, in 2007 uitgegeven door De Buitenspelers en *Voetbal International*, reageert Danny Cruijff voor de eerste keer op de verhalen. 'Ik zat in 1974 in Spanje, ver weg van Barcelona en de bewoonde wereld en had geen telefoon in huis. Ik had in de bergen niet eens radio of televisie. Denk je dat ik daar uren kon bellen?'
Ze zou pas een dag voor de finale, op zaterdag 6 juli, hebben gehoord dat in het zwembad iets was voorgevallen: 'Geloof me, echt waar, ik hoorde pas van die zwembadaffaire toen ik zaterdagmiddag uit Barcelona in Amsterdam aankwam. Ik heb die zaterdagmiddag bij mijn vader thuis op zijn hoogst tien minuten met Johan gesproken. Het klinkt raar, maar we schreven in die tijd nog brieven naar elkaar.'
Samenvattend: de verhalen over de nachtelijke telefoongesprekken waren 'pure verzinsels', aldus Danny Cruijff.
Dat neemt niet weg dat haar man 's nachts in Waldhotel Krautkrämer is gaan zwemmen met 'drie leuke dames', zoals Auke Kok in zijn boek *1974 – Wij waren de besten* reconstrueert. Er wordt flink gedronken, sekt. Van het gezelschap maken ook Rob Rensenbrink, Piet Schrijvers en Pleun Strik en journalist Guido Frick en de zoon van de hoteleigenaar deel uit, Hans Joachim Krautkrämer. 'Men hing zo'n beetje aan de rand van het bad en spartelde wat en flirtte wat, meer was het niet. Darren, spartelen en kirren, meligheid tussen aangeschoten twintigers.'

2-0! Algemeen Dagblad

Heel het land op z'n kop

HOOFDREDACTEUR A. I. ABRAM

Los exemplaar / 1,00. Ned. Ant. A / 3,50. België Bfr. 29. Can. Ei. Pts. 190. Denemarken Dkr. 10,-. Duitsland DM 2,50. Engeland £ 0,80. Egypte E.P. 6,-. Frankrijk Ffr. 8,50. Griekenland Drs. 220. Indonesië RP 4600,-. Joegoslavië Dinar 4100. Jordanië J.D. 0,80. Italië Lire 1900. Luxemburg Fr. 28. Madeira Esc. 220. Marokko D. 16,-. Noorwegen Nkr. 11. Oostenrijk Osch. 19. Portugal Esc. 220. Saudiarabië S.R. 11,00. Spanje Pts. 190. Thailand Bath 60. Tunesië Ml. 1480. Turkije Tl. 3800. Zweden Skr. 11,-. Zwitserland Sfr. 2,70

Adressen en tel. nummers : zie pag 6

43e jaargang no. 49 maandag 27 juni 1988

Foto Leo Vogelzang

Marco: Oranje boven

Het eerste Nederlands elftal

30 april 1905: België-Nederland 1-4 (Antwerpen)

Doelpunten: Eddy de Neve (4x)
Reinier Beeuwkes – DFC (keeper)
Ben Stom – Velocitas Breda
Peet Stol – Haarlem
Bok de Korver – Sparta
Karel Gleenewinkel Kamperdijk – HBS
Dolf Kessler – HVV (aanvoerder)
Rein Boomsma – Sparta
Dirk Lotsy – DFC
Eddy de Neve – Velocitas Breda
Guus Lutjens – Velocitas Breda
Willy de Vos – DFC

Vier finales

WK 1974
7 juli 1974: West-Duitsland-Nederland 2-1 (München)
Doelpunt: Johan Neeskens
Jan Jongbloed – FC Amsterdam (keeper)
Wim Suurbier – Ajax
Arie Haan – Ajax
Wim Rijsbergen – Feyenoord
Ruud Krol – Ajax
Wim Jansen – Feyenoord
Willem van Hanegem – Feyenoord
Johan Neeskens – Ajax
John Rep – Ajax
Johan Cruijff – Barcelona (aanvoerder)
Rob Rensenbrink – Anderlecht
Invallers:
René van de Kerkhof – PSV
Theo de Jong – Feyenoord

WK 1978
25 juni 1978: Argentinië-Nederland 3-1 n.v. (Buenos Aires)
Doelpunt: Dick Nanninga

Jan Jongbloed – Roda JC (keeper)
Jan Poortvliet – PSV
Ruud Krol – Ajax (aanvoerder)
Ernie Brandts – PSV
Wim Jansen – Feyenoord
Willy van de Kerkhof – PSV
Johan Neeskens – Barcelona
Arie Haan – Anderlecht
René van de Kerkhof – PSV
John Rep – Bastia
Rob Rensenbrink – Anderlecht
Invallers:
Dick Nanninga – Roda JC
Wim Suurbier – Schalke 04

EK 1988

25 juni 1988: Nederland-Sovjet-Unie 2-0 (München)
Doelpunten: Ruud Gullit, Marco van Basten
Hans van Breukelen – PSV (keeper)
Berry van Aerle – PSV
Ronald Koeman – PSV
Frank Rijkaard – Real Zaragoza
Adri van Tiggelen – Anderlecht
Gerald Vanenburg – PSV
Jan Wouters – Ajax
Arnold Mühren – Ajax
Erwin Koeman – KV Mechelen
Ruud Gullit – AC Milan (aanvoerder)
Marco van Basten – AC Milan

WK 2010

11 juli 2010: Nederland-Spanje 0-1 n.v. (Johannesburg)
Maarten Stekelenburg – Ajax (keeper)
Gregory van der Wiel – Ajax
John Heitinga – Everton
Joris Mathijsen – HSV
Giovanni van Bronckhorst – clubloos (aanvoerder)
Nigel de Jong – Manchester City
Mark van Bommel – Bayern München
Wesley Sneijder – Internazionale
Arjen Robben – Bayern München
Robin van Persie – Arsenal
Dirk Kuijt – Liverpool
Invallers:
Eljero Elia – HSV
Rafael van der Vaart – Real Madrid
Edson Braafheid – Bayern München

Bronnen

KRANTEN, SITES & TIJDSCHRIFTEN

1-0
365feyenoordvrouwen.nl
Aktueel
Algemeen Dagblad
BN De Stem
Cruyff.com
Dagblad van het Noorden
Daily Mirror
devoetbaltrainer.nl
Eindhovens Dagblad
Elf
Elsevier
ettyhillesumcentrum.nl
feyenoordgeschiedenis.net
De Gelderlander
Geschiedenis24.nl
The Guardian
Haarlems Dagblad
Haagse Post
Hard gras
Helden
Historici.nl
HP/De Tijd
Johan
Kentudezenog.nl
Kick
Het Laatste Nieuws
Leeuwarder Courant
De Limburger
De Morgen
Nieuwe Revu
NRC Handelsblad
nrc.next
NUsport Magazine
Panorama
Het Parool
Provinciale Zeeuwse Courant
Sportgeschiedenis.nl
Sportknowhowxl.nl
Sportweek
Süddeutsche Zeitung
De Telegraaf
Trouw
Tubantia
VARAgids
Voetbal International
Voetbal Magazine
Voetballegends.nl
Voetbalstats.nl
de Volkskrant
Vrij Nederland
Wikipedia
YouTube.com

BOEKEN & FILMS

100 Jaar Feyenoord / Michel van Egmond
1974. Wij waren de besten / Auke Kok
1988. Wij hielden van Oranje / Auke Kok
2 keer 45 minuten / Frits Barend en Henk van Dorp
50 jaar betaald voetbal / Matty Verkamman en Frans van den Nieuwenhof
50 jaar Europees Voetbal / Keir Radnedge
Ajax 100 jaar/ Evert Vermeer en Marcelle van Hoof
Ajax. De Complete Werken / diverse auteurs
Anno de jaren vijftig / Voetbal International, Tom van Hulsen
Avondje NAC / Sjoerd Mossou
Beter voetbal / Ad van Emmenes en Kick Geudeker
Boem. Johan en Danny Cruijff / Jaap ter Haar
Clarence Seedorf, de biografie / Simon Zwartkruis
Cruijff, Hendrik Johannes, Fenomeen / Nico Scheepmaker
Daar hoorden zij engelen zingen / Roel van Dalen

De Ajacieden / Maarten de Vos
De bijbel van de eredivisie / Evert Vermeer
De Dordtse magiër / Frank van Kolfschooten
De Entertrainer / Johan Derksen
De eredivisie 1956-2000 / Arjan Weenink en Harold de Croon
De godenzonen van Ajax / David Endt
De internationals / Matty Verkamman, Henri van der Steen en John Volkers
De Kromme / Wil van der Smagt, Maarten de Vos en Anton Witkamp
De Lieverdjes. Opkomst en ondergang van FC Amsterdam / Marcelle van Hoof
De Voorzitter / Leo Verheul
De wereld is een bal / Willem Vissers
Deze neger buigt voor niemand / Marcel Rözer
Drama in het Lenin-stadion / Iwan Tol
Een elftal bondscoaches / Koen Greven en Erik Oudshoorn
Een tweede huid. Sportbijnamen / Ed van Eeden en Peter Nijssen
Eindbestemming Zanderij / Iwan Tol
Geen genade / Thijs Slegers
Gehakt in Gorinchem. Leven en werk van Brobbel Dorsman / diverse auteurs
Goal / Leo Pagano
Half 3. Tijd voor voetbal / onder redactie van Ruud Doevendans
Halve finale EK 1988 / diverse auteurs
Heel het land is van streek / Martin van Neck
Henk Groot Ajax / Jan Plekker
Het foute elftal / Jan-Cees Butter en Joost Houtman
Het lied van Oranje / Paul Groenendijk en Jimmy Tigges
Het Nieuwste Schavot Sportboek / Paul Onkenhout, John Schoorl en Bert Wagendorp
Het stadioncomplex / Ferry Reurink
Het voetballeven van Faas Wilkes / Jan Liber
Hi-Ha-Hondelul en andere sportpoëzie / Ko van Geemert
Hoe de Katjangs op de kostschool van Buikie kwamen / J.B. Schuil
Honderd jaar sport / M.J. Adriani Engels
Huize Heukels / Robert Heukels
Ik, Jol / Chris Willemsen
In de schaduw van de bal / Gerrit Valk
Jan Mulder / diverse auteurs
Je hebt het niet van mij / Marcel van Roosmalen
Johan Boskamp. Geen gezeik / Wim De Bock
Johan Cruijff / diverse auteurs, De Buitenspelers/ Voetbal International
Karel Lotsy en het Nederlandsche voetbal / G. Zalsman
Kick Smit. De Haarlemse voetballegende / Nando Boers, Fred Segaar, Dick Sintenie en Jan Smit
Korbach onaangepast / Vincent Ronnes
Leerschool Ajax / Rik Planting
Leo Horn fluit / Leo Horn
Leo. Lijden en lachen met Leonardo Vitor Santiago / Bart Vlietstra
Lucky Ajax. De eregalerij / Rik Planting
Magische Nächte. Borussia Mönchengladbach im Europapokal / Markus Aretz
Modern Voetbal / Jaap van der Leck
Mysterieuze krachten in de sport / Joris van den Bergh
Nederlands voetbalglorie / Ad van Emmenes
Nooit meer juichen / Michel van Egmond
Nummer 14: Johan Cruyff / Maarten de Vos
Om 't spel en de knikkers / Matty Verkamman en Evert Vermeer
Op zoek naar de rookmagiër / Paul Onkenhout
Opmars der strafschopgebieden / Jan Mulder
Oranje and blue. The Arthur Numan Story / Marc Guidi
Oranje Lukraak / Simon Brester, Floris Brester en Martin Brester
Oranje toen en nu / Henk Hoijtink, Taco van den Velde, Matty Verkamman en Jaap Visser
Pingelaars & Pegels / Willem Vissers
Relikwieën van Oranje / Chris van Nijnatten, Henri van der Steen en Matty Verkamman
Rode Duivels & Oranje Leeuwen / Matty Verkamman en Raf Willems
Schieten op Volkert van der G. / Hugo Borst
Spaanse griep in Nijmegen / Roeland Loosen

Sportsterren van toen / Dick Zijlstra
Struis gaat vreemd / Edwin Struis
Terug naar Sportweg 8 / Paul Onkenhout
Twintig brieven aan Frank Rijkaard en één brief terug / David Endt
Vijftig tinten Struis / Edwin Struis
Voetbal ABC / Dick van Gangelen, Peter Hekkema en Joost de Vries
Voetbal is liefde / Willem Vissers
Voetbal van A tot Z / onder redactie van Lex Muller en Bep van Houdt
Voetbalgenen / Jeroen Siebelink
Voetbalvrouwen / Bram de Graaf
Voor Oranje trillen al mijn snaren / Nico Scheepmaker
Voor Rood-Wit gezongen / Frans van den Nieuwenhof
Wandelen met Cruijff / Michel van Egmond
Willem gaat diep / Jaap Visser en Wessel Penning
Winnen. Van talent naar topspeler / Hans van Breukelen

ILLUSTRATIEVERANTWOORDING

Illustraties blz. 2, 4, 12, 13, 14 (links), 26, 37, 47, 55, 60 (links), 62, 81, 83, 92, 100, 116, 127, 128, 133, 139, 142, 144, 146, 149, 150, 152, 153, 156, 168, 179, 184, 189, 204, 225, 230 (links), 231, 232, 248, 250, 252, 253, 261, 279, 285, 286, 288 en 294 collectie Marco de Lange
Foto's blz. 3, 9, 11, 16, 19, 24-25, 31, 38-39, 59, 64-65, 74-75, 79, 88-89, 95, 105, 108, 121, 123, 124, 138, 162-163, 170-171, 190-191, 198, 200, 202-203, 216, 220-221, 227, 228, 242, 268 en 301 © Guus Dubbelman
Foto's blz. 17, 218 en 281 © Nationaal Archief/ Spaarnestad Photo/Fotograaf onbekend
Foto's blz. 40, 43, 82, 102, 112 (links), 118, 143, 147, 192 en 244 © Edwin Struis
Foto blz. 46 collectie Arie Heijstek, archivaris der DFC
Foto blz. 97 © Nationaal Archief, 2.24.01.05 923-4648
Foto's blz. 107 en 174 © Nationaal Archief/ Spaarnestad Photo/ANP
Foto blz. 111 © Nationaal Archief, 2.24.01.05 927-0541
Foto blz. 177 © Nationaal Archief/Spaarnestad Photo/Anefo
Foto blz. 206 © Nationaal Archief, 2.24.01.05 924-7273
Foto blz. 297 © Nationaal Archief, 2.24.01.05 929-0155
Overige illustraties collectie auteurs

Register

Verwijzingen naar fotobijschriften en top-10-lijstjes staan vet gezet.